名家通识讲座书系

文化哲学
十五讲（第二版）

□　衣俊卿　著

北京大学出版社
PEKING UNIVERSITY PRESS

图书在版编目(CIP)数据

文化哲学十五讲/衣俊卿著. —2 版. —北京:北京大学出版社,2015. 1
(名家通识讲座书系)
ISBN 978 - 7 - 301 - 25389 - 2

Ⅰ. ①文…　Ⅱ. ①衣…　Ⅲ. ①文化哲学—研究　Ⅳ. ①G02

中国版本图书馆 CIP 数据核字(2015)第 016558 号

书　　　　名	文化哲学十五讲(第二版)
著作责任者	衣俊卿　著
责 任 编 辑	艾　英
标 准 书 号	ISBN 978 - 7 - 301 - 25389 - 2/B・1236
出 版 发 行	北京大学出版社
地　　　　址	北京市海淀区成府路 205 号　　100871
网　　　　址	http://www. pup. cn　新浪微博:@北京大学出版社
电 子 邮 箱	编辑部 wsz@ pup. cn　　总编室 zpup@ pup. cn
电　　　　话	邮购部 62752015　发行部 62750672　编辑部 62756467
印 刷 者	三河市北燕印装有限公司
经 销 者	新华书店
	650 毫米×980 毫米　16 开本　21 印张　334 千字
	2004 年 10 月第 1 版
	2015 年 1 月第 2 版　2024 年 7 月第 9 次印刷
定　　　　价	59. 00 元

"名家通识讲座书系"
编审委员会

"名家通识讲座书系"总序

本书系编审委员会

"名家通识讲座书系"是由北京大学发起,全国十多所重点大学和一些科研单位协作编写的一套大型多学科普及读物。全套书系计划出版 100 种,涵盖文、史、哲、艺术、社会科学、自然科学等各个主要学科领域,第一、二批近 50 种将在 2004 年内出齐。北京大学校长许智宏院士出任这套书系的编审委员会主任,北大中文系主任温儒敏教授任执行主编,来自全国一大批各学科领域的权威专家主持各书的撰写。到目前为止,这是同类普及性读物和教材中学科覆盖面最广、规模最大、编撰阵容最强的丛书之一。

本书系的定位是"通识",是高品位的学科普及读物,能够满足社会上各类读者获取知识与提高素养的要求,同时也是配合高校推进素质教育而设计的讲座类书系,可以作为大学本科生通识课(通选课)的教材和课外读物。

素质教育正在成为当今大学教育和社会公民教育的趋势。为培养学生健全的人格,拓展与完善学生的知识结构,造就更多有创新潜能的复合型人才,目前全国许多大学都在调整课程,推行学分制改革,改变本科教学以往比较单纯的专业培养模式。多数大学的本科教学计划中,都已经规定和设计了通识课(通选课)的内容和学分比例,要求学生在完成本专业课程之外,选修一定比例的外专业课程,包括供全校选修的通识课(通选课)。但是,从调查的情况看,许多学校虽然在努力建设通识课,也还存在一些困难和问题:主要是缺少统一的规划,到底应当有哪些基本的通识课,可能通盘考虑不够;课程不正规,往往因人设课;课量不足,学生缺少选择的空间;更普遍的问题是,很少有真正适合通识课教学的教材,有时只好用专业课教材替代,影响了教学效果。一般来说,综合性大学这方面情况稍好,其他普通的大学,特别是理、工、医、农类学校因为相对缺少这方面的教学资源,加上很少有可供选择的教材,开设通识课的困难就更大。

这些年来,各地也陆续出版过一些面向素质教育的丛书或教材,但无论数量还是质量,都还远远不能满足需要。到底应当如何建设好通识课,使之能真正纳入正常的教学系统,并达到较好的教学效果? 这是许多学校师生普遍关心的问题。从 2000 年开始,由北大中文系主任温儒敏教授发起,联合了本校和一些兄弟院校的老师,经过广泛的调查,并征求许多院校通识课主讲教师的意见,提出要策划一套大型的多学科的青年普及读物,同时又是大学素质教育通识课系列教材。这项建议得到北京大学校长许智宏院士的支持,并由他牵头,组成了一个在学术界和教育界都有相当影响力的编审委员会,实际上也就是有效地联合了许多重点大学,协力同心来做成这套大型的书系。北京大学出版社历来以出版高质量的大学教科书闻名,由北大出版社承担这样一套多学科的大型书系的出版任务,也顺理成章。

编写出版这套书的目标是明确的,那就是:充分整合和利用全国各相关学科的教学资源,通过本书系的编写、出版和推广,将素质教育的理念贯彻到通识课知识体系和教学方式中,使这一类课程的学科搭配结构更合理,更正规,更具有系统性和开放性,从而也更方便全国各大学设计和安排这一类课程。

2001 年底,本书系的第一批课题确定。选题的确定,主要是考虑大学生素质教育和知识结构的需要,也参考了一些重点大学的相关课程安排。课题的酝酿和作者的聘请反复征求过各学科专家以及教育部各学科教学指导委员会的意见,并直接得到许多大学和科研机构的支持。第一批选题的作者当中,有一部分就是由各大学推荐的,他们已经在所属学校成功地开设过相关的通识课程。令人感动的是,虽然受聘的作者大都是各学科领域的顶尖学者,不少还是学科带头人,科研与教学工作本来就很忙,但多数作者还是非常乐于接受聘请,宁可先放下其他工作,也要挤时间保证这套书的完成。学者们如此关心和积极参与素质教育之大业,应当对他们表示崇高的敬意。

本书系的内容设计充分照顾到社会上一般青年读者的阅读选择,适合自学;同时又能满足大学通识课教学的需要。每一种书都有一定的知识系统,有相对独立的学科范围和专业性,但又不同于专业教科书,不是专业课的压缩或简化。重要的是能适合本专业之外的一般大学生和读者,深入浅出地传授相关学科的知识，扩展学术的胸襟和眼光，进而增进学生的人格素养。本书系每一种选题都在努力做到入乎其内，出乎其外，把学问真正做活了，并能加以普及，因此对这套书的作者要求很高。我们所邀请的大都是那些真正有学术建树，有良好的教学经验，又能将学问深入浅出地传达出来的重量级学者，是请"大家"来讲"通识"，所以命名为"名家通识讲座书系"。其意图就是精选名校名牌课程，实现大学教学资源共享，让更多的学子能够通过这套书，亲炙名家名师课堂。

本书系由不同的作者撰写，这些作者有不同的治学风格，但又都有共同的追求，既注意知识的相对稳定性，重点突出，通俗易懂，又能适当接触学科前沿，引发跨学科的思考和学习的兴趣。

本书系大都采用学术讲座的风格，有意保留讲课的口气和生动的文风，有"讲"的现场感，比较亲切、有趣。

本书系的拟想读者主要是青年，适合社会上一般读者作为提高文化素养的普及性读物；如果用作大学通识课教材，教员上课时可以参照其框架和基本内容，再加补充发挥；或者预先指定学生阅读某些章节，上课时组织学生讨论；也可以把本书系作为参考教材。

本书系每一本都是"十五讲"，主要是要求在较少的篇幅内讲清楚某一学科领域的通识，而选为教材，十五讲又正好讲一个学期，符合一般通识课的课时要求。同时这也有意形成一种系列出版物的鲜明特色，一个图书品牌。

我们希望这套书的出版既能满足社会上读者的需要，又能有效地促进全国各大学的素质教育和通识课的建设，从而联合更多学界同仁，一起来努力营造一项宏大的文化教育工程。

目　录

第一讲

多维视野中的文化

人是理性的存在，是一种反思性的存在，常常用理性的思索去厘清他与之打交道的对象。然而，人并非每时每刻都生存在自觉的理性反思之中，实际上，人的生存中充满了不假思索、习以为常的对象。我们常常发现这样的现象：对于生存中许多很艰涩的问题或很复杂的东西，人们能够清楚地说明其所以然，而对一些与我们的生存息息相关的东西反倒无法用语言加以描述。熟悉的并非熟知的。文化就是这样一个问题，就是这样一种存在。

记得海德格尔在《存在与时间》中，一开头就引用了柏拉图《智者篇》中的一段话，来说明存在问题在哲学上的重要性和存在问题的未了然性。这段话是这样的："当你们用'存在着'这个词的时候，显然你们早就很熟悉这究竟是什么意思，不过，虽然我们也曾相信领会了它，现在却茫然失措了。"①我们发现，文化的问题也是这样。文化显然是现代人使用频率最高的词语之一。我们在媒体上、在生活中、在工作中无时无刻不以某种方式"遭遇"文化，我们都在以各种方式"文化着"。然而，当我们停下来，质询一下文化的含义时，常常会有一种茫然失措、无从下手的感觉。

一　熟视无睹的"文化"

人总是文化的人，人的世界在某种意义上就是文化的世界。著名哲学人类学家蓝德曼指出："文化创造比我们迄今为止所相信的有更加广阔和

---

① 海德格尔：《存在与时间》，三联书店 1987 年版，第 1 页。

更加深刻的内涵。人类生活的基础不是自然的安排，而是文化形成的形式和习惯。正如我们历史地所探究的，没有自然的人，甚至最早的人也是生存于文化之中。"①

人总是生活在文化中，文化现象在人的世界中无所不在：当我们用筷子或刀叉进食时，当我们穿上旗袍或西装时，当我们在宴席上举杯劝酒时，当伴娘伴郎陪伴着新娘新郎出现在婚礼仪式上时，当教师教学生背诵一首诗歌或掌握一种计算方法时，当基督徒在礼拜天去教堂听布道时，当中国人按照习俗在中秋之夜吃月饼或在除夕之夜包饺子时，当威尼斯人在冬末春初聚集在圣马可广场上通宵达旦尽情狂欢时，当婴儿周岁生日"抓周"时，当古时中国人见面作揖而现代中国人见面握手时，当老年人在悠闲地欣赏着京剧和老歌而年轻人疯狂地"蹦迪"时，当我们步入中国的宫殿园林或进入西方的教堂时，当我们的先民刀耕火种而今人驾驶着联合收割机时，当古时师傅领着徒弟在手工作坊中锻打而现代工人在高度自动化的流水线旁忙碌时，当企业家确定一个工程或提出一种企业理念时，当政治家举行各种仪式和政务活动时，当科学家进行科学研究或技术发明时，当文学艺术家从事创作时，当思想家进行理性沉思时……在人的任何一种活动中，从日常生活到社会运动，都体现出一种文化来。

然而，那些生于斯、长于斯，终生不离与自己血脉相连的热土的人们，那些每日每时习以为常、得心应手、不假思索地应付着程式化的工作的人们，那些像星移斗转、暑去寒来那样自然而然地展开着衣食住行、饮食男女、男欢女爱、婚丧嫁娶、生儿育女、生老病死的日常生计的人们，很难感受到文化的存在和文化的力量。

结果，每日每时每刻、世世代代生活在文化之中，创造着丰富多彩的文化，又不断地为文化所塑造的人类，在相当长的历史流程中，对于文化并没有清楚的认识与阐释。在很多时候，与人关系最密切的东西往往是对人而言最陌生的东西，因为，它已成为人习以为常、不假思索的生活内涵。于是，一方面是丰富多彩、活生生的文化以其顽强的生命力和内在精神支撑这悲欢离合、酸甜苦辣的红尘人生，默默地谱写着世世代代循环往复、生生灭灭

---

① 蓝德曼:《哲学人类学》,工人出版社 1988 年版,第 260—261 页。

的历史;另一方面则是人对自己的文化的漠然和无知。通常,只有在个人生活和社会生活的一些重要的转折处,人们才能感受到文化的存在或文化的力量。

一种情形是,当我们把一个人从他所熟悉的生存环境"抛入"异国他乡的新环境中时,文化会非常鲜明地跃现在他的言谈举止、待人接物、应答问题、处理事务等一切活动之中。他会在行为方式、风俗习惯、情感表达等方面遭遇到不同程度的文化冲突或文化的碰撞;他会感到自己在文化上是一个"陌生人",如果不经历一个艰难的"文化适应"过程,他将无法在异国他乡生存下去。

另一种情形是,在个体或社会生活的重要转折处,人们会遭遇到更大的文化力量。例如,在个体的层面上,从儿童到成人,常常会经历一个"青春期骚动"或"青春期危机"。这实际上是一个个体从儿童的文化模式向成人的文化模式转变所碰到的文化冲突。在社会运行的层面上,在文艺复兴、"五四"新文化运动等重大历史转折时代,人们会以一种极端的方式体会到文化的存在,这就是身临和目睹文化的断裂,即一种旧文化的衰亡和一种新文化的诞生。

但是,即使人们在个人生活或社会生活的某些重要转折处感受到了文化的存在和文化的力量,也并不代表人们已经形成了关于文化的清晰的概念和清楚的理解。甚至当人们自觉地使用文化概念时,也常常有着不同的所指。例如,当我们说一个人"没文化",可能指这个人没有受过学校教育或不识字,也可能指这个人在行为举止上缺乏修养,还可能指这个人对一些人们都熟知的东西缺乏了解等。同样,有时我们用"文化"来代表文学、艺术等具体文化形式,有时用以概括传统习俗、风俗习惯,有时用来指称思想理论或价值观念,等等。

显而易见,作为一种自觉的文化批判活动和批判理论,我们在这里不会像一般文化学那样,满足于对风俗、习惯、仪式、禁忌、图腾、价值规范等五彩缤纷的文化现象进行整理和描述,也不会一般地介绍饮食文化、性爱文化、建筑文化、服饰文化、居室文化、保健文化、校园文化、企业文化、广告文化等等。我们要透过文化现象的表层,探视文化的深层规定性和特征,从而解释文化在个体的生存和社会的运行中的重要功能和不可替代的作用。

二　中外学者视野中的文化

当我们把目光从普通人对文化熟视无睹的状态转向研究文化的学者时，问题并没有变得非常简单。实际上，尽管人们每时每刻都生活在特定的文化中，文化因素每时每刻都在影响、制约、决定着人们的行为，但是人们对于文化的规定性并不是很清楚。不要说普通人对文化现象往往视而不见或面对文化问题十分茫然，即使专门探讨研究文化现象、构造文化体系的文化学家、人类学家或其他方面的思想家对文化的界定也往往五花八门、莫衷一是。

不可否认，很多学者对文化进行了深刻的、自觉的理性反思，而且很多学者充分认识到文化的普遍性，清楚地看到，从衣食住行等日常生活到各种社会活动和历史运动，都显示出明确无误的文化内涵。在某种意义上，一部人类历史就是各种文化相互交织、相互渗透或各种文化生生灭灭的历史，用斯宾格勒的话说，是"一群伟大文化组成的戏剧"。斯宾格勒对于这种状况有非常清醒的认识。在他看来，离开活生生的文化，无论"人类"还是"历史"都会成为空洞的字眼。

特别应当指出的是，19 世纪后期，在达尔文进化论学说的影响下，文化开始成为文化学家、人类学家、考古学家的研究对象。19 世纪下半叶到 20 世纪初，涌现出一大批著名的文化人类学家，他们通过田野考察和实证研究对文化现象所作的描述和阐释，至今还深刻地影响着文化学和文化哲学的研究。其中，最有影响的是古典进化论学派、传播论学派和历史特殊论学派的争论。以"人类学之父"泰勒以及摩尔根、巴霍芬等人为代表的古典进化论学派是第一个自觉地以文化问题为研究对象，并提出关于文化的系统阐释的流派。他们深受达尔文进化论的影响，强调文化的普遍性和进化性特征。以德国的人类学家弗里德里希·拉策尔、莱奥·弗罗贝纽斯、弗里茨、奥地利民族学家威廉·施密特，英国人类学家威廉·里弗斯、埃里奥斯·史密斯和威廉·佩里等人为代表的文化传播论学派对古典进化论学派提出了激烈的批判。他们反对古典进化论学派关于各个文明"独立发明说"和"平行发展论"的观点，认为文化最初只起源于地球的某一个地方，如埃及，并以此为中心向世界各地传播扩散，因此全部人类文化史就是文化的传播与借用的历史。以博厄斯、克鲁伯等人为代表的历史特殊论学派从另一个角度对古典进化论学派提出了挑战,提出了相对主义的文化观。他们反对古典进化论学派关于文化进化普遍规律的论断,强调各种文化都是各个社会独特的产物,都有其独特的发展线索。因此,他们致力于"文化圈""文化区"的研究,强调文化的民族史,反对文化的世界史。

在 20 世纪,文化学家对文化的研究逐步超越了对文化现象的实证描述和对文化在历史进化中的地位一般探讨的阶段,开始对具体的文化模式、文化功能等进行研究。例如,以斯宾格勒和汤因比为代表的文化形态史观研究;本尼迪克特对印第安人的日神型文化模式和酒神型文化模式的研究,以及对日本民族的耻感型文化模式和西方的罪感型文化模式的探讨等。此外,在文化人类学中还有关于文化问题的更为具体的研究。例如,以拉德克利夫-布朗、马林诺夫斯基等人为代表的功能主义文化学派;卡迪纳、米德、林顿、克拉克洪等人关于文化和人格问题的研究;列维-施特劳斯等人的结构主义人类学对于具体文化现象的结构学探讨;利奇、道格拉斯、特纳等人的象征人类学对仪式象征问题的研究,等等。这些文化人类学家从不同的角度、不同的层面、不同的时间和空间尺度对于文化问题作了极为细致与深入的探讨。

然而,尽管越来越多的文化学家、人类学家、哲学家、社会学家,以及其他领域的学者十分重视文化问题,但是,关于文化本身的界定并未由此而形成公认的、一致的意见,相反,不同学者探讨文化问题的视角、层面、问题域都差异很大。造成这种情形的原因主要有两方面:一是文化本身的复杂性和无所不在的特性,导致关于文化界定的困难;二是学者们从不同角度的探讨和研究,导致文化内涵的不断自觉和日益丰富。现实的思想进程也的确如此。随着文化学和人类学研究的进展,文化范畴的内涵越来越深化与丰富了,不同的研究者从不同的侧面揭示和界定文化的规定性。A. L. 克鲁伯和克赖德·克拉克洪1952 年发表了著名的《文化——关于概念和定义的评论》。这是很多文化学和文化哲学研究者都十分重视并经常引用的关于文化概念的研究文献。他们通过深入而广泛的引证与研究,竟然列举了 161 种关于文化的定义。由此可见学者们在文化理解上的差异。为了能够从本质精神上领会和把握文化的含义和重要性,我们在具体探讨文化哲学视野中的文化范畴之前,先简要地展示几种比较有影响的文化概念。

文化:一种活生生的有机体。我们首先展示的不是某种关于文化的精确的理性定义，而是一种基于深刻的感悟而形成的文化印象。著名历史哲学家斯宾格勒在《西方的没落》中，用诗化的语言描述了文化的兴衰生灭，以及文化与生命的内在本质联系。他把文化看作一种活生生的有机体："我看到的是一群伟大文化组成的戏剧，其中每一种文化都以原始的力量从它的土生土壤中勃兴起来，都在它的整个生活期中坚实地和那土生土壤联系着；每一种文化都把自己的影像印在它的材料、即它的人类身上；每一种文化各有自己的观念，自己的情欲，自己的生活、愿望和感情，自己的死亡。这里是丰富多彩，闪耀着光辉，充盈着运动的，但理智的眼睛至今尚未发现过它们。在这里，文化、民族、语言、真理、神祇、风光等等，有如橡树与石松、花朵、枝条与树叶，从盛开又到衰老。——但是没有衰老的'人类'。每一种文化都有它的自我表现的新的可能，从发生到成熟，再到衰落，永不复返。世上不只有一种雕刻，一种绘画，一种数学，一种物理学，而是有很多种，在其本质的最深处，它们各不相同，各有生存期限，各自独立的，正和每一种植物各有不同的花、果、不同的生长与衰落方式是一样的。这种种文化是纯化了的生活精髓，它们和田野间的花儿一样无终极目的地生长着。它们和动植物一样属于歌德的活生生的自然，而不属于牛顿的死板的自然。我把世界历史看成一幅无止境地形成、无止境地变化的图景，看成一幅有机形式惊人地盈亏相继的图景。"①

当然，不难看出，斯宾格勒这些诗化的语言只是对文化的生动的描述，而不是对文化的理性和精确的界定。但是，从这些具有震撼力的论述中，我们还是可以感悟文化的某些本质特征，可以领会文化的真谛。斯宾格勒特别反对那种"古代史—中古史—近代史"的托勒密史学体系和欧洲中心论的线性决定论的历史理解，反复强调从文化形态的生灭和沉浮来把握历史。他反对把文化视作给定的、僵死的东西的集合。在他看来，人类精神一旦变成成熟的、给定的文化形态，就成为僵化的东西。真正的文化是具有内在的生命力的，它通过自己的有机生长和盛衰变化来展示人的丰富的生存，来不断超越给定的文化形态，推动历史的演变。

文化：人类文明的总称。这是一种广义的文化概念。在西方学者中，关

---

① 奥斯瓦尔德·斯宾格勒：《西方的没落》上卷，商务印书馆1963年版，1995年印刷，第39页。

于文化(culture)和文明(civilization)两个范畴的关系有两种不同的理解。一种观点强调二者的差异,往往把文明理解为人类古往今来的各种有形的创造物的总称,而把文化理解为精神性的和价值性的规范。另一种观点则强调文化和文明的共同性,倾向于在互换和等同的意义上使用这两个范畴。后一种观点在界定文化概念时,往往倾向于使用广义的文化概念,把人类的各种有形的和无形的、物质的和精神的、传统的和现代的创造物都理解为文化范畴。例如,英国文化人类学创始人泰勒较早地把文化归纳为整个生活方式的总和。他指出,"文化或文明,就其广泛的民族学意义来说,乃是包括知识、信仰、艺术、道德、法律、习俗和任何人作为一名社会成员而获得的能力和习惯在内的复杂整体"①。美国学者C. 恩伯和M. 恩伯这样描述文化的总体性和普遍性特征,他们指出,"文化就是生活中数不清的各方各面。大多数人类学家认为,文化包含了后天获得的,作为一个特定社会或民族所特有的一切行为、观念和态度。我们每个人诞生于某种复杂的文化之中,它将对我们往后一生的生活和行为产生巨大的影响"②。而中国著名学者梁漱溟在《东西文化及其哲学》中曾把文化界定为"一个民族生活的种种方面",其中主要包括三个层面:"(一)精神生活方面,如宗教、哲学、科学、艺术等是。宗教、文艺是偏于情感的;哲学、科学是偏于理智的。(二)社会生活方面,我们对于周围的人——家族,朋友,社会,国家,世界——之间的生活方法都属于社会生活一方面,如社会组织、伦理习惯、政治制度及经济关系是。(三)物质生活方面,如饮食、起居种种享用,人类对于自然界求生存的各种是。"③

这种广义的文化概念的缺陷是,对文化的理解容易偏重于文化的外在特征和总体特征,不利于对文化的深层本质的揭示。但是,这一文化定义对于理解文化还是十分有意义的,它揭示了文化的一个基本特征,即文化"属人的""人为的"本质特征。具体说来,虽然一种文化一旦形成并在特定时代的个体生活和社会生活中占主导地位,它就会表现为一种给定的、带有强制性的规范力量,但是,从最根本的起源上,文化不是自然给定的,而是人类行为方式和生存方式历史积淀的结果,是人类的生存活动和实践方式对象

① 庄锡昌等编:《多维视野中的文化理论》,浙江人民出版社1987年版,第99—100页。
② C. 恩伯和M. 恩伯:《文化的变异》,辽宁人民出版社1988年版,第29页。
③ 罗荣渠主编:《从"西化"到现代化》,北京大学出版社1990年版,第55—56页。

化的结果。换言之，虽然一种给定的文化模式有时会像血脉一样溶入每一个体的生存之中和社会的运行之中，但是，文化不同于人的自然本能，充其量，它属于人的社会本能或历史本能。例如，在饮食男女的问题上，人与动物一样，服从于某种自然的本能。人饿了就要进食，人性饥渴了就想性交，这些无疑属于自然本能。但是，人与动物又有很大的不同。以什么方式进食，在什么场合、与什么人在符合规范的条件下交合则服从于文化的规范。因此，对于文化的理解不同于对人的自然生存环境的理解，文化的解释不是人的行为的外在条件和环境因素的描述，而是人的内在本质的规定性解释，是对人自身的认识和把握。

文化：人的第二自然。如果我们从上述关于文化是人类文明的总称这一广义的文化概念进一步推论，进一步突出文化不同于自然和本能的"人为的"性质，那么，我们可以发现，一些著名哲学人类学家和文化人类学家关于文化是人的"第二自然"的断言，对于我们理解文化具有更为重要的价值。我们可以以哲学人类学的著名论述来阐述这种文化理解。德国生物人类学家格伦通过非特定化或非专门化范畴来确定人在生物学领域中的"先验的结构整体"，并由此为文化的起源确定了基础。他认为，从人的生物学领域来看，人与动物的最大区别在于人的未特定化或非专门化（unspecialization）。动物在体质上的特定化使它们可以凭借某种特定的自然本能在特定的自然链条上成功地生存，而人在体质和器官上则呈现出非特定化的特点，由此决定了人在自然本能上的薄弱。德国哲学人类学家蓝德曼曾对人与动物的这一本质差别做了大量的研究，他分析得出，猿猴和一般的动物在生物学构造方面都比人更加专门化。例如，动物的器官往往适应于特殊的生存环境和各种物种的需要，这种专门化的结果和范围也是动物的本能，规定了它在各种环境中的行为。而人的器官并不指向某一单一活动，而是原始的非专门化。例如，人的牙齿既非食草的，也非食肉的。因此，人在本能方面是贫乏的，自然并没有规定人该做什么或不该做什么。然而，正是由于人先天自然本能方面的缺憾，使他能够从自然生存链条中凸现出来，用后天的创造来弥补先天的不足。这种补偿人的生物性之不足的活动，就构成了人的文化。因此，文化既超越自然，又补充着人的自然。格伦由此把文化称为人的第二本性。

应当说，哲学人类学的这些观点对于我们理解文化具有重要的启示。蓝德曼认为，"尽管非专门化最初有消极的效果，但经过长途跋涉之后，它却具有不可估价的优点。专门化缺乏实际上相联于一高级肯定能力。因为人的器官没有被狭隘地规定在少数的生命功能上，它们可能具有多重作用。因为人没有被本能控制，人自己可以反思和创造。因此人缺少此则具有彼。人所缺少的专门化得到补偿，甚至超出了补偿。这是因为下列事实：人多种的能力和人的创造性，使人适应了变化的外在条件，而且通过创造活动和社会制度，使人更易生存。于是，人甚至远远超过了动物。尽管动物看来有更好的装备去进行生存斗争。用新的方法看，理性人类学实际上是正确的。理性实际上就是非专门化的必然相关物"①。通过这种分析，蓝德曼清楚地表达了哲学人类学关于文化的独特理解："文化是人类的'第二天性'。每一个人都必须首先进入这个文化，必须学习并吸收文化。"②这些见解不仅对于我们界定文化范畴具有重要意义，而且对于我们理解文化的起源和文化的生成问题同样十分重要。

文化：给定的和自在的行为规范体系。从关于文化是人的"第二自然"或"第二天性"的理解出发，实际上文化是人用以弥补先天本能之不足的一种"后天的""人为的"行为规范体系。很多文化人类学家持这种文化理解，他们从不同方面强调文化对人的生存的给定的规范作用。这种文化理解特别重视传统、习惯、习俗等自在的行为规范的作用，一些学者甚至把文化理解为一种主导性的生存模式。哲学人类学家蓝德曼在分析了作为人的"第二天性"的文化之后，紧接着就致力于揭示文化所具有的传统和历史内涵。他认为，"在其它物种中成长的动物的行为，同其父母培养的一样。然而，人的行为则是靠人自己曾获得的文化来支配。人如何使用和生殖，人如何穿衣和居住，人如何实践地和伦理地行动，人应当如何言说以及人如何看待这个世界，人们使用的所有文化形式，都是建立在历史创造的基础上。由于人是历史性的创造物，所以人不能靠遗传继承。不过，人必须保存祖先造福后代的发现。代替遗传的在此必须是保存的纯粹精神形式。这种保存的另一种形式，便是传统。通过传统，知识和技术如同救火线上的水桶一代一代地传递，而且靠典范传达给后世，于是前辈的传统引导着人们"③。

---

① 蓝德曼：《哲学人类学》，工人出版社 1988 年版，第 211 页。
② 同上书，第 223 页。
③ 同上书，第 277—278 页。

正是从这样的基点出发,学者们从不同角度,例如,从宗教、信仰、给定的地方性知识储备、语言、艺术、仪式、习俗、原始意向、集体无意识等各个方面研究作为给定的和自在的行为规范体系的文化,还个别强调文化的整合力,即文化的各种特质在历史的积淀中整合成某种统一的行为规范体系的特征。例如,美国学者菲利普·巴格比在《文化:历史的投影》中明确地强调了文化的规则性特征。他指出,"我们应当期望文化能表明它是某种规则,而这已被证明确实如此。现在,可以用如下的话来完成我们的定义:'文化',就是'社会成员的内在的和外在的行为规则,但是剔除那些在起始时已明显地属于遗传的行为规则'"①。如前所述,美国学者 C. 恩伯和 M. 恩伯强调了文化的普遍性和总体性特征,但是,从他们的论述中我们不难看出,他们特别强调文化所代表的行为规范体系。他们是从文化所具有的整合性和适应性特征入手来探讨这一问题的。他们指出,"我们说文化是**整合**的,指的是构成文化的诸要素或特质不仅仅是习俗的随机拼凑,而是在大多数情况下相互适应或和谐一致的。人类学家认为文化往往是整合的,其原因之一就是,文化一般是有适应性的"②。从这种分析进一步推论,他们认为,"文化可以定义为被一个集团所普遍享有的,通过学习得来的观念、价值观和行为"③。我们发现,这些关于文化的理解已经接近文化哲学视野内的文化范畴,即作为人的基本生存方式的文化。

文化:自觉的精神和价值观念体系。当然,除了把文化理解为给定的和自在的行为规范体系的观点以外,也有的学者特别强调文化的自觉的精神内涵和价值内涵,这在某种意义上属于狭义的文化范畴。这种观点对文化的理解主要指知识、价值、观念、思想等精神性的存在。例如,著名学者塞缪尔·亨廷顿就持这种狭义的文化范畴,他在《文化的重要作用》一书中讨论文化的作用时就明确提出:"'文化'一词,在不同的学科中和不同的背景之下,自然有着多重的含义。它常常用来指一个社会的知识、音乐、艺术和文学成品,即社会的'高文化'。有些人类学家,尤其是克利福德·格尔茨,强调文化具有'深厚意蕴',用它来指一个社会的全部生活方式,包括它的价

---

① 菲利普·巴格比:《文化:历史的投影》,上海人民出版社 1987 年版,第 99—100 页。
② C. 恩伯和 M. 恩伯:《文化的变异》,辽宁人民出版社 1988 年版,第 47 页。
③ 同上书,第 49 页。

值观、习俗、象征、体制及人际关系等等。然而,在本书中,我们关心的是文化如何影响社会发展;文化若是无所不包,就什么也说明不了。因此,我们是从纯主观的角度界定文化的含义,指一个社会中的价值观、态度、信念、取向以及人们普遍持有的见解。"①

在精神的层面上来界定文化,无疑包含着某种合理性,因为,人作为一种对象化的存在,其基本的生存方式必然包含着内在的文化精神。随着近现代社会的理性化进程,文化越来越走向自觉,呈现为某种自觉的精神和价值观念体系。然而,这种狭义的文化概念在一定条件下也会带来一些理解上的局限性。主要问题在于,这种狭义的文化范畴容易在个体的生存和社会运行之外,把文化视作一种相对独立的存在领域,从而导致文化同政治经济活动的外在的关系。例如,按着这种观点,文化无论如何重要,也不过是政治、经济的附属现象或被决定的东西,是被经济基础和政治上层建筑决定的精神性存在或意识形态层面。显而易见,这里的内在理论范式同样属于在古希腊哲学中就包含的本体论或决定论的定势。当文化被预设为外在于经济和政治的特殊的存在领域时,自然会产生是经济和政治决定文化还是文化决定经济和政治的"决定论问题"。这显然不利于我们在深层次上理解文化的功能和社会历史方位。

文化:人的生活样法或生存方式。在某种意义上可以断言,在关于文化的各种界定中,对于文化哲学的建构最有价值的文化概念是关于生存方式或生存模式的理解。这是关于文化的一种本体性的把握,它没有停留于一般的文化特质,而是倾向于把各种文化特质整合成一种在个体的生存和社会运行中起重要的主导作用的文化模式。中国近代史上两位观点截然对立的文化学家胡适和梁漱溟,在文化的界定上却完全一致。胡适把文化定义为"人们生活的方式",梁漱溟则在区分文明与文化的意义上指出,文化是"人类生活的样法"。当然,在文化模式的研究方面,美国文化人类学家本尼迪克特的研究成果毫无疑问最有权威性。她认为,文化人类学家往往偏重于具体文化特质的研究,但实际上,文化在本质上是趋于整合的,各种文化特质形成一种具有内在统一精神和价值取向的文化模式,这种文化模式

---

① 塞缪尔·亨廷顿、老伦斯·哈里森:《文化的重要作用》,新华出版社 2002 年版,前言第 3 页。

把每一个体的行为包容于文化整体之中,赋予它们以意义。她指出,"文化行为同样也是趋于整合的。一种文化就如一个人,是一种或多或少一贯的思想和行动的模式"①。依据文化模式的基本理论,本尼迪克特对许多民族的文化模式进行了实际的分析和理论阐述,其中最有影响的,一是她在《文化模式》中以北美印第安人为范本所进行的关于日神型文化模式和酒神型文化模式的分析;二是她在《菊花与刀》中基于日本与欧美的比较而进行的关于耻辱感文化模式和罪恶感文化模式的分析。通过这些研究,本尼迪克特断言,对于文化模式的研究比对于制度的研究更为重要。

三　文化:历史地凝结成的生存方式

在这里不想进一步展开上述文化界定以及其他关于文化的各种理解的详细内涵,在后面的分析中我们还将从不同侧面不同角度回到这些问题上来。需要指出的是,文化是人与生俱来的本质性的存在方式,具有无所不在的普遍性特征。因此,从上述几种典型的文化范畴也可以看出,对于文化现象的研究存在着多种视角,文化学、人类学、历史学、社会学、文学、哲学等对文化都有不同的研究。其中,文化哲学对于文化的反思有自己独特的视角。它以各个学科关于文化的研究成果为基础,但是又不同于文化学、人类学、社会学等领域的实证的田野研究,不是对不同民族的风俗、习惯、仪式等文化特质的具体分析和比较,不是关于各种文化习俗、文化观念的交流、传播、变异、适应等的一般规律的揭示,也不是关于文化、艺术等具体的文化领域的具体探讨。文化哲学所思考的是各种文化范畴中的本体性的理解,是把文化作为个体生存和社会运行的基本方式,从而对于人的生存和历史的运行提出更为深刻的解释。而为了建立起文化哲学的文化范畴,我们可以首先从文化的语义学加以简要的考证。

应当说,今天意义上的文化范畴在历史上出现较晚。据许多语言学家和文化学家考证,"文化"(culture)在拉丁语和中古英语中通常具有"耕耘"或"掘种土地"的意思;到了18世纪法语中,文化逐渐指谓训练和修炼心

---

① 本尼迪克特:《文化模式》,浙江人民出版社1987年版,第45页。

智、思想、情趣的结果和状态,指良好的风度、文学、艺术和科学;直到 18 世纪末,特别是在 19 世纪,文化才逐渐开始取得了它的现代意义,在接近文明的含义上得以运用,开始指谓个人的完善和社会的风范,包括习俗、工艺、技巧、宗教、科学、艺术等社会生活的主要方面,包含着培养、教育、修养等含义。同时,由于西方文明特有的宗教意蕴,文化也包含着某种对神的崇拜的神圣含义,如清教徒纽曼使用的"精神耕耘"(mental culture)或"智力耕耘"(intellectual culture)①。随着文化学和人类学研究的进展,文化范畴的内涵越来越深化与丰富了,不同的研究者从不同的侧面揭示和界定文化的规定性。

与西方语言中的 culture(拉丁文为 cultura)对应的中文范畴"文化"是中国语言系统中比较早就存在的词汇。从字面含义来看,"文"一般是指纹理,"化"则代表着变易、生成、造化等。而"文"与"化"并用,构成"文化"这一范畴,学者们都追溯到战国末年的《易·贲卦·象传》:"(刚柔交错),天文也。文明以止,人文也。观乎天文,以察时变;观乎人文,以化成天下。"著名学者张岱年先生也用这段话来解释汉语中的文化的起源。他指出,"这段话里的'文',即从纹理之义演化而来。日月往来交错文饰于天,即'天文',亦即天道自然规律。同样,'人文',指人伦社会规律,即社会生活中人与人之间纵横交织的关系,如君臣、父子、夫妇、兄弟、朋友,构成复杂网络,具有纹理表象。这段话说,治国者须观察天文,以明了时序之变化,又须观察人文,使天下之人均能遵从文明礼仪,行为止其所当止。在这里,'人文'与'化成天下'紧密联系,'以文教化'的思想已十分明确"②。

从词源比较来看,西方语言中的 culture 和汉语中的文化还是有一些差异的,例如,culture 在初期主要是耕耘、栽培和种植的含义,后来逐步引申出对人的性情的陶冶和品德的教养,而中国的"文化"从一开始就专注人的精神修养领域,强调"文治教化""以文教化""人文化成"等。当然,这种细微的差异也反映出两种文化之间的规定性的差异,如西方的 culture 似乎更强调一种凭借内在的生命力而生成的价值规范,而汉语中的文化更强调对某种给定的人伦关系的纹理的观察,以及用这种外在的规范约束人的行为。无论如何,西方语言中的 culture 和汉语中的文化存在着根本的一致性,它

---

① 参见菲利普·巴格比:《文化:历史的投影》,上海人民出版社 1987 年版,第 87—90 页。
② 张岱年、方克立主编:《中国文化概论》,北京师范大学出版社 1994 年版,第 2 页。

们都突出了文化的"人为的"性质，是人所确立的不同于自然秩序和生存本能的社会行为规范。正因为如此，文化总是通过传统、习惯、伦理、纲常、价值、规范等鲜明地表现出来。

基于上述分析，我们可以在文化哲学的视野内对于文化从本体上加以界定。概括起来说，与通常我们所说的各门学科所研究的对象相比，文化的特性表现在，它不是与经济、政治、科技、自然活动领域或其他具体对象相并列的一个具体的对象，而是内在于人的一切活动之中，影响人、制约人、左右人的行为方式的深层的、机理性的东西。因此，文化虽然无所不在，但又是无形的、难以直接把握的东西。

文化的这种特性，使不同的研究者从不同的视角对文化作出了各种不同的界定。例如，如前所述，"人类学之父"泰勒从文化进化论的立场出发，着眼于文化的整体性和精神性，把人类的知识、信仰、艺术、道德、法律、习俗等一切精神性创造物的整体界定为文化；博厄斯从历史特殊论的角度，把文化理解为特定社区的所有习惯及由这些习惯所决定的人们的活动；马林诺夫斯基等人的文化功能主义理论则把文化当作满足人的各种需要的习俗、环境、制度体系；新进化论代表人物怀特和文化哲学家卡西尔等人把文化视作代表着价值体系的符号，等等。显而易见，我们在这里不可能罗列各种文化学和人类学文献中出现的所有文化定义，而只能通过对文化的一些最主要特征的揭示而逐步接近或逼近文化的本质规定性。一般说来，要揭示文化的本质，我们至少要关注以下几个方面的基本特性。

首先，文化具有人为的性质，它是人的类本质活动的对象化。具体说来，文化往往同自然和人的先天遗传因素相对照，是人的自觉的或不自觉的活动的历史积淀，是历史地凝结成的人的活动的产物。在这种意义上，文化和历史是同义的范畴，它们代表着人对自然的超越。如前所述，人饿了就要进食，这是先天决定的生理现象，不属于文化，但吃什么和以什么方式进食则是一种文化；人性饥渴时就要同异性进行性交，这属于生理本能，而不是文化，但要在什么样的限定范围内、与什么样的对象、在什么场合性交则是文化，等等。这样的例子很多。

关于文化的非自然性和非先天遗传性特征，许多论者都已经注意到了。美国学者 C. 恩伯和 M. 恩伯在《文化的变异》中指出，"大多数人类学家认为，文化包含了后天获得的，作为一个特定社会或民族所特有的一切行为、观念和态度"①。这里,他们特别强调文化的后天获得性,即人为的性质。另一位美国学者菲利普·巴格比在《文化:历史的投影》中也明确地强调了这一点。他指出,文化就是"社会成员的内在的和外在的行为规则,但是剔除那些在起始时已明显地属于遗传的行为规则"②。

其次,文化具有内在的自由和创新性。文化是人类超越自然本能而确立的人为的行为规范或者后天的"第二天性",换言之,人是"非决定的"自我创造的存在,这其中已经包含着对自然给定性的超越,包含着人凭借理性的规范进行自主活动和自由行为的可能性。一般说来,纯粹自然的运行服从于一种必然的自然规律,而人的文化生存却遵循着内在的人为的行为规范,这是二者之间的根本区别之一。哲学人类学家蓝德曼对文化的自由本性进行了具有说服力的分析。他认为,与其他动物不同,人不是单面地受到限定,而是可能并且必须塑造他自己。具体说来,"人没有不变的、封闭的存在状态。或者,更细致地说,只有人的最一般的结构,人的认识和行动的特殊方式,等等,是自然通过牢固的遗传赋予人的。不过,这些坚固的要素并非是人的所有一切。在这之上产生的第二维度,并非由自然规定,而是由人自己的创造力去决定……所有这些以及作为宗教、艺术、科学等较高层次的领域,在人类天性中并没有强制性的标准。所有这些就是'文化',而文化这一概念的定义就是由人类自身的自由创造性加以创造的。这就是人类赋予文化以多样性的原因。文化因人而异,因时而异,但人在创造文化的同时,人也创造了自己"③。

再次,文化具有群体性,它是历史积淀下来的被群体所共同遵循或认可的行为模式。因此,文化对于个体的存在往往具有先在的给定性或强制性。个人的偶尔的行为,或者只被某个人所运用而不为群体认可的行为方式,构不成文化模式。因此,在这种意义上,虽然文化从起源上讲具有人为的性质,具有超自然的性质,但是,这并不意味着它总是以自觉的方式行使功能。相反,在大多数情况下,文化具有自在性,是历史地凝结成的非个体性的习惯,因此,它代表着自在的类本质对象化。

---

① C. 恩伯和 M. 恩伯:《文化的变异》,辽宁人民出版社 1988 年版,第 29 页。
② 菲利普·巴格比:《文化:历史的投影》,上海人民出版社 1987 年版,第 100 页。
③ 蓝德曼:《哲学人类学》,工人出版社 1988 年版,第 7 页。

美国学者 C. 恩伯和 M. 恩伯对文化的群体性、强制性和自在性作了较为详细的论述。他们指出，"如果只有一个人在想某个问题或做某件事，那么这个行为代表的是个人的习惯，而不是一种文化模式。这是因为，一种被认为是文化的思想和行为必须被一处居民或一群人所共同享有；即使不被共同享有，如果大多数人认为合理，也可以被视为文化的观念和行为"①。正因为文化是群体的和共同的，所以它对个体具有强制性，一个人如果明显背离其所生活于其中的文化，他的生存就将陷于困难。"文化本身是限制个人行为变异的一个主要因素。法国著名社会学家埃米尔·杜尔干（Emile Durkheim）强调说，文化是我们身外的东西——它存在于个体之外，而又对个人施加着强大的强制力量。我们并不老是感到文化强制的力量，这是因为我们通常总是与文化所要求的行为和思想模式保持着一致。然而，当我们真的试图反抗文化强制时，它的力量就会明显地体现出来了。"②

从上述几个方面的分析，我们可以看出，文化具有内在的矛盾和张力：一方面，文化是人的活动的创造物，是人超越自然本能而形成的人为的"第二天性"，它代表着文化的自由和创造性的特征；但是另一方面，文化又明显地具有群体性，文化历史积淀下来的被群体所共同遵循或认可的行为模式，对于个体的存在往往具有先在的给定性或强制性，它一旦形成，就对生活于这一文化模式之下的个体的行为和社会生活具有制约作用，甚至决定性作用。文化的这种内在的矛盾并非不正常的现象，它反映了文化固有的内在结构。人是文化的创造者，同时也是文化的创造物，这是一个问题的两个方面。正如蓝德曼所说的那样，"我们是文化的生产者。但我们也是文化的创造物"③。马林诺夫斯基认为，文化的根本作用是满足人类最基本的需要。由于自然界并没有提供给人类足够的生存装备，因此，人类必须用文化创造来满足人类的生存需要，建立起一个新的人造的生存环境，以保证人的生存自由。他指出，"人类就这样建立起一个新的自造环境，反过来他又让自己的机体再适应于这一环境。这一新的人工环境遵循着自己的定数，其中存在着文化进程、文化结构以及一致行为之效率的法则。从此，文化不

① C. 恩伯和 M. 恩伯：《文化的变异》，辽宁人民出版社 1988 年版，第 29—30 页。
② 同上书，第 37 页。
③ 蓝德曼：《哲学人类学》，工人出版社 1988 年版，第 264 页。

可避免地成了一个强加于人的新强制因素的根源。文化进程的法则不如自然法则或生命有机体法则刻板,在人工制品、技能、思想和行为规则之间的关系中可发现这些法则"①。正因为具有这种内在的矛盾性或张力结构,文化才一方面具有稳定性,另一方面具有自我超越性和进步的可能性。换言之,正因为具有这种内在的矛盾性或张力结构,文化才是一种活生生的历史生成,它既不是给定的先验结构,也不是亘古不变的规范体系,而是经历着自我超越和自我完善进程的相对稳定的生存方式。

根据上述初步探讨,我们形成了关于文化的基本的理解。文化大体上属于人类超越自然的创造物,是历史地积淀的类本质对象化。然而,按照这样广泛的界定,人所创造的一切都可纳入文化的范畴,如政治、经济、宗教、艺术、科学、技术、哲学、教育、语言、习俗、观念、知识、信仰、规范、价值,等等。但是,关于文化的这种阐述还基本上是对文化的广义的界定和外延的描述。在这种意义上,文化与文明是同一个范畴,或者是同义语,它们是与自然相对照的大范畴,可以涵盖人之一切造物,因而,文化和文明都是多层次多维度的总体性存在。然而,如果我们对文化的界定再深入一些,再精确一点,从其本质特征入手,就会发现,文化与文明范畴又有一定的差异。在实际运用中,人们很少用文化指谓人之具体的、有形的、可感的、不断处于生生灭灭之中的造物,而是用来指称文明成果中那些历经社会变迁和历史沉浮而难以泯灭的、稳定的、深层的、无形的东西。具体说来,文化是历史地凝结成的稳定的生存方式,其核心是人自觉不自觉地建构起来的人之形象。在这种意义上,文化并不简单地是意识观念和思想方法问题,它像血脉一样,熔铸在总体性文明的各个层面,以及人的内在规定性之中,自发地左右着人的各种生存活动。文化所代表的生存方式总是特定时代、特定民族、特定地域中占主导地位的生存模式,它通常或以自发的文化模式或以自觉的文化精神的方式存在。

在这种意义上,胡适和梁漱溟对于文化的理解比较好地表述了文化哲学对于文化的界定。如前所述,胡适曾把文化定义为"人们生活的方式"。他是从区分文化与文明的角度论述这一问题的。他指出,"第一,文明

---

① 庄锡昌等编:《多维视野中的文化理论》,浙江人民出版社 1987 年版,第 109—110 页。

(Civilization) 是一个民族应付他的环境的总成绩。第二,文化(Culture) 是一种文明所形成的生活的方式"①。梁漱溟则在区分文明与文化的意义上,对文化作了同样的界定。他指出,"文化并非别的,乃是人类生活的样法。……文化与文明有别。所谓文明是我们在生活中的成绩品,——譬如中国所制造的器皿和中国的政治制度等都是中国文明的一部分,生活中呆实的制作品,算是文明,生活上抽象的样法是文化"②。

通过上述界定不难看出,对于人的生活和人的世界而言,文化的确是最深层的东西,它是人的活动及其文明成果在历史长河中自觉或不自觉地积淀或凝结的结果。作为稳定的生存方式的文化一旦生成,它一方面对于置身于这一文化之中的个体的生存具有决定性的制约作用,像血脉一样构成人的存在的灵魂;另一方面,它构成了社会运行的内在机理,从深层制约着社会的经济、政治和其他领域的发展。正因为如此,文化的变迁或转型总是人的世界的最深刻变革,因为它代表着人的根本生存方式的转变。在这种意义上,我们研究文化实际上是在研究人本身。因此,当我们对于文化作了初步的界定之后,还应从人的生存的视角进一步挖掘文化的深刻内涵。

---

① 胡适:《胡适选集》,天津人民出版社 1991 年版,第 188 页。
② 罗荣渠主编:《从"西化"到现代化》,北京大学出版社 1990 年版,第 58—59 页。

第二讲

文化的生成与功能

当我们断言文化是历史地凝结成的,在特定时代、特定地域、特定民族或特定人群中占主导地位的生存方式时,我们只是道出了文化的最根本的规定性,它是文化范畴的最高抽象。如欲对文化有更深刻的理解,我们必须回到活生生的文化现象,对它的发生或起源以及功能等作出描述和解析,才可能得到一个包含着丰富的、多样性内涵的文化范畴。

既然文化在最根本的意义上是人之历史地凝结成的生存方式,那么,揭示文化的发生机制实际上也就是研究人的生成问题。任何时候,当我们静下心来,把思索的目光从变幻无常的外部世界拉回到人自身,人的生成问题或文化的发生问题总是散发着不可抗拒的、诱人的光芒的神圣问题。当我们沐浴在晨曦中注视着点缀在清新的、静谧的、温馨的自然之中的袅袅炊烟时,当我们伫立在夕阳下,伴着在暮天上织锦的晚云和在溪水中流金的残日,排遣着总也不能释怀的尘世情丝时,当我们长跪在万籁俱寂的黑夜中仰视着满天星斗,遥想着造物的奇迹与伟大时,我们总是深深地感到人作为万物之中的一个"类"的渺小和对自我的无知:沉默无语、沉睡亿万年的大自然是如何从自己的怀抱里孕化出人这一万物之灵?而人又是如何从爬行中直起身躯,把意识的灵光投射到未分化的、混沌的原始天地上?在古往今来人类所面临的所有问题中,大概没有哪一个问题能比人的生成或文化的发生更令我们激动不已,使我们百思不得其解而又乐此不疲。

著名哲学家康德把探索与认识"头上的星空"和"心中的道德戒律"作为自己的批判哲学的使命。他提出三个至关重要的问题:我能认识什么?我应当做什么?我能希望什么?而这三个问题概括起来就是一个问题:人是什么?康德的纯粹理性批判、实践理性批判和判断力批判都是围绕着人这一永恒的斯芬克斯之谜展开的。哲学人类学创始人舍勒从精神和生命的统一去理解人，他强调："自从我的哲学意识第一次觉醒以来，诸如'人是什么？人在存在中的地位是什么？'一类的问题，便比其他任何一个问题更强烈、更集中地萦绕在我心头。"①

从这些论述中不难看出人的问题的极端重要性。但是，从文化哲学的视角来看，离开了人所创造和生活于其中的文化，不可能真正理解人的生存。斯宾格勒反复强调文化重要的社会历史地位。在他看来，历史不是简单的自然时间的流程，而是人的生成与创造；历史就是文化有机体的兴衰沉浮，离开了具体的文化，就没有任何历史可言。"由此可以得出一件最有决定性意义的事实，一件以前从未被承认的事实，就是，人不仅在**文化**诞生以前是没有历史的，而且当一种**文明**已经自行完成了它的最后的确定的形式，从而预示这种文化的活生生的发展的终结及其有意义的存在的最后潜力的枯竭时，立即再度成为没有历史的。"②可以说，文化构成各个民族的生存结构内在的本质和基础。"可以绝对肯定的是：伟大的**文化**是起源于性灵的最深基础上的原始实体；在一种**文化**的影响下诸民族的内在形式和整个表现是相似的，是**文化**的产物而不是它的创造者。"③

或许同人有关的许多根本性的问题命定不会有终极的答案，而这大概又反过来构成人和文化的本性。关于文化的发生或文化的起源的问题无疑属于这样的问题。在以往的文献中，涉及文化的发生问题，我们可以看到神创说、自然发生说或模仿自然说、人类自身匮乏说、人类本质说或人类本性说等各种假设。我们在这里不准备去具体评说各种假说的是非优劣，而想转换研究的视角，换一种方式提出问题。我们为什么要探讨人的生成和文化的起源问题？除了这一问题本身的魅力以外，最根本的原因是我们希望由此更深刻地把握人的本质规定性或文化的本质属性。这样一来，我们就应当以现实的人的存在和文化为侧重点来揭示文化的发生或人的生成，因为，文化的发生和人的生成是一个已经完成的历史事实，而人作为一种存在却是一个当下的事实。对于历史的认识只能提供各种假说，对于当下的事

① 马克斯·舍勒：《人在宇宙中的地位》，贵州人民出版社 1989 年版，前言第 1 页。
② 斯宾格勒：《西方的没落》上卷，商务印书馆 1963 年版，1995 年印刷，第 145 页。
③ 同上书，第 306 页。

实则可能提出证伪性比较小的描述。

这样一来,我们就把历史的逻辑和现实的机制结合起来加以考察,从文化作为现实的人的本质规定性同自然存在的明显差异去推测人的发生和文化的起源,又从文化的发生和文化的起源的假说来深化我们对人与文化的理解。在这一点上,上述关于文化发生的各种假说,特别是哲学人类学、精神分析学、文化人类学、马克思的实践哲学等,给我们提供了重要的思路。我们可以在此基础上,从以下几个方面入手来把握文化的发生及其本质规定性。

一 植根于人的超越性和创造性的文化

文化的人本规定性,是文化的最本质的规定性。文化作为历史地凝结成的生存方式,体现着人对自然和本能的超越,代表着人区别于动物和其他自然存在物的最根本的特征。文化的人本规定性的内涵十分丰富,至少包含三个方面的内容:首先,从发生学的角度来看,人的产生的根本途径就是超越本能或生物学的自然,建立自己特有的一种生存体系,建立自己的"第二自然",这就是文化。在这种意义上,文化就是人化。其次,文化作为人自己建立起来的"第二自然",包含着人与动物相区别的最根本的规定性,即超越性与创造性,也就是自由的维度。人作为自然之子,永远不可能脱离大自然而生存,但是,人之为人的基础,人在宇宙万物中的独特性,人所带来的独特价值,不在于自然和本能,而在于人对自然的超越和人的文化创造。再次,文化所代表的人对自然的超越的维度,或者自由和创造性的维度,是人这个特殊的类的生存基础。人与动物的根本不同就在于,人永远在追求某种创新,永远不能满足于或停留于已有的创造,不仅以某种方式超越给定的或外部的自然,而且也在不断地超越、更新和重建已有的文化造物。惟其如此,历史和文化之歌才能常唱常新。

实际上,关于文化的超越性或创造性维度,即关于文化的人本规定性,许多有关文化的学说已经在某种意义上达成共识,只是不同的学说对于这一问题理解的角度各不相同。例如,有的学说倾向于从人原有的生物学基础的薄弱,即从人的本能的先天软弱来论证人超越本能、创造文化的内在必然性或驱动力,而另外的学说则倾向于从人原有的生物学基础的优越,即人的活动所内含的意识、能动性等因素来论证文化创造的必然性。在列举多维视野中的文化理解时，我们曾提及关于文化起源的一些观点，在这里，我们可以对文化起源于人的超越性和创造性的观点稍加论述。

弗洛伊德的精神分析学不仅是最有影响的精神疾患诊疗方式之一，而且是十分重要的文化学理论。弗洛伊德晚年通过对图腾与禁忌、原始宗教等问题的研究，集中探讨文明与本能的关系。他有关文明本性的许多思想对于我们思考文化的发生和文化的规定性具有重要的启示。一方面，弗洛伊德强调，力比多，即爱欲是文明的起源和生成的基础，"爱是文明的创造者"。他认为，在原始社会，各种人格化的父亲作为家庭和氏族的首领在意志上是"无拘无束的"，他独霸女人，即独霸性快乐的源泉，后来，联合起来的儿子们推翻了父权统治，为了维护新的体系而采取了联合与契约的方式。这就是文化和文明的起源。他指出，"人类的生活都共有一个双重的基础，这就是被外界需要所创造的强迫工作和爱的权力，使男人把他的性对象（女人）保留在他的身边，和使女人把从她身上分离出来的一部分（她的孩子）保留在她的身边。爱欲和需要也是人类文明之母。文明的第一个结果是，更多的人因此能够共同地生活在一起了。既然这两大权利在这里一同合作，人们就可以期望，文明的进一步发展一定会顺利地使人类更好地掌握外部世界，也能更多地增加共同承担生活重任的人数"①。但是，另一方面，我们必须看到，弗洛伊德不是在一般的意义上谈论文明起源于爱欲，而是在文明压抑性本能的意义上理解文明的起源。他指出，文明的发展历程实际上是不断压抑人的性本能活动范围的过程。人受本我即性本能的驱使，按照快乐原则不断追求性的满足，但是，人类共同生存的需要驱使人不断限制性本能活动的范围，最终把性活动限定在一夫一妻制的合法范围内，由此形成了众多关于家庭、交往等方面的规范和关于乱伦等方面的禁忌；同时，文明不断把人的爱欲的能量从单纯的性活动引向文化创造和物质生产等活动领域。因此，在某种意义上，文明起源于性压抑。弗洛伊德强调："我们发现，文明也努力用里比多的联系把社会的成员结合起来，它利用了一切手段，酷爱每一种途径，通过这些手段和途径，强大的自居作用就能在社会成

---

① 西格蒙德·弗洛伊德：《一个幻觉的未来》，华夏出版社1999年版，第35页。

员中创造出来,为了用成员之间友谊的结合力去加强社会团体,文明急需大量的受目的制约的里比多。要达到这个目的,就不可避免地要对性生活加以限制。"①通过上述分析,他得出文明与本能相互冲突的结论。他断言:"爱和文明之间的相互关系在发展过程中失去了它们的单一性。一方面,爱反对文明的利益,另一方面,文明用难以忍受的限制来威胁爱。"②

如果说弗洛伊德的精神分析学主要是从心理分析的特殊视角来探讨文明与本能的冲突,尚不是系统的文化学理论,那么,文化人类学关于文化起源的论述则是自觉的文化学理论。他们大多从文化对于人类先天脆弱本能的补充的角度来阐述文化的起源。例如,功能主义文化学代表人物马林诺夫斯基对此有明确的论述。他认为,人同任何动物一样,"屈从于所处环境的定数及自身生物体的需要",但是,由于人在生物学基础上先天的不足,人必须有"人工的、辅助的和自造的环境"才能得到对自然的控制力,才能满足人的生存需要。马林诺夫斯基指出,"人类的文化生涯始于类人猿,它生活于有限的栖息地,可能在一片热带丛林中。最初的人猿在狭窄有限的食物区中觅食,来满足自己的需要,它以很小的调节边际来防御环境中的危险。根据解剖学的说法,人类相当缺乏防护能力。前文化人类像所有类人猿一样没有天生的武器,无利齿,也无爪无角。他们也得不到厚实的皮肤、快速的运动保护。这样,猿人的躯体就很脆弱,并且由于幼儿成熟期长,从而暴露给众多的危险"。他认为,正是这样的生物学背景促使人类文化的产生。"人类就是从这样一个不尽如人意的处境开始,通过其文化的发展,现在已横行于地球,征服了各种环境和栖息地……由于把自由视为适应可能性的范围,我们看到他已将人类的控制力扩及到地球表面所允许到达的任何地方,并渗透到人类当初所不能渗入的各种环境之中。"③

在这一点上,哲学人类学的观点比文化人类学的见解更具代表性。从上述论述可以看出,马林诺夫斯基突出了文化与本能的对立,指出了人类先天本能的脆弱和后天文化创造的力量,但没有进一步对本能与文化之间的关联作更多的探讨。如前所述,哲学人类学在这方面作了更深入

---

① 西格蒙德·弗洛伊德:《一个幻觉的未来》,华夏出版社 1999 年版,第 42 页。
② 同上书,第 37 页。
③ 庄锡昌等:《多维视野中的文化理论》,浙江人民出版社 1987 年版,第 107—108 页。

的思索。德国生物人类学家格伦通过非特定化或非专门化范畴来确定人在生物学领域中的"先验的结构整体"，并由此为文化的起源确定了基础。他认为，从人的生物学领域来看，人与动物的最大区别在于人的未特定化（unspecialization）。动物在体质上的特定化使它们可以凭借某种特定的自然本能在特定的自然链条上成功地生存，而人在体质和器官上则呈现出非特定化的特点，由此决定了人在自然本能上的薄弱。德国哲学人类学家蓝德曼曾对人与动物的这一本质差别作了精辟的概括，他指出，"不仅猿猴，甚至一般的动物，在一般构造方面也比人更加专门化。动物的器官适应于特殊的生存环境、各种物种的需要，仿佛一把钥匙适用于一把锁。其感觉器官也是如此。这种专门化的结果和范围也是动物的本能，它规定了它在各种环境中的行为。然而人的器官并不指向某一单一活动，而是原始的非专门化（人类的营养特征正是如此，人的牙齿既非食草的，也非食肉的）。因此，人在本能方面是贫乏的，自然并没有规定人该做什么或不该做什么。因此，人没有专门的生育季节，人可以在一年中的任何时候相爱繁殖"①。然而，正是由于人先天自然本能方面的缺憾使其能够从自然生存链条中凸现出来，用后天的创造来弥补先天的不足。这种补偿人的生物性之不足的活动，就构成了人的文化。因此，文化既超越自然，又补充着人的自然。格伦由此把文化称为人的第二本性。实际上，早在 17 世纪，法国著名思想家帕斯卡尔就在《思想录》中，用诗化的语言揭示了人在自然天性上的脆弱和文化创造上的伟大。他说："人只不过是一根苇草，是自然界最脆弱的东西；但他是一根能思想的苇草。用不着整个宇宙都拿起武器来才能毁灭他；一口气、一滴水就足以致他死命了。然而，纵使宇宙毁灭了他，人却仍然要比致他于死命的东西更高贵得多；因为他知道自己要死亡，以及宇宙对他所具有的优势，而宇宙对此却是一无所知。"②

关于人在生物结构上的非特定化导致了文化作为人的"第二自然"产生的观点，在文化学和哲学中为很多学者所认同。例如，本尼迪克特在《文化模式》中提出了文化的补偿性原则。她指出，"人失去了大自然的庇荫，而以更大的可塑性的长处得到了补偿。人这种动物并不像熊那样为了适应

---

① 蓝德曼:《哲学人类学》,工人出版社 1988 年版,第 210 页。
② 帕斯卡尔:《思想录》,商务印书馆 1987 年版,第 157—158 页。

北极的寒冷气候,过了许多代以后,使自己长了一身皮毛,人却学会自己缝制外套,造起了防雪御寒的屋子。从我们关于前人类和人类社会的智力发展的知识来看,人的这种可塑性是人类得以发端和维持的土壤"①。在这一点上,雅斯贝尔斯的论述更加明确,他直接使用了非特定化范畴来区别人与动物。他指出,"各种器官的特殊性,使每一个动物在某些特殊能力方面超过了人,但是正是这种优越性,同时也意味着动物的潜力变狭窄了。人避免了这种全部器官的特殊化。因此,尽管事实上人的每一个器官都处于劣势,但人却始终有靠非特殊化维持活力的潜力优势。器官的劣势给人以压力,潜力的优势给人以能力,使人在其形成的过程中,通过意识的中介,走上一条跟动物完全不同的道路。使人能够适应所有的气候、地域、情形和环境的,正是这种潜力优势,而不是人体"②。

以上我们所引证的主要是哲学家和文化学家关于文化的超自然的或人为的本质规定性的著名论述。在这一点上,上述学者的论述是能够令人信服的。文化的确是一个人本学范畴,它是与自然和本能相对立的概念。关于这一问题我们应当对文化的这种人化性质作进一步的分析,以加深对文化的本质规定性的理解。文化作为自然和本能的对立面,作为人的生存方式,其最本质的规定性就体现在对自然和本能的扬弃之中,这就是人的活动所特有的超越性、创造性和自由自觉的特征。

关于这一点,一些学者在探讨文化与自然或本能的对立时已经有所认识。例如,马林诺夫斯基在从功能论的角度揭示文化的起源和本质特征时,强调了文化的自由内涵,专门论述了"在文化诞生和成长中的自由"。他指出,"文化在其最初时以及伴随其在整个进化过程中所起的根本作用,首先在于满足人类最基本的需要。这样,文化起初的含意就成了在自然界未给人类以装备的各种环境条件下的人类生存自由。这一生存自由可分解为安全自由和成功自由。所谓安全自由,我们意指通过人工创造和合作,文化所给予的防护机制,这一防护机制给人类以远为宽阔的安全边际。成功自由则指增长、扩大并变异了的开发环境资源的力量,它使人类备不足、聚财富,

---

① 本尼迪克特:《文化模式》,浙江人民出版社 1987 年版,第 13 页。
② 雅斯贝尔斯:《历史的起源和目标》,华夏出版社 1989 年版,第 46 页。

从而有时间从事作为动物的人永远不可能从事的多种活动"①。

我们都很清楚地知道，构成一个事物本质特征的要素不是这一事物同其他事物的共性，而是它所具有的特性。毫无疑问，人同其他动物一样，在任何情况下都不能离开自然的基础而生存。自然规定性是人与其他自然存在物的共性，因此，它不能构成人的本质规定性。正是文化作为人的"第二自然"或"第二本性"所包含的人本规定性使人与动物区别开来，使人不再像动物那样完全凭借本能而自在地生存，而是获得了一个自由和创造性的空间。在这种意义上，马林诺夫斯基关于文化与自由的本质关联的论述是合理的。但是，在这一问题上，更为深刻与合理的论述是马克思的实践哲学思想。马克思关于人的实践本性的论述十分深刻地阐释了文化的自由和创造性的本质。马克思认为，人区别于动物的类本质特征，就在于人是自由自觉的类的存在物。"一个种的全部特性、种的类特性就在于生命活动的性质，而人的类特性恰恰就是自由的自觉的活动。"②从这一基点出发，马克思深刻地揭示了人与动物的本质差别。他在《1844 年经济学—哲学手稿》中曾提出人的活动的双重尺度的著名观点，即是说，人不同于动物，人能同时按照任何物种的尺度和自己内在的尺度进行生产和创造。"通过实践创造对象世界，即改变无机界，证明了人是有意识的类存在物，也就是这样一种存在物，它把类看作自己的本质，或者说把自身看作类存在物。诚然，动物也生产，它也为自己营造巢穴或住所，如蜜蜂、海狸、蚂蚁等。但是动物只生产它自己或它的幼仔所直接需要的东西；动物的生产是片面的，而人的生产是全面的；动物只是在直接的肉体需要的支配下生产，而人甚至不受肉体的需要的支配也进行生产，并且只有不受这种需要的支配时才进行真正的生产；动物只生产自身，而人在生产整个自然界；动物的产品直接同它的肉体相联系，而人则自由地对待自己的产品。动物只是按照它所属的那个种的尺度和需要来建造，而人却懂得按照任何一个种的尺度来进行生产，并且懂得怎样处处都把内在的尺度运用到对象上去；因此，人也按照美的规律来建造。"③

---

① 庄锡昌等：《多维视野中的文化理论》，浙江人民出版社 1987 年版，第 106—107 页。
② 《马克思恩格斯全集》第 42 卷，人民出版社 1979 年版，第 96 页。
③ 同上书，第 96—97 页。

二 作为人的类本质活动对象化的文化

如果说文化起源于人的超越性和创造性活动,那么换一种说法,用马克思的理解则是,文化起源于人的类本质活动,即实践活动。按照上述理解,人由于自身在生物学结构上的薄弱而用后天的、人为的"第二自然"来支撑自己的生存,那么这种人特有的、构成人独特的类本质活动的实际上就是马克思所说的实践。换言之,文化作为一种内在地包含着自由和制约性构成的张力结构,具有自我超越和自我完善特征的相对稳定的生存方式,正是根植于人所特有的类本质活动,即人的实践活动。因此,我们要想更为深刻地理解文化的起源和文化的本质规定性,必须从人的类本质活动,即人的实践活动的角度继续深入。一般地说来,我们可以用两句话来揭示文化与实践的本质关联:文化是实践的历史积淀和对象化;文化又构成实践活动的内在机理和方式。

为了理解马克思关于实践的哲学构想,我们可以在马克思的思想演进历程中截取 1844—1845 年这一片断,作为马克思的实践哲学构想基本确立的时间定位。在这一时期,马克思表述实践哲学思想的著作主要有三本。在《1844 年经济学—哲学手稿》中,马克思在"积极的"和"消极的"双重意义上,即从对象化劳动和异化劳动两个方面揭示了人是实践的存在物的思想,他把实践理解为"自由自觉的活动";在 1845 年春天写成的《关于费尔巴哈的提纲》中,马克思把革命的、批判的实践确定为哲学的立足点和视角,确定为人的感性世界和人的认识的现实根基;在 1845—1846 年与恩格斯合写的《德意志意识形态》中,马克思则以分工为线索,通过人类社会结构的产生和社会力量的异化来展示人类实践总体的分化与发展过程。从这些论述中,我们可以抽取马克思实践哲学构想的一些最基本的理论内涵。

实践哲学构想的理论基点在于,它从人区别于动物和其他存在物的最本质的规定性,即从实践活动入手,来确定人生活于其中的感性世界的根基。在这种意义上,我们关于实践问题的探讨,并非对于人的某种具体活动的分析,而是关于人生存于其中的生活世界的本体论思考。所以,实践哲学中,我们所使用的"实践"不是仅仅以"主体—客体"结构为核心的、改变外在对象的、简单的工具性的操作活动(practice),而是以主体间的交往为核心的人的基本的生存活动(praxis)。根据马克思的理论理解，实践是一种活动，但不是一般意义上的活动，而是规定着"人的类的特征"，即规定着人的本质的活动，是"自由自觉的活动"，是"实际创造一个对象世界，改造无机自然界"，进而创造人本身的活动。[①] 作为活动，实践综合了人之为人的所有根本特征：自由、创造性、社会性、超越性、目的性，等等。同时，实践是一种存在方式，它不是与自然界万有齐一的存在方式，而是人特有的存在方式，自由的存在方式；它以自身的存在(活动)赋予自然界其他一切存在方式以意义和价值。作为存在方式，实践构成人之存在的本体论结构，为人的活动提供了基本的框架。在这里，人的理性、情感、感性、直觉、意志直至本能均取得一席地位，它们构成有机的总体。这样，作为人的本质活动和存在方式(本体论结构)的实践的最本质特征就在于对给定性(自然的和自身的)的否定、超越和扬弃，在于对人自身和人的世界的创造与再创造。因此，实践成为人的全部感性世界的基础，是属人世界的总体，是现实世界分裂与统一的根基，因而，也就是人理解自身及世界分裂与统一的契机。

从这样的视角出发，人与自然的关系、人与人的关系、认识主体与客体的关系都不再是自然给定的二元对立，而是在实践结构中的现实生成。在人所独有的自由自觉的和创造性的本质活动中，展开着并不断重构两种基本的关系或生存结构：一是主体—客体结构或主客体关系，其中既包括人与自然在实践层面上的交互作用，特别是人对客体的技术征服，也包括认识主体与客体在符号层面上的相互作用，即人对现实对象的理性把握；二是主体间性结构或主体与主体间的交往关系，由此而不断建构和结成人的各种社会关联、社会关系和社会结构。这双重结构的展开，从历时态来看，是人的历史或实践总体的演进，而从共时态来看，则是人的世界或人类社会的建构。由此可见，实践哲学的基本理论内涵应该是以人的实践为基础，对主体—客体关系和主体间交往关系的理性展开。从马克思的各种论述中，我们可以提取以下几个理论要点。

其一，实践是人与自然分裂与统一的根基。诚然，就发生学的意义而言，人是自然的存在物，自然从自身分裂出人类这一对立面。然而，人并非

---

① 马克思：《1844年经济学—哲学手稿》，人民出版社1979年版，第50页。

自然史的简单延伸，我们无法以自然机械的、物理的、化学的运动直接说明人的生成。相反，人诞生的秘密在于他的对象化劳动，即实践中，在人本身那里，"有着关于自己依靠自己本身的诞生，关于自己的产生过程的显而易见的、无可辩驳的证明"①。人并未停留在与自然的对立之中，而是不但在意识中而且在现实活动中寻求建立自身与自然的统一。人具有内在的和外在的双重普遍尺度。"动物只是按照它所属的那个物种的尺度和需要进行塑造，而人则懂得按照任何物种的尺度进行生产，并且随时随地都能用内在固有的尺度来衡量对象。"②于是，通过对象化活动中人的对象化和自然的人化，人一方面扬弃了主体的纯粹主观性，另一方面扬弃了客体的自在给定性，不断再创造出对象和自身，从而把自然界变成"人的无机的身体"。因而，马克思断言，"在工业中向来就有那个很著名的'人和自然的统一性'"，"这种活动，这种连续不断的感性劳动和创造，这种生产，是整个现存感性世界的非常深刻的基础"。③

其二，实践是人与人（人与社会）分裂和统一的基础。在马克思看来，不应把"社会"作为抽象物同个人对立起来，人由于其内在的和外在的双重普遍尺度，必然是"类的存在"，亦即"社会的存在物"。因而，正像社会创造着作为人的人一样，人也通过主体间的交往而创造着社会。"以一定的方式进行生产活动的一定的个人，发生一定的社会关系政治关系。……社会结构和国家经常是从一定个人的生活过程中产生的。"④不仅如此，人在实践活动中对自然的再塑造与对社会关系的创造并非两个彼此独立的过程，人与自然的统一和人与社会的统一本质上是一致的，均是人的实践的产物。人与人之间并非赤裸裸地建立关系，而是通过占有和建构手边的物，即自然提供的质料而彼此关联；而自然的属人本质也只有对社会的人而言才是存在的，只有在社会中，自然界对人来说才是人与人之间联系的纽带。因而，"社会是人同自然界的完成了的、本质的统一，是自然界的真正复活，是人的实现了的自然主义和自然界的实现了的人本主义"⑤。

① 马克思：《1844 年经济学—哲学手稿》，人民出版社 1979 年版，第 48 页。
② 同上书，第 50—51 页。
③ 《马克思恩格斯选集》第 1 卷，人民出版社 1972 年版，第 49 页。
④ 同上书，第 29 页。
⑤ 马克思：《1844 年经济学—哲学手稿》，人民出版社 1979 年版，第 75 页。

其三，实践是认识主体与客体、精神生产与物质生产分裂与统一的基础，旧认识论(包括传统反映论)的致命缺陷是把认识主体与客体当成自然给定和二元对立的，因而总是寻求某种外在的东西作为二者统一的基础或中介。而按照马克思的逻辑，认识活动本身并不构成独立的过程，相反，它只是作为人的本质活动和存在方式的实践活动之内在环节，无论认识主体，还是认识对象，都是实践的生成。在这里，认识主体之所以能依据价值尺度和审美尺度设定对象，是因为实践本身具有现实选择性和能动性；认识主体之所以能按主体结构与客体结构进行双向建构，是因为现实的实践活动按照双重普遍尺度实际地创造和再创造出主体和对象；而主体结构与客体结构的"同构"或"耦合"的根基正在于主体与客体在人之实践过程中的同时生成。由此，认识本身的普遍性和真理性由实践的本性内在地设定，不需要再求诸某种超越的实体。

综上所述，马克思的哲学是实践哲学，是以实践总体(人的世界)的分裂与统一的运动为本体的本体论；是关于主体与客体在实践总体中生成与创造、建构与重构的认识论；是以实践为人的本质和存在方式(本体论结构)的人本学。人的世界的一切均在实践总体中生成、演变、分裂和统一。按照马克思的理解，这一实践哲学代表了人本主义和自然主义相统一的深刻哲学立场，它构成了共产主义运动的文化精神。马克思提出，共产主义以扬弃异化和消灭私有制为核心。"这种共产主义，作为完成了的自然主义，等于人本主义，而作为完成了的人本主义，等于自然主义。"①

从上述分析不难看出，所谓文化起源于人的超越性与创造性实际上就是起源于人的实践活动的超越性和创造性。人区别于动物的这种特有的类本质活动的对象化结果便是文化作为人的活动的内在机理和方式，具体表现在人的实践活动所具有的体现人的目的性的价值指向、调节人际关系的行为规范、支撑社会经济和政治运行的内在精神驱动力量，等等。实际上，每一世代由个体活动或社会运动所构成的实践活动的状况和发展程度，往往可以通过内在的文化精神或文化机理体现出来。例如，这一实践活动主要表现为一种经验式的活动，还是一种理性的、契约的活动，实际上体现出

———————————

① 《马克思恩格斯选集》第 1 卷，人民出版社 1972 年版，第 254—255 页。

不同文化模式和文化精神的规定性。

进而，文化作为人的超越性和创造性的类本质活动的对象化，其直接的外在表现便是：人生活在一个属人的世界，一个处处打上人的文化印迹的生活世界之中。一方面，人为了弥补先天本能之不足，为了满足各种需要而创造出的一切产品，无论是采取实物形态的物质文明成果，还是采取符号形式的精神文明成果，都不是自然给定的，而是人为的产物；另一方面，人赖以生存的自然环境也由于人的活动的超越性和创造性的维度而具有了属人的特征。完全靠特定化的本能生存的动物，与自然是完全一体化的，它们的活动无论具有多大的威力，都只是大自然本身活动的一个组成部分，因此，它们的活动不会在环境中留下特殊的印迹。而人的活动则以其超越性和创造性在自然环境中留下理性的印迹、文化的印迹、属人的印迹，结果是使人生活在一个文化的世界中，一个以人的活动为轴心的生活世界中。关于前一方面，人们一般不会有太大的争议，而关于后一方面则常常难以达成共识。对此，我们可以用 20 世纪哲学界著名的"人化自然"的思想加以说明与论证。

按照通常的理解，人化自然是经过人的劳动的改造，通过劳动而生成，作为劳动的结果而存在的自然。人化自然有时也被称作属人的自然、感性的自然。马克思和恩格斯在《德意志意识形态》中批评费尔巴哈时曾强调，人的实践活动，"这种连续不断的感性劳动和创造，这种生产，是整个现存感性世界的非常深刻的基础"，由于这种创造性活动的展开，世界成为人生活于其中的属人的世界，自然成为人的活动的产物，我们"周围的感性世界决不是某种开天辟地以来就已存在的、始终如一的东西，而是工业和社会状况的产物，是历史的产物，是世世代代活动的结果"。①

马克思关于人和自然关系的上述思想对 20 世纪的新马克思主义产生了重大的影响。很多新马克思主义者充分肯定人化自然对于人的存在所具有的极其重要的意义，并倾向于从人的实践活动及其成果（人化自然）的角度来理解人的现实世界。例如，法兰克福学派成员对于人化自然有许多论述。施密特在《马克思的自然概念》中对这一问题作了详细的讨论。他强

---

① 《马克思恩格斯选集》第 1 卷，人民出版社 1972 年版，第 49—50、48—49 页。

调,不能像传统辩证唯物主义那样,脱离人的实践活动对自然进行纯客观的解释,那样只会导致对自然的漠视。他认为,对于人的存在而言,我们只能谈论人化的自然,不仅与人的活动相关的、已被人加工过的东西,要从人的劳动活动的角度加以理解,而且迄今尚未纳入人类实践领域的自然也只能用人化自然的范畴加以理解。因此,他断言,"一切自然存在总是已经从经济上加工过的,从而是被把握了的自然存在"①。关于人化自然问题,霍克海默在《传统理论与批判理论》中作了深入的探讨。他认为,人生活于其中的周围世界都是人的实践活动的产物,是人类活动塑造的东西,只是个人往往没有意识到这一点,而常常把自己当作被动的、被决定的存在。实际上,"呈现给个人的,他必须接受和重视的世界,在其现有的和将来的形式下,都是整个社会活动的产物。我们在周围知觉的对象——城市、村庄、田野、树林,都带有人的作用的印迹。人不仅仅在穿着打扮、在外在形式和情感特征上是历史的产物。甚至人们看和听的方式也是与经过多少万年进化的社会生活过程分不开的"②。霍克海默认为,随着人类生产实践和其他实践活动的发展与发达程度的提高,人的实践活动对自然进程的参与越来越明显,甚至在自然科学的实验中,我们也无法建立纯客观的、纯自然的进程,"人的感官在很大程度上预先决定了后来在物理实验中出现的次序"。从这种视角出发,霍克海默反复强调人化自然的重要地位,强调人的实践活动的创造本性。他指出,"在文明的高级阶段,人类意识的活动不但无意识地决定着知觉的主观方面,而且在很大程度上也决定着客体。工业社会的人们天天见到的感觉世界到处都打上了有目的的劳动的印迹:房屋、工厂、棉花、菜牛、人,另外,不但有地下火车、货车、汽车和飞机这类对象,而且还有这些对象被知觉期间的运动。在这个复杂的总体里,无法详细地区分开什么东西属于无意识的自然,什么东西属于人的社会活动"③。这样一来,人的生活世界或文化世界的确具有属人的性质,只能从人的超越性和创造性活动的对象化的角度,即从文化的角度加以理解。

---

① 施密特:《马克思的自然概念》,商务印书馆1988年版,第57页。
② 霍克海默:《批判理论》,重庆出版社1989年版,第192页。
③ 同上书,第193页。

三 作为人的价值与行为规范体系的文化

从上述论述,我们形成了关于文化的基本看法:文化作为历史地凝结成的生存方式起源于人的超越性和创造性,是人的类本质活动,即人的实践活动的对象化。我们一再强调,文化哲学视野中的这种本体意义上的文化,不是与政治和经济等社会活动外在并列的具体的文化活动,而是内在于人的全部生存活动和社会活动的内在的机理性的存在。换言之,文化的基本功能是从深层次制约和支配个体行为和社会活动的内在的机理和文化图式。我们可以从两个方面来描述文化的功能:在个体行为的层面,文化主要体现为人自觉或不自觉地遵从的行为规范和价值规范体系;在社会运行的层面,文化主要体现为政治、经济等社会活动的内在机理和图式。

我们首先从文化对于个体的作用入手来探讨文化的功能。如前所述,我们强调,文化虽然是人的实践活动的创造物,但是它一旦形成,就具有群体性,并对个体的行为形成外在的强制性。通常,当我们的行为符合我们生活于其中的文化的规范要求时,我们不会感受到文化的作用和文化的力量。但是,当我们的行为偏离或违背了给定的、人们公认的行为规范或价值规范时,我们立即就会感受到文化特有的力量。尤其在文化模式相对单一、文化观念相对保守封闭的传统社会,一个人的言谈举止、语言语调、待人接物、男女交往、价值观念、行为方式等等,都会遭到给定的行为规范和价值规范体系的拒斥,并由此妨碍他的生存。在两种完全不同的文化规范体系中,文化的差异和冲突就会更明显,会体现在方方面面。例如,当美国人为中国人习以为常地呼噜呼噜吃面条而迷惑不解甚至表示轻蔑时,中国人则对美国人很"原始地"用手抓饭嗤之以鼻。因此,要了解人们的行为和生存状况,首先需要了解对于人的行为起着制约作用的文化规范。

文化对于个体行为的规范和制约作用首先表现在,文化是满足人的各种需要的价值规范体系;进而还表现在,文化提供了特定时代公认的、普遍起制约作用的个体行为规范。

可以说,文化的价值内涵是文化的人本规定性更为丰富的展示和具体表现。在这种意义上,文化是满足人的需要的创价活动和价值体系。对此我们还要回到文化是人的"第二自然",是对自然和本能的超越这一命题上。从上述关于文化与本能关系的论述可以看出，人之所以要超越自然与本能，创造一个人为的生存环境，根本原因是为了满足人的基本生存需要。在一个基本点上，人与动物有共性：人和动物的活动都是由最基本的生存需要驱动的。所不同的是满足基本生存需要方式的本质性差别。其他动物大多属于特定化的存在物，它们的先天本能完全可以满足它们的基本生存需要，它们的生存活动由此就作为大自然自身的自在自发活动的一个未分化的组成部分。这样一来，这些动物总是停留在依靠本能而自发地满足基本生存需要的生存状态中。而人则不同，由于人在生物学结构上的非特定化，由于人在本能上的孱弱，人要生存下去，就不得不用超自然的、人为的手段和工具来满足自己的基本生存需要；而后者的实现要求人的活动内含着自觉性、主动性、主观性的要素。这样一来，人不仅用文化创造满足了衣食住行、饮食男女等基本的生存需要，而且超越了基本的生存需要的层面，因为满足基本需要的人为的、非自然的手段和工具的设计、加工、改善本身又引起了新的需要或次生的需要，这种新的需要又推动人以更高层次的创价活动去寻求更好的满足需要的方式。因此，文化实际上就是人的需要和满足需要的方式相互交织、不断升华的价值创造过程和不断丰富的价值体系。

关于需要在人的生存和社会进化中的重要性，很多理论家都已经注意到并有很多论述。例如，社会心理学家马斯洛由基本生理需要、安全的需要、爱的需要、社会尊重的需要和自我实现的需要等构成的需要层次结构理论为很多人所认可。我们在这里从文化哲学的角度探讨这一问题，要特别提及功能主义文化学的基本见解。尽管拉德克利夫-布朗、马林诺夫斯基、埃文斯-普里查德等人的功能主义文化学派有时过分地强调了文化的工具属性，而没有很好地揭示文化作为人的本质性生存方式的规定性，但是，他们关于文化的功能分析对于我们认识文化的价值内涵具有重要的启示。

在功能主义文化学派中，马林诺夫斯基的观点很有代表性。他的基本出发点是：文化的功能在于满足人的基本需要。他指出，文化"是一个有机整体（integral whole），包括工具和消费品、各种社会群体的制度宪纲、人们的观点和技艺、信仰和习俗。无论考察的是简单原始、抑或是极为复杂发达的文化，我们面对的都是一个部分由物质、部分由人群、部分由精神构成的庞大装置（apparatus）。人借此应付其所面对的各种具体而实际的难题。这些难题之所以产生，是因为人有一个受制于各种生物需求的躯体，并且他是生活在环境之中"①。马林诺夫斯基把需要分为基本需要与次生需要,其中,基本需要是保证人的有机体得以延续的生理需要,而次生需要是在满足基本生理需要的过程中产生的新的需要。他认为,无论在基本需要还是在次生需要的层次上,都有一系列的"文化回应"来使需要得以满足。例如,在基本需要层次上,在新陈代谢与营养补给、生殖与亲属关系、身体舒适与居所、安全与保护、运动与活动、发育与训练、健康与卫生之间存在着基本需要与文化回应的对应关系。同样,在工具设备和消费品生产、人类行为和交往、人力资源的再生、社会权威等次生需要层面上,存在着经济、社会控制、教育、政治组织等更高层次的文化回应。这样一来,文化在不断满足人的各种需要的过程中,就构成了一个开放的价值体系。马林诺夫斯基对此有明确的概括:"个人和种族的机体或基本需求之满足,是强加于每种文化之上的一组最低条件。由人类的营养、生殖和卫生需求所提出的难题必须得到解决。解决的方式就是建造新的、次生的人工环境。这个恰恰相当于文化的环境必须持续地得到再生、维持和管理。这就创造出该字眼最一般意义上所谓的生活的新水准。它取决于社区文化水准,取决于环境,也取决于群体的劳动效率。然而,生活的文化水准意味着新需求的出现,以及有新的驱力(imperatives)或决定因素被加之于人类行为。很明显,文化传统必须从一代传递给下一代。某种教育方法和机制必然存在于每种文化之中。因为合作是每一项文化成就的真谛,所以秩序和法律必须得到维持。每个社区必然存在认可风俗、伦理和法律的安排。"②

关于文化代表着人满足基本需要和各种次生需要的价值创造活动和价值体系的观点,功能主义文化学派的上述见解具有代表性和典型性。在这方面,马克思的实践哲学从社会历史理论的高度有深刻的论述。马克思和恩格斯从人的衣食住行、饮食男女等基本的生理需要出发展开关于生产和社会关系等人的活动和人的世界的分析。他们在《德意志意识形态》中指出,"我们首先应当确定一切人类生存的第一个前提也就是一切历史的第一个前提,这个前提就是:人们为了能够'创造历史',必须能够生活。但是为了生活,首先就需要衣、食、住以及其他东西。因此第一个历史活动就是

① B. 马林诺夫斯基:《科学的文化理论》,中央民族大学出版社1999年版,第52—53页。
② 同上书,第53页。

生产满足这些需要的资料，即生产物质生活本身，同时这也是人们仅仅为了能够生活就必须每日每时都要进行的（现在也和几千年前一样）一种历史活动，即一切历史的基本条件"①。这种物质生活资料的生产表现为一个持续的、开放的过程。用马克思和恩格斯的话来说就是，"第二个事实是，已经得到满足的第一个需要本身、满足需要的活动和已经获得的为满足需要用的工具又引起新的需要"②。而这种物质生活资料的生产从一开始就伴随着另一种生产，即"一开始就纳入历史发展过程的第三种关系就是：每日都在重新生产自己生命的人们开始生产另外一些人，即增殖。这就是夫妻之间的关系，父母和子女之间的关系，也就是家庭"③。在物质生活资料生产和人自身的再生产的基础上，人又产生出交往、合作等新的需要，由此就结成了生产关系和交往关系，并分化出独立的精神生产领域，等等。显而易见，在这里，虽然马克思和恩格斯没有直接使用文化哲学的术语，但是他们的确把满足人的需要作为生产活动及其社会关系所构成的文化世界得以生成的基础。他们非常重视自己的上述观点，恩格斯《在马克思墓前的讲话》把上述思想当作马克思毕生最伟大的发现。他指出，"正像达尔文发现有机界的发展规律一样，马克思发现了人类历史的发展规律，即历来为繁茂芜杂的意识形态所掩盖着的一个简单事实：人们首先必须吃、喝、住、穿，然后才能从事政治、科学、艺术、宗教等等"④。

如果我们进一步分析，文化作为满足人的生存需要的价值规范体系，实际上更多地表现为人的行为规范体系，因为，人的价值观念除了在人的言谈和论述中表达出来，更多地是通过人的行为真实地表现出来。文化的教化功能体现在，它通过家庭启蒙、社会示范、社会心理、社会舆论、学校教育、新闻传媒等各种手段把系统的行为规范体系加诸生活于这一文化之中的个体，实现文化的规范和约束作用。

我们发现，经过历史的积淀，各种文化模式为个体提供的行为规范体系往往是内容极为丰富的知识储备和价值要求。这种行为规范体系几乎涉及

---

① 《马克思恩格斯选集》第1卷，人民出版社1972年版，第32页。
② 同上。
③ 同上书，第33页。
④ 《马克思恩格斯选集》第3卷，人民出版社1972年版，第574页。

到个体生存的所有方面，例如衣食住行、饮食男女、婚丧嫁娶、生儿育女、生老病死、待人接物、言谈举止、礼尚往来、人际交往、贸易往来、经济交往、公共事务等各个方面。同时，还应当看到，文化作为个体的行为规范体系，在不同的历史背景中发挥作用的方式是不同的，既可以是自在自发的文化规范体系，也可以是自由自觉的文化精神和理性知识。一般说来，在各个文明时代，自在自发的行为规范体系和自由自觉的文化精神会以某种方式并存，人们不可能完全凭借其中的某一方面而成功地应付生存。但是，在不同的文明时代，这两种行为规范体系的比重往往是不同的。通常，越是在传统社会，人们的行为越是受自在自发的文化规范的支配，例如传统习俗、风俗、礼仪、家规家法、宗法血缘关系、地方性知识、民俗乡约、道德纲常等构成了行为规范体系的主体。而在现代社会中，人们的行为更多地受理性知识、普遍性知识、自觉的价值观念、法律契约等自觉的文化精神的影响和制约。这种变化也内在地体现出文化自身的变化与进步。

四　作为社会运行内在机理和图式的文化

现在，当我们把视野从个体行为转向社会活动或社会运动时，应当说，在社会运行的层面，文化的功能主要体现为政治、经济等社会活动及其社会制度安排的内在机理和图式。

实际上，在社会活动或社会制度安排的层面上探讨文化的功能，或者思考文化的社会历史方位，主要涉及的问题是人们经常谈论的文化与政治、经济等其他社会活动或社会领域的关系问题。由于人们关于文化和政治、经济的关系，已经形成一种固定的见解或成见，因此，每当我们强调文化的重要性时，总会有人作出"文化决定论"的指责。因此，要真正把握文化的重要的社会历史方位，首先必须破除关于文化和政治、经济关系的两种片面的或表面化的理解。一种观点对文化本身持一种表面化或简单化的理解，其视野中的文化或者主要局限于文学、艺术等文化的物化领域或饮食文化、建筑文化、服饰文化、居室文化、企业文化等具体的文化形式，或者主要指知识、价值、观念、思想等精神性的存在。另一种密切相关的见解是人们对于文化的社会历史方位的理解。从这种狭义的文化视角出发，文化无论如何重要，也不过是政治、经济的附属现象或被决定的东西，是被经济基础和政治上层建筑决定的精神性存在或意识形态层面。在一些人看来，由于文化是精神性的、观念性的存在，是经济和政治的附属现象，因此，当人们突出文化的重要作用时，这种"文化决定论"实际上是一种唯心主义历史观。

问题在于，我们在前面的论述中已经从人的生存的角度令人信服地论证了：一方面，从文化本身的规定性来说，文化并不局限于人们通常所理解的具体的文化存在形式，而是内化到人的活动和社会运动各个领域之中的、历史地凝结成的生存方式；另一方面，从社会历史方位来看，文化从根本上不是与政治、经济等相并列的领域或附属现象，而是人的一切活动领域和社会存在领域中内在的、机理性的东西，是从深层制约和影响每一个体和各种社会活动的生存方式。因此，文化作为人的主导性的生存方式，作为社会和历史运动的内在机理，无论它的存在还是它的变迁，都是社会发展和历史运动不可忽略的重要内涵。当文化与经济和政治的关系由二元分立的外在并列关系或附属关系，转变为一种机理和图式的水乳交融、血脉相通的内在依存关系，当然不会再有"谁决定谁"的"问题"了。关于文化的内涵和文化的社会历史方位，克利福德·格尔茨有一段很深刻的论述，他指出，"虽说文化是观念性的，但它并不是存在于人的头脑中；虽然它是非物质性的，但也并非是超自然的存在。在人类学界因不可能休止而进行的无休止的关于文化是'主观的'还是'客观的'争论，以及伴随的知识分子之间的相互人身攻击（'唯心主义者！'——'唯物主义者！'；'心灵主义者！'——'行为主义者！'；'印象主义者！'——'实证主义者！'），完全是误入歧途"①。格尔茨的这段论述对于我们超越决定论的视野来思考文化问题具有重要的意义。他提出了符号学的文化概念："我与马克斯·韦伯一样，认为人是悬挂在由他们自己编织的意义之网上的动物，我把文化看作这些网，因而认为文化的分析不是一种探索规律的实验科学，而是一种探索意义的阐释性科学。"②

正因为如此，许多思想家非常重视文化在社会历史中的地位。汤因比和斯宾格勒把历史研究的基本单位确定为文化和文明。关于文化的重要性，我们要特别提及著名社会学家韦伯关于新教伦理的著名见解。如前所

---

① 克利福德·格尔茨：《文化的解释》，上海人民出版社1999年版，第11—12页。
② 同上书，第5页。

述,韦伯在探讨西方资本主义的发展时,提出了一个比较学的问题:为什么资本主义没有在中国和印度发展起来,为什么中国和印度的政治、经济、科学、艺术的发展没有像西方那样走上理性化的道路?韦伯是从文化层面解答这一问题的,他提出了一个著名的社会学假说,即任何一项伟大事业的背后都存在着一种支撑这一事业,并维系这一事业成败的无形的文化精神,他称之为"社会精神气质"(ethos)。韦伯认为,中国的儒教和道教所孕育的是一种不同于西方经济理性主义的保守主义文化精神,它阻碍社会的理性化进程。他指出,有时某种文化精神对经济发展的阻碍是很大的,"虽然经济理性主义的发展部分地依赖理性的技术和理性的法律,但与此同时,采取某些类型的实际的理性行为却要取决于人的能力和气质。如果这些理性行为的类型受到精神障碍的妨害,那么,理性的经济行为的发展势必会遭到严重的、内在的阻碍。各种神秘的和宗教的力量,以及以它们为基础的关于责任的伦理观念,在以往一直都对行为发生着至关重要的和决定性的影响"①。而在西方,经过宗教改革而产生的以预定说、天职观和入世禁欲主义为核心的新教伦理则成为推动资本主义工业文明发展的积极的文化精神。一方面,同传统基督教不同,新教伦理是"入世的"文化精神,它赋予世俗经济活动以伦理意义,为资本主义的合理性活动或理性化活动提供依据与合法性;另一方面,它又是"禁欲主义的",人致力于经济活动的目的不是为了放纵物欲、享受财富,而是尽天职以荣耀上帝。这样一来,韦伯实际上直接论证了文化精神或文化模式对于经济发展的推动作用。

在重新思考文化的社会历史方位的问题上,马林诺夫斯基的论述很值得我们借鉴。他反对经济决定论的文化观,主张对于人的存在的任何领域的研究,如经济学研究、法学研究、语言学研究等等,都必须同关于文化的研究结合起来。例如,他指出,"文化作为人类行为的最宽广背景,其对心理学家的重要性,不亚于对社会学家、历史学家和语言学家。我敢斗胆放言,未来的语言学,尤其是语义科学,将变成文化场景中的语言研究。同样,探讨财富和福利、交换和生产方式的经济学,将来也会认识到,不再将'经济人'(economic man)与人的其他追求和思虑完全分开考虑,而是将其原理和

---

① 马克斯·韦伯:《新教伦理与资本主义精神》,三联书店 1987 年版,第 15—16 页。

论据建立在按人的真实存在来研究人的基础之上，进入到复杂、多维的文化利益场境(medium of cultural interests)中去一展身手，会十分有用"①。再如，马林诺夫斯基指出，"法学也正逐渐地倾向于不再将法律看做自立自足的话语世界，而是看做几个社会控制系统之一，其中除了由法典、法庭、警察组成的纯正式设置之外，还必须考虑动机、价值、道德和习俗力量的概念"②。中国著名学者梁漱溟也强调文化在人类生存和人类社会中的重要作用，甚至是决定作用。他指出，"其实一民族之有今日结果的情景，全由他自己以往文化使然：西洋人之有今日全由于他的文化，印度人之有今日全由于他的文化，中国人之有今日全由于我们自己的文化，而莫从抵赖；也正为古圣人的道理行得几分，所以才致这样，倒不必恨惜"③。

情况的确如此，在许多历史条件下，经济运行和政治体制所遇到的问题实质上并不是具体的经济和政治问题，而是深层的文化机制问题。例如，一个社会的经济活动是否具有生命力和发展速度，往往取决于它的决策机制、营销机制和管理机制是服从于经验式的、粗放的、手工式的、家族式的传统管理模式，还是依赖于理性的、科学的、可计算的、精确的、有机团队的现代管理模式，实际上是两种不同的文化模式或文化机理在起着关键的制约作用。因此，经济问题、政治问题、制度问题，以及各种社会问题，有时需要从深层的文化模式和文化机理上加以分析和研究，才能得出深刻的理解，才能制定出更行之有效的改进方案。

从以上论述，我们可以更深刻地理解文化哲学研究的重要性。文化哲学不仅仅是一个新的哲学研究领域，更重要的是它代表了一种重要的哲学研究范式。随着人类社会的文化内涵越来越自觉地显现出来，随着人类进入信息化时代，这种新的哲学范式会越来越显示出它的生命力。正是在这种意义上，我们断言，文化哲学是未来哲学的自觉形态。

---

① B. 马林诺夫斯基：《科学的文化理论》，中央民族大学出版社1999年版，第30页。
② 同上。
③ 徐洪兴主编：《二十世纪哲学经典文本——中国哲学卷》，复旦大学出版社1999年版，第474页。

第三讲

文化的构成与形态

应当说,在关于文化现象的分析中,有关文化的生成和文化的本质规定性的把握是最困难的事情,它既是引起极大争议的问题,也是影响我们对于有关文化的其他问题理解的问题。有了对文化的生成、文化的本质规定性和文化的功能的基本理解,我们应当以此为基础进一步展开关于文化的结构、文化的存在方式和存在形态、文化的演化和变迁等问题的探讨。

借用一下逻辑学的术语,可以这样来说明我们关于文化现象分析的基本思路:关于文化的发生及其本质规定性的研究属于有关文化的内涵的分析,在此基础上我们进一步将作的关于文化的构成的探讨则属于文化的外延的分析。

一 透视文化形态的多重视角

关于文化的外延的分析,实际上是要对文化所包含的基本领域、基本层面等作出结构性分析或分类。对于这种分析,我们必须作一下限定,因为,对于一个事物的结构与层面的划分不仅取决于事物本身的性质,也取决于我们划分的尺度、标准和角度。例如,对于文化现象,我们从共时的和历时的角度可以作出不同的分析,从文化主体的特征、文化形式和文化形态的角度,都可以作出不同的外延分析。正因为如此,我们发现,在关于文化研究的各种文献中,包括文化人类学、哲学人类学、社会学、文化哲学等各个学科领域关于文化研究的文献,对于文化所作的结构或形态分析,虽然也有很多共同之处,但是差异也很多很大,很难形成完全统一和公认的分类体系。我们可以简单列举几种关于文化形态的分类体系。

　　著名功能主义文化人类学家马林诺夫斯基在《文化论》中提出了自己关于文化形态的分类。他把文化从大的方面划分为物质文化和精神文化，进而又从精神文化中突出语言以及社会制度等方面，把文化的主要方面或主要形态划分为四个方面。（1）物质设备。马林诺夫斯基指出，物质文化是文化中最基础的部分，"人因为要生活，永远地在改变他的周围。在所有和外界重要接触的交叉点上，他创造器具，构成一人工的环境"①。他认为，由器物、房屋、船只、工具以及武器等构成的物质文化是文化中最容易把握、最容易理解的部分。（2）精神方面的文化。马林诺夫斯基指出，物质文化本身并不能独立存在或发展，它需要内在的精神推动力。"物质文化需要一相配部分，这部分是比较复杂的、比较难于类别或分析，但是很明显的是不能缺少的。这部分是包括着种种知识，包括着道德上、精神上及经济上的价值体系，包括着社会组织的方式，及最后——并非次要的——包括着语言，这些我们可以总称作精神方面的文化。"②（3）语言。马林诺夫斯基认为，在精神文化中，语言占据着十分重要的地位，语言的习得与人对社会礼仪、各种行为规范、社会伦理的获得紧密交织在一起。"语言知识的成熟实就等于他在社会中及文化中地位的成熟。于是，语言是文化整体中的一部分，但是它并不是一个工具的体系，而是一套发音的风俗及精神文化的一部分。"③（4）社会组织。生活于共同体之中的人们为了共同的生存和共同的事务而形成"集团行动的标准规矩"，依据这些社会规则和习惯而形成社会的协力。马林诺夫斯基特别强调社会制度在整个文化中的重要地位，强调要以社会制度为文化的真正要素。他指出，"文化的真正要素有它相当的永久性、普遍性及独立性，是人类活动有组织的体系，就是我们所谓的'社会制度'。任何社会制度都针对一根本的需要；在一合作的事务上，和永久地团集的一群人中，有它独具的一套规律及技术。任何社会制度都是建筑在一套物质的基础上，包括环境的一部分及种种文化的设备。用来称呼这种人类活动有组织的体系，最适合的名词莫若'社会制度'。在这定义下的

---

① 马凌诺斯基（又译马林诺夫斯基）：《文化论》，华夏出版社2002年版，第4页。
② 同上书，第5页。
③ 同上书，第7页。

社会制度,是构成文化的真正组成部分"①。

很多研究文化哲学的学者也从不同角度对文化的形态作了各种划分。例如,有的学者从文化的结构划分的角度把文化区分为物质文化、制度文化和精神文化;又把文化心理区分为由情感、意志、风俗习惯、道德风尚和审美情趣等构成的表层结构,由经济、政治、道德、艺术、宗教、哲学等方面的观念因素构成的中层结构,以及由基本的人生态度、情感方式、思维模式、致思途径和价值尺度等构成的深层结构;并进而从文化在社会生活中的影响和地位的角度区分了主流文化和亚文化,等等。② 还有的学者指出,"文化结构是一个由多侧面、多层次、多因素构成的立体系统。因而用某一种单一的结构和模式很难完整地认识文化的这一立体结构,必须从各个不同视角来剖析文化结构。从文化总体上看,文化大体由思维方式、价值观念和审美方式诸因素及其关系构成;从文化的外化和接受过程看,文化可以分为观念文化、制度文化和物质文化;从文化在社会中的地位看,文化可分为主文化和亚文化;从文化的感性和理性关系看,文化可分为雅文化和俗文化,如此等等"③。

我们在这里不必再引证更多的关于文化形态分类的观点了。可以明确的一点是,面对文化的存在形态问题,我们像面对着文化的构成问题一样,必须进行视角的选择,即是说,由于透视问题的角度和尺度的不同,我们可以对文化的存在形态作出多种彼此差别而又相互交叉、相互渗透的划分与表述。这一点不难理解。如前所述,在文化哲学视野中,我们断言文化是历史地凝结成的,在特定时代、特定地域、特定民族或特定人群中占主导地位的生存方式。这种历史地凝结成的稳定的生存方式必须通过特定的价值规范和行为规范体系,通过社会运行和制度安排的内在机理而体现出来。这样一来,文化作为人的实践活动的对象化,必然在个体的和社会的各个层面的活动中对象化为不同的存在形态和形式。例如,文化可以在物质生产领域通过经济等活动而体现为物质文化;可以在社会的制度安排中体现为政治文化或制度文化;可以在社会的精神生产中体现为哲学、艺术、科学、宗教等精神文化;可以在社会生活中体现为社会心理、社会伦理和公共价值观

---

① 马凌诺斯基:《文化论》,华夏出版社 2002 年版,第 19—20 页。
② 参见许苏民:《文化哲学》,上海人民出版社 1990 年版,第 96—181 页。
③ 刘进田:《文化哲学导论》,法律出版社 1999 年版,第 274 页。

念；可以在个体的行为中体现为习惯、风俗、礼仪等行为规范；还可以在更为具体的层面上体现为饮食文化、建筑文化、企业文化、环境文化，等等。

这样一来，我们在讨论文化的构成和存在形态时，必须首先确定划分的尺度和视角。例如，依据特定时代的精神文化对不同地域、不同阶层、不同主体的不同关系或不同影响，我们可以区别出官方文化、精英文化、大众文化，主流文化与亚文化，雅文化与俗文化，中心文化与边缘文化，民族文化与世界文化，以及其他各种形态的文化。

一般说来，在任何一个社会，从社会主要阶层的构成和存在状况的角度来看，我们都可以把文化的基本存在状态区分为官方文化、精英文化和大众文化。这三种文化之间在不同的社会和不同的时期会呈现出不同的关系，可以是统一的，也可以是相互冲突的；可以是彼此交叉或相互渗透的，也可以是相互游离和彼此漠视的。具体说来，官方文化也称作正统文化，往往是一个社会占统治地位的、为官方所认可或颁布的统治思想或意识形态；精英文化主要是由社会的知识分子，特别是人文知识分子所代表的自觉的文化精神；而大众文化主要指一般民众的自在的文化模式或社会文化心理。对于这三种文化形态的分析还可以从其他不同的角度展开。例如，在一些文化学文献中，我们可以把三者的关系在特定的意义上理解为主流文化和亚文化的关系或者正统文化与非正统文化的关系。一般说来，主流文化或正统文化比较接近上述的官方文化，主要指在一定时期一定社会中占主导地位或起支配作用的文化，它往往就是官方的统治思想或意识形态，此外还包括与官方思想完全认同并为官方思想提供依据和论证的精英文化，即知识分子文化；而亚文化或非正统文化的范围比较广泛，包括不同职业、不同阶层、不同年龄结构的群体的各种特殊文化，包括不同民族、不同宗教信仰的特殊文化，也包括在社会中不占主流地位、非官方的知识分子的精英文化。再如，从另外一个角度，也可以把社会的精神文化主要区分为雅文化和俗文化，或者区分为上层文化与下层文化。雅文化或上层文化也就是我们上述所说的精英文化，它是由各种知识分子，例如艺术家、文学家、道德家、哲学家、理论家、思想家等自觉地创造的、往往是理论化和系统化的文化；而俗文化或下层文化也就是我们所说的大众文化或民间文化，它包括自在自发的风俗时尚、各种民间艺术、流行歌曲、通俗文艺作品，等等。

如果我们再转换一个角度，从整个人类或全球的角度来分析文化问题，又可以发现文化的世界性与民族性问题,这样,我们又有了世界文化和民族文化、全球文化和本土文化、中心文化与边缘文化等文化形态。马克思和恩格斯在《德意志意识形态》和《共产党宣言》等著作中指出,随着资本主义世界市场的开辟和全球范围内的交往和交换的发展,民族的历史越来越被"世界性的历史进程"所取代,相应地,民族的地域的文化越来越受到世界文化的冲击。的确如此,人类的现代化进程的深化使越来越多的民族和国家汇入统一的世界历史进程之中,民族文化与世界文化的分野与相互冲突相互影响变得越来越明显了。所谓民族文化是指各民族历史地凝结成的具有民族特色的文化模式或文化精神,而世界文化则是人类在普遍化的交往中越来越自觉地共同追求的一些文化精神和基本的价值观念或价值取向。随着20世纪末信息化和全球化时代的到来,民族文化和世界文化的关系问题在全人类的发展中变得越来越重要。民族化与世界化进程相比开始处于劣势,一方面是各民族为了生存与发展,为了不被现代化进程和全球化进程所抛弃,越来越主动地接受或提出共同的国际规范,认同一些全人类共同的文化价值,另一方面是各民族年轻的一代在共同的文化背景、教育氛围中自觉地趋同。这种现象在加速全球化进程的同时,也引起一些学者和人士的担忧和批判。其中,后现代主义站在反对文化殖民主义的立场上,提出了中心文化与边缘文化的概念。他们认为,在全球化进程中,各民族在文化上是不平等的,以美国为代表的一些发达国家成了世界主流文化的创造者和生产者,而不发达的民族成了这种文化的消费者。前者是中心文化,后者是边缘文化;二者的关系是不平等的,其中存在着文化殖民主义或文化帝国主义的文化霸权对其他民族的统治的问题。因此,中心文化与边缘文化的划分实际上是世界文化与民族文化的理论的一种批判性视角。

显而易见,在这一方面作过细的分析,不是本书的研究重点。一般说来,文化人类学比较热心于具体的文化现象和文化形态的划分,而文化哲学则倾向于从总体上把握文化作为一种主导性生存方式的演化机制,以及依据文化模式的转变而形成关于历史的解释模式。当我们把有关文化的外延分析或结构分析称为"文化的构成"时,实际上已经表明了我们的态度:对于文化的结构只作出最大尺度的一般性分析和描述。就文化哲学的主要宗旨而言,在文化的构成和文化的形态问题上,我们重点考虑两个方面的问题:就文化的外在的、对象化的表现形态而言,我们进行物质文化、制度文化和精神文化的划分；就文化作为一种稳定的生存方式的内在机制而言，我们进行自觉的文化和自在的文化的划分。

二 物质文化、制度文化与精神文化

应当说，尽管不同的学者对于文化的构成和形态的划分有各种不同的做法，但是，几乎所有文化学或文化哲学研究者在某种意义上都会同意把文化的构成最粗略地划分为物质文化、精神文化和制度文化，因为这种划分能够最大限度地涵盖整个文化世界。我们上述引证的马林诺夫斯基的观点和其他研究者的观点对这一点都没有太大的分歧。我们在介绍多维视野中的文化范畴时，曾引用了中国著名学者梁漱溟关于文化的理解，他在《东西文化及其哲学》中曾把文化界定为"一个民族生活的种种方面"，而他所概括的三个主要层面正是物质文化、制度文化和精神文化："（一）精神生活方面，如宗教、哲学、科学、艺术等是。宗教、文艺是偏于情感的；哲学、科学是偏于理智的。（二）社会生活方面，我们对于周围的人——家族，朋友，社会，国家，世界——之间的生活方法都属于社会生活一方面，如社会组织伦理习惯政治制度及经济关系是。（三）物质生活方面，如饮食，起居种种享用，人类对于自然界求生存的各种是。"①我们可以在中外学者的研究成果的基础上，对物质文化、精神文化和制度文化作一简要的分析。

（一）物质文化

物质文化是人类文化中最基本、最常见的构成部分，它主要包括直接满足人的基本生存需要的那些文化产品，其基本功能是维持个体的生命的再生产和社会的再生产。物质文化领域典型地体现了"人化自然"的特征，它包括所有用于满足人的各种生理和生存需要、经过加工的自然物品和人造物品，还包括用以生产这些物品的生产工具和生产手段。也可以说，物质文化是人类文化的所有物化形式。在这种意义上，物质文化更接近于人们常说的物质文明的概念。

---

① 引自罗荣渠主编：《从"西化"到现代化》，北京大学出版社1990年版，第55—56页。

物质文化是一个非常丰富的领域，因为人的基本生存需要是十分丰富并不断发展的。马斯洛所列举的生理需要和安全需要都属于基本需要。而马林诺夫斯基把人的基本需要概括成七个方面：新陈代谢、生殖、身体舒适、安全、运动、发育和健康。① 当然，我们还可以对人的基本生存需要作其他方式和其他角度的划分。总之，人的基本生存需要包括衣食住行、饮食男女、婚丧嫁娶等各种旨在维持个体的生命和再生产的需求。

同人的基本生存需要相对应，一方面是满足这些需要的生活资料的丰富序列，另一方面是生产这些生活资料所需要的生产工具和生产手段序列，即生产资料序列。这两个序列是物质文化的最主要的两个层面。如果我们再继续划分，可以列举其中一些对于人的生存非常重要的领域。例如，在全部物质文化中，最为重要的是饮食文化，因为它满足人的生存的最基本的需要，生命体在肉体上的延续和健康是人的全部活动得以开展的基础；其次是服饰文化，它不仅起到御寒和保护身体的作用，也在满足人对形象和尊严的需求方面起到重要的作用；紧接着是建筑文化或居所文化，它满足人对安全、休息的需要，为人提供熟悉的家园；再次是交通文化，它主要满足人"行"的需求、交往的需求；还有园林文化、环境文化和其他各种文化，主要满足人对舒适和健康的生存环境的要求，等等。与生产资料的生产相关的物质文化层面也可以区分出众多的领域，如农业、工业、商业等物质生产领域。

在人的文化世界中，物质文化的发展速度最快，它比精神文化和制度文化都经历更多更为频繁的变化、革新、改进、更新，特别是在近现代，随着科学技术的不断进步，物质文化领域成为越来越丰富的生活世界。关于这一点，我们不需要从理论上作更多的论证，只要随便举几个例子就足以说明。回顾一下人类的文明史，几乎在每一个物质文化领域，都经历了加速度的变化过程。例如，在服饰文化方面，从初民用以御寒的兽皮、树叶，经过农耕文明时代的土布、丝织、绢纺、棉布等到现代的各种化纤品、合成纤维等，从长袍、马褂、旗袍、和服到今天的西装、礼服和令人眼花缭乱、展示无尽美感的丰富多彩的服装；在饮食文化方面，从先民的茹毛饮血、生吞活剥到今天各民族让人吃不完品不尽的美味佳肴；在居所文化方面，从原始时代的洞穴、窖洞、树杈，经过

---

① B. 马林诺夫斯基：《科学的文化理论》，中央民族大学出版社 1999 年版，第 90 页。

农耕时代的土屋、草房、四合院，到今天的高楼大厦、别墅山庄等等；交通方面，从古人的安步当车，经过农耕时代的牛车、马车、驴车、人力车、轿子，到现代社会的自行车、汽车、卡车、轿车、火车、飞机、轮船等等；在生产手段和生产工具方面，从石器时代的简易的天然工具，经过秦锄汉犁，到现代社会化大生产所使用的机械化、电气化、自动化机器设备等等。在物质文化的每一个领域中，人类都在经历着天翻地覆、日新月异的变化与更新。

（二）制度文化

同具有明显的外在性的物质文化相比，制度文化在整个文化世界中是深一个层次的文化。它以物质文化为基础，但主要满足人的更深层次的需求，即由于人的交往需求而产生的合理地处理个人之间、个人与群体之间关系的需求。如前所述，人由于自己在生物学结构上的非特定化，必须凭借后天的人为的手段来满足自身的基本生存需要。这一需要不仅推动了人类生活资料和生产资料生产的发展，推动了物质文化的发展，而且促使人与人之间的交往这一次生需要的产生。新的需要的满足导致制度化、组织化的文化的产生。

关于人的生存和社会运动对于制度化、组织化文化的要求，马克思有很多重要论述。他认为，动物主要是凭借本能而生存，因此，动物的活动就是自然本身的活动，动物之间的关系属于自然的、本能的关系，在这种意义上，动物没有"关系"；而人则不同，人的活动是超越自然的活动，人与人的关系是人为的关系，因此，人是真正有"关系"的存在。马克思是从交往入手来阐述人的制度化、组织化的文化的。马克思和恩格斯在《德意志意识形态》中曾表述了生产与交往的相互作用关系。他们指出，人为了创造历史，就必须生存，而为了生存，就必须解决衣食住行等基本生存需要，因此，生活资料的生产是"第一个历史活动"，生活资料的物质生产是人同动物开始区别开来的标志，但是，这种生产又是同交往不可分离的。"这种生产第一次是随着人口的增长而开始的。而生产本身又是以个人之间的交往（Verkehr）为前提的。这种交往的形式又是由生产决定的。"①人正是在物质生活资料和生产资料的生产中，以及在人自身的生产中，结成了人与人之间的交往关系

---

① 《马克思恩格斯选集》第1卷，人民出版社1972年版，第25页。

和相应的各种生产关系。

许多文化学家和社会学家也十分重视制度文化。例如，马林诺夫斯基反复强调人的组织化行为的重要性，强调合作与群体在人的生存中的重要地位。他认为，人或是出生于或进入某种先期形成的群体，或是尽早组织或构成类似的群体，这是他们生存所必需的。他指出，"如同我们能科学地观察到的，我们生活于其中并且经历的基本文化事实，就是人类都被组织在永久性群体中。这样的群体经由某些协议、某些传统法律或习俗、某些相当于卢梭'社会契约'的因素而相互联结。我们总能看到这些群体在一个确定的物质环境（material setting）——一个专门供其利用的环境、一套工具设备和人工制品、一份归他们所有的财富——当中合作。在合作中，他们遵循地位或贸易的技术规则，遵循有关礼节、习俗性谦让的社会规则，以及塑造其行为的宗教、法律和道德习俗"①。由此马林诺夫斯基断言："制度乃是文化分析的真正单元。"②

稍加研究就会发现，制度文化具有丰富的内涵，它包括与人类的个体生存活动和群体社会活动密切相关的各种制度，如社会的经济制度、政治制度、法律制度、商品交换制度、企业制度、公共管理制度、教育制度、婚姻家庭制度，等等。这些制度都体现着重要的文化内涵，我们可以从不同的视角加以透视。例如，人类早期以血缘关系为基础的家庭和氏族制度、农耕文明时期以宗法关系为基础的封建制度、现代工业文明以契约和法制为基础的社会组织制度分别体现了不同的血缘文化、自然主义文化和理性文化。在更小的亚制度文化层面上，还存在着更细微的文化差别，如以美国等发达国家为代表的法人企业制度和东南亚地区某些发达国家或地区的家族企业制度，虽然都属于现代企业制度，但是它们的文化内涵却有不小的差别。因此，制度文化在全部文化中占据重要的地位，无论从共时态的角度还是从历时态的角度对制度文化进行比较分析，都将是我们的文化哲学研究或文化批判的重要组成部分。

（三）精神文化

精神文化起源于人类在满足自己最基本的生存需要时超越这些最基本

---

① B. 马林诺夫斯基：《科学的文化理论》，中央民族大学出版社 1999 年版，第 57 页。
② 同上书，第 65 页。

的需要而产生的新的需要，这是一种创造性的和自由的需要。因此，在文化的所有层面中，最具有内在性、最能体现文化的超越性和创造性本质特征的是精神文化。换言之，人与动物和其他存在物最本质的差别之一便在于人具有一个精神世界。正如著名思想家帕斯卡尔所断言的那样，"思想形成人的伟大"。他指出："我很能想象一个人没有手、没有脚、没有头（因为只是经验才教导我们说，头比脚更为重要）。然而，我不能想象人没有思想：那就成了一块顽石或者一头畜牲了。"[1]或许帕斯卡尔的论述在某些方面有点极端，但他的确道出了人的一个本质性的特征。也正是在这种意义上，古希腊思想家曾把人定义为"理性的存在"。

笼统地说，精神文化包括个人和社会群体的所有精神活动及其成果，是以意识、观念、心理、理论等形态而存在的文化。同漫长的自然时序相比，人类的历史非常短暂。但是，在并不长的历史时期，人类已经创造了一个丰富的精神世界，以至于科学哲学家波普断言，除了物理世界和心理世界，还存在一个由客观精神成果构成的"世界 III"。在分析物质文化时，我们曾感叹人类所创造的物质文明的丰富多彩，而实际上，人类的精神文化世界在丰富程度上，同物质文化世界相比，一点都不逊色，而且比物质文化世界更恒久、更深刻。

如果要对这一丰富的精神文化世界作出详细的分析和阐述，我们需要专门的篇幅。在这里，我们可以简要地列举精神文化世界的一些主要组成部分。一般说来，精神文化首先应当包括社会文化心理，这体现在人的各种活动中，又常常形成社会时尚和风气或者某种主导性的文化模式，具体体现为人生态度、价值尺度、应答问题和解决问题的基本模式、思维定式、情感方式等等。其次，包括由神话、巫术、宗教等所代表的自发的精神文化，以及习惯、风俗、常识等所构成的经验性精神文化。再次，精神文化世界的最高层面或最自觉的层面，是由科学、艺术、哲学等所代表的自觉的精神文化成果。

关于精神文化，我们在后面的文化批判中还要时时涉及，这里不作更多的分析。我们只想提出一个问题：在文化的构成中，物质文化、制度文化和精神文化的关系如何？或者，其中那一个文化层面更为重要？按照一般的常识或朴素的哲学观点，物质文化和制度文化决定精神文化，而精神文化只

---

[1] 帕斯卡尔：《思想录》，商务印书馆 1987 年版，第 157、156 页。

是反作用于物质文化和制度文化。

我们在这里想提出一种不同的见解。我们认为,在文化的构成中,精神文化更重要,因为它更好地揭示了人的本质特征,揭示了人与动物的本质差别;换言之,精神文化最深刻地体现了人的文化超越自然和本能的创造性和自由的本性。必须注意,我们在这里没有一般地使用"决定"与"被决定"的表述方式,而是强调精神文化同物质文化和制度文化相比的重要性。这是因为,真正的精神文化不应是外在于物质文化和制度文化的独立的东西,而是内在于物质文化和制度文化,内在于人的所有活动的深层的机理性的东西,而物质文化和制度文化都是精神文化的外在表现或物化形式。文化的这几个层面或构成部分不是彼此分离、互相对立的,不是决定与被决定的关系,而是水乳交融的内在结合的关系。

通常的哲学观点把物质文化及制度文化同精神文化的关系界定为决定与被决定的关系,虽然不合理,但也不是人们的任意构想,而是同特定历史时期人类精神文化的存在状态有密切的关系。具体说来,在相当长的历史时代,精神文化的相对独立性由于精神生产和物质生产的僵硬分工而异化为一种绝对的独立性,相应地,精神文化同物质文化及制度文化的内在关系也转化为外在的二元对立关系。这自然向理论家提出了二者之间到底谁决定谁的问题。关于这一点,我们可以从马克思对于意识形态的批判而得到深刻的理解。

在马克思和恩格斯的著述中,尤其在他们的早期著作中,意识形态是一个出现频率非常高的范畴。应当指出,马克思和恩格斯更多地是在批判的意义上谈论意识形态,把意识形态当作批判的对象,这其中既有对具体的意识形态的批判,如对"资产阶级意识形态""政治意识形态"的批判,也有对于意识形态本身的批判。从不同地方的论述可以看出,马克思和恩格斯把独立的理论、神学、哲学、道德等都纳入意识形态的范畴。马克思和恩格斯关于意识形态的观点在《德意志意识形态》一书中阐述得最为系统。我们可以从以下几个层面展示马克思和恩格斯意识形态理论的基本内涵。

首先,从历史起源上看,马克思和恩格斯认为,神学、哲学、道德、理论等意识形态产生于精神生产和物质生产的分工,是特定历史阶段的精神生产独立化的产物。在马克思和恩格斯看来,政治、法律、神学、宗教、道德、形而上学等意识形态最初并不具备"独立性的外观",它们是人类历史发展到一定阶段的产物。人类初始并不具备独立形态的意识,那时候,人的意识是同语言和物质生产活动交织在一起的，尚没有职业思想家独立地构造体系化的神学、形而上学、道德、法律等意识形态。用马克思和恩格斯的话说，"思想、观念、意识的生产最初是直接与人们的物质活动，与人们的物质交往，与现实生活的语言交织在一起的。观念、思维、人们的精神交往在这里还是人们物质关系的直接产物。表现在某一民族的政治、法律、道德、宗教、形而上学等的语言中的精神生产也是这样。人们是自己的观念、思想等等的生产者，但这里所说的人们是现实的，从事活动的人们，他们受着自己的生产力的一定发展以及与这种发展相适应的交往（直到它的最遥远的形式）的制约"①。

按照马克思和恩格斯的理解，独立的意识形态的产生与精神生产的独立化及职业精神生产者，即思想家的出现直接相关。马克思和恩格斯认为，人类历史的发展在很大程度上有赖于分工的发展。人的活动中的分工最初只是基于男女性别的自然分工，逐步扩展到生产活动中的分工，而真正意义上的分工，同时也是对人类历史发展产生了巨大推动作用的分工，是精神生产和物质生产的分工。马克思和恩格斯指出，"分工只是从物质劳动和精神劳动分离的时候起才开始成为真实的分工。从这时候起意识才能真实地这样想象：它是某种和现存实践的意识不同的东西；它不用想象某种真实的东西而能够真实地想象某种东西。从这时候起，意识才能够摆脱世界而去构造'纯粹的'理论、神学、哲学、道德等等"②。显而易见，这种独立化的精神生产及其成果就是意识形态。

其次，从阶级属性上看，意识形态是特定利益集团，特别是统治阶级的观念形态。尽管统治阶级总是习惯于赋予自己的统治思想以全人类普遍性，但是，意识形态归根到底只能是特定利益集团，即特定阶级的思想体系。从马克思和恩格斯的论述中我们可以看出，在他们的理解中，意识形态不是与现实的历史进程完全无涉的纯粹的理论形态，它往往具有很深刻的政治内涵，同政治统治和社会行动联系在一起。由此可知，意识形态具有阶级属性，它同阶级的利益和阶级统治密切相关。马克思和恩格斯在《德意志意识形态》中从统治阶级的意识形态的角度论述了意识形态的阶级属性和政治内涵。

马克思和恩格斯指出，在有阶级存在的文明时代，社会的运行和统治往

---

① 《马克思恩格斯选集》第 1 卷，人民出版社 1972 年版，第 30 页。
② 同上书，第 36 页。

往要借助于意识形态的力量,以取得社会统治的合法性基础。每一时代,作为统治思想或指导理论的意识形态总是同特定阶级的地位和利益相关联,但是,无论是统治阶级还是被统治阶级,都倾向于赋予自己的意识形态以普遍性的特征或普遍性的形式,把自己的利益说成是社会全体成员的共同利益,把自己的意识形态"描绘成唯一合理的、有普遍意义的思想"。对此,马克思和恩格斯有明确的论述:"在考察历史运动时,如果把统治阶级的思想和统治阶级本身分割开来,使这些思想独立化,如果不顾生产这些思想的条件和它们的生产者而硬说该时代占统治地位的是这些或那些思想,也就是说,如果完全不考虑这些思想的基础——个人和历史环境,那就可以这样说:例如,在贵族统治时期占统治地位的是忠诚信义等等概念,而在资产阶级统治时期占统治地位的则是自由平等等等概念。总之,统治阶级为自己编造出诸如此类的幻想。所有历史学家(主要是十八世纪以来的)所共有的这种历史观必然会碰到这样一种现象:占统治地位的将是愈来愈抽象的思想,即愈来愈具有普遍性形式的思想。"[1]然而,这一切都改变不了意识形态的阶级属性和政治内涵,"统治阶级的思想在每一时代都是占统治地位的思想。这就是说,一个阶级是社会上占统治地位的物质力量,同时也是社会上占统治地位的精神力量"[2]。正因如此,意识形态往往具有替现状辩护的本质特征,这正是马克思和恩格斯对意识形态持彻底批判态度的根本原因。

再次,从社会功能上看,意识形态是异化的和分裂的世界的虚假意识或异化意识,其本质特征是替现状辩护。如上所述,意识形态往往同特定的阶级统治和社会运动相关,因此,它具有辩护的性质。虽然意识形态表面上具有普遍性的特征,但实质上它是为特定的集团利益或特定的社会秩序辩护,为现存秩序提供合法性和合理性的论证。而意识形态产生和存在的时代是以阶级分裂为特征的社会,人们生活于其中的世界是一个分裂的和异化的世界,因此,意识形态是这种分裂的和异化的世界的真实写照,它由此而具有辩护、欺骗、虚假和异化的本质特征。对此,恩格斯晚年在致梅林的信中这样论述:"意识形态是由所谓的思想家有意识地、但是以虚假的意识完成的过程。推动他的真正动力始终是他所不知道的,否则,这就不是意识形态

---

① 《马克思恩格斯选集》第 1 卷,人民出版社 1972 年版,第 53 页。
② 同上书,第 52 页。

的过程了。因此,他想象出虚假的或表面的动力。"①

马克思和恩格斯上述关于意识形态的批判性论述虽然不是关于精神文化和物质文化问题的具体探讨,但是的确与我们的主题密切相关。深刻地理解这些思想,对于我们更深刻地探讨文化的本质及现实的文化发展,具有重要的意义。

三 自在的文化与自觉的文化

通过对文化的发生和本质规定性的分析,我们把文化理解为历史地凝结成的、以超越性和创造性为内涵的生存方式,理解为代表着人的生存的自由维度的价值规范体系;进而,我们又从文化的一般构成的角度把统一的文化划分为物质文化、制度文化与精神文化,并且强调以传统习惯、风俗、神话、巫术、宗教、科学、艺术、哲学等所代表的自发的社会心理、自在的文化模式和自觉的精神成果为内涵的精神文化在文化中占据最重要的地位,因为它们内在于人的一切活动之中,集中体现了人的活动的超越性和创造性,而物质文化和制度文化是这种精神文化自觉的或不自觉的外显与体现。现在,这两个方面的分析都提出一个新的问题:这种体现文化的本质规定性的精神性文化在现实的社会运动中以什么方式存在或以什么方式发生作用?

我们认为,可以把这一问题称作文化自身的内在机制或存在方式的问题。具体说来,无论是关于物质文化、制度文化和精神文化的分析,还是在更为具体的尺度上对各种文化形态的区分,实际上我们的着眼点都不是对文化的外在形态的分析。相反,我们所关心的问题是,在所有这些对象化领域中,作为历史地凝结成的稳定的生存方式的文化,或者作为个体的行为规范和价值规范体系,以及作为社会运行和制度安排的内在机理和图式的文化,它们会以什么样的方式存在和发挥作用。换言之,如果我们在文化分析中引入历史尺度,那么,在不同的文明时代和不同的地域,文化的主导精神的性质会是一样的吗？会是亘古不变的吗？显然不会。实际上,我们发现,不同时代不同地域的主导性文化模式和文化精神会呈现出完全不同的性质。

---

① 《马克思恩格斯选集》第 4 卷,人民出版社 1972 年版,第 501 页。

例如,某一主导性的文化可能呈现为经验式的、人情式的、保守的文化模式;另一种文化可能呈现为理性的、契约的、开放的文化模式。或者说,某一文化可能表现为以传统、习俗、习惯、礼仪等为主要形态的自在的文化模式;另一种文化则可能表现为以科学、理性知识等为主要形态的自觉的文化模式。

就我们的文化哲学的课题而言,对于文化的存在形态作关于自在的文化与自觉的文化的区分,比关于物质文化、制度文化和精神文化的区分更为重要。这一区分与比较不仅有助于我们对文化自身的理解,而且为我们理解人类历史的演进开启了独特的地平线。

所谓自在的文化是指以传统、习俗、经验、常识、天然情感等自在的因素构成的人的自在的存在方式或活动图式。自在的文化一方面包含着从远古以来历史地积淀起来的原始意向、经验常识、行为规则、道德戒律、自发的经验、习俗、礼仪、礼节、习惯,等等,另一方面包括常识化、自在化、模式化的精神成果或人类知识,如简单化、普及化、常识化的科学知识、艺术成果和哲学思维。这些自在的文化因素通过家庭、学校、社会示范等方式而潜移默化地融进每个人的生活血脉中,顽固地然而往往是自在自发地左右着人的行为。一般说来,自在的文化往往同传统农业社会相契合,因此,往往表现为传统文化。

而所谓自觉的文化则是指以自觉的知识或自觉的思维方式为背景的人的自觉的存在方式或活动图式。科学对事物结构和运行规律的理性揭示、艺术对于对象和生活的自觉的审美意识、哲学对人和世界的命运与本质的反思,都是自觉的文化因素。除此以外,政治制度、经济体制、技术操作等等的情形比较复杂,在以宗法关系和自然经济为基础的传统社会中,它们可能成为自在的文化因素,而在理性化和法制化的现代社会中,它们又有可能成为自觉的文化因素。一般说来,自觉的文化在现代社会中占据比较重要的地位,它不是自在自发地,而是通过教育、理论、系统化的道德规范、有意树立的社会典范等等而自觉地、有意识地、有目的地引导和左右着人们的行为。

建立起自在的文化和自觉的文化两个基本范畴,对于文化哲学的建立具有十分重要的意义。第一,从历时态的角度来看,自在的文化与自觉的文化的范畴有助于我们对文化的演进和发展作更深刻的分析。我们发现,从较大的历史尺度来看,人类的文化经历了逐步从自在自发向自为自觉的演进过程。虽然,同自然和本能相比,文化从整体上具有超越性和创造性,具有自由自觉的特征,但是,文化的这种本质规定性不是一种给定的、现成的东西,而是一个开放的生成过程。一般说来,越是往远古追溯,人类的生存越是仰仗着传统习俗、经验、风俗等自在的文化模式,而越是走向近现代,人类的自觉的文化精神对于社会发展和历史运动的影响越大。第二,从共时态的角度看,自在的文化与自觉的文化的范畴,对于我们理解文化的演进机制具有十分重要的意义。一般说来,文化的演进或进步离不开文化内在的动力机制。我们认为,正是自在的文化和自觉的文化之间的相互关系或张力构成了文化演进或进步的内在动力机制。在不同的文化模式中,由于自在的文化因素与自觉的文化因素之间的关系各不相同,所以文化的演化或进步速率也各不相同。因此,自在的文化与自觉的文化是我们的文化批判理论得以展开的最重要的范畴之一。

行文至此,我们需要再一次回到关于文化哲学的限定或定位问题上来。从理论文化学或文化哲学的角度来看,仅仅对文化的发生及其本质规定性、文化的构成、文化的存在形态作出一般的分析是远远不够的,还应当进一步展开关于文化传播、文化适应、文化发展、文化动力等问题的探讨。但是,正如我们反复限定的那样,我们在这里所进行的不是理论文化哲学的一般性的学理分析,而是立根于中国的现代化进程和世界的信息化全球化进程的文化批判,是理论理性和实践理性交会处的文化批判。我们着眼于对文化整体的批判,着眼于人类历史进程的文化内涵的分析,着眼于社会变革与文化转型。在这种意义上,我们上述关于文化现象的简要分析已经足够,否则将冲淡我们的文化批判主题。

第四讲

文化模式

　　在对于文化现象的发生及其本质规定性，以及文化的构成和基本存在形态等问题作出基本分析的基础上，我们应当立即转入关于文化模式的研究。因为我们在本书一开始，就限定了研究的层面，即我们的主要关注点不是就具体文化要素、文化特质、文化形式作学理性的探讨，而是对于文化整体的批判性反思，是对文化在人类社会和历史演化中地位和变迁的探讨，或者说，是揭示人类社会和人类历史的文化内蕴。因此，我们所研究的是作为整体的文化的规定性及其演进机制。这种意义上的文化一定是以文化模式的方式存在。

　　文化模式是文化哲学的核心范畴。文化模式是特定民族或特定时代人们普遍认同的，由内在的民族精神或时代精神、价值取向、习俗、伦理规范等构成的相对稳定的行为方式，或者说基本的生存方式或样法。文化模式在功能上不同于社会的政治、经济制度。一个社会的政治经济制度往往以外显的、自觉的方式为社会的运行和人们的行为提供规范和框架。而文化模式则以内在的、不知不觉的、潜移默化的方式制约和规范着每一个体的行为，赋予人的行为以根据和意义。虽然文化的影响力不像政治经济那样直接和强烈，但更为持久和稳定，它往往能够跨越时代、超越政治经济体制而左右人的行为，进而影响政治经济活动和历史的进程。因而，文化模式是人的生存的深层维度。

　　应当说，文化模式是一个具有普遍意义的哲学范畴，我们不仅可以在共时的、民族的、地域的意义上，也可以在历时的、进化的意义上使用这一概念。无论揭示哪一个维度上的文化模式，对于认识特定地域、特定时代人的行为，认识民族的差异、历史的演进，都具有十分重要的意义。

首先，在共时的维度上，我们不仅可以像本尼迪克特那样，在民族文化心理的层面上比较分析日神型文化模式和酒神型文化模式、罪感型文化模式和耻感型文化模式，而且可以在更大的尺度上讨论类似东西方文化模式的差异问题。例如，中国先秦哲学中所包含的"天人合一"的自然主义文化模式与古希腊哲学所包含的以人和自然的分化为前提的理性主义文化模式，对于东西方文化和东西方历史的分道扬镳产生了至关重要的影响。中国传统的"天人合一"和整体主义的文化模式同尔后中国科技理性和科学技术的不发达以及历史进程缓慢之间的关联，古希腊理性主义文化模式同西方近现代科学技术与工业文明的发达之间的关联，都是显而易见的。

其次，在历时的维度上，我们可以通过主导性文化模式的转换，从一个特殊的视角透视人类历史的演进。对于人类社会进化的阶段划分，我们不仅可以以生产力的发展、生产关系的变革、阶级对立的状况等为参考系，而且可以以主导性文化模式的转换为深层坐标。在文化哲学的视野中，人类迄今经历了三个大的文明阶段，在每一个阶段都有一种占主导地位的文化模式。舍去一些具体的地域差异和民族差异，我们可以断言，在原始文明时期，占主导地位的是由神话、图腾、巫术等构成的、物我不分的表象化、直觉化的文化模式；在农业文明时期，占主导地位的是由经验、常识、习俗、天然情感等构成的自然主义、经验主义的文化模式；在工业文明时期，占主导地位的是以科学、知识、信息等为主要内涵的理性主义的文化模式。显然，对文化模式的这种历时性探讨，可以深化我们对人类历史发展的认识。

一　共时态视野中的文化模式

虽然文化模式是现代文化学和文化哲学中出现频率非常高，同时也十分重要的范畴，但是人们在对文化模式的理解和划分方面却存在很大的争议，这与人们关于文化模式的理解和探讨文化模式问题的角度有很大关系。我们在这里主要关心文化模式对于社会和历史的深层作用，因此，纳入我们视野的文化模式主要是在较大尺度上于特定地域、特定时代、特定民族中占主导地位的文化模式。从这样的限定出发，我们略去了关于特定群体（如不同阶层、不同职业、不同年龄结构等所构成的特殊群体）的行为模式或行为类型的分析。在这种意义上，我们所理解的共时态视野中的文化模式主要体现在两个基本的层面：一是民族心理意义上的文化模式；一是文明形态意义上的文化模式。

（一）民族心理和文化模式

应当说，关于民族心理意义上的文化模式的探讨是文化人类学发展中的一个重大的进步。以进化论学派、传播论学派、历史特殊论学派等为代表的早期文化人类学，在探讨文化现象或揭示文化在历史进程或人类生活中的地位与作用时，基本上着眼于具体的文化特质，在涉及文化总体时，也基本上是笼统地把各种文化特质简单地总合为一个整体，由此而探讨文化的进化、传播、变迁等问题。文化模式论的出现根本地改变了这种状况。这一探讨既没有停留于关于巫术、图腾、宗教、神话、习俗、常识、人格、仪式、象征、禁忌等具体文化特质的一般功能分析，也没有笼统地谈论文化整体的演进和发展机制，而是深入揭示各种文化特质的内在的本质关联，从而揭示出特定时代、特定民族由各种文化特质整合成的共同的、占主导地位的文化模式。这里所说的民族主要指具有共同语言、共同地域、共同经济生活和共同心理的人组成的共同体，因此，它的涵盖面很大，既包括对整个人类历史产生较大影响的一些较大的民族，也包括众多的、为人类世界增添丰富色彩的较小的民族。一般说来，支配着一个民族的个体行为和群体行为的占主导地位的文化模式常常表现为该民族的民族心理。在这种意义上，关于文化模式的一些研究也被称为民族心理研究或国民性研究。

在文化模式的研究方面，美国文化人类学家本尼迪克特的研究成果毫无疑问最有权威性，她以著名的《文化模式》和《菊花与刀》奠定了自己在文化模式论研究方面不可动摇的权威地位。本尼迪克特对文化模式作了很全面的研究，她不但具体剖析和揭示了一些具体的文化模式，而且对于文化模式的生成及其重要性作了自觉的理论阐述。因此，本尼迪克特关于文化模式的分析应当成为文化模式研究的一个非常成功的范例。

本尼迪克特在《文化模式》中首先集中探讨文化模式研究的重要性。她指出，传统文化人类学的研究具有描述的性质，所以，包括弗雷泽著名的《金枝》在内的许多著名人类学文献都"过度地偏重于文化特质的分析，而不是研究脉络分明的文化整体"。她认为，这种研究还远远不够，仅仅强调文化特质的多样性和重要性还不足以揭示文化的重要意义，实际上，文化在本质上是趋于整合的,各种文化特质形成一种具有内在统一精神和价值取向的文化模式,这种文化模式把每一个体的行为包容于文化整体之中,赋予它们以意义。她指出,"当我们明确地认为,文化行为是地域性的、人所作出的、千差万别的时候,我们并没有穷尽它的重要意义。文化行为同样也是趋于整合的。一种文化就如一个人,是一种或多或少一贯的思想和行动的模式。各种文化都形成了各自的特征性目的,它们并不必然为其他类型的社会所共有。各个民族的人民都遵照这些文化目的,一步步强化自己的经验,并根据这些文化内驱力的紧迫程度,各种异质的行为也相应地愈来愈取得了融贯统一的形态。一组最混乱地结合在一起的行动,由于被吸收到一种整合完好的文化中,常常会通过不可思议的形态转变,体现该文化独特目标的特征"①。

本尼迪克特指出,文化模式所体现的文化的整体性不是外在的,而是内在的,它是由内在的文化整合力形成的。必须看到,"整体不是它的所有部分的总和,而是一种由部分之间独特的组合和相互联系而产生的新实体……所形成的复合体已经产生了一些新的潜在性质,它们是各个元素所不具备的,而复合体的行为模式和这些元素在其他组合方式中的模式相比,又显得截然不同"。因此,本尼迪克特得出各种文化"多于其各个特质的总和"的结论。② 在这种意义上,她认为,研究文化模式在整个人类学的研究中就有了举足轻重的地位。依据文化模式的基本理论,本尼迪克特对许多民族的文化模式进行了实际的分析和理论阐述,其中,最有影响的,一是她关于日神型文化模式和酒神型文化模式的分析,二是她关于罪恶感文化模式和耻辱感文化模式的分析。

在分析美洲印第安人的文化模式时,本尼迪克特采用了著名哲学家尼采关于酒神精神与日神精神的思想,她认为,在基本的民族心理或文化模式上,存在着"酒神型人"和"日神型人"的区别。她指出,"尼采讨论了两种直接对立的实现生存价值的方式。酒神型人(Dionysian)'打破生存的通常束缚和限制'而寻求生存的价值;他寻求达到所谓最有价值的时刻,逃出五种感官所强加在他身上的那些界限,以便破格获取另一种层次的体验。在个

---

① 本尼迪克特:《文化模式》,浙江人民出版社 1987 年版,第 45 页。
② 同上书,第 45—46 页。

人体验中或仪式上,酒神型人的愿望是要竭力使自身达到某种心理状态,即出格(excess)状态。对他所寻求的情绪最为接近的类比就是沉醉了,他看重迷狂的启迪。像布莱克一样,他信奉'通向智慧之宫的出格之道'。日神型人(Apollonian)则全然不相信这些,也很少有诸如此类体验的念头。他找到了一些手段,把上述体验排除意识生活之外。他'知道只有一种法则,那就是希腊精神意义上的尺度'。他保持着一种中庸之道,逗留在已知的蓝图内,并不涉入破坏性心理状态。用尼采优美的话语来说,纵使在舞蹈的狂欢中,他'依然固他,维持了他的公民名誉'"①。按照这种尺度,本尼迪克特认为,美国以及墨西哥印第安人在整体上属于酒神型文化模式,这些印第安人在行为上往往没有节制、比较狂妄、爱好幻想、容易冲动、富有进攻性、放荡不羁,他们常常采用各种超常规的手段,例如,通过残酷的自我折磨、药物的魔力、斋戒、舞蹈等,寻求灵验,体会幻境。但是,在北美印第安人中也有特例,如新墨西哥的普韦布洛人,则完全没有表现出北美印第安人的文化特性。他们在行为中主张节制,采用中庸之道,比较冷静温和、谦虚,有一整套以完备的仪式构成的礼仪生活。本尼迪克特断言,普韦布洛人的文化模式属于日神型。此外,本尼迪克特在《文化模式》中还分析了多布人的文化模式。多布文化不同于上述两种文化模式,多布人往往背信弃义、彼此猜疑、互不信任、互相冲突、处处以他人为敌、对人残酷残忍、干事无法无天。本尼迪克特认为,这属于一种偏执狂性文化。

本尼迪克特关于文化模式分析的另一个成功范例是对日本人的文化模式的分析。1944年,在临近第二次世界大战尾声时,本尼迪克特受美国战时情报局的委托,着手对日本的文化模式进行调查和分析,以便为确定美国战后对日本的策略提供参考。她从日本人的人际关系、人情世界、儿童教育、义务与责任、义务与义理等方面,对日本的文化模式作了令人信服的分析。本尼迪克特发现,从表面看,日本人的文化充满了相互对立的矛盾。她形象地描述了这幅矛盾的画面:"菊花和刀两者都是这幅画中的一部分。日本人既好斗又和善,既尚武又爱美,既蛮横又文雅,既刻板又富有适应性,既顺从又不甘任人摆布,既忠诚不贰又会背信弃义,既勇敢又胆怯,既保守

---

① 本尼迪克特:《文化模式》,浙江人民出版社1987年版,第76页。

又善于接受新事物,而且这一切相互矛盾的气质都是在最高的程度上表现出来的。他们非常关心别人对他们的行动的看法,但当别人对他们的过错一无所知时,他们又会被罪恶所征服。他们的士兵非常守纪律,但也不很顺从。"①本尼迪克特认为,这些矛盾是深刻的,但是,如果不从美国人的视野,而是从日本人的价值观念和生活观念来看,很多矛盾就不存在了。这是因为,日本人的文化模式同西方人的文化模式有很大的区别,前者属于耻辱感文化,而后者属于罪恶感文化。本尼迪克特对这两种文化模式作了对比,她指出,"在不同文化的人类学研究中,分清以耻辱感为基调的文化和以罪恶感为基调的文化是一项重要的研究。以道德作为绝对标准的社会,依靠启发良知的社会属于罪恶感文化,但在这样的社会中,例如在美国,当一个人做了某些笨事,尽管这并不是罪恶的事情,他也会深感耻辱。也许一个人会因穿着不合时宜或口误而感到极度懊恼。在以耻辱感为主要约束力的文化中,人们对估计会引起其罪恶感的行为感到懊恼。这种懊恼有时十分强烈,而且它不能像罪恶那样通过忏悔和赎罪来减轻。一个犯了罪的人可通过卸下重负而得救。这种坦白手段既被用于我们的世俗精神疗法之中,也被各式各样的毫无共同点的许多宗教团体所采用。我们知道它给人带来宽慰。在耻辱感成为主要约束力的地方,一个人即使向忏悔牧师供认错误也不会感到宽慰。相反,只要坏行为'不为世人所知',就不必懊恼,自供反会自寻烦恼。因此,耻辱感文化就是对神也没有坦白的习惯。他们有庆贺幸运的仪式,但没有赎罪仪式"②。从这种对比来看,就更容易理解日本人行为中的各种"矛盾"现象。在日本人的耻辱感文化模式中,人关注的中心不是人内在的自律和理性的原则,而是"脸面"和"形象"问题,是对自己行为的自圆其说的解释或辩解。因此,本尼迪克特认为,对待战败的日本,不应采取对德国的全部占领的方式,而应当考虑利用日本的政府来行使对日本的管理,这样既消除了日本政府和民众的耻辱感,又能保证日本在摆脱军国主义的轨道上发展。后来的实际历史进程证实了本尼迪克特的分析和建议。

限于篇幅,我们在这里不再具体展开本尼迪克特关于日本人的耻辱感文化的具体分析。从上述分析已经可以看出,对于文化模式的研究具有重

---

① 本尼迪克特:《菊花与刀》,浙江人民出版社 1987 年版,第 2 页。
② 同上书,第 187—188 页。

要的意义。本尼迪克特曾断言,对于文化模式的研究比关于制度的研究更为重要。她指出,"有意义的社会学单位不是制度,而是文化构型。对家庭、原始经济或道德观念的研究需要分化为强调各种不同构型的研究,这些构型在一个又一个事例中控制了这些文化特质"①。

(二) 文明形态与文化模式

从上述分析可以看出,本尼迪克特的文化模式论的主要着眼点是各种特殊的、具体的文化模式对于个体行为的制约作用。在这种意义上,本尼迪克特以及米德等人的类似研究也被称作文化学研究的人格学派。现在,如果我们把着眼点扩大一些,关注一下在迄今为止的人类历史中占重要地位,其影响力甚至超越了具体的民族的界限的一些文化,我们就会发现,还有另外一个层面上的文化模式,这就是文明形态上的文化模式。

在最宽广的意义上,文化和文明是同义语,它们都指谓与自然相对立的人的产物或人的造物。但是,在更严格的意义上,正如我们前面所分析的那样,人们用文明范畴更多地指谓人的活动结果的外在的、有形的、可感的表现形式,而用文化指谓人的造物中深层的、无形的、机理性的东西,即人之历史地凝结成的生存方式。在这种意义上,文明比文化范畴的外延更宽,人们所直接面对的总是一些文明形态。人类历史和人类社会在某种意义上就是由众多的文明形态在空间上的并存和在时间上的继起而构成的活生生的画面。但是,必须看到,这些文明形态之所以能够具有生命力,能够发展与延续,能够再生与重建,主要是由其内在的活生生的文化精神或文化模式支撑的。

关于文明形态意义上的文化模式,很多学者给予了关注,尤其是一些哲学家,直接地以文化模式为基点展开了自己的文化哲学或历史哲学研究。不同的学者基于不同的尺度和标准,为我们描绘了各种不同的文明形态的图景,把世界的主要的文化模式作了不同的概括和划分。虽然各种观点各有自己的局限性,但的确为我们的文化模式的研究奠定了重要的基础。

在这一方面,我们首先要提到两位著名的历史哲学家及其研究文明形

---

① 本尼迪克特:《文化模式》,浙江人民出版社 1987 年版,第 232 页。

态的著名著作，这就是斯宾格勒及其《西方的没落》和汤因比及其《历史研究》。两位思想家的共同特征是反对传统的历史研究对象，反对把政治国家及其政治形态的演变作为历史研究的基本单位，而主张从文化入手来研究历史，具体说是从文明形态或文化形态入手来研究历史。因此，他们的学说既为历史哲学的研究者所关注，也为文化哲学的研究者所关注，人们将他们的研究称作历史形态学或文明形态史观。

斯宾格勒首开文化形态学或历史形态学研究的先河。他在《西方的没落》中明确指出，"人类的历史没有任何意义，深奥的意义仅寓于个别文化的生活历程中"①；而且人只有在文化中才有自己的历史，因此，研究历史应当从具体的文化入手。他批判把历史分成"古代史—中古史—近代史"的托勒密史学体系和欧洲中心论，提出史学的哥白尼体系，这就是文化形态史观。斯宾格勒把人类高级文明历史划分为八大文化形态，这就是埃及文化、巴比伦文化、印度文化、中国文化、古典文化、阿拉伯文化、墨西哥-玛雅文化和西方文化。他特别指出，文化形态史学研究的是文化有机体和文化形态，是"活生生的自然"；揭示的是有机必然性，而不是因果必然性；昭示的是文化的宿命，而不是历史的规律。这里我们要特别提及斯宾格勒关于文化和文明的区别。他认为，文化是活生生的有机体，代表着历史、生长、生成、创造，文化是活的精神，"伟大的文化是起源于性灵的最深基础上的原始实体"，而文明则是完成的、新的无机体，代表着非历史、终结、完成、结束、僵硬、死亡，"文明是一种发展了的人类所能做到的最表面和最人为的状态。它们是一种结束，已成的跟随着方成的，死跟随着生"。② 因此，在斯宾格勒看来，文化形态史观研究的是各种文化有机体所经历的春夏秋冬的生命历程，是人类精神涌动的历程。斯宾格勒关于文化形态的有机体命运的结论是极端悲观的，他断言，僵死的文明是所有文化有机体的宿命，迄今为止，在人类八大文化中，除了西方文化以外的七大文化均已死亡，变成没有历史的僵死的文明，而西方文化也正在走向没落。显而易见，20 世纪初西方的文化危机使斯宾格勒得出了关于文化命运的不正确的结论，今天，历史的进程已经证伪了他的悲观结论。但是，无论斯宾格勒的具体分析有多少谬误，他

---

① 斯宾格勒：《西方的没落》上卷，商务印书馆 1963 年版，1995 年印刷，第 138 页。
② 同上书，第 306、54 页。

关于文化形态的研究还是对后来的文化哲学和历史哲学的研究产生了深刻的影响,极大地拓宽了关于文化模式研究的视野。

受斯宾格勒的深刻影响,汤因比同样把自己的研究定位于文明形态的研究,他认为,研究历史不应该只局限于一个民族国家,而必须放到一个更大的整体的关联中加以把握;进而,研究历史也不应当笼统地指向人类全体。社会生活的不同层面在全球化或世界化的程度上是不同的:经济层面几乎全球趋同;政治层面也在逐步走向世界性;而文化层面,则是各个社会形态保持区分的根本内涵。因此,历史研究的单位应当是特定的社会,即文明。与斯宾格勒不同,汤因比视野中的文明形态不止八个,而是二十余个,如西方社会、东正教社会、伊朗社会、阿拉伯社会、印度社会、远东社会、古希腊社会、叙利亚社会、古印度社会、古中国社会、米诺斯社会、印度河流域文化、苏末社会、赫梯社会、巴比伦社会、埃及社会、安第斯社会、墨西哥社会、尤卡坦社会、玛雅社会等;此外,还有流产的远西方基督教文明(凯尔特边区)、流产的斯堪的纳维亚文明,以及波利尼西亚人的文明、爱斯基摩人的文明、游牧民族的文明、奥斯曼人的文明、斯巴达人的文明等停滞的文明。我们发现,虽然汤因比没有像斯宾格勒那样严格区分文化与文明的范畴,他常常使用文明的范畴,但是,他的研究重点同样是文明形态中所包含的文化精神或文化模式。他的《历史研究》集中探讨各种文明的起源、生长、衰落和解体的机制,在他看来,每一种机制的深层内涵都与人类文化、精神或人的自由状况密切相关,例如,文明的起源在于"挑战与应战";文明的生长在于"精神的自觉与自决"(超人的退隐与复出);文明的衰落在于"自决能力的丧失";文明的解体在于"社会体的分裂与灵魂的分裂"。因此,在揭示文明演进的内在机制时,汤因比在自然法则和自由的交互作用中突出自由的意义。他指出,"人不仅生存在一种法则的支配之下,而且生存在两种法则的支配之下。这两种法则中的一种就是神的法则;这种法则就是用了另一个更为光辉名称的自由本身"①。

在关于文明形态意义上的文化模式的研究方面,除了斯宾格勒和汤因比之外,我们必须提及存在主义哲学家雅斯贝尔斯的研究。他在《历史的

---

① 汤因比:《历史研究》下卷,上海人民出版社 1997 年版,第 365 页。

起源和目标》中建立了一种基于文明形态分析的深刻的历史哲学。雅斯贝尔斯从"人类具有唯一的共同起源和共同目标"这一信念出发，提出历史哲学研究的目的是"为了获得一个关于人类历史的统一完整的总观点"，"我们的目标是人类历史的最大包容和最高统一"。① 而这种研究应当通过对文明形态或文化形态的探讨而得以实现。在这方面，雅斯贝尔斯提出了著名的"轴心期"理论。他把人类历史划分为史前、古代、轴心期和科技四个时代，其中，轴心期对迄今为止的人类历史产生了根本性的影响，因为，在这一时期奠定了人类社会和人类历史的几种主要的文化精神。雅斯贝尔斯认为，古代历史最早的文明主要有三个，它们几乎同时奠定于公元前三四千年，这就是苏美尔-巴比伦、埃及和爱琴海世界所代表和开始的后来称之为西方文明的古代文化、雅利安印度河文化和古代中国文化。在雅斯贝尔斯看来，古代文明使人开始真正生成，使人类开始从史前进入历史，引起了人类历史上的第一次飞跃。但是，相比之下，古代文明时期人类文化精神还没有真正达到自觉，尚缺少后来的轴心期所发生的奠定"新人性基础的精神革命"。今天人类的各种主要的文化精神或文化模式是从世界历史的轴心时期开始的。雅斯贝尔斯把这一轴心期定位于公元前 800 年至 200 年之间。他指出，正是在这一时期，中国的孔子、老子，印度的佛陀，伊朗的索罗亚斯德，巴勒斯坦的以利亚、以赛亚、耶利米，希腊的荷马、巴门尼德、赫拉克利特、柏拉图等许多思想巨人先后出现，他们使人类精神在中国、印度和西方分别奠基。雅斯贝尔斯认为，"这个时代的新特点是，世界上所有三个地区的人类都开始意识到整体的存在、自身和自身的限度。人类体验到世界的恐怖和自身的软弱。他探询根本性的问题。面对空无，他力求解放和拯救。通过在意识上认识自己的限度，他为自己树立了最高目标。他在自我的深奥和超然存在的光辉中感受绝对"②。在雅斯贝尔斯看来，轴心期对于人类历史的意义是至关重要的，因为，正是在这一时期，至今还在影响着人类历史进程的三大主要文化精神得以奠定。不仅如此，也正是这一时期人类文化精神的自觉又奠定了中国、印度和西方三种文化精神的根本性差别，形成了三种不同的文化模式。他认为，轴心期三个地区的文化精神觉醒的

---

① 雅斯贝尔斯：《历史的起源和目标》，华夏出版社 1989 年版，第 4、6 页。
② 同上书，第 8—9 页。

深刻程度是不同的,在西方形成了理性的、具有极大历史感的文化精神,而在中国和印度则形成了"总是在延续它们自己的过去时"的文化模式。雅斯贝尔斯指出,"与中国和印度相比,西方的新开端似乎惹人注目得多。和东方有时变得很弱的精神持续相并列,西方出现了一系列完全不同的精神世界"。具体说来,"中国和印度总是在延续它们自己的过去时存活。另一方面,希腊则超出了它自己的过去"①。雅斯贝尔斯进一步断言,轴心期三种文化模式的分立,对于这些地区后来的历史发展的影响是决定性的,"轴心期的创造性时代之后是巨变和文艺复兴;直至公元 1500 年,当欧洲迈出其前所未有的步伐时,中国和印度却准确地同时进入了文化衰退"②。

无疑,对雅斯贝尔斯上述许多结论我们可以提出质疑和反驳。但是,我们在这里更为感兴趣的是他关于人类主导性文化模式的划分。应当说,同斯宾格勒的八种文化形态和汤因比的二十多种文化形态的分析相比,雅斯贝尔斯关于中国、印度和西方三种文化模式的划分更为合理,更为符合各种文化模式在迄今为止的人类历史中的实际地位。在这一点上,中国近代著名学者梁漱溟持同样的观点。他在《东西文化及其哲学》中也区分了中国、印度和西方三种文化模式。梁漱溟认为,文化作为"生活的样法"或"生活中解决问题的方法"是存在着各种差别的,其中有三种基本的导向,可以称作"人生的三路向":第一种是生活的本来的路向,"就是奋力取得所要求的东西,设法满足他的要求;换一句话说就是奋斗的态度";第二种是持中的路向,"遇到问题不去要求解决,改造局面,就在这种境地上求我自己的满足";第三种是转身向后去的路向,"走这条路向的人,其解决问题的方法与前两条路向都不同。遇到问题他就想根本取消这种问题或要求"③。梁漱溟指出,对应人生的这三种基本路向,恰好就有西方、中国和印度三种主要的文化模式,其中,西方文化是"以意欲向前要求为根本精神的";"中国文化是以意欲自为、调和、持中为其根本精神的";而"印度文化是以意欲反身向后要求为其根本精神的"。④

---

① 雅斯贝尔斯:《历史的起源和目标》,华夏出版社 1989 年版,第 66、71 页。

② 同上书,第 66 页。

③ 徐洪兴主编:《二十世纪哲学经典文本——中国哲学卷》,复旦大学出版社 1999 年版,第 457 页。

④ 同上书,第 458 页。

应当承认，虽然在关于中国文化的价值评价方面以及关于中国文化的变革方面，我们不能同意梁漱溟的文化保守主义结论，但是，他关于中国、印度和西方三种文化模式的本质特征的分析却是十分深刻，值得我们借鉴和汲取的。当然，就我们的文化批判的主要指向来说，我们最终更感兴趣的是把人类的主导性文化模式区分为以中国为代表的东方文化和人们习惯意义上的西方文化。这是两种存在本质差别，对几千年东西方的历史演进产生了根本性影响的文化模式。因此，关于这两种文化模式的比较和分析将是我们的文化批判的中轴线。由于我们在本书的后面还要专门展开这一问题，在这里姑且接受梁漱溟先生的观点，而不作更多的探讨。

通过上述两个层面上关于文化模式的探讨，我们可以清楚地理解研究文化模式的极端重要性。虽然不应当把文化的制约作用夸大到极端，形成一种外在的文化决定论观点，但是，必须充分认识文化模式在人类生活和社会发展中的作用和地位。对于特定共同体中的个体而言，文化模式具有一种强制性的行为规范的功能，文化决定人格。不了解具体的文化模式，就无法深刻理解这一文化模式之下生活的人的各种行为。同时，文化模式还通过内在机理的方式制约着特定民族的经济和政治活动，从而对整个社会的运行产生影响，无论我们要推进社会的进步，还是要促使特定社会发生转型，忽略了文化模式的研究，都会遇到强大的文化阻滞力。

二 历时态视野中的文化模式

当我们从关于文化模式的共时态研究转向历时态思考时，需要对我们的思路略加限定，因为，在关于人类文化是否呈现为一种历史进化的历程问题上，学者们有很大的争议。我们承认，作为人的本质性生存模式的文化同文化在各个时代的外在表现，即具体的文明成果相比，其变化相对缓慢，但是，如前所述，它的确在经历着变化，而且不只是渐进的量变，更重要的是深刻的转型，一种脱胎换骨式的巨变。而文化的这种巨变在最深刻的意义上代表着人类社会的发展和人自身的进步。进而，需要指出的是，当我们探讨文化的进化特征时，并不是像泰勒那样试图揭示出所有文化和文明都必须严格遵循的、单一的、线性的、铁的发展规律，也不想否认各种文化的多彩多姿，不想把多样性的文化剪裁或纳入一个给定的演化模式。而只是想证明，在较大的历史尺度上的每一较大的文明时期,总会有一些基本的、本质性的自觉的或不自觉的文化精神特征,代表着这一时代人的基本行为方式和发展程度,我们把这种基本的文化精神特征称为这一时代的文化模式;而各个较大的文明时代的文化模式中所包含的人的精神状况的觉醒程度、人应答问题和解决矛盾的基本方式所构成的历史系列,从总体上展示出人的基本的进化和进步历程。当然,这并不是说,各个民族都同步经历着这些文化模式,或者说都要毫无例外地依次经历这些文化模式。实际上,正是各个民族在文化模式的演化方面的差异、错位等构成了人类历史和人类文化的丰富内涵,构成了文化相互交会、相互冲突、相互融合的基础。

实际上,马克思在透视人类历史的发展时,除了使用著名的生产方式或所有制的尺度外,的确非常明确地使用过人自身发展的尺度。这里我们不去引证马克思在《1844 年经济学—哲学手稿》中关于人的异化和扬弃异化的论述,而从《资本论》中引出一段非常著名的论述。马克思在谈到人的发展时,曾划分了三个阶段。他指出,"人的依赖关系(起初完全是自然发生的),是最初的社会形态,在这种形态下,人的生产能力只是在狭窄的范围内和孤立的地点上发展着。以物的依赖性为基础的人的独立性,是第二大形态,在这种形态下,才形成普遍的社会物质变换,全面的关系,多方面的需求以及全面的能力的体系。建立在个人全面发展和他们共同的社会生产能力成为他们的社会财富这一基础上的自由个性,是第三个阶段"[①]。在后面的分析中,我们可以看到,马克思在这里虽然也依据生产方式的特征来探讨人的发展,但更多地则是以人在文化上的变化来划分大的历史阶段。基于上述限定,我们感到有充分的理由从历时态的视野透视文化模式的变化及人的进步。一般说来,我们可以把迄今为止的人类历史划分为三大文明形态,相应地,存在着三种主导性的文化模式,即原始社会的文化模式、传统农业文明的文化模式和现代工业文明的文化模式。此外,人类正在进入信息化时代,用人们比较习惯的说法,似乎的确有一种"后工业文明的文化模式"正在生成。

---

① 《马克思恩格斯全集》第 46 卷上册,人民出版社 1979 年版,第 104 页。

（一）原始社会的文化模式

同3000年左右的有文字记载的文明时代相比，人类的原始时代十分漫长，从现有的考古资料断定，它至少延续了300万年左右。虽然我们对于原始社会的详细状况知之不多，但从现有的人类学和文化学研究，可以肯定地说，漫长的原始时代对于全部人类历史起着十分重要的作用，因为它奠定了人类历史的开端和基础。原始初民的世界成为人类社会的最初形态，即人类社会的原生态。

原始社会的文化模式具有强烈的自在性和自然性，只是同其他动物相比，人类在总体上有了朦胧的类的意识。远古时代人类的劳动或实践活动远远不能同今天发达形态的实践相比，远古初民的采集实践和简单的农耕及狩猎实践，是典型的自在自发的重复性实践活动。支配这一活动的是一种以交感巫术、图腾崇拜、万物有灵观念为基础的神秘的、原逻辑的、前科学的直觉思维，以及积淀在神话表象世界中的禁忌、戒律、集体表象或集体意象等等。显而易见，这是一种典型的自然主义的文化模式。以这种原始自在的思维和自在的实践活动为基础，凭借各种天然的血缘关系，形成了原始初民的世界，即原始生活世界。我们可以从这样几个层面透视原始时代人的生存状况。

首先，远古时代的先民们所进行的获取衣食住行等生活资料的生产活动尚未构成相对独立的、非日常的社会活动领域，而是与生活资料的消费直接交织在一起的、凭借天然的或简单的人造工具而自在自发地进行的活动，是纯粹的日常活动。即使在原始社会后期，人类逐步超越了纯粹的天然采集实践，慢慢发展起原始畜牧业和原始农业，人们也不具备自觉地支配自然力的意识和能力，而完全凭着盲目的自然节律的支配而自发地活动，这些生产活动依旧同家庭成员的直接消费联系起来，是纯粹的日常活动。

其次，原始时代的人们尚未发展起非情感性、自觉的、非日常的社会交往活动和自觉的精神交往活动。人们的交往活动严格局限在由血缘关系和天然情感所维系的狭隘圈子，基本上是在家庭中和基于家庭血缘关系而组成的氏族中展开。因而，原始交往活动属于典型的情感性的、自在的日常交往活动。在这些活动中，只存在着基于本能和自然的性交往关系、血缘关系和情感关系，而基于理性的自觉的社会关系尚未建立起来。

再次，原始初民尚未建构起政治经济管理等非日常的社会机构。原始氏族制度从本质上讲只是血缘家庭关系的自然放大，尚不是真正意义上的非日常的社会组织机构，尚不具备组织真正意义上的社会化活动的功能。现代国家和现代社会的根本特征之一是按地区来划分和组织自己的居民，而原始氏族制度则是严格按着血缘和血统关系来组织自己的成员。氏族制度是凭借巫术、图腾、宗教、各种仪式、禁忌、集体心象而自发地调解日常生活的日常组织，而不是组织社会化活动的自觉的、非日常的社会组织。即使有时部落之间所进行的战争也是带有强烈自然色彩的血亲复仇，尚未取得自觉的和鲜明的非日常的历史含义。

从上述几个方面的分析可以看出，原始时代的人们尚未形成对类本质和自我存在的自觉意识，构成原始初民日常生计、日常交往活动和群体组织活动的内在机理或自发地支配着原始人活动的是一种典型的自然主义的文化模式。许多学者和思想家都曾分析过原始时代人们的意识的觉醒程度、文化精神的活动状况。其中在一个基本点上不同的研究者可以基本达成共识：由原始巫术、图腾崇拜、原始神话和原始宗教交织构成的原始观念世界是一个人类精神尚未达到自觉、人尚未形成明晰的自我意识和类意识的混沌的、未分化的和自在的思维活动领域。这一精神表象世界的核心信念是"万物有灵""天人感应""物我不分"，以及万物相互作用、相互交感，等等。如果同以科学、艺术、哲学所代表的自觉的、非日常的精神世界和自觉的、创造性的思维相比，原始思维表现为一种无个性的、缺乏自我意识的集体意象或集体无意识。它服从于一种不同于现代抽象思维和理性逻辑的非理性的"原逻辑"或"前逻辑"的活动图式，停留于"是什么"而缺少"为什么"和"应如何"的维度。著名精神分析学家荣格倾向于用"集体无意识""原型""原始形象"等来描述原始人在文化模式上的自在的和自然的状态。所谓"无意识"并不是指这是一种"非精神""非心理"现象，而是说这是一种没有意识到的意识。荣格认为，这种无意识也可以称为"前意识"，即是说，原始人在进行观念活动时，并未自觉地意识到自己在进行思考。"原始心理状态与现今文明的心理状态相比，主要差别在于意识的思维在深度与广度方面都很不发达，有些功能，如思考、意愿等均尚未分化，例如思考，在原始人看来即非有意识活动，而好似思想会自己出现。原始人不能断言他自己是在思考；毋宁说是'有什么东西在他的身体里边进行思考'。因此自发思维活动并不偶然存在于他的意识之中,却存在于他的无意识之中。"①

(二) 传统农业文明的文化模式

就迄今为止的人类发展史而言,农业文明占据了有文字记载的历史的绝大部分时间,是人类生存的重要形态。与原始时代相比,农业文明时代人类社会发生了巨大的变化,除了人们的生产力较原始时代有了很大的提高而外,还有两方面的根本性变化使人类告别原始社会这一"史前"时代,开始了真正意义上的文明时代。其一是原始社会末期的三次社会大分工导致了私有制、阶级和国家的产生,进而导致了政治、经济、社会管理等有组织的社会活动领域的建构;其二是精神生产和物质生产的分工导致了哲学、文学艺术和各种其他理论,以及由哲学包裹的科学等由一些专职理论家和思想家从事的自觉的、非日常的、独立的精神生产领域的生成,这标志着原始的无意识的、直觉的精神世界开始为一个有意识的、自觉的精神世界所取代。

然而,从今天的人类精神世界所达到的境界来看,对于农业文明时代人类精神活动和精神世界的发达程度或发展水平不能估计过高。因为,自觉的精神活动及其成果还只是一个相当狭窄的领域,而且它并没有作为一种现实的文化精神或文化要素支配着个人的生活,没有作为社会的经济、政治和交往活动的内在机理,而是与现实生活世界相对分离。而实际上,作为人的基本生存方式和社会的内在机理或图式的是一种同样具有自在自发特征的文化模式。所不同的是,原始时代的自然主义的文化模式由交感巫术、图腾崇拜、禁忌、戒律、集体表象或集体意象等神秘的、原逻辑的、无意识的直觉思维构成,而传统农业文明的文化模式是由人们在生产和生活中自觉或不自觉地积淀,并自发地遵循的经验、常识、习惯、习俗、天然情感等自在的文化要素构成。因此,我们应当更确切地称之为经验主义的文化模式。我们可以从以下几个方面观察一下这种自然主义和经验主义的文化模式是如何支配农业文明时代的社会活动和人的生活的。

第一,农业文明以自然经济为基础,尚未发展起社会化的大生产。自然经济条件下的生产是分散的小农经济,是依据自然节律而自发地进行的重

---

① 《马克思恩格斯全集》第 46 卷上册,人民出版社 1979 年版,第 104 页。

复性实践活动。一年四季,春夏秋冬,二十四节气,这些自然节奏自发地调节着人的生产活动。在这种条件下,人不必专门去学什么,不必认真思索什么,春华秋实的自然循环、一辈又一辈自发的经验习俗,潜移默化地使每一个日常生活主体熟悉地、自如地、不假思索地应付周而复始的日常生计:面朝黄土背朝天,在泥土中刨食;钻进茅草房无师自通地男欢女娱,然后是生儿育女、传宗接代;日复一日、年复一年、一代代、一辈辈,永远在重复着同样的事情。在这种自在自发的活动中,人已不知不觉地融于大自然之中。对土地的依赖,对家庭的眷恋,使得农业文明条件下的大多数日常生活主体终生没有超越日常生活的阈限,没有进入非日常活动领域,更不必说进入非日常的、创造性的、自觉的境界或生存状态之中了。

第二,在农业文明条件下,人主要生存在由宗法关系维系的自然秩序之中,尚未建立起自觉的社会关联。换言之,农业文明条件下的人尚未建立起自由、平等、自觉、开放的非日常的社会交往,而是作为自在的日常生活主体而进行着基于血缘关系、宗法关系和天然情感的日常交往。虽然从现代社会学和历史学的角度来看,在农业文明中始终存在着阶级冲突和对立,但是,农业文明条件下的人际关系和社会关系更多地表现为宗法关系和伦理关系。由氏族社会父系家长制演变而成的以血缘为基础的宗族制系统,即宗法制在整个农业文明中起着决定性的作用:一方面,它通过世袭制、长子继承制等左右着社会的政治活动和经济活动;另一方面则通过夫妻、父子、兄弟、朋友、君臣等伦理纲常和等级关系决定着人际交往和人际关系,形成了以宗法关系为基础的人身依附关系。这种宗法关系、伦理纲常、人身依附关系把每一个体固定到一个位置上,使之终生不变。人生活在这种关系之中就如同生存在一个天然的自然秩序之中。

第三,农业文明条件下的精神生产领域相对不发达,是由少数人独占的领域,绝大多数人没有机会和条件进入非日常的精神领域中,同自觉的人类知识建立起自觉的关联,更不可能参与精神生产创造活动。他们终生停留于自在的日常观念世界之中,凭借着传统、习惯、经验、常识等重复性和自在的文化模式而自发地生存。在农业文明条件下,精神成果的创造是少数杰出人物的活动,只是极少数具有很好文化背景和条件的思想家、学者、科学家、艺术家、文学家等才有资格和机会参与精神生产的创造;精神成果的享用也往往是少数人,如达官贵人、富有家庭的子女的特权。衣食住行等日常生计的艰辛和压力,教育手段、方式、思想的落后,以愚民为核心的传统的统治思想等,造成绝大多数人处于不识字的文盲或半文盲状态之中,终生与科学、艺术、哲学等自觉的精神生产成果绝缘。他们终生沉沦于衣食住行等自在的日常生活,满足于神话、传说、故事、民间游艺、民间演出等简单的日常消遣活动。

(三) 现代工业文明的文化模式

现代工业文明的确立在人类历史上所起的革命作用要远远超过传统农业文明。这是因为,从原始时代的采集实践和简单的农业耕作向农业文明条件下的自然经济和重复性农业实践的过渡并没有带来人的生存方式的本质性变化,而从农业实践向工业文明条件下的社会化大生产以及发达的精神生产活动的转变则代表着人的生存方式的本质性改变。

现代工业文明引起的显著变化是社会化大生产、政治、经济、社会管理、世界性的交往等社会活动领域的急剧扩大,以及以科学、艺术、哲学为主要形态的精神生产领域的空前自觉与发达。在这一文明形态中,支配着个人生活和社会活动的文化模式,与原始社会的自然主义文化模式和传统农业文明的经验主义文化模式,有着本质的差别。这是一种理性主义的文化模式,同时也是一种真正体现人的精神自觉的文化模式,因此,在某种意义上也是一种人本主义或人文主义的文化模式。理性主义文化模式是以理性和科学知识为基础,体现着理性精神、契约精神、人本精神的自由自觉的、创造性的文化模式。这种文化模式以一种强有力的方式贯穿于人的一切活动之中,体现在一切社会领域之中。

首先,以现代化大生产和市场交换为基础的现代经济运动、现代政治运动、现代社会管理等社会活动领域越来越依赖于理性、契约和法制的运行机制,越来越成为展现人的理性精神和自由创造性的领域。资本主义的商品生产经过早期的简单协作和工场手工业,最终发展为机器大工业,即社会化大生产。随着科学技术的加速度发展,从机械化、电气化、自动化,一直到现代信息技术、生物技术等高新技术领域的发展,使现代社会的生产、经营、市场交换越来越体现出自身的理性内涵和科学技术含量。现代科学思维和技术理性强调以不断更新的现代知识和信息作为行为决策的依据,强调行为目标的合理性和行为过程及行为结果的可预测性和可精确计算性。同时,现代政治生活和社会公共管理越来越走向民主和法制,理性、法制和契约越来越成为现代经济、政治和全部社会生活的基本原则。还必须指出的是，现代社会的理性运行机制同人生而平等的原则以及现代教育原则相结合，使现代经济、政治、社会公共管理等领域成为非特权化的、向一切人开放的公共领域。现代社会化生产和商品经济从一开始就迅猛开辟了日益向外拓展的市场，从而打破了传统农业文明的自然经济的封闭王国，资本原始积累以近乎野蛮的手段斩断了传统农民对土地的依赖和人身依附，使封建的等级制和血缘宗法关系在自由拍卖的市场上陷于土崩瓦解。这种工业化运动在历史的某些时刻(如圈地运动)曾表现为恶的力量，但是，它的确给人的自由发展创造了条件。

其次，在工业文明条件下，交往的自由与空间不断拓宽，开始形成理性的、契约的、自由的、平等的交往关系。如前所述，在传统农业文明条件下，大多数人终生都被闭锁在封闭的和自在的日常生活世界之中，人们之间的交往主要是夫妻、父子、兄弟姐妹、朋友、邻里间的自在的日常交往。而工业文明和市场经济的发展使绝大多数人都有可能走出日常生活世界，进入非日常生活领域，人从而开始普遍发展起各种非日常的交往关联，如社会化大生产中的同事之间、上司和下属之间、雇主和雇工之间的交往，商品流通领域中主顾之间、生意合伙人之间、经纪人之间的交往，政治活动中同志之间、朋友之间、对手之间的交往，科学、艺术、哲学等创作活动中的学术交往，等等。总而言之，同封闭、自在的日常交往相比，这里呈现出一个丰富多彩的自由、开放的非日常交往世界。非日常交往尽量剔除天然情感、血缘关系、经验历练等自在的文化因素，以理性、法制、平等、自觉为基础，为平等的、理性的、民主的、人道的社会关系和社会结构提供了重要条件。

再次，支撑着工业文明的两大主导精神，即技术理性和人本精神，极大地改变了人的生存方式，理性主义文化模式把人从自在自发的生存状态提升到自由自觉和创造性的生存状态。现代工业文明建构起一个越来越发达的开放的非日常生活世界，相应地，也发展起一个多元的开放的价值体系和思想体系。相比之下，在这一价值体系和思想体系中，技术理性和人本精神最为重要，它们是工业文明的两大主导精神。具体说来，以飞速发展的科学技术为依据的科学思维和技术理性强调行为决策的理性依据，强调行为目标的合理性和行为过程及行为结果的可预测性和可精确计算性。以技术理性为基本素质的现代主体所创造的成就是传统社会中以经验、常识、习惯为基础,处于日常生存状态之中的主体根本无法比拟的。而体现在现代艺术和哲学中的人本精神则强调人的主体意识、参与意识和创造性,它以人的自由和全面发展作为人的活动的目标和历史进步的尺度,从而赋予人的活动以自觉的价值内涵。这种理性主义的文化模式极大地改变了人们的思维方式和活动图式,使人们不再满足于重复性日常思维所关心的"是什么",而是更多地借助于科学思维探寻"为什么"和"应如何",由此开始超越传统的自然主义和经验主义文化模式的保守性思维图式和自在自发的活动方式,逐步培养起人的创造本性和主体精神。

（四）"后工业文明的文化模式"

在原始社会的自然主义文化模式、传统农业文明的经验主义文化模式和现代工业文明的理性主义文化模式之后,我们尝试着描绘"后工业文明的文化模式"。之所以在这里给"后工业文明的文化模式"加上引号,是因为并不存在一种与传统农业文明和现代工业文明相并列的独立的"后工业文明",人类社会并没有从根本上超越工业文明。在这一点上,即使在20世纪70年代就做出关于"后工业社会的来临"预言的美国著名社会学家丹尼尔·贝尔也强调,"后工业社会并不取代工业社会,就像工业社会并不消除经济中的农业部门一样"①。然而,随着科学技术的进步和人类社会的发展,现代工业文明无论在社会运行的层面,还是在人类精神层面,的确都发生了重要的甚至是深刻的变化,特别是现代工业文明的理想主义文化模式和文化精神在20世纪遭遇了深刻的危机。因而,一些思想家和理论家基于对现代工业文明的变化的不同理解,分别用"后工业社会""后工业文明""后现代社会"等术语来标识人类社会的现阶段。一般说来,在关于"后工业文明"的认识把握方面,社会学理论侧重于从经济和社会结构的方面来揭示现代工业文明的变化,而哲学理论则更多地集中于对现代工业文明的理性主义文化模式的批判。

在当代社会学理论中,丹尼尔·贝尔关于"后工业社会的来临"的预测最具影响力。他在20世纪70年代初出版了著名的《后工业社会的来

---

① 丹尼尔·贝尔:《后工业社会的来临——对社会预测的一项探索》,新华出版社1997年版,"1976年序言"第12页。

临——对社会预测的一项探索》一书,从五个方面提炼出后工业社会的概念:在经济方面,产品生产经济转变为服务性经济;在社会的职业分布方面,专业和技术人员阶层处于主导地位;在社会的轴心原理方面,理论知识处于中心地位,它是社会革新与制定政策的源泉;在未来的方向方面,着眼点是控制技术的发展;在制定决策方面,着眼于创造新的"职能技术"。① 丹尼尔·贝尔认为,后工业社会还有更多的新内涵,但是,其中主要的应当是"知识"和"信息"的发达所带来的人类社会结构和运行方式的变化。"广泛地说,如果工业社会以机器技术为基础,后工业社会是由知识技术形成的。如果资本与劳动是工业社会的主要结构特征,那么信息和知识则是后工业社会的主要结构特征。"②丹尼尔·贝尔在揭示了以知识技术和信息技术为基础的后工业社会的到来及其给人类社会所带来的变化之后,还专门在《资本主义文化矛盾》中分析了资本主义现代工业文明的内在文化矛盾,如享乐主义的价值观、过分强调自我的现代主义文化精神等。

在当代哲学的文化批判理论中,后现代主义思潮对后现代性的追求主要基于对现代工业文明的理性主义文化精神的反思和批判。具体说来,后现代主义思潮的兴起与西方现代工业文明的本质性文化精神,即技术理性主义的危机直接相关。如前所述,技术理性主义文化模式是西方近代社会理性化和个体化进程,即现代化进程的产物,它强调人之主体性,倡导人对自然的技术征服与人类历史完善完满的结局和终极目标。因而,人之主体性、技术理性的至上性、历史的终极价值成为工业文明的文化精神的根本内涵。这一文化模式把人的生存基础从对自然的依赖转变为对人的理性和创造性的依赖,它在很长的时间内是工业文明的重要推动力量或依托,推动了社会生产力的高速发展,创造了丰富的文明成果,从根本上改变了人类的生存基础和生存条件,展示了文化的力量。但是,这一理性主义的文化模式在20世纪却陷入了深刻的危机。具体说来,对于自然的理性把握和技术征服并未完全如人们所期望的那样,确证和彰显了人的本质力量并把人带入完善完满的自由王国和人间乐园,相反,它在一定条件下却成了消解人之主体

---

① 参见丹尼尔·贝尔:《后工业社会的来临——对社会预测的一项探索》,新华出版社1997年版,第14页。

② 同上书,"1976年序言"第10页。

性的超人的力量，并导致了技术理性、意识形态、官僚政治等异化力量对人的束缚和统治，使人的自由自觉的创造性文化活动转变为商品化的、以消遣和操纵为宗旨的、非创造性的"文化工业"（法兰克福学派语）。后现代主义文化思潮正是在这样一种文化危机之中产生的对于现代工业文明精神，即现代理性主义的一种反叛和否定。

在后现代主义看来，人类在高度发达的工业文明中所面临的各种文化矛盾和文化危机并不是工业文化精神遭受破坏的产物，而是这种以人之主体性和技术理性至上性为内涵的现代文化精神合乎逻辑的产物。所以，后现代主义企图从根基上不但颠覆工业文化的本质精神，消解一切绝对的、给定的、中心的东西，而且也消解人之主体性，达到自我消解的境界，从而将世界变成一个没有价值深度的平面。后现代主义理论家倾向于把这样的世界图景称为"后现代状况""后现代社会"，并旨在从不同侧面倡导克服现代理性文明的危机和局限性的后现代文化精神。

对于后现代主义关于现代工业文明及其理性文化模式的批判反思，我们必须作具体的分析。应当看到，在一些对现代性持彻底否定态度的激进的和偏激的后现代主义者那里，的确存在着严重的偏颇性和极端性，他们对主体性的过分消解和对平面化生存模式及无深度的文化模式的极度赞美，完全否认了理性主义文化模式积极的意义和价值。这显然有悖于人的生存本质，因为，人之所以生成，文化之所以发生，在根本的意义上源于人对自然的理性超越。但是，不可否认，后现代主义的文化批判中包含着很多积极的因素。因为，在人的演进历程中，的确同时存在两个价值取向截然相反的进程：一方面是人对自然的和自在的东西的不断超越，是人的理性和自由度的不断增强；另一方面属人的东西、人的造物在一定条件下的确可能走向异化和自在化，重新变为制约人、统治人的异己力量，变成人在进一步的发展中必须重新超越的东西。理性和人的主体性所面临的情形就是如此，它们是人赖以超越自然和本能的主要的生存维度，但是，当它们在一定的条件下脱离了人的价值的约束，又会变成统治人的新的自在的或"自然的"力量：普遍化的理性成为新的霸权。这种不断增强的理性力量、不断逐利的资本逻辑和不断膨胀的人之主体性的结合，会导致主体间性的非人道化，并且容易驱动人对自然资源的无限索取和对生态环境的无节制的破坏。在这种意义上，后现代主义的文化批判，特别是那些比较温和的后现代主义，即那些并不根本否定工业文明及其理性精神的建设性的后现代主义理论家对现代性的反思,有助于当代人类社会认清现代工业文明自身的局限性和理性主义文化模式的危机特征,认清现代人类的生存方式和交往方式的局限性,从而推动人类形成一种更加健康的文化精神和文化模式。

首先,通过对现代工业文明及其理性文化模式的局限性的批判反思,在人与人的关系的维度上,一种多元包容的文化精神不断加强。实际上,未来的文化模式将在理性同价值、科学同人文的真正的融合中产生,在主体间性的平等化中产生。而信息化、网络化时代及全球化交往时代社会关系的进一步契约化和法制化、精神生产的进一步非神圣化和平民化、人的主体间交往的进一步平等化等等,正预示着这样一种新文化模式的产生。当然,必须看到,这种新的文化模式将不是对理性文化模式的根本超越和抛弃,毋宁说是它的完善和完成。实际上,许多后现代思想家也不完全否认这一点。例如,他们在强调破除逻辑中心主义之后,都主张一种多元的和宽容的精神,即承认个体的主体性,又尊重不同个体之间的差异性。

其次,通过对现代工业文明及其理性文化模式的局限性的批判反思,在人与自然的维度上,一种更加尊重自然、保护自然的生态意识和文化精神不断增强。现代工业文明的建立是以人与自然的自觉分离和人对自然的技术征服为前提的,因此它的飞速发展在很大程度上是以过度消耗自然资源为沉重代价的。迄今,工业文明的快速发展已经对原本脆弱的生态环境造成了致命的伤害,对人类未来生存的自然基础造成了巨大的破坏,而且当今人类不断膨胀的消费主义生存方式,以及工业文明在发展中国家的不断扩张,还在继续加剧人与自然关系的恶化。毫无疑问,席卷全球的生态运动、力量日益增强的绿党、各种形式的生态主义理论的兴起,都是对工业文明条件下人与自然关系持续恶化趋势的一种反抗。可以说,能否形成一种更加自觉的生态文化精神和生态文明形态,已经成为关乎人类生死存亡的大问题。

再次,通过对现代工业文明及其理性文化模式的局限性的批判反思,在民族国家及其区域关系的维度上,有助于在全球化的背景下倡导一种公正平等、互利共赢的全球文化。20世纪下半叶,随着信息化时代的来临,人类进入了全球化时代。全球化的经济贸易体系、全球化的治理体系和国际格局,把各个民族的生存和发展都纳入到一个密不可分的世界体系之中。全球化进程给各个民族国家的发展带来了新机制和新机遇,但是,也带来了严峻的挑战,特别是发达国家地区和不发达国家地区之间、中心区域和边缘地带之间发展不平衡、不平等的问题日益加剧,发达国家的经济霸权、政治霸权和文化霸权直接威胁到发展中国家的利益和世界的和平。在这种历史条件下,主张多元、包容、平等、公正的后现代文化精神对于全球化政治经济文化体系和国际格局的合理化也具有重要的价值。例如,后现代主义理论家利奥塔就认为,去中心、求异而不求同的后现代文化精神实际上代表着一种多元论,它保持一种不与现实认同的冷静,消解结构、去中心、多元论、非同一性等,均表现出人不满于现状、不屈服于权威和专制的批判态度。罗蒂强调,西方思想必须从黑格尔式绝对独断论的统治中解放出来,走向对话、交流、宽容与多元。

或许上述我们关于文化模式的历时态透视有很多不完善甚至牵强的地方,需要进一步推敲。但是,不可否认,人类社会和人类历史的进步的确不只表现为物质财富和具体文明成果的量的积累,也不只表现为生产工具的改善与革新,而是更深刻地体现在社会运动深层所内含的人的文化精神的更新与飞跃,体现在人的精神世界每一次从神话到启蒙的新的清醒。否则,人类会把理性变成新的本能,把文明变成新的自然,重回万物齐一的新的"自然王国"。因此,把历史感引入关于文化模式或文化精神的思索之中,对于人和人的世界的自我认识决不是一件多此一举的事情。共时态和历时态的双重视野中的文化模式构成我们的文化批判理论的核心范畴,它对于人类历史演进尺度上的文化哲学是不可或缺的。

第五讲

文化危机

如前所述,我们在这里所做的工作不是关于一般文化现象的学理性探讨,也不是关于具体文化形式和文化特质的实证性分析,而是关于人类社会和人类历史运动的文化批判,因此,文化模式是我们全部文化批判的核心范畴。而关于文化模式我们除了应当分析它的基本作用和功能,即探讨作为人的基本生存方式或样法,以及作为社会内在的机理和图式的文化模式对于人的活动、社会运动和社会发展的一般的制约作用以外,还应当揭示文化模式的历史演进机制。文化模式不仅作为特定时代占主导地位的生存方式、价值体系和社会内在机理而制约、影响、规范着个体的人格、个体的活动和社会的运行,而且还通过文化模式在较大的历史尺度上的变迁,即在文明形态意义上从一种形态向另一种形态的转换和更替,更加深刻地、从更高的层面上制约、影响和规范着人的活动和社会的运行。

关于文化模式的历史演进机制,我们应当分为两个主题进行研究:一是主导性文化模式的失范问题,即特定文化模式的制约作用和规范作用开始失灵,从文化模式的常规期和稳定期进入到它的怀疑期和紊乱期,或称作冲突期和混乱期,我们把这一现象称作文化危机;二是文化模式的剧变期或革命期,即一种新的主导性文化模式取代原有的文化模式的时期,我们把这一现象称作文化转型。

我们在本讲中所研究的文化危机具有十分重要的文化意义和历史意义,因为透过文化危机时期的文化观念和文化精神的冲突、裂变、离散、怀疑、反思、反省、批判等等,我们可以深刻透视人类社会和人类精神的深层变化和进步。一般说来,文化危机往往在两个层面上发生,一是在现实的个人生活和社会生活层面上实际地发生着的文化观念自觉或不自觉的冲突与裂变；二是社会的精英阶层，包括知识精英及政治精英对于这一现实的文化冲突的自觉的反思和检讨。我们认为，前者大体上可称为文化失范或文化冲突，后者可称为文化反省或文化批判。

一　文化失范与文化冲突

并不是每一个体或每一代人都有亲身体会一种现实的文化冲突和文化危机的机会，因为，在迄今为止的人类历史时期，一种主导性的文化模式往往会在一个很长的年代中处于常规期和稳定期。身处文化危机时期的人们会有一种精神上"不在家"的痛苦，但也会真正体验到文化冲突时期由于人类精神嬗变而引发的前所未有的伟大的生命价值和意义。

我想，在这里我们可以提及茨威格在那脍炙人口的《昨日的世界》中对那个风云变幻的时代如歌如泣的描述，据此可以对于文化的常规时期和文化的危机时期的巨大反差有一个感性的了解。他关于自己的父辈所经历的"昨日的世界"和他自己正置身于其中的"今日的世界"的生动深刻的对比会给我们以深刻的启迪：

> 我的父亲、我的祖父，他们见到过什么？他们每个人都是以单一的方式度过自己的一生，自始至终过的是一种生活，没有平步青云，没有式微衰落，没有动荡，没有危险，是一种只有小小的焦虑和令人察觉不到的渐渐转变的生活，一种用同样的节奏度过的生活，安逸而又平静，是时间的波浪把他们从摇篮送到坟墓。我们从生到死生活在同一块土地上，同一座城市里，甚至几乎总是在同一幢住宅里。至于外面世界上发生的事，仅仅停留在报纸上而已，从未降临到他们的门前。……可我们这一代人过的生活，一切都不会重复，已过去的生活不会留下任何痕迹，再也不会回来。……总之，在我们之前，作为整体的人类，既没有露出过像我们所见到的那种恶魔般的狰狞面目，也没有建树过那种好像是神明创造的业绩。①

> 我的父母和祖父母那一代人有幸遇到了这样的时代，他们平静、顺

---

① 斯蒂芬·茨威格：《昨日的世界》，三联书店1991年版，第3—5页。

利和清白地度过了自己的一生。不过话又说回来,我不知道我是否要为此而羡慕他们。因为他们像生活在天堂里似的,从而对人间的一切真正痛苦、对命运的种种险恶和神秘力量懵懵懂懂,对一切使人焦虑的危机和问题视而不见,然而那些危机和问题却愈来愈严重! 由于陶醉在安宁、富足和舒适的生活里,他们很少知道,生活还可能成为一种负担和变得异常紧张,生活中会不断出现意想不到的事和天翻地覆的事;由于沉湎在自由主义和乐观主义之中,他们很难料到,任何一个明天,在它晨光熹微之际,就会把我们的生活彻底破坏。即使是在最最黑暗的黑夜里,他们也不可能醒悟到人会变得多么险恶;不过他们也同样很少知道,人有多少战胜险恶和经受考验的力量。而今天的我们——我们这些被驱赶着经历了一切生活急流的人,我们这些脱离了与自己有联系的一切根源的人,我们这些常常被推到一个尽头而必须重新开始的人,我们这些既是不可知的神秘势力的牺牲品、同时又心甘情愿为之效劳的人,我们这些认为安逸已成为传说、太平已成为童年梦想的人——都已切身感受到极端对立的紧张关系和不断出现的新恐惧。我们岁月中的每个小时都是和世界的命运联系在一起的。我们远远超出了自己狭隘的生活小圈子、分享着时代与历史的苦难和欢乐,而从前的他们只局限于自己的生活小圈子。因此,我们今天的每一个人,纵然是我们同类中最微不足道的人,也要比我们祖先中最睿智的圣贤了解现实胜千倍。①

当然,我们对于非常规期的文化模式的理解不能停留在这种感性的层面上,必须进行深入的理性分析。首先需要确定文化失范和文化冲突,也就是文化危机的基本含义,然后需要通过人类历史进程中著名的文化危机的范例来展示文化危机的基本形式。

文化危机的最基本的含义可以简单地界定为特定时代的主导性文化模式的失范。即是说,当一种人们习以为常地、自在地赖以生存的自在的文化模式或人们自觉地信奉的文化精神不再有效地规范个体的行为和社会的运行,开始为人们所怀疑、质疑、批判或在行动上背离,同时一些新的文化特质

---

① 斯蒂芬·茨威格:《昨日的世界》,三联书店1991年版,第30—31页。

或文化要素开始介入人的行为和社会的活动,并同原有的文化模式和文化观念形成冲突时,我们断言,这种主导性文化模式陷入了危机。由于文化危机更多地发生在人的观念世界或心理世界,不像经济危机和政治危机那样具有量化的、有形的特征,因此,我们对上述关于文化危机的界定还需要从文化的特征入手进一步加以解说。

首先,同文化的具体表现形式,如经济政治等各种物质文明和制度文明的成果和存在形式等相比,作为制约个体行为的生存方式或生活样法,以及作为社会运行的内在机理和图式的文化及文化模式具有非常明显的稳定性,其变化速率要远为缓慢。不仅作为模式和整体而存在的文化会在很大的历史尺度上处于稳定期和常规期,即使价值观念、文化习俗、具体的管理理念、具体的文化艺术形式、具体的理性范畴和概念等等,也会在相当长的时期内保持相对稳定性,其变化速度要远远落后于具体生产工具的改进、商品的制造、组织结构的调整,等等。

其次,还要进一步指出的是,不仅人类社会的深层的文化在整体上同物质文明形式相比,其变化的速率明显不同,而且具体的文化特质和要素同文化模式的变化速率也有很大的不同,或者说文化的不同组成要素和不同部分的变化、文化所经历的不同意义上的变化,等等,都呈现出明显的差异。换言之,我们用文化危机这一范畴,不是泛指任何意义上的文化变化或转化,而是特指特定时代主导性文化模式所经历的脱胎换骨式的质变。

文化的变化、变迁、转变、转型会呈现出多样化的特征。例如,我们的生活世界中的具体的文化要素、文化特质、文化形式即使在文化模式的常规期或稳定期也会或快或慢地变化,一些习惯、惯例、文艺形式、仪式等等甚至在总体文化模式没有发生根本性变化时,也会自己经历生灭的变化。但这种变化不是我们所说的文化模式在总体上所经历的裂变与危机。再如,当一种文化中的个体通过交往或迁移而生活于另一种文化之中时,他必须经历痛苦的文化适应问题,即个体赖以生存的文化模式的转换问题;同样,当一个人经历生命中的不同的生理时期,必须经过个体文化模式的阶段性转变,这种转变常常会引起这一个体的痛苦或骚动,如美国心理学家 S. 霍尔(S. Hall)和著名文化人类学家米德所研究的“青春期危机”问题,即“心理断乳”问题。这些也同样不是我们所说的文化危机。再比如,两种不同的文化通过人的交往或交流发生接触或碰撞,会产生人格学派文化学代表人物之一的林顿所专门研究的 acculturation 的问题，即文化移入、文化适应或称文化涵化问题，这种文化移入有时能在某一文化方面或双方引起人的衣食住行、饮食男女、待人接物、语言词汇、文艺爱好、审美情趣的一些具体改变。即使这样，也还不一定是真正的文化危机。

只有当一个文明时代的主导性文化模式在人的生活中和社会运行中失灵或失范、一种新的文化精神或文化模式可能取而代之时，我们才在真正意义上经历深刻的文化危机。例如，在传统农业文明晚期，当理性、契约、平等、自由、民主等新文化要素在社会运行机制中和人的活动中初见端倪，以经验、习俗、习惯、宗法观念、情感等为主要内涵的传统自然主义和经验主义文化模式开始失范时，一种深刻的文化危机真正发生了。再如，当现代工业文明的理性主义文化模式的极度发达遇到了人与自然关系恶化和人与人相异化的生存境遇，并且受到了各种批判和反思时，一种真正的文化危机也在发生。此外，近现代中国社会在现代化转型过程中所经历的中西文化的剧烈冲突，也是一种类型的文化危机。因此，文化危机代表着人类所能经历的最深刻、最深层的危机和变革。

再次，为了准确地理解文化危机的深刻含义，我们还需要简要地探讨和揭示一下文化危机的内在机制。一般说来，文化危机的发生是基于文化内在的超越性与自在性之间的矛盾；而这一矛盾又往往通过个体的内在本质与文化的外在约束的矛盾关系表现出来。

具体说来，在文化模式和文化精神深处，总是存在着文化的超越性本质和文化的自在性特征之间的矛盾。我们在分析文化的发生及其本质规定性时明确提出文化的人本规定性的思想，即是说，文化作为历史地凝结成的生存方式，从本质上讲体现着人对自然和本能的超越，体现着人对自然原本没有的东西的创造，体现着人的自由的本质。但是，文化还具有群体性和强制性的特征，即是说，文化是历史地积淀下来的被群体所共同遵循或认可的共同的行为模式，它对个体的行为具有给定性或强制性，个人的偶尔的行为或不为群体所认可的偏好，不能称之为文化。这又表现出文化的自在性一面。即使在科学技术高度发达的今天，虽然科学的和理性的文化要素常常是作为自觉的精神或规则而约束着人的活动和社会的运行，但是，这些自觉的文化精神更多时候是转化为带有自在性质的科学常识、科学惯例而介入人的生活和社会运动。这样一来，文化就不可避免地包含着超越性和自在性的内在张力或矛盾。而这种矛盾又马上表现为个体和群体、个体与文化模式的矛盾。在特定的条件下,特定文化的超越性和创造性精神会为人提供自由和创造性活动的空间和条件;而在另外一种条件下,特定的文化模式的自在性和强制性又会成为个体发挥创造性的桎梏。于是,个体的创造性和超越性的活动与文化模式的自在性、异化性就会发生冲突,而新的文化要素、文化特质、文化精神就会通过人的实践活动的革命的和批判的本性逐渐生成,并开始反抗传统文化模式的统治。这就是文化危机的根源和内在机制。

就迄今为止不同民族所经历过的和真正经历的文化危机而言,最主要的文化危机的表现形态可以划分为两大类:内源性文化危机和外源性文化危机。其中,内源性文化危机是指在没有或基本没有外来的异类文化模式或文化精神介入和影响的情况下,由于文化模式内在的超越性与自在性矛盾的冲突和文化内在的自我完善的合理性要求而导致的文化失范。这种意义上的文化危机往往表现为生活在这一主导性文化模式之下的特定民族或特定社会从自己内部产生出质疑、怀疑、批判原有文化模式的新文化要素,表现为新的自觉的或自为的文化层面与原有的自在的和自发的文化模式的冲突。外源性文化危机从深层原因来看也是基于文化内在的超越性和自在性的矛盾冲突而产生的文化失范。同内源性文化危机不同的是,在外源性文化危机发生的民族和社会那里,原有的主导性文化模式往往具有一种超稳定性结构,它即使已经失去了合理性,也还是成功地抑制内在的批判性和怀疑性的新文化因素产生或生长,它最终是靠一种外来的新文化模式或文化精神的冲击才能进入文化的怀疑和批判时期,进入非常规期和裂变期。相对而言,内源性文化危机包含的主动地自我完善和合理化的要求比较明显,而外源性文化危机往往带有更多的被迫性及外在的更新和合理化要求。

无疑,我们不应把内源性文化危机和外源性文化危机从形态上截然区分开来,它们在实际中常常是相互交织的。但是,我们认为,这种基本的区分还是存在的。一般说来,越往前追溯,在文明间的交往和交流相对不发达的情况下,内源性文化危机发生的概率比较高,而在现代全球化文明交往普遍发达的情况下,外源性文化危机发生的概率比较高。例如,在远古时代,各个文明相对隔绝,缺乏普遍的交往与交流,一些比较大的原始民族彼此相对独立地经历过原始时代自然主义文化模式的失范和危机。正因为这种隔绝性,雅斯贝尔斯曾经分析过,中国、印度和西方三种主要的古代文明虽然几乎同时在世界历史的"轴心期"发生了精神革命,但是,其内涵和程度各不相同,所形成的新的文化模式或文化精神也彼此差异,这奠定了后来几大文明分道扬镳的文化基础。

除此以外,迄今为止人类历史上所发生的最典型的内源性文化危机,是中世纪时期西方传统农业文明的经验主义文化模式的危机和20世纪西方现代工业文明的理性主义文化模式的危机。在近现代,工业文明首先在西方一些国家发生,并展示出强大的发展势头和前景,它开辟的世界市场和世界性交往形成一种现代化的洪流,把越来越多的不发达国家和民族卷进了这一发展进程。在这种背景下,许多后发展的国家和民族在现代化的转型期所经历的文化危机大多表现为外源性文化危机。例如,在中国清王朝统治时期,甚至在此前很长的历史时期中,传统的自然主义和经验主义文化模式已经失去了存在的合理性,但这一文化模式的超稳定性结构和闭关锁国的政策使得它并没有在内部经历过真正的挑战。直到西方发达国家用十分野蛮的"坚船利炮"和血腥武力打进了中国,并带进了一种完全异类的新文化,才促使一些明智的中国人睁开眼睛看世界,才有了"五四"新文化运动时期激烈的文化冲突和文化批判,才有了贯穿整个20世纪的关于中国传统文化的争论。

同20世纪落后民族或不发达民族在走向现代化进程中所遇到的外缘性文化危机相比,西方发达国家和地区的现代理性主义文化模式在20世纪所经历的深刻的文化危机则属于典型的内缘性文化危机。以人本精神和技术理性为主要内涵的西方理性主义在文艺复兴以来,形成了以科学、理性、人性、民主、自由等为内涵的现代文化精神,成为现代工业文明的支柱精神。它在几百年的时间就创造了前此人类千万亿年都远不可及的丰富的物质财富和精神财富,并且深刻地改变了人的生存状态,导致了人类精神世界的重大改变。现代技术的不断改善极大地提高了劳动生产率,由此而造成的前所未有的财富涌流使饥饿与匮乏不再是不可避免的了;现代技术的发展逐步使人从沉重的体力劳动中解脱出来,并且进一步缩短劳动时间,加上现代医学和卫生技术的改进,这就大大改善了人们的生存条件;大众传播媒介和信息交流手段以及现代化交通设施的日新月异正在使地球变小,使人的生存空间拓宽,这极大地改善了人们的精神生活和文化生活,人不再封闭于日常生活的狭小天地,而是以各种各样的方式参与现代的世界生活。但是,到了19世纪下半叶和20世纪上半叶,技术理性主义文化模式开始暴露出它内在的技术理性和人本精神之间的张力和冲突,或者说是工具理性和价值理性之间的矛盾。现代技术就不再是某种人们可以自由选择和取舍的、现成的和中性的工具,它正在成为一种渗透和扩展到人之生活的所有领域,自律地和失控地运转的独立的力量,并且还促使一些普遍的异化的社会力量失控发展。在这样的社会中,人表面上是自由的,实际上从生产到消费、从工作到私人生活均受着意识形态、大众文化、技术理性等无形的异己力量的摆布。面对按照技术原则组织起的庞大的、自律运转的社会机器,个人渺小感、孤独感和无助感会油然而生,他只能是这部庞大机器上的一个嵌齿,稍不留意就会被打得粉身碎骨。正是在这种背景下,出现了西方发达国家的理性主义文化的深刻危机。

二　文化反省与文化批判

在特定时代的主导性文化模式进入非常规期和变革期时,最先感受到文化失范或文化冲突的往往是敏锐的知识分子,特别是人文知识分子。一般说来,知识精英不只是以感性的方式体验文化的危机,作出直觉的反应,而且是要以自觉的理性反思来揭示和把握主导性文化危机的失范。我们把这种理性反思称作文化反省或文化批判。应当说,这种文化反省和文化批判是十分必要的,它代表着人类精神的觉醒,并且不同的文化反省和文化批判本身就构成了特定的文化冲突和文化危机的重要组成部分。

我们发现,由于人类精神和人类文化呈现为一个不断进步和发展的进程,因此,不同时代的文化批判和文化反省的价值取向、基本观点都有很大的差异性,常常会出现针锋相对、观点迥异的文化批判精神,它们代表着人类文化在重大转折处的不同的价值选择。尽管存在着各种差异,但是各种文化反省或文化批判理论的内在框架基本上一致,都包括两个基本层面:一是从特定的价值视角对现实的文化危机的原因、本质、问题、后果等作出诊断;二是提出走出文化危机的路数,开出诊治文化危机的药方。因此,每一种文化批判理论在特定意义上都是一种人类社会发展理论,非常值得我们去认真反思。

在迄今为止的人类历史演进历程中,我们可以看到许多有影响的文化批判理论。例如，西方历史上苏格拉底、柏拉图和亚里士多德等人代表的理性主义运动、文艺复兴运动、宗教改革运动、存在主义运动、后现代主义思潮，等等，都是自觉的文化批判理论。同样，中国历史上先秦的"百家争鸣"、"五四"新文化运动、80年代的"文化热"，等等，也都是各种有代表性的文化反省和文化批判。在这里，我们不准备全面展开各种各样的文化批判理论的内涵，只想从中选取代表性的范例加以解说。同上述关于文化危机的表现形态的分析相对应，我们在这里准备以20世纪西方思想界和理论界关于西方理性主义文化的批判为例，来简要地展示自觉的文化反省和文化批判的深度。

如上所述，19世纪下半叶和20世纪上半叶，西方理性主义文化模式在成功地支撑了现代西方发达国家和地区的物质文明和政治文明的发展之后，陷入了深刻的危机之中。一些敏感的思想家，如叔本华、克尔凯郭尔、尼采等，从19世纪下半叶就从不同角度对西方的理性主义文化模式的危机进行了反思。到了20世纪，则展开了大规模的、自觉的文化批判。由于我们在本书后面的论述中，还要从不同的侧面详细阐述20世纪的理性文化批判的各种理论，因此，在这里我们不准备深入全面地展开文化危机背景下的文化批判。但是，由于比较完整地论述文化危机这一文化哲学主题的需要，我们在这里可以简要地提及一些20世纪的文化批判理论。

20世纪初，许多深刻的思想家在目睹现代科学技术和生产力巨大发展所带来的物质世界的繁荣的同时，敏锐地感受到技术以及文化的普遍异化的问题，他们许多人从物化或异化的角度对现代西方的文化精神开始了反思。在这方面，胡塞尔晚年关于欧洲科学危机的分析和维特根斯坦晚年关于日常语言的研究开辟了一套从现实生活世界出发的文化批判理论。他们思想的共同基点是：第一，欧洲科学危机代表着人自身的危机，代表着深刻的文化危机。其关键点在于，现代科学技术理性或工具理性的过分发展和膨胀，导致了抽象的科学世界和实证主义思潮对人的统治，从而导致现实的生活世界被遗忘；第二，前科学的、前逻辑的生活世界是价值世界和意义世界，自然的日常生活语言是最重要的语言，因为，它代表着现实的生活形式。因此，西方世界摆脱理性主义文化危机的出路在于从文化和精神上回归生活世界，重建人的价值世界和意义世界。

作为现象学的创始人，胡塞尔在20世纪哲学发展中占据十分重要的地位,对于海德格尔和萨特的存在主义以及当代许多思想家都产生了十分重大的影响。胡塞尔早年攻读数学,一直对数学和逻辑问题十分关注,他所创立的著名的现象学的主要论题或目的,在于使哲学成为一种严格的科学的哲学。为此,他还为哲学设计了一套严格科学的方法,即现象学的方法。应当指出,要哲学成为一门严格的科学并不意味着它要借助某一种或某几种在我们的时代已经得到充分发展的自然科学来构造,而是意味着哲学必须成为一门具有自己独特的方法和主题对象的自主的学科。胡塞尔认为,哲学的主要对象是本质,而纯粹的观念,即本质内在于意识之中,人可以通过反省自己的主观意识而揭示本质。他设定,在每一个个别的经验自我之上,存在着一个统一的先验自我,一切纯粹的观念,即本质都是这个先验自我的意识活动的对象,而经验自我分有了先验自我的纯粹意识。因此,经验自我通过反省自己的主观意识,可以发现本质。以这一见解为基点,胡塞尔提出了著名的"现象学的还原"的方法和意向性理论,建构起先验现象学体系。

把哲学建构成严格的科学,不仅是哲学自身的本质要求,而且也是科学发展的要求。胡塞尔哲学研究的深刻动机是关于科学的基础问题。然而,正是胡塞尔的科学理想使他晚年看到了欧洲科学的危机,并在对科学危机的诊治过程中,从理想的科学世界回归到前科学的生活世界。他在 20 世纪30 年代所著的《欧洲科学危机和超验现象学》中明确指出,欧洲的科学陷入了深刻的危机之中。胡塞尔指出,所谓科学危机不是指物理或数学等具体学科本身的危机,而是指由于科学的社会作用所引起的文化危机,因而,从根本上说,这是一场哲学的危机,是一场人自身的危机。他认为,在 19 世纪与 20 世纪之交,实证主义思潮开始流行,人们被实证科学的表面繁荣所迷惑,让自己的整个世界观受实证科学的支配,结果,被人们理想化和神化的科学世界偏离了关注人生问题的理性主义传统,把人的问题排斥在科学世界之外,导致了片面的理性和客观性对人的统治。胡塞尔指出:"实证科学正是在原则上排斥了一个在我们的不幸的时代中,人面对命运攸关的根本变革所必须立即作出回答的问题:探问整个人生有无意义。"[1]这样一来,科学危机的实质是科学同人的存在的分离,结果使科学失去了意义,甚至会危

----

① 胡塞尔:《欧洲科学危机和超验现象学》,上海译文出版社 1988 年版,第6页。

害人类,而迷信于实证科学的人们也失去了意义和价值世界。

面对这场深刻的文化危机,胡塞尔为欧洲人开出了"生活世界"的药方。他认为,导致这场危机的根源在于科学世界在自己的建构过程中,偷偷地取代并遗忘了生活世界,因此,要摆脱这场危机,就必须回归日常生活世界。胡塞尔指出,"最为重要的值得重视的世界,是早在伽利略那里就以数学的方式构成的理念存有的世界开始偷偷摸摸地取代了作为唯一实在的,通过知觉实际地被给予的、被经验到并能被经验到的世界,即我们的日常生活世界"①。胡塞尔有时也把"日常生活世界"(alltagliche Lebenswelt)称作"生活世界"(Lebenswelt)或"周围世界"(Umwelt)。在他看来,这一生活世界是"直觉地被给予的""前科学的、直观的""可经验的"的领域。

胡塞尔认为,这一生活世界同科学世界相比,具有优先性,因为在生活世界中,人和世界保持着统一性,这是一个有人参与其中的,保持着目的、意义和价值的世界;而科学世界是从这一前科学的生活世界中分化出来的,它把生活世界的一部分抽取出来加以形式化和片面化,结果把人从统一的世界图景中作为主观性而排斥出去,形成了一幅没有人生存于其中,没有目的、意义和价值的科学的世界图景。正是科学世界与生活世界的这一分裂导致了科学和人的存在的危机。从这一分析中,胡塞尔得出结论:"生活世界是自然科学的被遗忘了的基础。"②他认为,"现存生活世界的存有意义是主体的构造,是经验的,前科学的生活的成果。世界的意义和世界存有的认定是在这种生活中自我形成的"③。

基于上述分析,胡塞尔反复强调,科学不应当把人的问题排除在外,哲学应当自觉地回归并研究生活世界,为欧洲人重建人与世界相统一的,有价值、意义和目的的世界。他明确指出,"我们处处想把'原初的直观'提到首位,也即想把本身包括一切实际生活的(其中也包括科学的思想生活),和作为源泉滋养技术意义形成的、前科学的和外于科学的生活世界提到首位"④。这样,胡塞尔在 20 世纪哲学中首先完成了具有决定意义的、对后来

---

① 胡塞尔:《欧洲科学危机和超验现象学》,上海译文出版社 1988 年版,第 58 页。
② 同上。
③ 同上书,第 81 页。
④ 同上书,第 70 页。

产生很大影响的回归生活世界的思想历程。而且应当说，胡塞尔对于欧洲科学危机和欧洲人的生存方式危机的探讨，不是一般地从政治和经济等社会背景去分析，而是从深刻的文化模式和文化精神去剖析，的确对 20 世纪的文化批判理论和文化哲学的自觉产生了重大的影响和推动作用。

在 30 年代中期，当胡塞尔开始写作并讲解《欧洲科学危机和超验现象学》一书的主要观点，即向生活世界回归的同时，另一位大哲学家维特根斯坦也开始了自己思想的巨大转折。他与胡塞尔殊途同归，从另一条路径批判现代理性主义，向日常生活世界回归。如果说胡塞尔一生表现出思想多变的特征，那么，维特根斯坦前后期思想的转变则更为明显，因为他自己明确地宣布放弃早期的哲学立场。

维特根斯坦早年与罗素共同创立了逻辑原子主义。他坚持"拒斥形而上学"的实证主义传统，把哲学归结为一种分析活动、一种"语言的批判"。他认为，人类认识取决于语言，人对超出语言的东西根本无法认识，即"人对不能说的东西，应当保持沉默"。哲学的任务就在于使命题清晰，使能说的得以清楚地表达，因此，哲学是一种逻辑的澄清活动或语言的治疗活动。在著名的《逻辑哲学论》中，维特根斯坦集中探讨语言和实在的关系问题，提出了"图画说"，来表达逻辑形式尤其是语言和世界的关系。他认为，一个命题就像一幅图画，它是实在的模型，语言的逻辑形式也就是实在的内在结构。这样一来，"语言是逻辑图画"，语言分析或语言批判活动的宗旨就是揭示这一图画的内在的逻辑形式。然而，维特根斯坦发现，虽说语言的本质是逻辑图画，但是，自然语言，即日常语言却掩盖了这个本质，即逻辑形式。这是因为，日常语言带有含混性和歧义性。因此，从日常语言中，不可能直接得出语言的逻辑。基于这样的思考，维特根斯坦同弗雷格和罗素一样，主张建立科学语言，即人工语言。为了消除日常语言的混淆，他从进一步改善弗雷格和罗素的人工语言入手，致力于改善和发展构造人工语言的工具，即数理逻辑。他认为，人类认识的语言，即科学语言应当是人工语言，而哲学的任务就在于分析人工语言。

然而，十几年后，他的思想发生了根本性的转变。他公开承认，自己于 1922 年发表的《逻辑哲学论》，即逻辑原子主义体系中存在着"严重的错误"。这个错误就在于他早期试图用理想的人工语言来取代日常语言。维特根斯坦在 1936—1949 年间写成的《哲学研究》中，开始放弃科学语言或人工语言的追求,回到色彩纷呈的日常语言,以日常语言的分析代替人工语言的逻辑分析。正是这种由理想的人工语言向日常语言的回归导致了他对"生活形式",即生活世界的回归。

维特根斯坦在晚年依旧坚持"哲学是语言的批判",但是,它不再是逻辑分析,不是从表面语法现象去揭示逻辑形式本质,而是要使语言回到日常应用上去。日常语言虽然含混,但却有意义。他用语言游戏说来代替逻辑图画论,认为语词的意义不在于图像,而在于语词的用法。这样,他放弃了逻辑分析法,使用灵活多样的现象明辨法,展示形形色色的语言游戏,还语言本来的生活面貌。这样,维特根斯坦就提出了一个十分重要的概念,一个同胡塞尔的"生活世界"基本相同的范畴:"生活形式"(Leben Form)。

维特根斯坦提出"生活形式"范畴是为了解决语言,乃至实在的意义来源问题。他认为,语言的真正的意义就呈现于丰富多彩的生活形式之中,使用一种语言就是采用一种生活形式。换言之,语言游戏的意义乃至语言的意义归根结底来源于生活形式。他举例说,我们即使懂得一个陌生国家的语言,如果不了解他们的生活形式,也还是不能理解这个国家的人民。只有知道了他们的"生活形式",我们才明白他们用语言做什么,以及语言怎样适应于他们的活动。

维特根斯坦没有给生活形式下一个确切的定义,但是,从他的论述中可以看出,他用生活形式来指谓人在"人类自然史"中所进行的各种活动,即现实的生活。因此,生活形式也同胡塞尔的前科学、前逻辑和原给定的生活世界一样,是人们"必须接受的东西,给定的东西"。当维特根斯坦通过回归生活形式,把语言从抽象的逻辑王国中拉回到日常生活世界时,他同胡塞尔一样,试图为陷入危机之中的科学世界和人文世界提供一个内在于生活世界之中的意义世界。他清楚地意识到这一点,在《数学基础评论》中曾明确指出,"时代的疾病要用改变人类的生活方式来治愈,哲学问题的疾病则要以改变人类的思维方式和生活方式来治愈,而不是用某个人发现的药物来治愈"①。正如有的论者指出的那样,维特根斯坦向日常语言和生活形式的回归,实际上是在为陷于危机之中的人类"寻找家园"。"他对生活形式

---

① 转引自尚志英:《寻找家园——多维视野中的维特根斯坦语言哲学》,人民出版社1992 年版,第 203 页。

的回归实际上就是在寻找被实证主义所遗忘的人的世界和生活的世界。"
"寻找作为生活形式的语言就是寻找一个安宁的家。"①这样,维特根斯坦从
不同的角度与胡塞尔进行了价值取向十分接近的文化批判。

胡塞尔以自己的独特的生活世界理论开启了20世纪关于理性文化批
判的思潮,此后,越来越多的哲学和社会学流派加入了理性文化批判的阵
营。例如,以海德格尔和萨特为代表的存在主义运动、由舍勒开创的哲学人
类学理论、西方马克思主义、后现代主义等,从不同视角对启蒙理性、技术理
性等展开了全方位的批判。我们在讨论西方文化危机的专题中还要专门展
开这些批判理论的具体内涵。

以上我们从主导性文化模式的失范与文化冲突、社会的知识精英对文
化危机的自觉反思与批判两个层面展示了文化危机的发生机制和基本情
形。我们已经看到,文化危机往往是很深刻的,不仅在现实的生存活动和社
会运动中我们可以亲身体验到不同文化理念、文化价值观念、文化要素、文
化特质的冲突和碰撞,而且在文化反省和文化批判的层面上我们同样面临
着不同的文化观念和文化精神的自觉的冲突与争辩。这种深刻的文化危机
并不是消极的现象,它在很多历史时期成为人类社会巨大飞跃和进步的契
机。当文化危机达到一定的深度,当各种文化反思和文化批判思潮的争辩
与冲突发展到一定的阶段,就会导致一种新的文化模式逐步为人们所认同,
以某种方式逐步取代原有的文化模式,成为新的主导性文化模式。这就是
文化转型。

---

① 转引自尚志英:《寻找家园——多维视野中的维特根斯坦语言哲学》,人民出版社
1992年版,第198、204页。

第六讲

文化转型

　　文化危机深化到一定程度,必定引起深刻的文化转型。所谓文化转型,是指特定时代特定民族或群体所习以为常地赖以生存的主导性文化模式为另一种新的主导性文化模式所取代。在这种意义上,文化转型同文化危机一样,并不是经常发生的社会历史现象,无论是个体的文化习惯的改变、价值信念或信仰的改宗,还是特定群体或特定社会某些文化特质或文化理念的一般意义上自觉的或不自觉的更新,都不能算作文化转型,只有在大的历史尺度上所发生的主导性文化观念、文化理念、价值体系、文化习惯的总体性的、根本性的、脱胎换骨式的转变,才是我们所说的文化转型。按照这种尺度,人类迄今所经历的最深刻的文化转型就是现代化进程中的文化转型,即传统农业文明条件下自在自发的经验型的文化模式被工业文明条件下的自由自觉的理性文化模式所取代。这即是人们通常所说的文化的现代化或人自身的现代化。

　　应当看到,文化转型和文化危机密不可分。一方面,同文化模式的常规期和稳定期相比,文化危机和文化转型共同构成了文化模式的剧变期或革命期。在文化模式的剧变期中,文化危机和文化转型是同一个历史进程彼此密切相连的两个阶段,如果说,在总的文化冲突与剧变时期中,文化危机代表着量变的过程,文化转型则是这一量变过程达到一个转折的关节点而引起的质变。另一方面,文化危机和文化转型本身就是交织在一起的,文化危机是文化转型的过程,文化转型是文化危机的结果。即是说,一种深刻的文化转型不是一蹴而就的事情,它本身就表现为一个过程,无论是现实社会运动或人的生活层面上的文化失范或文化冲突,还是社会精英层面对于现实文化危机的自觉反思或批判,都是文化转型过程的重要内涵。

因此，当我们在前文比较清晰地揭示了文化危机的含义、文化危机的发生机制、文化的自觉反省和批判之后，再来探讨文化转型问题，就是相对比较容易和比较简单的事情了。我们可以以全球范围内已经完成的和正在进行的现代化进程中的文化转型为范例，简要地分析一下文化转型的机制、文化转型的途径和方式等问题。

一　文化转型的内在机制

揭示文化转型的机制，是我们认识文化转型的首要问题，同时也是我们进行文化批判的重要问题。文化在某种意义上就是"人化"，文化是人历史地凝结成的稳定的生存方式，因此，研究文化转型的机制在某种意义上也就是探讨人自身发展和演进的机制。事物的运动和发展一般是由其内在矛盾所驱动的。文化的内在驱动力也来自文化的内在的矛盾运动，而文化的内在的矛盾运动实际上也就是人的活动的内在的矛盾。因此，认识文化转型的内在机制，要从揭示和把握人的活动的内在矛盾和发展机制入手。

从人的生存矛盾的角度着眼的文化转型的机制，大体上可以包括两个基本的方面：一是人的主体性和对象性活动中所包含的超越性与自在性的矛盾；二是自觉的文化和自在的文化层面之间的互动。

（一）文化的超越性与自在性的永恒矛盾

我们在分析文化危机的内在机制时，曾经简要地分析了文化内在所包含的超越性和自在性的矛盾冲突。一方面，文化作为历史地凝结成的生存方式，从本质上讲体现着人对自然和本能的超越，体现着人对自然原本没有的东西的创造。但是，另一方面，文化还具有群体性和强制性的特征，即是说，文化是历史积淀下来的被群体所共同遵循或认可的共同的行为模式，它对个体的行为具有现实的给定性或强制性，个人的偶尔的行为或不为群体所认可的偏好，不能称之为文化。这又表现出文化的自在性一面。这样一来，文化就不可避免地包含着超越性和自在性的内在张力或矛盾。这种矛盾在其现实性上表现为个体和群体、个体与文化模式的矛盾。在特定的条件下，特定文化的超越性和创造性精神会为人提供自由和创造性活动的空间和条件；而在另外一种条件下，特定的文化模式的自在性和强制性又会成为个体发挥创造性的桎梏。于是,个体的创造性和超越性的活动与文化模式的自在性、异化性就会发生冲突,而新的文化要素、文化特质、文化精神就会通过人的实践活动的革命的和批判的本性逐渐生成,并开始反抗传统文化模式的统治。这就是文化危机的根源和内在机制,同时,也是文化转型的内在驱动力或内在机制,因为,文化危机和文化转型原本就是同一个过程。

为了更深刻地理解文化转型的机制,我们应当对文化的上述矛盾作进一步的分析。需要强调指出的是,文化所包含的超越性和自在性的基本矛盾不是一种暂时的、时有时无的、无关紧要的矛盾,而是文化内在的永恒的矛盾,因为这种矛盾是人与生俱来的基本的生存矛盾和生存结构。所以,我们应当进一步从人的基本生存结构和人的活动的内在矛盾的角度深化关于文化的超越性和自在性矛盾的认识。

认识人的活动的内在机制或生存结构,应当从人的主体性入手,因为人与其他存在物的本质区别在于,他不是单纯的自然存在物或客体,而是自己创造文化,创造自己的生活世界的主体。这种主体性决定了人在宇宙存在链条上的特殊地位和特殊的生存结构。人们往往从不同的角度(逻辑思维、价值意向、美的塑造、感性实践活动等)揭示主体性的表现。然而,主体性本质上是同一个,即人的主体性,因为人是一个复杂的、整体性的(总体性的)存在物,只是在思维的抽象中,或在特定的历史阶段上,我们才有可能把人的活动区分为彼此独立的不同领域。人的主体性正是人作为总体性存在物的本性的直接反映,确切地说,它揭示了人同世界的关系,或人在宇宙中的地位;如果我们使用两个特殊的术语来加以描述的话,主体性不等同于主观性,也不同客观性完全相离异,它的真正坐标点位于自然性与神性之间。

自然性亦即自在性和给定性,它以绝对的必然性和偶然性作为存在的基本方式。自然性内在于自然,但又不等同于自然,因为人类的活动本性深刻地改变了自然存在的方式,世代相续的人类实践的结果也深深地嵌入自然的存在系列之中。由于人的在场,自然可以扬弃其自在性和给定性,成为属人的存在;但是,人的活动本身及其文化成果在一定条件下也可能与人离异,变为自在的和给定的东西,取得自然性。但是,无论如何,假如自然不从自身分裂出人类这一对立面,那么它无疑整个地带有绝对的自然性,即是说,它的所有组成部分均处于一种未分化的、自在的同一之中,整个自然的运动以必然性和偶然性为自身开辟道路。

神性则是与自然性迥然不同的另一极，它是绝对的自由、创造性和目的性的化身，是扬弃了有限定在的绝对完满与统一，万有在神性中达到永恒与合一。诚然，所谓的神性从根本上说不过是理想化的人性的对外投射，是人对永恒与完善的内在渴望的外化。然而，神性并不由于缺乏可感性而丧失自身的价值与意义。实质上，它对人的存在而言，像自然性一样具有实在性，而且在迄今为止的人类历史演进中，一直起着不可忽视的重要作用。

这样，自然性和神性从两极提供了人的主体性的参照系，决定了人在宇宙中的位置；同时也规定了人的命运和基本的生存结构或生存矛盾。对此我们可以从以下几个方面具体把握。

首先，只有联系自然性和神性这对立的两极，才能把握人的主体性介乎于自然性与神性之间的位置。一方面，人的主体性同自然性和神性相对立。从发生学的意义上说，人是自然的一部分，是自然的产物。但是，人之为人又正在于对自然的超越，对自然性的否定。而从神性的角度来看，人通过自己有目的的、自由自觉的活动实现对自然的超越仍是有限的，人的每一次文化创造都是不完善的，它同神的创造活动迥然不同，人无法通过自己的活动而达到神性。另一方面，人的主体性又不是同自然性和神性完全离异、截然对立的；相反，它分沾了自然性和神性的特征，同时在自身中包含着对立的两极。从自然性的角度来看，人的活动是自由的、有目的的和创造性的，具有类神的特征；而从神性的角度来看，人在尘世的文化活动永远是有限的，永远处于物的束缚，即自然性的束缚之中。

其次，人在宇宙存在系列中介乎于自然性与神性之间的特殊位置决定了他的特殊命运和特殊的生存结构。每个人都是有限的，但其内在的渴望却总是指向无限；人类总体在每一特定历史阶段上都是不完善的，但其社会理想和目标总是指向完满、完善与永恒。在对立的两极中，无论是自然性还是神性中的存在，都不包含自我分裂：前者是自在的未分化的同一，后者是自在自为的完满与统一、绝对的永恒与完善。而人则总处于自我分裂之中，他不能满足于同自然的自在的同一，因为人之为人正在于对自然性、给定性的超越；但是他又无法完全摆脱自然或者完全含自然于自身，成为万有一体的化身。诚如弗洛姆所言：人的"命运是悲剧性的：既是自然的一部分，又要超越自然"①。

人的这种特殊的生存结构和生存矛盾不仅表现在人同外在的自在的自然的关系之中,也表现在人同自己的"第二自然",即文化的关系之中。文化体现了人的活动的自由本性,同时也成为人的活动得以开展的基本方式,但是,文化的积淀在一定的条件下又会成为外在于人、束缚人的自由创造的自在的和异化的存在,因此,人不仅生活在文化之中,人也不断以新的文化创造去超越原有文化模式的束缚。人的任何一次文化创造都有其不可替代的价值,但是,人的任何一次文化创造又注定是不完善的和有限的,注定会在一定的条件下成为人进一步扬弃的对象。这种有限性与不完善性构成人之存在根基的内在要素,同时,它也使人进一步的文化创新成为可能,因为,如果人真的能在某一时刻达到自己所设定的神性中的完善与永恒,那么人之为人的历史也就终结了。因此,文化内在包含的超越性和自在性的矛盾根源于人特殊的生存方式和生存矛盾,而这种矛盾必定是永恒的,必定是与人本身共存亡的。

(二) 自觉的文化与自在的文化之互动

人之生存结构中的超越性和自在性的矛盾外在的重要表现形式是自觉的文化和自在的文化层面之间的交互关系,换言之,超越性和自在性的矛盾对于文化危机和文化转型的驱动作用是通过自觉的文化和自在的文化的互动而表现出来的。因此,我们在分析了人的生存结构中的超越性和自在性的矛盾之后,要专门探讨自觉的文化与自在的文化所代表的两种文化层面或文化存在形态之间的交互关系。

我们在分析文化现象时曾指出,所谓自在的文化是指以传统、习俗、经验、常识、天然情感等自在的因素构成的人的自在的存在方式或活动图式;而所谓自觉的文化则是指集中体现在科学、艺术、哲学等精神生产领域中以自觉的知识或自觉的思维方式为背景的人的自觉的存在方式或活动图式。它们都属于人的文化这一大范畴,但是各自的存在形态和活动方式却有很大的差别,它们以不同的方式影响和制约着人的活动和社会的运行,并且相

---

① 弗洛姆:《逃避自由》,北方文艺出版社 1987 年版,第 10 页。

互之间构成了复杂的互动关系，推动着文化的演进、发展和转型。

自觉的文化和自在的文化均为人的本质活动的对象化和人的基本活动方式的固定化，它们均以人的对象化活动为基础。在这方面，我们应当深刻地理解马克思关于人的类本质对象化的思想。"类本质"和"对象化"两个范畴在黑格尔、费尔巴哈等的德国古典哲学中就以不同形式出现，马克思对这两个范畴作了比较深刻的阐述，赋予它们以新的内涵。马克思在《1844年经济学—哲学手稿》中，从哲学人本学的立场出发，把人理解为类的存在物，并深刻地揭示了人的自由自觉的类本质。他指出，"人是类的存在物。这不仅是说，人无论在实践上还是在理论上都把类——既把自己本身的类，也把其他物的类——当作自己的对象；而且是说（这只是同一件事情的另一种说法），人把自己本身当作现有的，活生生的类来对待，当作普遍的因而也是自由的存在物来对待"①。这实际上是说，所谓人是类的存在物，是指人一方面能自觉地把握外部世界和自身的类，另一方面能够作为自由自在的类存在物而实际地进行创造活动，因此，人区别于动物的类本质特征，就在于人是自由自觉的类的存在物。"生产生活也就是类的生活。这是创造生命的生活。生命活动的性质包含着一个物种的全部特性、它的类的特征，而自由自觉的活动恰恰就是人的类的特性。"②

由于这种自由自觉的活动构成人的类本质，因而，人的劳动、人的生产、人的实践实际上是一种对象性的活动，即实际地改变对象、创造对象的活动。而人的对象世界，人生活于其中的感性世界，作为人的实践活动的产物实质上是劳动的对象化，即自由自觉的类本质的对象化。具体说来，人改造对象世界的实践活动并不是机械地、简单地复制对象本身，而是把人的需要、愿望、计划、目的等主观性的东西客观化到对象之中，从而在主客体统一的活动结果中确证人的本质力量。如前所述，在这一点上，马克思曾提出了人的活动的双重尺度的著名观点。即是说，人不同于动物，人能同时按照任何物种的尺度和自己内在的尺度进行生产和创造。"实际创造一个对象世界，改造无机的自然界，这是人作为有意识的类的存在物（亦即这样一种存在物，它把类当作自己的本质来对待，或者说把自己本身当作类的存在物来

---

① 马克思：《1844年经济学—哲学手稿》，人民出版社1979年版，第48—49页。
② 同上书，第50页。

对待）的自我确证。……动物只是按照它所属的那个物种的尺度和需要来进行塑造，而人则懂得按照任何物种的尺度来进行生产，并且随时随地都能用内在固有的尺度来衡量对象；所以，人也按照美的规律来塑造物体。"①至此，马克思关于类本质对象化的思想就比较清晰地展示出来了。这一范畴对于理解人的本质、人的存在、人的世界，特别是人的文化都是至关重要的，在马克思的思想中占有举足轻重的地位。在《1844 年经济学—哲学手稿》中，马克思在具体阐述了人的自由自觉的类本质和人的劳动的对象化的思想之后，明确地概括了类本质对象化的思想。他说："因此，正是通过对对象世界的改造，人才实际上确证自己是类的存在物。这种生产是他的能动的、类的生活。通过这种生产，自然界才表现为他的创造物和他的现实性。因此，劳动的对象是人的类的生活的对象化；人不仅像在意识中所发生的那样在精神上把自己化分为二，而且在实践中，在现实中把自己划分为二，并且在他们创造的世界中直观自身。"②

从这样的基点出发，我们可以说，由哲学、艺术、科学等所建构起的自觉的精神世界和自觉的文化，以及体现了理性精神的社会化大生产、政治、经济等非日常社会活动领域，在本质上都属于人的自由自觉的类本质活动的对象化；而由经验常识、行为规则、道德戒律、自发的经验、习俗、礼仪、礼节、习惯等所代表的自在的文化则属于自在的类本质对象化，其中，"类本质对象化"表明自在的文化与自觉的文化一样，归根结底是人的劳动的对象化，而不是自在自然的给定性，不是自在的自然法则。而"自在的"限定则指出自在的文化不同于自觉的文化的本质规定性，即它的自在性和给定性。从自觉的类本质对象化和自在的类本质对象化的对比，可以比较深刻地揭示自觉的文化与自在的文化的多重交互关系，从而揭示文化演进和文化转型的内在机制。

第一，首先应当确定的事实是，自觉的文化和自在的文化作为两种不同的类本质对象化，存在着很大的差别，它们通过不同的方式和途径影响和制约着人的活动和社会的运行。

一般说来，在科学、艺术和哲学等自觉的类本质活动领域，以及在有组

---

① 马克思：《1844 年经济学—哲学手稿》，人民出版社 1979 年版，第 50—51 页。
② 同上书，第 51 页。

织或大规模的非日常社会活动领域,创造性思维和创造性实践显然占据主导地位,这些活动的有效进行总离不开类本质或社会发展水平上的创新,总离不开新问题的自觉提出和解决,而活动的结果是不断修正或突破原有的规则和模式。在由自在的文化图式支配的自在的日常生活中,情形正相反,重复性思维和重复性实践占主导地位。在这里,人们往往不是通过对新问题的自觉的和创造性的解决而修正或突破原有的规则和模式,而是理所当然地依据现成的经验、常识、习惯、风俗、惯例等把各种新问题和新情况都纳入给定的归类模式或一般图式中。结果,日常生活很少表现出创新,而是像春夏秋冬、寒暑冷暖一样在同一水平上往复循环。

同时,我们也发现,自觉的文化和自在的文化发挥作用和功能的途径和方式也各不相同。经验、习俗、习惯、常识等自在的文化因素往往通过家庭、学校、社会示范等方式而潜移默化地溶进每个人生活的血脉中,作为人的文化基因,顽固地然而往往是自在自发地左右着人的行为;而自觉的文化精神则往往通过教育、理论、系统化的道德规范、有意树立的社会典范等等而自觉地、有意识、有目的地引导和左右着人们的行为。一般说来,自在的文化往往同传统社会相契合,表现为传统文化,越是往远古时代追溯,人的生存越是受自在的文化的制约和影响。在现代社会,则是自觉的文化越来越大地发挥着作用,它不仅有意识地引导和规范着个人的生存活动,而且以理性的和契约的文化精神自觉地指导着经济、政治等社会活动。

第二,自觉的文化和自在的文化并不是彼此无涉、完全分离的,实际上,它们是相互影响的,尤其是自觉的文化往往通过各种方式丰富和改造着自在的文化。

科学、艺术、哲学等自觉的文化领域是在原始神话、巫术、图腾、宗教等自在的文化基础上逐步走向自觉,逐步走向丰富的。对于这一历史事实不需要我们作更多的论证。此外,我们还要特别看到自觉的文化反过来对自在的文化的渗透和改造。实际上,自在的文化有两个基本来源,它一方面包含着从远古以来历史地积淀起来的原始意向、经验常识、行为规则、道德戒律、自发的经验、习俗、礼仪、礼节、习惯等等,另一方面包括常识化、自在化、模式化的文化精神成果或人类知识。我们发现,在人们的现实生活和日常生活中,自觉的文化精神往往无法独立存在与发挥功能,例如,人们实际上很少直接运用精确的科学公式、人文形象或哲学原理来指导自己的生存。

相反,科学在进入普通人的生活时往往通过普及化和简单化而变成一种生活的常识;文学艺术在人们的日常生活中同样经历着通俗化和大众化的转变;哲学命题和哲学思维方式则往往作为简单化的生活哲理或通俗化的套语进入人们的生活。自觉的文化精神在人们的生活世界中的自在化成为自在的文化重要的来源和组成部分,正因为如此,在现代社会中,虽然科学和其他自觉的精神生产领域或自觉的文化十分发达,自在的文化依旧在人们的生存中起着十分重要的作用。当然,我们也应看到,自觉的精神或文化成果的自在化,在丰富和改造人的自在的文化和人的实际生活的同时,也存在着走向异化和僵化,变成人的自由的文化创造的束缚的可能性。这正是文化需要进行自我超越和创新的根据所在。

第三,在自觉的文化和自在的文化的交互关系问题上,除了上述两个方面以外,需要特别强调的是,自觉的文化同自在的文化之间常常存在一种张力和冲突,自觉的文化对自在的文化进行超越和批判,并且用新的更能发挥人的自由创造本性的文化要素来取代旧的文化要素。这是文化转型的深层驱动力。

在人的对象化的实践活动中,自觉的类本质对象化对于自在的类本质对象化的超越和扬弃是一个本质性的维度。实际上,在人类历史的演进中,人的文化精神的每一次新的觉醒,每一次深刻的思想解放运动,都表现为对原有的人们习以为常的自在的文化模式的冒犯和超越;科学的每一次新发现都代表着对原有的科学理念或科学常识的超越和革命。人类历史上由西方发达国家率先开始的现代化进程最深刻、最典型地表现为由自觉的文化对自在的文化的超越而完成的一次深刻的文化革命或文化转型。人们习惯地把由传统农业文明向现代工业文明的历史性转折在深层次上描述为理性化和个体化进程。这实际上是自觉的理性文化对自在的经验文化的一次全方位的革命和超越。现代化斩断了农民对土地的依赖和人身血缘或宗法依附,使人从凭借着经验、常识、传统习俗等自在的文化要素而自在自发地生存的状态,进入到依据科学的理性、知识、信息、契约等自觉的理性文化精神而自由自觉地和创造性地生存的状态。显而易见,自觉的文化对自在的文化的超越维度及文化内在的自我超越、自我更新的维度构成了文化转型的深层基础。

二 文化转型的途径和方式

建立起自在的文化和自觉的文化两个基本范畴,对于我们理解文化演进和转型的内在动力机制具有十分重要的意义。概而言之,文化转型的最深层的驱动力来自人的生存结构中的超越性与自在性的永恒的矛盾,而具体的驱动机制则由自觉的文化对自在的文化的改造和超越维度构成。

然而,虽然从总体上讲,自觉的文化对于自在的文化会形成改造和超越的维度,但是,在不同的文化模式中,由于不同时代、不同民族的自在的文化因素与自觉的文化因素内涵上的差异,以及二者之间的关系各不相同,所以文化演进或进步的速率各不相同,尤其是文化转型的途径和方式也各不相同。研究文化转型的途径和方式的差异与特点,实际上也是对文化转型内在机制的深化研究。一般说来,自在的文化与自觉的文化之间有两种基本的关联模式。

模式之一:自在的文化与自觉的文化之间存在着必要的和恰当的张力与冲突,从而使文化具有一种内在的发展活力和驱动力,并且具有在特定时代发生转型的内在推动力。由于以传统、习俗、经验、常识、天然情感、自发的道德规范等为代表的自在的文化往往具有保守性、惰性、自在性和重复性的特征,所以,它往往缺少发展和进步的特征。当这些自在的文化因素过分强大时,就会使人的存在停留在自在自发和消极被动的层面上,使社会陷入停滞与徘徊的状态之中。因此,必须有科学知识、艺术精神和哲学思维等自觉的文化因素不断向自在的文化因素渗透,不断改造和超越自在的文化的保守性和惰性,才能使活动主体不断由自在自发向自由自觉的层面跃升,才会使文化保持一种活力和发展的动力。而当人类处于一种文明向另一种文明转型的时代,自觉的文化与自在的文化之间的张力和冲突更是必不可少,否则,以人的生存方式根本改变为基本内涵的文化转型根本无法实现。

模式之二:自在的文化与自觉的文化之间缺少必要的和恰当的张力,更不必说冲突了,从而使文化缺少内在的驱动力,无法通过内在因素的创造性转化而完成转型。一般说来,这种文化模式可以呈现为两种不同的情形。一种情形是,传统、习惯、习俗、经验、常识、天然情感等自在的文化因素过分强大,完全压倒了自觉的文化因素,或者说,科学、艺术、哲学、理论等自觉的文化因素尚未发展起来。在这种以自在的文化因素为基本活动图式的传统社会中，人们的行为基本上是由传统、习俗、经验、常识、宗法关系、自在的道德规范、天然情感等自在的文化因素所决定，因而，这种社会表现出以过去为定向、长期停滞不前的保守状态。另一种情形是，一个民族已经发展起自己的科学、艺术、哲学、理论等自觉的文化因素，但是，这些自觉的文化因素并没有在自身之中建立起超越自在文化的维度，相反，它们往往表现为对自在的文化因素的自觉肯定与维护。其结果，自觉的文化因素往往成为自在的文化因素的自觉文饰，这大大地加强了自在的文化因素的强度。这种社会比根本没有建立起自觉的文化层面的传统社会更加保守与停滞不前。

从自在的文化与自觉的文化这两种基本的关联模式可以清楚地看到文化转型的两条不同的路径：当自觉的或自为的文化同自在的文化之间形成必要的和恰当的张力或冲突时，这一文化的转型会采取内在创造性转化的途径，即采取文化创新的方式；而当这两个文化层面之间不存在必要的张力和冲突时，这一文化的转型只能采取外在批判性重建的途径，即采取文化整合的方式，因为在这种情况下，只有一种新的自觉的文化因素从外部切入，才能同原有的自在的文化层面构成张力和冲突，从而推动原有文化超越自身。

（一）内在创造性转化：文化创新

我们在分析文化危机的表现形态时曾区分了内源性文化危机和外源性文化危机。其中，内源性文化危机和我们在这里所探讨的文化的内在创造性转化，即文化创新方式的文化转型在本质上是一致的。内源性文化危机是指在没有或基本没有外来的异类文化模式或文化精神的介入和影响的情况下，由于文化模式内在的超越性和自在性矛盾的冲突与文化内在的自我完善的合理性要求而导致的文化失范。这种意义上的文化危机往往表现为生活在这一主导性文化模式之下的特定民族或特定社会从自己内部产生出质疑、怀疑、批判原有文化模式的新文化要素，表现为新的自觉的或自为的文化层面与原有的自在的和自发的文化模式的冲突。显而易见，这种意义上的文化危机深化的结果必然是文化的内在创造性的转化，是文化通过内在的自觉的文化要素同自在的文化要素之间的冲突而导致的自我更新。

一般说来，在人类历史的进程中，往往是那些率先进入一个新的文明时代的民族，其文化的转型会采取内在创造性转化的方式，即文化的自我创新的方式。在这方面，最典型的是西方发达国家所完成的从传统农业文明向现代工业文明的现代化转型，即由自然主义和经验主义的文化模式向理性主义的文化模式的转型。我们可以以此为范例，具体展示文化的内在创造性转化的途径和方式。

应当说，同中国为代表的东方文明相比，西方文明从古希腊时代起就具有理性主义传统，但是，在西方传统农业文明时期，理性主义并没有构成人的生存和社会运动的主导性文化模式。相反，在那一时期，尤其在中世纪，人基本生存在由宗法关系和经验性文化要素所构成的自然的和自在的世界中，用弗洛姆的话来说，那时作为"个体"的自觉的人尚未生成。这一经验主义和自然主义的文化模式的动摇、危机和最后的转型是通过内在的新文化要素的生成及其对传统文化模式的自觉批判与超越而完成的。这一转型过程特别具体地体现在文艺复兴、宗教改革和现代实验科学的发展中。

在西方，经过漫长的中世纪，生产工具和生产技术得到了逐步的改善。到了中世纪末期，动力技术、冶金技术和金属制造技术、农业技术等都有了长足的发展，使人可以越来越多地通过驾驭自然力而解放人力和畜力。这是历史发展中的一个十分重要的因素，它为人重新审定自身与自然的关系提供了重要的物质条件。这就使人有可能重新确定对待自然的态度，他不必再通过求助于类的力量和神的力量来逃避自然的威胁与惩罚，而是主动向大自然出击，运用技术手段征服和驾驭盲目的自然力。

文艺复兴高举着"复兴古典文化"的旗号，先进的知识分子努力使湮没已久的希腊古典文化"再生"与"复兴"，把希腊文化的理性传统同人类历史发展至近代所取得的丰富内涵相结合，由此而产生出一种新型的文化。在这里，不仅包含着人对人与自然关系的自觉，而且包含着人对个体与群体（社会、整体）关系的觉醒。这双重精神内涵对于人及社会的演进具有十分重要的意义：前者把理性的目光从天国拉回尘世、从彼岸转回此岸、从上帝转回自然，从而开始了人凭借科学和技术征服自然、统治自然的时代；后者则以个体本位取代社会本位、以自由取代专制，从而开始了自由主义和个人主义的历史进程。技术理性和人本精神（个体自由）是中世纪之后西方历史和文化的双重基本内涵，也是资本主义得以发展的两个最主要的因素。

崇尚个体自由，弘扬人本精神，是打破中世纪神权和王权专制统治的第一个重大收获,劳动力的自由出售和转让构成资本主义生产的基本条件之一。文艺复兴时期新兴市民阶层的思想家旗帜鲜明地为人的再生而呐喊,从但丁的《神曲》、薄伽丘的《十日谈》,到达·芬奇的《蒙娜丽莎》、米开朗基罗的《大卫》、拉斐尔的《西斯廷圣母》,无处不透出人的精神、人文主义(人本主义、人道主义)精神。他们讴歌世欲生活,反对禁欲主义;提倡人性,反对神性;提倡人权,反对神权;提倡个人自由,反对中世纪的封建专制等级制度。这种高扬人的价值,以人为中心,强调人的自由、平等和社会民主的人本主义精神,这种自由主义和个人主义精神在尔后的历史进程中一再被提出,成为法国大革命、美国独立战争等历史运动的主导性文化精神。

与这种以自我意识和自由意志为基本内涵的人本精神相呼应的是科学理性和技术理性的崛起。无论是个体还是群体,均对大自然采取了一种积极进取的姿态和充满自信的乐观主义态度。提倡理性、追求知识和技术、重视实验科学、探索自然,已成为新时代人类精神的基本特征。于是,我们看到一幅又一幅人与大自然搏斗的壮观图景和人的理性一次又一次的胜利:与中国人退守大陆形成强烈反差的是欧洲人的海上扩张和探险、哥伦布对那神奇的"新大陆"的发现、麦哲伦环球航行的壮举,以及无数带着黄金美梦和冒险冲动的远航;与此同时,哥白尼以其震撼世界的"太阳中心说"开始了一场巨大的科学革命,引导了布鲁诺、伽利略、开普勒等科学巨人群星灿烂的时代。培根那"知识就是力量"的口号、笛卡儿那"给我物质和运动,我将为你们创造出宇宙来"的豪迈宣言,正是科学理性和技术理性在这一时代获得巨大胜利的真实写照。

与个体自由和技术理性发展所造成的理性化进程相并行的一个重要的历史现象是体现在新教革命(宗教改革)之中的基督教的世俗化转换。从一个角度可以说,基督教世俗化是理性化进程的结果和主要内涵,但反过来也可以说,正因为有了新教伦理的革命,有了基督教的世俗化进程,才保证了以个人自由和技术理性为主要内涵的理性化进程。实际上,二者本质上就是密不可分的同一个历史进程。正是这种理性化和世俗化构成了西方工业社会或现代化社会的本质精神,从而为西方超越农业文明历史阶段,在世界历史进程中处于遥遥领先的位置奠定了基础。

众所周知,著名社会学家韦伯在《新教伦理与资本主义精神》与《经济和社会》等著作中,对于新教伦理,即基督教的世俗化作了令人信服的分析。在他看来,任何一项伟大事业的背后都存在着一种支撑这一事业并决定这一事业成败与否的无形的时代精神,而资本主义的时代精神就是欧洲宗教改革之后的新教伦理。韦伯指出:"在构成近代资本主义精神乃至整个近代文化精神的诸基本要素之中,以职业概念为基础的理性行为这一要素,正是从基督教禁欲主义中产生出来的。"①韦伯主要是通过对基督教新教的"预定论"和"天职观"的分析,揭示基督教禁欲主义转换为新教伦理而生成的资本主义文化精神内涵的。

韦伯把宗教划分为禁欲主义和神秘主义两种主要类型,而每一种类型在救赎方式上又有"出世"和"入世"之分。基督教属于禁欲主义宗教。但是中世纪的天主教同近代的新教所强调的救赎方式根本不同。天主教要求人漠视尘世,摆脱物欲,完全从尘世中退隐,以苦身修行为宗旨,以隐居独处为特征,这是一种出世禁欲主义。这种出世禁欲主义以一种消极和退隐的方式来规范人的存在,它使世间的痛苦与磨难变得可以容忍,使人们在无情中寻找情感,在无意义中寻找价值,在不安宁和孤独无助中获得安全感和依托感。但是,这种出世禁欲主义同人意欲凭借技术和自身力量去征服与驾驭自然的理性主义和技术主义格格不入,因而无法直接进入工业文明之中。

而宗教改革所产生的新教伦理则具有同天主教出世禁欲主义根本不同的价值观,它成功地做到既不根本否定原有的神学立场,又不同理性化的历史进程相左,从而成功地把救赎与世俗生活、天国与尘世紧密结合起来、统一起来。其根本之处在于确立了一种新的禁欲观,一种入世禁欲主义。它使教徒把世俗职业中的成功、谋利活动及参与世界作为根本的救赎之路。在韦伯看来,从天主教的出世禁欲主义向新教的入世禁欲主义转换的根本契机是加尔文的"预定说"和路德的"天职观"。

救赎是宗教的永恒主题。无论是天主教还是基督教新教,都关心如何使置身于充斥着各种罪恶和诱惑的尘世生活中的灵魂得到拯救,都强调人必须自我克制,必须禁欲。但是,加尔文反对天主教的出世禁欲主义,因为在他看来,人在上帝那里有"选民"与"弃民"之分,上帝不仅已注定某人要蒙受恩宠,而且决定另外一些人注定要永受诅咒;基督蒙难并非为了普救众

---

① 马克斯·韦伯:《新教伦理与资本主义精神》,三联书店1987年版,第141页。

生,而是为了上帝预先拣选的人。这一切均由上帝预先命定,个人无力选择,因而人所能为的只是信仰上帝、孤独地面对上帝,其他的苦行与繁杂的仪式均无济于事。这即是加尔文的"预定说"的主要内涵,也是马丁·路德所强调的"因信称义"的主张。

一般来说,这样一种带有强烈宿命论色彩的"预定说"或"命定说"很容易导致消极无为的生存哲学。然而,实际历史效果则刚好相反,它导致了积极肯定世俗生活和理性化的入世禁欲主义。这主要是由于新教伦理对职业责任的重视。韦伯认为,路德在翻译《圣经》时,把英文"Calling"(神召)翻译为德文"Beruf"(职业),结果,使神召、蒙召同世俗职业建立起某种联系,把特定的劳动领域当作一种终身使命,即上帝安排下的任务,也就是"天职"。这样一来,上帝的"神召"具有一种特定的世俗涵义,它把在尘世按照理性计算所进行的世俗活动看作是履行天职,以此来荣耀上帝。这样一来,"职业思想便引出了所有新教教派的核心教理:上帝应许的唯一生存方式,不是要人们以苦修的禁欲主义超越世俗道德,而是要人完成个人在现世里所处地位赋予他的责任和义务。这是他的天职"①。

这样,以预定说、天职观和入世禁欲主义为核心的新教伦理就从两个方面为资本主义工业文明的发展创造了条件。一方面,它是"入世的",它赋予天主教出世禁欲主义所反对的世俗经济活动以伦理意义,为资本主义的合理性活动或理性化活动提供依据与合法性;另一方面,它又是"禁欲主义的",人致力于经济活动的目的不是为了放纵物欲、享受财富,而是尽天职以荣耀上帝。韦伯对此有清楚的总结,他指出:"综上所述,这种世俗的新教禁欲主义与自发的财产享受强烈地对抗着;它束缚着消费,尤其是奢侈品的消费。而另一方面,它又有着把获取财产从传统伦理的禁锢中解脱出来的心理效果。它不仅使获利冲动合法化,而是(在我们所讨论的意义上)把它看作上帝的直接意愿。正是在这个意义上,它打破了获利的束缚。"②通过新教伦理对传统基督教价值观念的这一转换,经济活动,即谋取财富利润的活动的成功代表着上帝对信徒劳动的赐福,以及对其经济活动方式的嘉许,同时也就是上帝对活动者的恩宠和上帝存在本身的证明。换言之,新教

---

① 马克斯·韦伯:《新教伦理与资本主义精神》,三联书店 1987 年版,第 59 页。
② 同上书,第 134 页。

伦理既为资本主义的经济活动提供了一种合法性,也为它的消极后果提供了一种伦理制约。由此一来,凭借勤勉、刻苦、禁欲和严密计算为基础的合理化,小心而又有远见地追求经济成功,从而获取预期的利润,这种经济合理主义构成资本主义的基本文化精神。它同文艺复兴的文化精神在本质上是一致的,后来经过启蒙思想家卢梭的《社会契约论》、孟德斯鸠的《法的精神》,以及大陆理性主义哲学家们的系统阐述,构成了现代社会的理性主义文化精神和文化模式。

(二) 外在批判性重建:文化整合

正如文化转型的内在创造性转化方式,即文化创新方式与内源性文化危机具有内在的本质上的一致性,文化转型的外在批判性重建方式,即文化整合方式同外源性文化危机也是相互统一的。我们在分析文化危机时指出,外源性文化危机从深层原因来看也是基于文化内在的超越性和自在性的矛盾冲突而产生的文化失范。同内源性文化危机不同的是,在外源性文化危机发生的民族和社会那里,原有的主导性文化模式往往具有一种超稳定性结构,它即使已经失去了合理性,还是成功地抑制内在的批判性和怀疑性的新文化因素的产生或生长,最终是靠一种外来的新文化模式或文化精神的冲击才能进入文化的怀疑和批判时期,进入非常规期和裂变期。这种外源性文化危机达到一定的深度,就会导致一种由外来的新文化精神同本民族被批判和改造过的文化要素的整合而构成的新的文化模式或文化精神。

这种意义上的文化转型比较多地发生在非西方国家的现代化进程,以及后发展国家或迟发展国家,即许多被迫进入现代化进程的国家的现代化转型过程。在这种意义上,日本、拉美国家,以及中国的现代化进程中的文化转型都属于文化的外在批判性重建或文化整合。可以断言,随着信息化和全球化进程的加快,越来越多的发展中国家将采取这种方式来实现自己的传统文化的现代化转型。

日本是非西方国家中最早开始并完成现代化的国家,它由此很快成为世界经济强国之一。但是,日本的现代化及其文化转型同西方发达国家的现代化在实现途径上有很大的差异。日本原有的传统文化在很大程度上是中国传统文化的变种,因此,它在现代化进程中对于文化的变革采取了外在批判性重建的方式。值得指出的是,同包括中国在内的亚洲其他国家相比,日本是主动推动这一文化转型过程的国家。19 世纪中叶,西方资本主义国家大举东侵,当中国、印度等亚洲国家先后沦为殖民地或半殖民地国家时,日本则主动以积极的变革来迎接西方的挑战,1868 年的明治维新开始了日本的现代化进程。明治新政权在推进现代化进程时,非常重视传统文化的转型。1868 年 4 月明治天皇颁布的改革维新的《五条誓文》中,除了"广兴会议,万机决于公论""上下一心,大展经纶""公卿与武家同心,以至庶民,须使各遂其志,人心不倦"三条以外,其余两条均属于文化变革的要求,即"破旧来之陋习,立基于天地之公道"和"求知识于世界,大振皇基"。为了推进这种改革,明治政权特地于 1871 年派出由当时日本政府主要成员组成的"欧美使节团"对西方 12 个国家进行了一年零九个月的考察。他们不仅引进了西方的政治体制和经济体制,而且大力倡导西方的科学技术理性,并通过大力兴办教育来传播新的理性主义的文化观念,改造传统的文化模式。显而易见,日本现代化进程中的文化转型是通过引入西方工业文明的自觉的文化精神对日本传统文化进行批判和整合而实现的。

巴西、阿根廷等拉美发展中国家在 20 世纪中叶所推进的现代化进程是一种典型的外源性发展模式,这些国家的发展基本上是在依赖或依附于西方发达国家,完全采取西方经济发展模式的基础上进行的。众所周知,这些国家在 60—70 年代一度进入经济腾飞的时期,但也很快出现了经济停滞或泡沫经济,以及其他许多社会问题。西方学者用"依附理论"来解释这种现代化模式,并批评了这种发展模式的许多弊端,例如,单纯经济发展观、这些国家同西方发达国家的不平等关系等。我们在这里主要不是探讨这种发展模式的利与弊,而是想指出,虽然这种发展模式可能是一种畸形的现代化,这些国家要为此付出许多代价,但是,这些国家的特殊历史条件使它们已经采取了这样一种发展模式,而且它们在这种依附中也的确缓慢地获得了某种发展,因此,一些学者把"依附理论"修改为"依附—发展理论"。在这种发展中,这些拉美发展中国家所逐步接受的新的文化观念也主要是来自西方发达国家,因此,它们在现代化进程中的文化转型属于外在批判性转化,即文化整合的类型。

在这一点上,中国的情形更为典型。众所周知,中国的传统农业文明异常发达和成熟,并且历史悠久,体现这一文明的自然主义或经验主义文化模式十分强有力。由于在中国传统农业文明条件下，自觉的文化精神同自在的文化模式之间没有形成必要的张力，而是呈现出某种内在的一致性，因而使中国传统自然主义或经验主义文化模式具有超稳定结构。即使在清朝后期，中国社会已经在各个方面出现深刻危机时，统治者与许多文人也坚信中国的文化具有不可替代的优越性，因此，并没有主动进行文化革新的要求。直到帝国主义列强的坚船和利炮打开了我们的国门，中国才被迫开始了有限的和保守的现代化。不难看出，在中国现代化进程中，新的自觉的文化精神基本上是外来的，一是俄国十月革命为我们送来了马克思列宁主义；二是西方科学和民主的文化精神通过胡适等文化激进主义代表人物的努力，进入了中国的学术界，并引发了"五四"新文化运动时期的东西方文化冲突。应当说，尽管中国现代化进程中的文化转型至今尚未彻底完成，但是，我们可以断言，这一文化转型采取的是典型的外在批判性重建，即文化整合的方式。

三　文化转型与历史进步

人类社会是一个包含丰富内涵，由人的多种运动形式、多层面的存在形态、多样化的物质和精神结果、多重体制和社会关系组成的复杂的总体，文化是内在于所有方面的活动图式和机理。在这种意义上，人类社会和人类历史的发展和进步可以体现在许多具体的方面，如一种新的材料的合成、一种新的工具的发明、一种新的技术的改进、一种新的方法的提出、一种新的组织的建立、一种新的制度的实行、一个新的政权的建立、一个新的理念的提出、一种新的艺术形式的出现、一个新的科学领域或研究主题的确立、一个新的科学公式的推导、一个新的理论体系的建立，等等，都会在一定的意义上推动人类社会的进步，改善人的生活或生存条件。但是，同这些具体的进步和发展相比，文化转型的发生虽然频率较慢，可是对于人类社会和人类历史的进步与发展的影响却最为深刻，它代表着人类社会和人类历史在较大历史尺度上的飞跃和革命。对此，我们可以从两个方面加以简要的说明。

（一）文化转型与人的发展

人是社会运动的主体，人类历史就是人的生存活动不断展开的过程，因此，人是全部历史运动所环绕的价值核心，人的自我完善和发展是历史的核心内涵。在西方历史中，到了文艺复兴和宗教改革时代，人的生命、人的感性生活、人的个体自由、人的创造性等越来越成为社会运动所关注的核心内容，20 世纪全球范围内的现代化浪潮推动着发展观的不断进步，从单纯的经济增长观，经过社会的综合发展观，最终确立了以人为本的新发展观。

人的发展与完善是一个开放的过程，从远古时代走来，经过几千年的文明时代，人在自觉不自觉地创造着文化和文明成果，以补偿自身在自然本能方面的不足的同时，也使自身的生存和生活不断地得到改善。人自身的发展与完善，也同人类社会总体的进步与发展一样，可以体现在各个方面，如人的衣食住行等物质生存条件的改善、人的家庭与婚姻关系的变迁、人的交往范围的扩大、人的精神生活的丰富、人的智力的发展、人的教育程度的提高，等等。但是，人从本质上是历史活动的主体，其最大的发展和完善往往体现在他的基本的生存方式或行为模式的转变，这也就是文化转型。文化转型所体现的人的转变往往是最深刻意义上的脱胎换骨式的转变。

我们在探讨历时态视野中的文化模式时，曾经引证了马克思在《资本论》中关于人的发展阶段的一段著名论述。马克思指出，"人的依赖关系（起初完全是自然发生的），是最初的社会形态，在这种形态下，人的生产能力只是在狭窄的范围内和孤立的地点上发展着。以物的依赖性为基础的人的独立性，是第二大形态，在这种形态下，才形成普遍的社会物质变换，全面的关系，多方面的需求以及全面的能力的体系。建立在个人全面发展和他们共同的社会生产能力成为他们的社会财富这一基础上的自由个性，是第三个阶段"①。可以看出，马克思在这里划分的人的发展的三个阶段或三种形态，不是以生产方式或生产关系的变迁为尺度的，不是按我们通常理解的原始社会、奴隶社会、封建社会、资本主义社会和共产主义社会几种社会形态来区分的，而是按照比较大的文明形态进行区分的。从一种文明形态进入到另一种文明形态要经过一次深刻的文化转型，而每一次深刻的文化转型都会使人的生存进入一个新的发展阶段，使人获得更大的自由度和发展空间。具体说来，马克思所描述的第一种社会形态，是人通过对自然的依赖

---

① 《马克思恩格斯全集》第 46 卷上册，人民出版社 1979 年版，第 104 页。

和人身依附而组成社会关联的传统农业文明时期。在这一时期,人被血缘宗法关系、经验常识等自然主义和经验主义文化模式所支配,尚未形成个体本位的主体性,其生存状态呈现为自在自发的自然状态,无论个体还是社会总体均缺乏创造力和超越性。第二种社会形态是指工业文明。从第一种社会状态到第二种生存状态经历了从自然主义和经验主义文化模式向理性主义文化模式的深刻转型,人的生存状态发生了一次根本性的革命。在这一阶段,独立的个体本位的主体性开始形成,人的理性创造力和自由得以展示,由此给社会发展注入极大的活力,创造了前所未有的物质财富和精神财富。这是人的发展历史上的一次巨大的进步和飞跃,但是,这一时期人的主体性还存在着很大的局限性,用马克思的话来说,此时人的独立性是以物的依赖性为基础的,因此,人的存在呈现出物化或异化的特征。第三个阶段是马克思关于未来人的生存状态的设想,到那时,摆脱了对物的依赖,扬弃了异化的人将得到自由和全面发展,真正在"自由人的联合体"中建立起体现主体创造性的文化模式。从这种分析可以看出,文化的每一次深刻转型都代表着人的生存的一次巨大的进步。

很多理论家和思想家都注意到文化转型在人的生存方式上引起的巨大的转变,尤其是由工业文明开创的现代理性主义文化对于人的发展具有深刻的意义。弗洛姆在分析中世纪人的生存状态时曾经形象地描述了传统自然主义和经验主义文化模式支配下人的"无主体的"生存状态。他认为,中世纪缺少个人自由,但也没有个人的孤独感,因为人一生下来,便有一个明确的、不变的社会位置,便生根在一个结构固定的整体("原始关联")中。在这种情况下,真正意义上的"个人"不存在,"人尚未认为自己是一个'个人',他也未想到他人是'个人',进城的农夫是陌生的人,甚至于城中不同社会团体的人,也彼此认为是陌生人。在那时候,尚未充分发展到发觉自己是个独立的人,或发现他人和世界,是个独立的个体"①。文艺复兴和宗教改革之后,受理性主义文化模式支配的现代人在自己的生存活动和社会活动中所体现出的理性、自由、个性、创造性、超越性、批判性等,同上述传统社会中人的生存状态形成了鲜明的对照。

---

① 弗洛姆:《逃避自由》,北方文艺出版社1987年版,第19页。

我们曾断言,文化转型对于每一个体而言,代表着一种脱胎换骨式的转变。的确如此,每一次重大的文化转型,对于生活在这一时代的人们都是一次严峻的考验,都逼迫人们作出重要的抉择。我们发现,在重大的文化转型时期,总会有相当数量的个体无法适应新的文化模式,而使自己的生存处于非常困难的境地。一些人可能由于自身的素质和其他局限无法主动地接受新的文化模式,而被迫卷入一种新的文明之中,他们常常成为新的生存条件下的社会的"边缘人";另有一些人则自觉地固守原有的文化模式,拒斥新的文化模式所体现的生存方式,他们或者采取消极"出世"的态度而成为社会的"局外人",或者像清朝末年那些"要辫子而不要命"的遗老遗少们那样,成为新文明的顽固的反对派。无论从正面还是反面讲,文化转型对于个体生存来讲,都是一次最深刻的转变。

(二) 文化转型与社会进步

文化转型对于社会进步的意义像对于人的发展的意义一样深刻和重大,因为,社会进步同个体的发展总是密不可分的。实际上,所谓社会,就是由个人的交往关系的相对固定化而形成的。对此,马克思和恩格斯有明确的论述。他们在《德意志意识形态》中指出,"事情是这样的:以一定的方式进行生产活动的一定的个人,发生一定的社会关系和政治关系。经验的观察在任何情况下都应当根据经验来揭示社会结构和政治结构同生产的联系,而不应当带有任何神秘和思辨的色彩。社会结构和国家经常是从一定个人的生活过程中产生的"①。这样一来,个人同社会的关系就表现为双重的:一方面,社会关系和机构是从个人的实践活动中生成的,是由个人间的交往关系构成的,个人的发展程度和生存状态直接影响和制约着社会运动的情形;另一方面,社会关系和社会机构一旦形成,又反过来为个体的活动和生存提供场所和条件,社会关系的性质和状况又强有力地影响和制约着个人的生存和发展。

从这样的基点出发,文化转型对于人的发展和社会进步具有同样重要的作用和意义。它对社会发展和进步的积极推动作用主要体现在两个方

---

① 《马克思恩格斯选集》第 1 卷,人民出版社 1972 年版,第 29 页。

面：一方面，一种新的文化模式一旦战胜并取代传统的文化模式，就会为社会的发展带来极大的活力，推动社会的生产力以前所未有的速度发展。新的文化模式所具有的文化精神原本内含的超越性和革命性会从根本上剔除已经成为个人活动和社会进步的桎梏的旧的文化要素和体制障碍，从而解放被束缚的人的自由和创造力，解放被束缚的社会生产力，为社会提供前所未有的发展空间。另一方面，新的文化模式的确立会从根本上改革不合理的旧体制，从而为社会的运行提供一种新的合理性，一种新的运行机制和体制，这种新的体制反过来又成为受新文化模式支配的个体生存的自由空间。我们可以用迄今为止人类历史上最深刻的一次文化转型，即在现代化进程中由传统自然主义和经验主义文化模式向理性主义文化模式的转型来简要地说明上述观点。

现代工业文明取代传统农业文明的一个重要标志是社会化大生产取代了传统的小生产和自然经济。这不仅是生产方式的变革，而且内在地包含了文化模式的转变，因为，社会化大生产的运行机制和组织方式的根本原则是由理性主义文化模式所提供的理性原则和科学原则，以及体现理性精神的现代组织原则。这种现代化大生产及普遍的交换与交往给现代社会所注入的活力是前所未有的，它创造了前此人类根本不敢想象的物质财富和精神财富。马克思和恩格斯《共产党宣言》中即使在激烈地批判资本主义时，也充分肯定了现代工业文明在理性主义文化精神的推动下所取得的巨大的成就。他们指出，"资产阶级在它的不到一百年的阶级统治中所创造的生产力，比过去一切世代创造的全部生产力还要多，还要大"①。

如果从社会机制的运行来看，现代理性主义文化模式给人类社会带来的进步则更为巨大。农业文明条件下的传统社会机制服从于自然原则，起支配作用的是宗法血缘关系，基本上靠人情关系和自然血缘关系维系。在这种条件下，等级制、世袭制等自然原则把每个人束缚在他与生俱来的地位和位置，严重抑制了个人的创造力和社会发展的内在动力。工业革命根本地改变了这一切，马克思和恩格斯指出，"生产的不断变革，一切社会状况不停的动荡，永远的不安定和变动，这就是资产阶级时代不同于过去一切时

① 《马克思恩格斯选集》第 1 卷，人民出版社 1972 年版，第 276 页。

代的地方。一切固定的僵化的关系以及与之相适应的素被尊崇的观念和见解都被消除了,一切新形成的关系等不到固定下来就陈旧了。一切等级的和固定的东西都烟消云散了,一切神圣的东西都被亵渎了。人们终于不得不用冷静的眼光来看他们的生活地位、他们的相互关系"[1]。在破除了旧的自然主义的文化模式的基础上,工业文明条件下的现代社会服从于理性主义的文化精神和基本原则,理性、法制、契约、平等成为现代社会的本质性原则和机理。现代社会的合理性或合法性开始建立在人的实践活动的自由本性和超越本性之上,因此,它为每一个体的自由和创造性的发挥提供了前所未有的空间。

通过上述分析,我们不难发现文化转型的深刻意义。它也从另外一个方面印证了现代发展观的一个重要的观点,即单纯的经济增长并不一定体现为社会的发展,社会发展的最深刻的内涵是人自身的发展,是人自身的现代化。而人自身的现代化最终体现为深刻的文化转型。只有从这样的视角出发,我们才会理解,为什么在过去一百多年中国社会的现代化进程中,文化的转型问题一次又一次地被提到全部争论的核心,为什么梁启超认为中国社会的出路在于"新民",而陈独秀则大声疾呼,呼唤着"新青年"的生成。从文化转型入手的文化批判的确应当是我们分析近现代中国社会发展的一个十分重要的视角。

---

[1] 《马克思恩格斯选集》第 1 卷,人民出版社 1972 年版,第 275 页。

第七讲

20 世纪的文化焦虑

我们反复强调,文化哲学不同于一般的人类学、文化学和社会学,它思考文化的重点不是具体的文化现象,而是在比较大的历史尺度上,通过作为历史地凝结成的主导性文化模式的历史变迁,而形成关于历史演进和历史进步内涵的深刻的文化哲学视野。在前面几讲,我们通过关于文化的生成、文化的功能、文化的形态,特别是关于文化模式、文化危机和文化转型的阐释,已经初步建立起文化哲学的一般理论框架。现在,应当转入对现实的历史文化模式和文化精神的状况和命运的分析,以展示文化哲学作为一种文化批判理论,作为一种历史解释模式,所具有的强烈的现实关怀和实践理性的维度。我们准备从两个基本方面继续拓展我们的文化批判主题:一是关于西方现代理性文化的批判;二是关于中国传统文化的转型问题的分析。

我们首先应当以文化哲学的批判视野切入 20 世纪人类文化精神的状况。这是因为,20 世纪以西方发达国家为代表的人类理性文化精神处于一种背反和自我冲突的境遇:繁荣与危机并存。雅斯贝尔斯所说的世界历史"轴心期"的理性文化精神框架在 20 世纪一方面充分展示了自己的潜力和可能性,同时也清楚地展示出自身的局限性或极限,因此,存在着人类精神新的重大突破的可能性。突破的重要标志是文化的自觉。20 世纪历史精神对原有内涵的批判、对自身限度的突破、对新的地平线的求索,都同人类对文化的自觉直接相关。显而易见,对于 20 世纪西方理性文化状况的批判,会极大地拓宽我们的文化哲学的视野。

我们在分析文化危机和文化转型时已经从不同方面涉及 20 世纪西方理性文化的危机问题。在这里,为了加深对于文化哲学主题的理解,我们将较为系统地梳理一下西方理性文化危机的基本状况。而为了深刻地理解西方理性文化的危机,我们必须从西方文化的演进线索入手。

一 "轴心期"的历史精神和西方理性主义

无论从什么样的角度审视,人类历史都不是按着同样的节奏匀速前行的。在许多时代,历史像大自然的斗转星移和春去秋来一样沉默不语,像周而复始、平淡琐屑的日常生活一样平凡无奇;而在另外一些特殊的时代,短则数日,长不过数年,就演绎出在此后的历史和人们的精神心路上留下不可磨灭的印记的、异常壮观的、惊心动魄的、史诗般的剧目。尤其在历史的精神内涵方面,漫长的"动物般的"贫乏的"无思想的"历史同希腊理性主义、春秋"百家争鸣"、文艺复兴、"五四"新文化运动等激动人心的精神自由和思想解放时期相比,更是形成了强烈的反差。以至于有人从迄今为止的人类历史中总结出奇特的"腰鼓现象"。人类文明,特别是东方文明的发展节奏呈现出非平衡或非均衡的状态,很像朝鲜人的传统乐器"腰鼓"的形状,两头粗中间细:远古时期(如先秦时期)精神和文化博大精深,此后是漫长的平稳继承期和持续期,直至现代科技文明的突飞猛进。①

对于刚刚走过的 20 世纪,无论我们在价值学意义上作何种评判,都无法否认一个事实:20 世纪人类历史内涵之丰富程度达到了一个登峰造极的高度。尽管有经济危机的困扰和不同经济体制的冲突,人类生产力并没有停滞,而是取得了前所未有的发展高度;尽管有两次世界大战,特别是法西斯主义的悲剧,人类还是逃过了毁灭性的劫难,并且通过 WTO 规则建立起全球范围内的对话和契约机制;匮乏状况的缓解、物质生活水平的提高;高新技术的飞速发展、新兴产业的崛起;信息化和数字化的革命导致人类精神生活的空前丰富,等等。所有这些,使 20 世纪人类文明成为突起的奇峰,傲立于人类历史长河之中。

然而,对于 20 世纪在人类文明史上的特殊地位似乎还不能只从以上几个常规的角度思考。著名历史哲学家雅斯贝尔斯曾经在人类历史中确定了一个"轴心时期",并断言迄今为止的人类历史一直没有超越轴心时期所奠

---

① 参见雷升:《上一次文明》,中国社会出版社 2000 年版,第 189 页。

基的人类精神根基和框架。但是,20世纪似乎出现了某种突破轴心期精神框架的迹象。当然,要揭示这样一种重大突破,需要睿智而又深刻的洞见和缜密的研究。我们在这里提出这一问题,不是要立即进入这样一种分析,而是要说明20世纪在人类文明演进中的独特地位。

雅斯贝尔斯在描绘人的历史时,曾把公元前800年至前200年这一时期称作人类历史的"轴心时期"(Axial Period)。他认为,在此期间,人类精神的基础同时地,而又分别彼此独立地奠定于中国、印度、波斯、巴勒斯坦和希腊等古文明发祥地,而且人类今天仍然依托于这些基础。轴心期代表着人类精神上的觉醒,人类意识开始从历史深处的潜流中涌出,变成自觉的精神光环,照耀着原本沉默无言的历史。雅斯贝尔斯这样描述"轴心期"人的觉醒的基本内涵:"这个时代的新特点是,世界上所有三个地区(中国、印度和西方——引者注)的人类全部开始意识到整体的存在、自身和自身的限度。人类体验到世界的恐怖和自身的软弱。他探询根本性的问题。面对空无,他力求解放和拯救。通过在意识上认识自己的限度,他为自己树立了最高目标。他在自我的深奥和超然存在的光辉中感受绝对。"①一言以蔽之,在这个重要的"轴心期",人真正同大自然分离。人不再与植物、动物以及自然万物浑然一体,他开始意识到自己在宇宙中所占据的特殊位置,意识到自己所独具的高于其他动物的理性、意识、自我意识、目的性等等。同时,人也意识到矗立于面前的庞大自然的神秘可怖和广袤无垠,由此而萌生孤独感、有限感和缺憾感,形成人独有的自我意识。

雅斯贝尔斯用自我意识、理性启蒙、人性的精神化、哲学家的出现、理论思辨、历史的反思、理智与个性等范畴揭示"轴心期"人类精神的主要内涵。我们稍加分析就会发现,这些精神特征和基本规定性实际上包含着现代西方工业文明赖以发展的以人本精神和技术理性为本质特征的文化精神。或者换言之,轴心期这些精神因素的进一步自觉、成熟与发展就成为现代社会的主要文化精神。正是在这种意义上,雅斯贝尔斯断言,轴心期所奠定的文化精神是此后人类历史发展的原动力,文艺复兴的人文启蒙、宗教改革的理性化和世俗化运动、现代科学的技术理性精神、启蒙时期的社会契约理念,

---

① 卡尔·雅斯贝尔斯:《历史的起源与目标》,华夏出版社1989年版,第8—9页。

都以不同的方式一次又一次地从轴心期汲取精神力量。"直至今日,人类一直靠轴心期产生、思考和创造的一切而生存。每一次新的飞跃都回顾这一时期,并被它重燃火焰。自那以后,情况就是这样。轴心期潜力的苏醒和对轴心期潜力的回忆,或曰复兴,总是提供了精神动力。对这一开端的复归是中国、印度和西方不断发生的事情。"①

应当说,雅斯贝尔斯的"轴心期"理论是深刻的,我们如果回溯一下西方理性主义文化精神的演进就会发现,它的确发源于这一"轴心期"的历史精神。毫无疑问,古希腊哲学是古典理性主义的典范,它在人类思想史上最先以自觉的方式确立了理性主义的基本原则。"人是理性的存在物",这一信念无疑贯穿于古希腊哲学之中。但是,古希腊先哲对理性的把握并未囿于其认识论和人本学含义,而是致力于在本体论或宇宙论的层面上,确立起作为万物内在结构和根据的"宇宙理性"。赫拉克利特为生生不息、变化不居的现象世界找到了"永恒地存在着的"根据,即万物皆由之产生的"逻各斯";巴门尼德抛开了不确定的表象世界和人类意见,设定了不生不灭、不变不动的"唯一的存在";斯多葛学派则把赫拉克利特的"逻各斯"发展为"世界灵魂"和"宇宙理性"。在古希腊哲学中,对"宇宙理性"的充分展开是在柏拉图和亚里士多德那里完成的。柏拉图的理念论为我们提供了一个由最高的"善"的理念统领的等级森严、秩序井然的"理念世界",这些理念构成了事物的本质和根基,具体的和个别的事物只是由于"分沾"了理念,才得以生成与存在。亚里士多德的实体理论为我们描绘了宇宙万物由质料到形式,从潜能到现实的发展过程和统一过程,从而构造了从最低级的、纯粹的质料到最顶端的"纯形式",即"绝对的现实"这样一个合乎理性的宇宙结构或存在链条。

从古希腊哲学家的论述中可以概括出古典理性主义的最基本精神或基本思想:实在(自然、宇宙、世界)是依据理性或逻各斯而运行的合理的存在结构;人是理性的存在物,因而人可以通过理性把握人同事物的关系,把握世界的本质,从而控制自然和操纵自然。众所周知,古希腊理性主义所持的这一精神或信念同希伯来精神并列构成西方文化的渊源和基本精神。它不

---

① 雅斯贝尔斯:《历史的起源与目标》,华夏出版社 1989 年版,第 14 页。

但支撑着以古希腊为代表的灿烂的古代文明,而且在中世纪解体后,又通过与自然科学联盟,转换出支撑现代工业文明的技术理性主义。

所谓技术理性主义是指在近现代科学技术呈现加速度发展的背景下产生的一种新的理性主义思潮。它植根于科学技术发展的无限潜力和无限解决问题的能力之上,其核心是科学技术万能论。这一新的理性主义继承了希腊理性主义关于宇宙的理性结构和人作为理性存在物的基本思想,它不关心这个宇宙的起源是神创的还是天然的,而只是把它当作一个理性的结构。它相信:人可以通过理性和科学而把握宇宙的理性结构,并且可以通过日益改善的技术手段征服自然,随之解决人迄今所面临的一切问题,在尘世建立起上帝的天国。

这一技术理性主义的基本倾向发端于中世纪的解体。文艺复兴、宗教改革和实验科学共同汇成了近代理性化、世俗化的历史进程。对人性的张扬、对理性的崇拜和对历史永远进步的信念成为这一历史进程的重要标志。这一与科学技术相结合的理性主义精神在17、18世纪得到了空前的发展,培根喊出了"知识就是力量"的口号,笛卡儿则表达了更强大的理性主义气魄:"给我物质和运动,我将为你们构造出宇宙来。"在20世纪,这种技术理性主义精神依旧强健有力。20世纪初,美国的伯恩汉等人提出了技术统治论或技术治国论的思想,而到了60、70年代,随着贝尔等一批社会学家和未来学家对后工业社会、后文明社会、技术电子社会等等的探讨或设计,以技术决定论或技术治国论为表现形态的技术理性主义得到了更为系统的阐述。

如果我们抛开技术理性主义和古典理性主义的时代差异,而深入到它们的共同内蕴,就会把握到它们的共同要害,这正是它们在20世纪遭受各种人本主义思潮、技术悲观主义思潮激烈抨击的原因之所在。概要地说,西方理性主义所代表的文化精神有三个要点:(1)理性万能,理性是一种绝对的力量。在西方理性主义中,理性同神学的上帝一样,被设想为一种具有解决一切历史问题之能力的绝对,它是宇宙存在的根基和内在逻辑,也是人赖以安身立命的文化支柱。在这里,没有情感、意志等非理性因素的地位,以至于法国唯物主义者得出"人是机器"(拉美特利语)的结论。(2)理性至善,理性及技术是人的本质力量的确证。在西方理性主义中占主导地位的是知识理性、科学理性、技术理性或工具理性,而不是价值理性。这一立场坚信,理性的进步、技术的发展和人对自然的统治的增强都毫无疑问是对人作为宇宙中心地位的确证,理性代表着一种善的力量,构成人的本性。(3)乐观的人本主义或历史主义。由于相信理性具有无限的、万能的力量,而这一万能的力量又是确证人的本质的至善的力量,因此,西方理性主义对人与历史的前景持乐观主义的态度,它相信,人性永远进步,历史永远向上,现存社会中的不幸和弊端只是暂时的历史现象或时代错误,随着理性和技术的进步,人类终究可以进入一种完善完满的境地。这样一种万能、至善、完满的理性在黑格尔哲学中成为生成一切的"绝对理念"。

必须看到,从世界历史的"轴心期"发展起来的西方理性主义不是纯粹的理论理性精神,它同西方社会的现代化进程密切相关。现代西方理性主义也在某种意义上被称作技术理性主义,它是现代科学技术和市场经济结合的产物。它通过文艺复兴、宗教改革和现代实验科学的发展形成了以科学、理性、人性、民主、自由等为内涵的现代文化精神,其重要表现形态,正如韦伯所言,是宗教改革所生成的新教伦理。众所周知,技术理性和人本精神是现代工业文明的两大支柱精神。

以人本精神(个体自由)和技术理性,或者用韦伯的术语"价值理性"与"工具理性"为本质内涵或本质特征的现代理性主义文化模式表现出前所未有的创造力,它代表着人的自由和创造力的空前迸发。在相当长的一段历史中,这种理性主义的文化模式或文化精神并没有显示出内在的矛盾和局限性,如前所述,它在几百年的时间内就创造了前此人类在千万亿年都远不可及的丰富的物质财富和精神财富,并且深刻地改变了人的生存状态,导致了人类精神世界的重大改变。一方面,它造成最直接的和最大的历史后果便是直接危及到上帝的存在。人们虽然依旧承认上帝创造了这个世界,给了这个宇宙以第一推动力,但却对上帝在历史进程中的地位作了严格的限定。人们作出各种各样的解释。例如,按照自然神论的说法,上帝在创世之后就把这个世界交由人来统治,而上帝自身或是作为这个世界内在的自然法,成为存在结构的化身,或是栖身于世界的边缘,不再干扰尘世的活动。一言以蔽之,上帝把人的历史交给了人,不再直接干预人之历史进程,在某种意义上,上帝被请出了人的世界。另一方面,这种文化精神又给人类以空前的关于自我和历史的乐观主义信念。尤其到了17、18世纪,理性主义精神得到了空前的发展。尔后,技术的革新明显取得了一个加速度,而理性主义精神则发展为技术主义的意识形态。从飞速发展的现代技术与大工业中，人们看到了人之理性和本质力量的同步增长，以及人之更大自由的可能性，看到了在尘世中建立"上帝的天国"的可能性。"技术是我们的救主"——这样一种技术理性主义的意识形态使人们笃信，虽然现在尚有战争、痛苦与磨难，但科学技术的进一步发展必将使人拥有解决一切人间问题、解答一切理论之谜和历史之谜的神奇力量。

二　"轴心期"的历史精神在 20 世纪的命运

问题在于，历史进程并没有完全按照西方理性主义的乐观的历史期待前行。现代技术所提供的并非只是人对自然的统治力的增长和人之生存条件的改善。到了 19 世纪下半叶和 20 世纪上半叶，技术理性主义文化模式开始暴露出它内在的技术理性和人本精神之间的张力和冲突，或者说是工具理性和价值理性之间的矛盾。一些敏感的人开始发现，科学技术正在摆脱作为人之有限工具和手段的地位，具有一种不断地、无止境地进步的特征，以"几何级数"的速度不断改善与更新，从而倾向于成为一种指向无限目标的、总体性的超人力量。这样一来，现代技术就不再是某种人们可以自由选择和取舍的、现成的和中性的工具，它正在成为一种渗透和扩展到人之生活的所有领域，自律地和失控地运转的独立的力量。人在选择技术，而技术反过来以更强的力度按照自己的尺度选择和塑造人及其世界。人凭借着科学与技术的力量，埋葬了昔日的神——基督教的上帝，但并没有想象和预料到，他所运用的手段和力量会成为新的、主宰他的命运的神。现代科学技术不仅表现为自律的和超人的力量，而且还促使一些普遍的异化的社会力量失控发展。在这样的社会中，人表面上是自由的，实际上从生产到消费、从工作到私人生活均受着意识形态、大众文化、技术理性等无形的异己力量的摆布。面对按照技术原则组织起的庞大的、自律运转的社会机器，个人的渺小感、孤独感和无助感会油然而生，他只能是嵌入这部庞大机器上的一个齿轮，稍不留意就会被打得粉身碎骨。

当代许多思想家都敏锐地注意到技术世界中人由历史的主体降为历史进程的附属物，受制于自律的技术力量的统治这一存在境遇。还在 19 世纪80 年代，当西方人还沉浸在技术理性主义的迷梦之中时，尼采就在《快乐的科学》中宣布,由于科学的进步,打破了旧式的托勒密天文学的信念;人的愈益麻木不仁和冷酷无情、贪得无厌,扼杀了基督教的上帝。此外,从19世纪的叔本华和克尔凯郭尔到20世纪的存在主义哲学,一种文化的悲剧感和断裂感开始浮现在现代哲学和文学中。如前所述,瑞士哲学家和神学家布鲁纳在谈到现代科学技术的发展时,对技术的异化作了非常深刻的分析,他指出:"从技术史可以得知,技术的每一进展不只是改变人与自然的关系,而且也改变人与人的关系。每一发明均为权力之增长,而社会中权力之每一增长均为社会平衡与秩序之威胁。"①为了充分说明这一论断,布鲁纳引用了歌德的叙事歌谣《魔术师的门徒》的故事。歌谣的大意是这样的:机警的徒弟偷偷学会师傅用来召呼神灵的咒语,便独自命令神灵帮助自己提水,可是,他尚未来得及过分享受自己的得意之作,便陷入了绝顶的恐惧之中,因为他无法继续控制神灵,无法命令它停止提水,结果他自己处于被溺死的边缘。布鲁纳提醒生活在技术时代的现代人:"这非常像我们的处境。人学会控制自然之无穷无尽的力量。现代人对自然的优势达到前此难以想象的程度。但是,当人凭借技术控制了自然,他却再也无法控制自己的技术,反而愈来愈受技术的控制,为灾难所威胁。"②

这样一来,现代技术一方面表现为人自身日渐增强的控制自然的能力,另一方面则表现为束缚人的自由、统治人支配人的超人的和异己的力量。当后一重内涵被历史进程所披露时,长期作为西方乐观主义生活哲学之基础的技术理性主义历史设计或文化信念便开始动摇。不可否认,技术乐观主义至今仍为许多人所信奉。但是,两次世界大战的劫难的确在西方社会引起技术理性主义文化信念的普遍幻灭,引起人们深深的沮丧和恐惧。尤其当第一颗原子弹在广岛坠落,它在人们心灵上激起的冲击波远远大于它实际上造成的损失和危害。在最深层的文化内蕴上,它把技术自律发展可能带来的可怕的和非人道的后果淋漓尽致地呈现在世人面前,引起了世人心灵的震颤,把敏感的和人道的人们从理性和技术的迷梦中惊醒。在技术的飞速发展中向人们走来的不再是尘世中的"上帝的天国",而是世界的"末日"。20世纪中叶,西方社会的深刻文化危机从本质上讲正是技术理性

---

① Edward Cell, *Religion and Contemporary Western Culture*, Abingdon Press, 1967, p. 346.
② Idib.

主义幻灭所导致的末世感或世纪末情调。著名存在主义哲学家和神学家蒂利希曾敏锐地观察到以原子弹问世为标志的技术悲观主义文化心态,他指出:"一次世界大战结束时一种新开端的情绪流行,而二次世界大战结束时则是末日感盛行。"①应当说,20 世纪西方发达世界的人们所面临的是一种典型的、深刻的文化危机。

可以说,在 20 世纪,雅斯贝尔斯情有独钟的人类历史的"第二轴心期"并没有出现。20 世纪科学技术的发展的确是人类最伟大的时刻,但这并不是第二轴心期的到来。科学技术的发展在某种意义上是轴心期精神的逻辑结果和实现,而不是它的否定。更为重要的是,以控制自然、消除匮乏为宗旨的科学技术在极大地改善了人类的物质生活的同时,也带来了人被技术所控制的生存困境,同时,也伴随着某种个性缺失、精神贫乏、爱与创造力衰退的问题。实际上,科学技术发展所带来的这些问题,也正是 20 世纪人类所面临的主要困境。或者说,20 世纪是一个充满悖论的时代:一方面,人类的精神力、物质生产力和探索研发能力都在前所未有的程度上得到了发展;另一方面,人类又遇到了与人类生存自我相关的、深层的生存困境,也即深刻的理性文化的危机。

三　文化的焦虑:对文化危机的自发反抗

20 世纪的文化焦虑或文化危机是一种深刻的历史变化,它比大规模的经济危机、两次世界大战、各种战争冲突、体制变革与转换都更为深刻,因为它涉及人类生存和社会运行的合法性问题。面对具体的政治压迫、经济剥削、物资匮乏、民族冲突等问题时,人们容易把它们理解为暂时的、可以通过某种手段或努力而消除的历史现象。而当人们在经济、政治等社会活动的表层下挖掘出支撑人之生存和社会运行,为我们的行为提供合法性依据、提供标准的文化底座,但同时又发现我们数千年不知不觉、习以为常地赖以生存的文化模式已经受到威胁、陷入合法性危机、值得重新反思时,那种发自人之生存的焦虑和危机感的确是令人震撼的。

---

① Edward Cell, *Religion and Contemporary Western Culture*, Abingdon Press, 1967, p. 97.

20 世纪的文化焦虑和文化危机不是人之生存的枝节性问题,而是直接涉及到雅斯贝尔斯断言的"轴心期"确立的历史意识或主导性文化精神的危机问题。的确如雅斯贝尔斯所言,自我意识、理性启蒙、人性的精神化、理智与个性等"轴心期"的历史精神因素成为迄今为止人类历史的原动力。尤其在中世纪之后,通过文艺复兴、宗教改革、社会契约理论等精神整合与文化创造,通过现代科学技术的加速度发展,一种以技术理性和人本精神为基本内涵的理性主义历史意识成为近现代社会的主导性文化精神。这种历史意识或文化精神以理性化、世俗化和人的个体化为基本内涵,它相信理性万能、理性至善,相信理性及技术是人的本质力量的确证。理性的进步、技术的发展和人对自然的统治的增强都毫无疑问是对人作为宇宙中心地位的确证。理性代表着一种善的力量,构成人的本性,因此,这是一种乐观的人本主义或历史主义,它相信,人性永远进步,历史永远向上,现存社会中的不幸和弊端只是暂时的历史现象或时代错误,随着理性和技术的进步,人类终究可以进入一种完善完满的境地。

然而,正是这种包含着坚硬的绝对意识内核的理性主义文化精神,在其自身内部就包含着冲突和张力,主要表现为技术理性和人之自由(人本精神)之间、有限的工具和无限的目的之间存在着张力和冲突。中世纪之后所开始的理性化和世俗化的基本内涵是个人自由和技术理性的同步发展。在相当长的历史时期中,人们相信二者可以同步协调发展,相信人可以通过技术的发展与自由的增强而达到自我拯救,达到完善的境界,而这一历史设计或文化信念的轴心是技术和理性。然而,就在人们的这种理解和信念中已经包含不可克服的、致命的局限性,它必然导致这一文化精神或历史意识在一定条件下的自我裂变,导致人类行为的不计后果的极端化偏向。其中,核心问题是人们对于理性和技术的片面性理解。

人们对"技术"的传统界定是把它当作人之工具或手段,它具有完全属人的性质,是人体或人脑器官的延长或加固。这种意义上的技术显然是人之有限的工具,是人可以自由地抉择与取舍的手段。但是,问题在于人的要求远不止于这一有限的目标,实际上,在技术理性主义的历史设计或文化信念的深处,包含着远为宏大的目标:人意欲凭借日益更新的技术这种有限的工具而达到自身的完善与完满,彻底摆脱人之孤独和有限存在境遇。这样一来,人就面临着二律背反的难题:作为有限的工具,技术可以改善人的具体存在状态,在一定条件下有助于人的自由和全面发展,但是,它却无法达到使人进入完善完满境地的无限的目的,无法改变人之为人的本质的存在状态;如果人不满足于这一有限的目的,一定要运用技术这一有限的手段实现无限的目的,就必须改变技术作为有限手段的性质,使之变为一种超人的和自律的力量,成为一种可以把人提升为神的力量,但是,这样一来,又根本打破了个人自由与技术理性二者同步协调发展的状态,导致技术理性和人本精神之间的张力和冲突。换言之,一旦技术摆脱有限工具和手段的地位而变成一种自律地运行的超人力量,它就会使自身上升为万能的统治者,即上帝的地位,而最终挫败人进入完善完满境界、成为神性存在的意图。在这种情况下,技术和技术理性一方面成为人不得不臣服和依赖的上帝,另一方面成为扼杀和束缚人的主体性和自由的异化力量,成为人为了自由而不得不与之抗争的"恶魔"。这是科学技术发展和技术理性统治给人造成的难以超越的"二难境遇"。

20 世纪人类历史清楚地展示了人类在基本文化模式上的悖论、焦虑和危机,历史呈现出极其复杂的情形。一方面是科学技术的发展速度有增无减,人类向大自然显示了前所未有的力量,也在前所未有的程度上改善了自己的生存条件;另一方面,人类对自然的技术征服和统治却带来一系列人们所未曾预料的结果:不但被征服的自然在生态等方面重新恢复起自身的自然性,正在而且将继续无情地报复人类,而且人类用以征服自然的技术本身也愈来愈成为自律的和失控的超人力量。技术的异化促使一些普遍的文化力量和社会力量异化和失控发展:官僚制的极权国家、以批量生产和商品化为特征的大众文化、以操纵和控制人的精神世界为宗旨的形形色色的意识形态、斩断人与自然以及人与人天然联系的大都市,等等。结果,人在完全是自己的文化创造物的属人世界中,表面上是自由的,实质上从生产到消费,从工作到私人生活,均受着无形的异己文化力量的摆布;面对按照技术原则组织起来的庞大的社会机器,个人的渺小感、无能为力感油然而生。在最极端的形式中,两次世界大战的劫难、原子弹的邪恶威力、"奥斯维辛"、"格尔尼卡"、"古拉格群岛"等悲剧把以技术理性主义为核心的文化之危机淋漓尽致地裸露在世人面前。理性不再至善至上,不再单纯是人的本质力量的确证,而是转变成可以灭绝人寰的"技术恶魔",人从自然的主人沦为技术的奴隶。在 20 世纪,社会的统治和控制机制发生了很大的变化,不再直接地、简单地表现为经济剥削和政治压迫。政治、经济、国家、行政组织、意识形态等也不再以相对独立的领域或社会力量而存在,而是整合成一种消解人之主体性和人的自由的异化的文化力量。

　　这种矛盾的文化景观引发了现代社会的文化焦虑感和危机感,这是一种在无边际的、充满不确定性的世界中失去依托、丧失确定的标准和依据的茫然无措的焦虑和困惑,是一种在茫茫荒原上寻找生存之指路灯塔时身心疲惫、长途跋涉的迷惘。因此,也引发了不同形式、不同层面的文化反抗和文化批判。二次世界大战后西方发达社会青年一代标新立异、反抗习俗、追求个性自由和性解放等行为,虽然有文化人类学家米德所说的"青春期危机"的一般特征,但是同 20 世纪日渐显露的文化焦虑密不可分。在最极端的情形中,正如著名存在主义哲学家和神学家蒂利希所敏锐地观察到的那样,以原子弹问世为标志的技术悲观文化心态在二次世界大战后开始笼罩西方发达国家,他指出:"一次世界大战结束时一种新开端的情绪流行,而二次世界大战结束时则是末日感盛行。"①即使在常规化的社会生活中和在人们习以为常的日常生活中,现代人也面临着一种文化生存上的窘境:社会各种力量被异化的文化所整合,形成一种新的统治形式,它似乎无所不在,但人们真正面对时,又好似"无物之阵",不同于经济剥削和政治压迫那样具体。显然,这是一种总体性的、微观的文化统治机制,传统的宏观政治学对此似乎束手无策,它需要一种全方位的,然而是微观的反抗。

　　从这样的视野出发,我们可以深刻地理解 1968 年那场几乎席卷所有发达国家的,以"五月风暴"为代表的青年造反运动。这一运动的主体不再是传统宏观政治学视野中的工人阶级,而是具有"心理断乳"后的"青春期骚动"的热血青年学生,他们反抗的矛头不再指向具体的物质生存条件或政治权力,而是直指社会本身,指向官僚化、科技化、效率化的社会整体,指向无所不在的物化的文化操控。因此,这是一种全方位的文化反抗,是一种以 desire(渴望、欲望)为原驱力的文化冲动,一种重新审视社会、自然、道德、伦理、工作、性等的新存在视野。这是一种独特的历史运动,"有史以来头一遭,人们革命不单为面包,还为蔷薇,因而这是最伟大的革命,也是迄今仅有

---

① Edward Cell, *Religion and Contemporary Western Culture*, Abingdon Press, 1967, p. 97.

的一次"①。台湾学者于治中在题为《五月的吊诡》的评论文章中,对1968年法国的"五月风暴"作了较为深入的分析。他也发现"五月风暴"所具有的不同于传统政治运动的独特的文化内涵。他说:"按照一般的想法,革命应该只发生在贫穷、落后与动荡的地区,可是1968年的五月,在发达的西方资本主义社会里,却毫无预警,首次自主地出现了一场准革命性的运动。整个时间所代表的意义非凡,经常甚至有人将它与一七八九年法国大革命,一八四八年布尔乔亚革命与一八七一年巴黎公社并列。"②不仅如此,于治中还发现,在一股节庆般的无名兴奋中,"五月风暴"通过把斗争的矛头直指官僚化、科技化、效率化的社会整体,实际上在动摇或挑战西方社会的深层文化基础,"它侵蚀了整个社会的地基。西方理性化社会的两根主要支柱:秩序与进步,不再是不可质疑的起点,工业社会以科技与经济挂帅的意识形态丧失了它原有的魅力。科学的发展、技术的进步、经济的成长、都市化的增加、教育的延长……等,这些曾被视为是绝对进步的象征,如今突然显露出一种反动的面貌"③。

四 文化的批判:对文化危机的自觉反思

如果说1968年法国"五月风暴"代表着处于文化焦虑和文化危机之中的现代人的自发的文化反抗,20世纪众多思想家从不同角度对于技术的异化所引发的文化危机和文化困境的反思和检讨则代表着现代历史精神的自觉的文化批判。应当说,这样自觉的文化批判主要是20世纪的现象,但是,19世纪下半叶的一些预言师式的思想家已经以某种方式透露了人类文化精神的这一批判走向,因为他们已经敏锐地捕捉到即将到来的深刻文化危机的气息。尼采这位自称"生在死后"的绝世狂人是其中的典型代表,他把批判的矛头直接指向了由理性主义支配的传统形而上学及与此本质上一致的传统基督教道德观念。在他看来,这种传统文化与道德观念把普遍的理

---

① 安琪楼·夸特罗其、汤姆·奈仁:《法国1968:终结的开始》,三联书店2001年版,前言第23页。

② 于治中:《五月的吊诡》,见安琪楼·夸特罗其、汤姆·奈仁:《法国1968:终结的开始》,三联书店2001年版,前言第22—23页。

③ 同上书,前言第19页。

性视作万能的和至上的,视作人的行为的最高准则,从而限制和扼杀了个人独特的非理性的生命和本能,使人成为缺乏激情和创造性的麻木的机器。因此,尼采明确提出了"重新评估一切价值""摧毁偶像"等振聋发聩的文化批判口号。尼采还特地通过宣布"上帝之死"来揭示西方传统理性主义形而上学文化的衰落的命运。正因为他的批判直接触及到西方文化的根基,他被誉为"真正的破坏者""给西方世界带来颤栗的人"。

与尼采、克尔凯郭尔等少数站在 19 世纪眺望新世纪文化风云的孤独的先行者相比,20 世纪的文化批判已不再是少数敏感思想家的独白和绝望的呐喊,而是一种群情激昂、同仇敌忾的主流和声。在某种意义上,20 世纪人类思想和理论演进的突出标志是普遍的文化反思和批判,可以说,这是一个自觉的文化批判的时代,如著名社会学家韦伯关于工具理性和价值理性内在张力的分析;生命哲学家齐美尔关于现代社会的普遍物化现象的揭示;现象学创始人胡塞尔关于欧洲科学危机的文化分析及其"生活世界"的理论药方;弗洛伊德对于现代人在普遍理性(超我)支配下的普遍的精神疾患的分析;汤因比、斯宾格勒、雅斯贝尔斯等历史哲学家从文化形态史观的角度对西方文化危机的剖析,等等。而在 20 世纪影响最为深远的是以海德格尔和萨特为代表的声势浩大的存在主义运动。这些思想家从人的生存结构分析出发,直面技术异化世界中人的文化困境,他们不再把空虚、孤独、畏惧、烦恼、无意义、有限、缺憾等现象归结为暂时的历史现象,而是将之视作现代人生存结构的内在要素。他们正是从生命的空虚感和悲剧意识中挖掘现代人反抗文化危机的力量,高扬和强调人之自由和历史责任感。到了 20 世纪下半叶,当"五月风暴"的政治激情和文化骚动开始逐渐平息,人们开始断言存在主义所代表的文化批判已经展示出自身的极限,开始走向终结的时候,后现代主义文化思潮则异军突起,从微观政治学的视角,对于现代社会作了更为激进、更为彻底、更为极端的拒斥和批判。德里达、福柯、利奥塔等后现代主义者对传统理性主义文化的逻辑中心主义硬核的解构、对人之主体性的消解、对宏大叙事和绝对真理的拒斥、对无所不在的微观权力结构的剖析、对于各种边缘话语权利的捍卫等,把贯穿 20 世纪的文化批判主题一直延伸到又一个新世纪的开端。

从上述分析,不难看出文化的自觉、文化的焦虑、文化的危机、文化的反抗、文化的批判的举足轻重的地位。我们还要特别强调一点:在 20 世纪文化批判理论的谱系中,西方马克思主义的文化批判理论是一条亮丽的风景线。应当说,从著名思想家卢卡奇的《历史和阶级意识》开始的西方马克思主义包含着极其丰富的思想内涵和理论见解,其中,既包括卢卡奇的物化理论、科尔施的总体性理论、葛兰西的西方革命观和实践哲学、布洛赫的希望哲学和乌托邦精神等早期西方马克思主义;包括以霍克海默、阿多尔诺、马尔库塞、弗洛姆、哈贝马斯等人为代表的著名的法兰克福学派;也包括以萨特等人为代表的存在主义马克思主义;包括赖希等人为代表的弗洛伊德主义马克思主义;还包括德拉-沃尔佩、阿尔都塞等人为代表的实证主义马克思主义。对于这样一个庞大的、内容十分丰富、甚至包含着彼此冲突和对立观点的思潮和理论流派,我们无论如何都不可能用一种呆板的理解框架去加以剪裁和归类。但是,其中有一点可以肯定,即文化批判是贯穿西方马克思主义的最重要的主题或思想主线,而卢卡奇的物化理论、法兰克福学派的社会批判理论、列菲伏尔的日常生活批判、布洛赫的希望哲学和乌托邦精神、赖希的精神分析理论等代表着发达工业社会中一种最具代表性的文化批判理论。新马克思主义理论家从马克思的异化理论出发,在文化层面上批判了现代社会各种有影响的社会力量和文化力量,如官僚体制、现代国家、意识形态、科学技术、理性、现代性、大众文化、日常生活、权威、家庭,等等。

显而易见,进一步解析存在主义、西方马克思主义、后现代主义等文化批判理论,对于我们反思西方理性主义文化的历史演变和它在 20 世纪所经历的深刻的危机,具有重要的意义。进而,这种分析对于我们更为合理和健康地推动中国传统文化的转型也具有重要的借鉴意义。

第八讲

理性文化批判的视界

　　在阐述文化危机的原理和揭示 20 世纪的文化焦虑和文化危机特征时，我们从不同角度谈论过现代理性主义文化模式或文化精神的危机。应当说，这是我们理解 20 世纪人类文化和人类社会状况的核心问题。正如我们反复指出的那样，这种理性主义文化模式对于西方近现代历史进程产生了重大的影响。在某种意义上，可以断言，文艺复兴之后西方国家在工业文明的产生、民主政治体制的确立、市场经济的繁荣、生产力的发达、物质生产水平的提高等方面远远走在东方社会以及其他地区的前面，其中重要原因之一便是以现代科学技术为背景的理性主义文化形成了社会发展的极大的内在驱动力和个体的内在的创造力。因此，著名社会学家韦伯把西方资本主义的发达归功于从宗教改革转换出来的以新教伦理为表现形态的理性主义的文化精神。然而，当 20 世纪西方发达国家经历了普遍的科学危机、心理危机、社会危机后，人们也同样把危机的根源定位于这一理性的文化精神，人们倾向于把西方的普遍危机理解为理性主义文化模式的危机。许多人认为，正是这种以高速发展的科学技术为背景的理性主义文化模式推动人类无节制地征服自然、破坏生态，导致传统的价值崩溃和普遍的物化，导致了普遍的风险，使现代人开始生活在一个完全由自己的创造物构成的，但同时也是普遍异化的世界中。因此，理性主义文化模式或文化精神的境遇的确是我们理解 20 世纪人类社会和人类历史的核心要素。

　　如何把握理性主义文化模式的当代境遇和命运是一个十分复杂的问题，我们可以从理论的和现实的多重角度进行探讨。但是，我们认为，按照文化哲学的理解范式，20 世纪的各种文化批判理论在这方面会给我们提供很大的启示和帮助。我们在前面已经指出，19 世纪末和 20 世纪的许多重要的哲学、文化学、社会学的理论，在某种意义上都与理性文化的批判密切相关。例如，叔本华和尼采的唯意志论、胡塞尔开创的现象学、舍勒开始的哲学人类学、韦伯的社会学、柏格森等人的生命哲学、斯宾格勒和汤因比等人的历史哲学、海德格尔等人为代表的存在主义、卢卡奇开辟的西方马克思主义、德里达和福柯等人为代表的后现代主义，等等，都把理性主义文化的批判作为自己学说的重要主题。这些批判理论对于我们把握 20 世纪理性主义文化的境遇具有十分重要的价值：一方面，这些批判理论从不同侧面对理性主义文化模式或文化精神的缺陷作了深刻的剖析；另一方面，这些批判理论本身也代表了理性主义文化自我批判和自我完善的发展趋势。应当说，现代科学的发展和知识的增长极大地提升了人类知识和人类文化的反思性(reflexivity)。这种反思性使自觉的文化开始成为人类社会运行的自觉的内在机理和图式。换言之，这种反思性使理性主义文化精神具有一种自我修正和超越自身局限的可能性。在某种意义上，20 世纪众多的文化批判理论无论如何激进，它们所做的工作并不是简单地否定和抛弃理性主义文化，而是推动理性文化的自我超越和自我完善。

因此，我们在这里选取存在主义、批判的历史哲学、西方马克思主义和后现代主义几种典型的文化批判理论，加以简单的介绍，可以增进我们对于20 世纪人类社会和人类文化的理解。

一 存在主义的悲剧意识

存在主义是作为一种深刻的历史和文化批判意识而出现的，它的批判矛头直指工业社会的主导性文化精神，即技术理性主义。一般说来，存在主义的思想渊源最早可以追溯到 17 世纪法国哲学家帕斯卡尔，而到了 19 世纪中叶，在叔本华的唯意志论那里，存在主义开始了自己的现实历程，后经克尔凯郭尔、尼采，而在 20 世纪的海德格尔和萨特那里达到顶峰。

存在主义者的文化批判是从揭示理性文化统治下人的生存境遇开始的。在他们看来，理性主义的发达导致了一个由人的造物统治的普遍的物化世界，人作为一种有限的存在"被抛入"这个物的世界。其结果，人之有限的、孤独的和缺憾的存在境遇成为人之不可避免、无法摆脱或人之为人所命定的存在状态。因此，一种生命的悲剧意识、生存的空虚感、孤独感等在帕斯卡尔、叔本华、克尔凯郭尔、尼采、海德格尔和萨特那里成为存在主义的主旋律。

克尔凯郭尔最先系统地描述了人之存在状态，他在后来的存在主义者那里被尊为"存在主义之父"。克尔凯郭尔把人当作哲学的出发点。他认为，真正的人不是作为"非真理"或"虚无混沌"的公众，而是孤独的个人，即"孤独的个体"。他认为，人在创造自己的过程中，在自己的生活实践中，永远处于一种不安宁的状态。人生充满了恐惧、厌烦、忧郁和绝望。这样一来，由于空虚而引发的深奥莫测的神秘、恐怖，笼罩着人之内心深处的莫名的厌烦，由于无法躲避人生的虚无处境而产生的忧郁，以及由于恐怖、厌烦和忧郁围绕着人而引发的绝望，这一切都构成真正的人，即"孤独的个体"的真正存在状态。克尔凯郭尔曾在日记中写道："我就像一棵被孤零零地排除在外的孤独的松树，它站在那儿，矗向天空，没有留下任何阴影，只有斑鸠在我的枝桠上做窝。"①

海德格尔作为存在主义的主要代表人物，在其代表作《存在与时间》中集中探讨存在问题，即追问"在的意义"。他认为，从柏拉图和亚里士多德到黑格尔，西方传统形而上学一直在探讨存在问题，但是却都没有真正理解什么是在。他们一向从现成的、被给定的东西，即在者（Seiend）入手来探讨存在的意义，结果建立起的都是无根基的本体论。海德格尔则要建立一种以人的存在为核心的基本本体论。他把人的存在称之为"此在"（Dasein）。一般在者的在并不显示自身，因为它们是现成的、已被规定的东西。而此在，即人的存在则不同，它的本质不是给定的，而是展示于"在世"过程中，而且，此在通过"存在于世界之中"（在世）而把在展开、表现出来，此在处于在的澄明之中。海德格尔的学说就是环绕着人在世界之中的在而展开的。

海德格尔用"被抛入"和"烦"来揭示此在"在世界之中"的基本存在结构，即在世的方式。他认为，此在的在世是从"被抛入"状态开始的，"此在被交付给它本身，总已经被抛入一个世界了"。"此在的实际生存不仅一般地无差别地是一个被抛的能在世，而且总是也已经消散在所烦忙的世界中

① 转引自夏军：《现代西方的非理性主义思潮》，辽宁人民出版社1987年版，第87—88页。

了。"①这样一来，人在被抛入世界之中时，已被先行地规定了"烦"的在世方式。因为，人被抛入世界之中，一方面必须同包围着自己的在者，即手边的物打交道，另一方面必须同共同在世的此在（即他人）打照面。"烦"就作为此在的基本在世结构而内在于共同此在（即共在）的世界之中。海德格尔揭示了这一"烦"的结构，他指出，"因为在世本质上就是烦，所以在前面的分析中，寓于上手事物的存在可以被理会为烦忙，而与他人的在世内照面的共同此在一起的存在可以被理会为烦神"②。

这样一来，海德格尔把此在，即人的存在于其中得以展开的世界描绘为人与物品、工具打交道，并与他人共存的世界。海德格尔在《存在与时间》中从多方面描绘了日常共在的方式，即此在的日常在世方式。比如，他用闲谈、好奇、两可来描述此在的日常存在方式。日常交谈常常表现为闲谈，一件事情是怎么样的倒要取决于人们对它是怎么说的。好奇描述的是人在日常生活中贪求新奇却又无所用心、不求甚解的生存状态。而两可现象则描绘了人的无所定见状态。海德格尔把闲谈、好奇和两可这几种方式统称为"沉沦"，即人由本真的存在状态向非本真的状态的沉沦，也就是此在的异化。他指出，"此在首先总已从它自身脱落、即从本真的能自己存在脱落而沉沦于'世界'。杂然共在是靠闲谈、好奇与两可来引导的，而沉沦于'世界'就意指混迹在这种杂然共在之中。我们曾称为此在之非本真状态的东西，现在通过对沉沦的阐释而获得了更细致的规定"③。

在海德格尔的视野中，日常共在的世界或日常生活世界是一个全面异化的领域，一种非本真的存在状态。关于日常生活的异化，海德格尔作了许多论述，我们可以择其要者指出几点。首先，日常主体把本己的此在完全消解在他人的存在方式之中，与常人认同，结果造成一种未分化的平均状态。"常人怎样享乐，我们就怎样享乐；常人对文学艺术怎样判断，我们就怎样阅读怎样判断；竟至常人怎样从'大众'中抽象，我们就怎样抽象；常人对什么东西愤怒，我们就对什么东西'愤怒'。这个常人不是任何确定的人，而一切人（却不是作为总和）都是这个常人，就是这个常人指定着日常生活的

---

① 海德格尔：《存在与时间》，三联书店 1987 年版，第 232 页。
② 同上书，第 233 页。
③ 同上书，第 213 页。

存在方式。"①其次，日常共在的主体在逃避自由的同时，也推卸责任。"常人仿佛能够成功地使得'人们'不断地求援于它。……常人一直'曾是'担保的人，但又可以说'从无其人'。在此在的日常生活中，大多数事情都是由我们不能不说是'不曾有其人'者[造成的]。常人就这样卸除每一此在在其日常生活中的责任。"②再次，日常共在的主体间的交往同样具有异化的性质。"互相关心、互相反对，互不相照、望望然去之、互不关涉，都是烦神的可能的方式。而上述最后几种残缺而淡漠的样式恰恰表明日常的平均的相互共在的特点。这些存在样式又显示出不触目的与不言而喻的性质，这类性质为日常世界内的他人的共同存在所固有，亦如为烦忙每日所及的用具的上手状态所固有一样。"③总而言之，海德格尔从文化批判的视角为我们展示的是一个人在其中失去主体性、全面异化的日常共在的世界。

然而，我们必须明确指出，存在主义的悲剧意识不是一种历史虚无主义的悲观意识。存在主义的文化批判的宗旨不是简单描述人的有限的生存境遇，而是要从人的有限境遇中确立人之生存的核心要素，即自由与责任。在他们看来，人作为孤独的和有限的存在物同时也就是自由的存在物；人之存在的"有限情境"同人之自由和创造性互为存在条件。因而，存在主义反对传统哲学神学过分关注和迷信超人的实体、神秘的力量、规律或上帝的做法。他们强调，人生存于一个"无神的殿堂"，我们的世界的状况，无论好坏，都与人的生存方式密切相关，因此，必须积极高扬和强调人之自由和历史责任性。

可以断言，无论在积极的还是在消极的意义上，几乎所有非理性主义者（特别是存在主义者）都以某种形式肯定人的自由与人对自身和自己的世界的责任性。叔本华把人之本质归结为生存意志。他认为，意志在本质上是创造万物的"无尽的追求"和"不可遏止的冲动"，因而，人的存在必然是自由的，必然是这种意志的体现。克尔凯郭尔认为，世界万事万物中，只有孤独的个人才是人类生存的中心，因而，个人的存在要由自己来选择，这种选择是绝对自由的，是由个人的主观意志决定的。因此，他断言，人的内在

---

① 海德格尔：《存在与时间》，三联书店 1987 年版，第 156 页。
② 同上书，第 157 页。
③ 同上书，第 149 页。

本质就是自由。尼采则断言,上帝死了,昔日绝对的东西和永恒的真理不复存在,偶像应当被摧毁,前此的一切价值都必须重新加以评估。于是,在这个"无神的殿堂"中只剩下了人。人是价值的创造者,是这个世界的创造者,他是自由的,必须依靠意志的力量积极地改变现状,同时必须对自己的世界负责。在这方面,萨特同尼采完全一致,他更加强调自由对人之存在的根本性。萨特认为,人被抛入一个无神的世界中,没有上帝预先规定人的本质,因而人必须通过自我选择和自我创造而取得自己的本质,这同时也就创造了自己的世界。因而,人是绝对自由的,自由本身是不容选择和逃避的,也正因如此,没有什么超人的实体或力量来主宰人之命运,人必须对自身和自己的世界负责。

总之,存在主义者一方面肯定了孤独与有限是人之不可逃避的存在状态,另一方面极力弘扬人的自由和责任性,并且进一步以人之生存的"悲剧意识"把上述两重规定性结合起来。这是一种既不同于古典乐观主义,又区别于传统悲观主义的新型人生哲学或历史哲学。这一新历史哲学的悲剧意识十分清楚地体现在存在主义者思想的各个方面,如尼采的"超人"和"酒神精神"、海德格尔的"本真的向死而在"的死亡本体论、雅斯贝尔斯的"有限情境"(或"边缘情境")中的"学习死亡"和"自我生成"、萨特的于绝望之中的"希望"和"无用的激情"、蒂利希的"存在的勇气"等等。

尼采认为,社会历史就是权力意志的永恒轮回,现在"上帝死了",绝对的标准失落了,人类文明日趋堕落。在这样一个"无神的殿堂"之中,现代人很难承受起自己生存的重负。尼采指出,要摆脱文明的堕落和毁灭的命运,只有期待"超人"的出现。用尼采的话来说:"上帝死了,现在我们祝愿超人诞生。"超人是真正意义上的人,是超越目前芸芸众生的人,是具有自由和个性,勇敢地追求人生、创造价值、创造世界的人。一言以蔽之,在超人的身上最鲜明地体现出"酒神精神"——古希腊悲剧意识。在尼采看来,古希腊神话中的酒神狄俄尼索斯代表着一种不可遏止的冲动,一种无穷无尽的生命力量,它放荡不羁,超越任何观念、理念、伦理的束缚。在酒神身上,尼采看到了超越盲目的乐观主义和消极的悲观主义的一种强烈的"悲剧意识",即一种"对痛苦、罪恶以及人生一切可疑而陌生的东西之肯定",一种"对生命之最后的、最快乐的、兴旺的、欢腾的肯定"。这样一来,用尼采的话来说,悲剧意识就是"对生命的肯定,甚至对它最古怪最困难问题的肯定:在其致力于追求最高形态的过程中,对其生命力之无穷尽而感到欢欣的生命意志"①。

与海德格尔一样,萨特也深刻地揭示了发达工业社会条件下的理性主义文化危机。他的存在哲学的出发点是上帝之不存在这一命题。萨特认为,人被抛入一个无神的世界中,没有上帝预先规定人的本质,因而人必须通过自我选择和自我创造而取得自己的本质,这同时也就创造了自己的世界。因而,人是绝对自由的,自由本身是不容选择和逃避的,也正因如此,没有什么超人的实体或力量来主宰人之命运,人必须对自身和自己的世界负责。人是绝对自由的,但同时必须忍受"责任"的重负,正像人无法逃避自由一样,人也无法逃避责任。这样一来,孤寂、烦恼、绝望就成为人不可避免的存在状态。萨特的名著《存在与虚无》的结束语十分清楚地昭示了这一点:"人是一种无用的激情。"萨特用了大量篇幅来揭露现存社会中人的异化的生存状态,他把这种情境界定为"绝望"。但是,萨特并未停留于对人的这一宿命的无奈认可,相反,他毕生追求的是人对困境的自由抗争,是绝望之中的希望。他在弘扬一种与绝望的危机境遇抗争的人之主体性。萨特晚年多次强调本体论意义上的"希望"对人之存在结构的重要性。他指出,人处于绝望之中,但又时刻怀有希望,而希望的生成正是人之存在的现实展开。他生前最后一次阐述自己哲学思想的谈话的结束语最能代表他的深沉的悲剧意识。他说道:"不管怎样,这世界似乎显得丑恶,不道德而又没有希望。这是一个老人的平静的绝望,而他将在这种绝望之中死去。但是我抵制的恰恰就是绝望,而我知道我将在希望之中死去;但必须为这种希望创造一个基础。我们现在必须设法解释,这样可怕的世界何以在漫长的历史演变中只是短暂的一瞬,希望又何以始终是革命和起义的支配力量之一,而我又何以再一次把希望视为我对未来的概念。"②

应当说,存在主义的批判理论虽然在许多方面有些"灰色",但是,对于现代人深刻认识所面临的深刻的文化危机,并凭借人自身的文化批判力量和创造力量走出危机,具有重大的激励作用。正如文化神学家蒂利希看到的那样,存在主义勇于直面人类的存在困境,无处不透露出对人之存在的终极关怀。他指出:"人们通常有这样的感觉,只有那些在自身之中表达了空

---

① 尼采:《瞧! 这个人——尼采自传》,中国和平出版社 1986 年版,第 52—53 页。
② 萨特:《存在主义是一种人道主义》,上海译文出版社 1988 年版,第 93 页。

虚感的文化创造才具有伟大性……"①正是在这种文化背景下,存在主义作为一场思想文化运动取得了巨大的声势,既引起了西方心灵的震颤,也引起了西方社会的共鸣。

二 现代历史哲学的文化批判意识

众所周知,一般地记叙重要历史事件的历史学可是十分古老的学科,但是,致力于思考诸如历史的动力、规律、过程和目的,以及探讨历史认识和历史理解的性质等问题的历史哲学学科的兴起则是相对晚近的事情,一般认为是从18世纪意大利思想家维科开始。在近现代的历史哲学流派中,以斯宾格勒、汤因比和雅斯贝尔斯为代表的文化形态史观占据十分重要的地位。他们的学说无论对历史哲学的发展,还是对文化哲学的兴起,都产生了重要的影响。而且其影响不仅在于他们提出了文化形态史观,提出了关于历史的独特的解释模式,还在于他们依据文化形态史观对20世纪理性主义文化危机,作了同其他文化批判理论同样深刻的批判分析。

我们在分析文化模式时指出,斯宾格勒和汤因比等历史哲学家的独特理论贡献是一反传统史学单纯从政治和经济等方面描述历史的做法,强调文化形态在历史演进中的重要作用。斯宾格勒的《西方的没落》和汤因比的《历史研究》都反对传统的历史研究对象,反对把政治国家及其政治形态的演变作为历史研究的基本单位,而主张从文化入手来研究历史,具体说是从文明形态或文化形态入手来研究历史。例如,斯宾格勒反对历史分成"古代史—中古史—近代史"的托勒密史学体系和欧洲中心论,提出史学的哥白尼体系,这就是文化形态史观。他把人类高级文明历史划分为八大文化形态,强调文化形态史学研究的是文化有机体和文化形态,是"活生生的自然"。汤因比同样把自己的研究定位于文明形态的研究,他认为,研究历史不应该只局限于一个民族国家,而必须放到一个更大的整体的关联中加以把握;进而,研究历史也不应当笼统地指向人类全体。社会生活的不同层面在全球化或世界化的程度上是不同的;经济层面几乎全球趋同;政治层面也

---

① Edward Cell, *Religion and Contemporary Western Culture*, Abingdon Press, 1967, p. 97.

在逐步走向世界性;而文化层面,则是各个社会形态保持区分的根本内涵;因此,历史研究的单位应当是特定的社会,即文明。他的《历史研究》集中探讨各种文明的起源、生长、衰落和解体的机制,在他看来,每一种机制的深层内涵都与人类文化、精神或人的自由的状况密切相关。而雅斯贝尔斯则提出了著名的"轴心期"理论。他把人类历史划分为史前、古代、轴心期和科技四个时代,其中,轴心期对迄今为止的人类历史产生了根本性的影响,因为,在这一时期奠定了人类社会和人类历史的几种主要的文化精神。他用内在文化精神来揭示各个历史时代的特征。

在这里,我们的主要目的不是去具体展示这些思想家的文化形态史观的具体观点。我们发现,在他们的论述中,文化批判占据十分重要的地位。例如,斯宾格勒区分了文化与文明。他认为,文化是活生生的有机体,代表着历史、生长、生成、创造,是活的精神;而文明则是完成的、新的无机体,代表着非历史、终结、完成、结束、僵硬、死亡。斯宾格勒对西方理性文明同样持批判的态度。他断言,僵死的文明是所有文化有机体的宿命,迄今为止,在人类八大文化中,除了西方文化以外的七大文化均已死亡,变成没有历史的僵死的文明,而西方文化也正在走向没落。

在这一方面,我们要特别提及雅斯贝尔斯的观点。他在《历史的起源和目标》中不是泛泛地论述文化或文明的危机,而是特别对现代技术文明作了深刻的批判。众所周知,雅斯贝尔斯对于公元前 5 世纪前后的世界历史的"轴心期"情有独钟,因为在他看来,"轴心期"历史意识的觉醒奠定了后来世界历史的基本思想。随着文明演进过程中矛盾和危机的出现,他一直期待着"第二轴心期"的出现。雅斯贝尔斯充分肯定了现代科学技术进步的巨大的历史意义,把科学技术视作可以同以前一切时代的成就相媲美的成就,并由此来说明西方社会的特有的发达和进步。但是,他明确提出,科学技术时代不是"第二轴心期"的来临。相反,科学技术虽然带来了物质文明的丰富,但是也使现代社会进入了"精神贫乏、人性沦丧,爱与创造力衰退的下降时期","精神本身被技术过程吞噬了。甚至科学也得服从技术,代代相传的结果加强了这一趋势"。[①]

---

① 雅斯贝尔斯:《历史的起源和目标》,华夏出版社 1989 年版,第 112 页。

雅斯贝尔斯对于现代科学技术发展所导致的理性主义文化危机的根源和危害作了深刻的分析。他认为，在科学技术的发展过程中，出现了技术异化的现象，即技术从手段和工具变成了目的本身。一般说来，现代科学技术的主要功能被人们定位于征服自然，为人类的生存造福。但是，对于自然进行技术征服的结果并不完全是令人乐观的。他指出，"现代技术造成的新形式显示出人类对自然的依附。恰恰通过人类日益增长的对自然的控制，自然以这种前所未料之方法，威胁要控制人类。通过从事技术工作的人类的特性，自然确实变成人性的暴君。人类从技术上造成了第二自然，但危险在于他可能被第二自然所窒息"①。

从这样一种关于技术异化的批判立场出发，雅斯贝尔斯像当代许多批判思想家一样，对于现代理性文化的危机作了多方面的深刻分析。例如，他批判技术导致地球成为一个大工厂。"技术已给人类环境中的日常存在造成了根本的转变，它迫使人类的工作方式和人类社会走上全新的道路，即大生产的道路，把人类的全部存在变质为技术完美的机器中的一部分，整个地球变成了一个大工厂。在此过程中，人类已经并正在丧失其一切根基。人类成为在地球上无家可归的人。他正在丧失传统的连续性。精神已经被贬低到只是为实用功能而认识事实和进行训练。"②再比如，雅斯贝尔斯揭示了技术统治时代人的个性丧失的问题。他描述道："个人或者被对自己的深刻不满所压倒，或者以自我忘却来解脱，把自己变为机器的一个零件，自暴自弃，不去思考其至关重要的存在，其存在变得失去个性，在不比怀疑、不受检验、静止的、非辩证的、易于交换的伪必然性的邪恶魅力引诱下，丧失了对过去和将来的认识，退缩到狭隘的、对他并不真实的、为自己需要的任何目的而作交易的现实中去。"③

我们在这里不必更为详细地介绍雅斯贝尔斯关于技术理性的文化危机的批判。应当指出的是，雅斯贝尔斯既是历史哲学的重要代表人物，也是存在主义的重要思想家。在他的论述中，我们同样看到一种对于人类命运和人的生存的深深的关切和沉重的历史责任感。他认为，造成现代理性文化

---

① 雅斯贝尔斯：《历史的起源和目标》，华夏出版社1989年版，第114页。
② 同上。
③ 同上。

危机的根源是多方面的,如信仰缺失、对理性的盲目崇拜等。但是,对于未来,他并没有丧失信心。在他看来,未来还是握在人类自己的手中,技术只是一种手段,它本无善恶,"问题在于人怎样对已主宰人类的技术施加影响。人类的命运取决于他为自己的生存而控制技术后果的方式"①。因此,雅斯贝尔斯呼唤一种历史责任感,他强调,历史的共同目标是自由。这种自由是一个开放的历史进程,"自由是人类的时间之路"。为了公共的目标,人类应当追求历史的统一,而正在发生的全球化进程为"人类的真实统一"提供了可能性。然而,所有这一切,都取决于一种新的文化精神的生成,一种真正关切人自身的文化精神的生成。"世界上已经出现了各种不同类型的对人类未来的关切,然而,有一种以前人们从未感到的关切。这就是**对人性本身的关切**。"②

三　西方马克思主义的文化批判理论

西方马克思主义是指在 20 世纪 20 年代开始兴起的非正统马克思主义。1923 年,卢卡奇发表了《历史和阶级意识》,科尔施发表了《马克思主义和哲学》,这标志着西方马克思主义的产生。此后,葛兰西在《狱中札记》中提出的实践哲学和市民社会理论,布洛赫早在《乌托邦精神》和《希望原理》中提出的希望哲学,以霍克海默、阿多尔诺(又译阿多诺)、马尔库塞、弗洛姆、哈贝马斯等人为核心的法兰克福学派,以日常生活批判著称的列菲伏尔,存在主义马克思主义者萨特,弗洛伊德主义马克思主义赖希等人一起构成当代西方人本主义马克思主义的基本阵容。西方马克思主义在马克思主义的发展进程中,自觉地实现了一种"文化转向",从片面的武装暴力革命转向一种更为深刻的总体性革命。而这种文化转向,不仅使马克思主义在 20 世纪历史条件下焕发出新的活力,而且以深刻而敏锐的方式切入了 20 世纪的核心问题,即普遍的文化焦虑和文化危机问题。从以卢卡奇和葛兰西为代表的早期西方马克思主义对第一次世界大战后欧洲无产阶级革命失败教训的总结,到以法兰克福学派为代表的西方马克思主义流派对二次世

---

① 雅斯贝尔斯:《历史的起源和目标》,华夏出版社 1989 年版,第 142 页。
② 同上书,第 167 页。

界大战后发达工业社会普遍的异化结构和现代人的文化困境的剖析；从早期西方马克思主义提出的总体性的文化革命观，到后期西方马克思主义针对现代社会的全方位的文化批判，西方马克思主义者一直与时代同呼吸共命运，关注着 20 世纪人类的精神状况和文化境遇，关心着发达社会条件下人的解放和自由。而这正触到了 20 世纪人类社会演进的核心问题。我们可以在这里略加展示西方马克思主义前后两个时期的文化转向：文化革命与文化批判。

20 世纪 20 年代，马克思主义理论家们所共同遭遇的一个根本问题是现实的无产阶级革命的命运问题。众所周知，用暴力打碎资产阶级国家机器是传统马克思主义革命观的核心。俄国十月革命在实践中首次成功地验证了无产阶级暴力革命观。列宁反对第二国际理论家建立于经济决定论之上的自发革命论，他领导俄国无产阶级利用第一次世界大战期间的经济危机和革命形势，用暴力推翻了原有的旧政权，建立了第一个无产阶级专政的国家。这极大地鼓舞了各国无产阶级的斗志，增强了人们对于无产阶级暴力革命的信念。然而，接下来的国际共产主义运动则提供了一系列无产阶级暴力革命相继失败的教训。1918—1922 年间，在俄国十月革命的鼓舞下，德国、奥地利、意大利、匈牙利等国家和地区相继爆发了以暴力夺取政权为宗旨的无产阶级革命。但是，这些起义和革命却均以失败告终。

如何解释这一反差现象？继续坚持传统革命观、强调革命的经济内涵与政治内涵的马克思主义者一般认为，经济方面和政治方面革命形势尚不成熟或无产阶级革命运动的组织工作不完善是这些国家和地区无产阶级革命失败的主要原因。但是，另外一些马克思主义理论家则提出了根本不同的见解，他们基于对俄国十月革命经验和一次世界大战后西方无产阶级武装革命相继失败的教训的总结，基于对西方社会结构和统治机制的总体性特征的探讨，基于对西方社会阶级结构变化和工人阶级地位及其态度转变的分析，对传统无产阶级革命观提出质疑，并制定了以意识革命和文化革命为先导或主要内涵的新的革命观。在这方面，卢卡奇和葛兰西的探索尤为突出，他们也由此而成为西方马克思主义的创始人。

卢卡奇认为，资本主义商品经济的发展导致了物化现象的产生，人与人的关系变成了物的关系，人受制于自己的产品。这种物化现象无所不在，不断加深，从而使物化结构内化到人的意识之中，形成了与现状认同的物化意识。这种物化现实和物化意识使社会现实和社会进程支离破碎,丧失了历史的总体性,这是影响无产阶级革命的主要因素。从这一分析,卢卡奇得出结论,要扬弃物化,就要依赖于历史的总体性的生成,而总体性的生成又取决于无产阶级的阶级意识的自觉。当资本主义最终的经济危机爆发时,革命的命运和人类的命运将依赖于无产阶级的阶级意识的成熟。这样一来,卢卡奇把文化革命提到了无产阶级革命的核心地位,对传统无产阶级革命观提出了很大的修正。

葛兰西则从分析东西方社会结构的差异入手来修正传统无产阶级革命观。他认为,东西方社会结构的主要差别体现于市民社会地位的不同。在东方社会,没有形成独立的市民社会,整个上层建筑主要由政治领域构成,在这里,国家就是一切,它的本质是暴力加强权。而在西方社会,上层建筑由国家政治社会和作为意识形态-文化活动领域的市民社会两部分构成。这样,在西方社会,资产阶级不但拥有政治上的领导权,而且取得了文化霸权或意识形态领导权,因此,它的国家也具有二重本质,即强权 + 同意(领导权)。葛兰西认为,东西方社会结构的不同决定了无产阶级暴力革命所经历的命运的不同。在俄国所代表的东方社会中,由于没有独立的市民社会,国家就是一切,所以,当出现经济和政治危机时,只要用暴力打碎旧的国家机器,革命就将获得成功。而在西方社会,当出现政治经济危机时,无产阶级仅仅用暴力夺取政权并不能保证革命的成功,因为市民社会还强有力地支撑着社会和国家。20 世纪初西方无产阶级革命失败的原因就在于此。由此,葛兰西得出结论,在西方社会,革命的首要任务不是政治革命,而是同资产阶级争夺意识形态领导权或文化霸权的文化革命。

以卢卡奇和葛兰西为代表的早期西方马克思主义和以法兰克福学派为代表的二次世界大战后的新马克思主义在基本理论定位和价值取向上是一致的,但是,由于现实社会历史条件的变化,他们在理论批判的侧重点上有很大的差别。在文化批判中,早期西方马克思主义代表人物依旧把主要精力放在阶级的意识形态上,他们强调意识革命和争夺文化或意识形态的领导权,其落脚点还往往是无产阶级革命的完成。而第二次世界大战之后的西方马克思主义者则逐步把批判的视野从阶级的意识形态转向全社会普遍的文化境遇上。

西方马克思主义文化批判理论前后期的这种变化,深刻体现了 20 世纪社会进程的某些深层变化。其中，最根本的问题是现代人遭遇到普遍的文化困境，社会张力和冲突的焦点从单纯的经济利益和政治权力扩展到人的生存的意义、价值和根据所代表的文化层面。在某种意义上，现代社会中，除了充斥着阶级和阶层之间的对立与矛盾之外，又增添了人类共同的文化境遇所引发的普遍的文化焦虑和文化危机。这种文化困境的普遍化体现在两个方面：一是传统的经济、政治、权力、技术、宣传、道德、家庭等不再表现为直接的、赤裸裸的外在强制力而对特殊阶级和阶层进行统治和压迫，而是通过技术理性整合成一种无所不在的、渗透到一切生存领域中的、总体性的、内在的操控和统治机制；二是文化的统治所形成的物化和异化的生存样态在某些方面不同于马克思所描写的被自己的劳动产品所压迫和统治的传统劳动异化，它不仅仅是某些被统治阶级的命运，而且越来越表现为现代人的普遍境遇。

针对现代人这种文化困境，更多的新马克思主义者或流派开始超越传统的阶级分析和政治革命的视野，开始从文化层面切入现代人的生存境遇。其中最有影响的是以霍克海默、阿多诺、马尔库塞、弗洛姆、哈贝马斯等人为代表的法兰克福学派和以萨特、梅洛-庞蒂以及列斐伏尔为代表的存在主义马克思主义，他们继承了卢卡奇等人所开创的人本主义新马克思主义传统和倾向，对现存社会进行了全方位的文化批判。他们认为，马克思的异化理论在 20 世纪非但没有过时，反而具有更重要的价值和意义，这是因为，在发达工业文明条件下，科学技术的高速发展和人对自然的征服并没有像人们所预期的那样，导致人从异己力量中解放出来与人的自由和全面发展，相反，人陷入更深的异化之中，几乎人之一切造物都在特定条件下成为统治人的异己力量，由此而形成人的异化的生存状态和文化模式。这样，新马克思主义理论家在文化层面上批判了现代社会各种有影响的社会力量和文化力量，如官僚体制、意识形态、科学技术、理性、文化、日常生活，等等。其中，意识形态批判、技术理性批判、大众文化批判、性格结构与心理机制批判等，构成新马克思主义文化批判的对象，而其中最主要的批判主题有：科学技术失控发展所导致的技术合理性对人的统治以及人的片面性（"单面社会"和"单面人"）；同技术统治联姻又不断强化的官僚政治（"独裁国家"）；无所不在的意识形态（"操纵意识"）；以批量生产和标准化为特征的非创造性的

"大众文化";现代人的心理机制和性格结构的深层异化,等等。① 其中,霍克海默的《传统理论和批判理论》和《独裁主义国家》、他与阿多诺合著的《启蒙的辩证法》、阿多诺的《否定的辩证法》、马尔库塞的《爱欲与文明》和《单向度的人》、弗洛姆的《逃避自由》和《自为的人》、哈贝马斯的《合法性危机》和《作为"意识形态"的技术与科学》、列菲伏尔的《日常生活批判》、赖希的《法西斯主义群众心理学》等,都是现代文化批判理论的经典之作。他们从文化的层面展开了意识形态批判、技术理性批判、大众文化批判、现代国家批判、心理机制和性格结构批判等现代文化批判理论的经典主题。

从这样的理解出发,西方马克思主义的许多代表人物自觉地把自己的理论定位于现代人的文化危机的批判。例如,霍克海默的批判理论和阿多诺的否定的辩证法是从总体上系统地阐发西方马克思主义的文化批判精神的典型的理论形态。

霍克海默区分了传统理论与批判理论。他所说的传统理论主要指以传统分工为前提,以分门别类形式进行科学研究的各种社会理论。这里所说的传统理论的涵盖面很广,其中也包括经济学等社会理论,其本质特征是缺少对现存的超越维度和批判维度,表现为单纯的"知识理论"。而批判理论则首先是一种批判现实的活动,是一种针对现存社会、超越传统分工的批判活动。霍克海默关于批判理论和传统理论的比较研究与对哲学的批判功能的弘扬明确地表现出对实证主义的批判意向,与胡塞尔等人对科学危机问题的分析一样,属于 20 世纪有代表性的文化批判思潮。法兰克福学派对技术理性、意识形态、大众文化等异化力量的批判都是在霍克海默批判理论所规定的方向上展开的具体的文化批判理论。

在某种意义上可以断言,阿多诺的否定的辩证法是异化理论和社会批判理论,进而是西方马克思主义文化批判理论的最激进的、最彻底的甚至最极端的表现形式,它所表达的批判精神的激进与彻底程度,足以使人们把它同后现代主义的解构哲学相联系。阿多诺的否定的辩证法是围绕着两个核心范畴展开的,即"非同一性"与"绝对否定"。

在阿多诺看来,非同一性与同一性相比具有优先性,辩证法是关于非同

---

① 参见衣俊卿:《新马克思主义的文化批判理论及其启示》,载《中国社会科学》1997 年第 6 期。

一性的学说,它倾向于非同一性而拒斥同一性,这是"否定的辩证法"的根基与核心之所在,因为非同一性代表着差异、矛盾、冲突、对立、否定、批判等等,所以它最能体现否定的辩证法的本质精神。为了深刻阐释由同一性向非同一性转变在哲学思维方式上所带来的深刻的变革,阿多诺一方面强调差异性、异质性、个别性、特殊性、非概念性等非同一性的主要内涵,另一方面从不同侧面具体分析批判同一性,如对同一性的批判:拒斥同一、反对体系、反对综合、拒斥基础主义以及第一哲学,等等。

从非同一性这一核心概念出发,阿多诺把否定的辩证法的本质精神界定为"否定",而且是不带有任何肯定色彩和肯定特征的否定,是彻底的否定。众所周知,黑格尔的否定观强调对现存的扬弃,这是一种包含肯定的否定,是一种以肯定为宗旨的否定。对此,阿多诺持批判的态度。他的否定的辩证法从根本上排斥"肯定"。从反对肯定的角度来建立辩证法,阿多诺对黑格尔的否定之否定也不能容忍。他认为,否定之否定是黑格尔辩证法的核心,离开这一基本原则,黑格尔的整个体系就会倒塌。但是,否定之否定并不是真正的否定,而是肯定,或者说,否定之否定的结果导致肯定。阿多诺认为,辩证法不应停留于这种保留肯定性质的否定,而应坚持一种与否定之否定相对立的彻底的否定。这种超越了肯定和否定之否定的"否定"是彻底的否定、不停顿的否定、坚持不懈的否定、绝对的否定。

阿多诺反复强调否定的辩证法的否定观的深度和彻底性,它意味着,这种否定不是单纯的理论上的否定,而是一种现实上的超越。无论强调不停息的否定、坚持不懈的否定,还是强调彻底的否定、绝对的否定,其宗旨都是突出辩证法的批判性、革命性和破坏性。这尤其表现在阿多诺所使用的一个特殊的术语上,即"瓦解的逻辑"(又译"崩溃的逻辑")。"瓦解的逻辑"所强调的是否定的辩证法的革命性和实践力量。否定的辩证法的宗旨是超越一切现存的事物,无论是传统,还是现存的进步,无论是陈旧的东西,还是刚刚生成的东西,一切都要经受瓦解的逻辑的检验。按照阿多诺的否定的辩证法的理解,彻底的否定或绝对的否定并不是从人的活动之外加诸人之存在的一种理论态度,而是人之生存的不可或缺的维度,它植根于人的实践活动的超越本性。只有这种彻底的批判意识,才可以保证人的自由不受任何超人的实体或外在的力量的损害。

四 后现代主义的文化批判思潮

后现代主义思潮的兴起与西方现代工业文明的本质文化精神,即技术理性主义的危机直接相关。对于现代工业文明所面临的这种深刻的文化危机,许多后现代主义思想家都作了深刻的剖析。以新保守主义著称的美国社会学家丹尼尔·贝尔在《后工业社会的来临》和《资本主义文化矛盾》等著作中,承认关于前工业社会、工业社会和后工业社会的划分,他关于后工业文化或后现代主义特征的阐述是以对现代工业文明的文化矛盾的分析为基础的。贝尔认为,作为工业文明的本质文化精神的现代主义,主要由两个方面组成:一是以宗教禁欲主义为特征的宗教冲动,一是以获取利润为标志的经济冲动。在相当长的时期内,两种冲动相互结合,推动着工业文明的发展。然而在现代,这两种冲动之间发生了张力和冲突,技术理性和世俗精神的过分发达使宗教冲动开始衰竭,从而导致社会丧失了终极意义。在这种背景中,出现了一系列文化矛盾:现代艺术对理性主义的蔑视和疯狂超越的特征,个体的自我惶惑感,视像和音响艺术所导致的"审美距离"的消失,在劫难逃的焦虑感所导致的末世感,以享乐为标志的消费文化,等等。贝尔认为,后现代主义正是从现代主义所经历的这种文化矛盾和文化危机中产生的。

法国著名哲学家利奥塔德从知识分子和知识状态的角度入手,揭示了现代文化的危机和后现代文化生成的基础。他提出,在现代社会中,知识分子的地位正在发生根本性的改变,正在经历着价值的危机。最突出的表现是,知识分子已经从萨特式的对社会运动的"介入型",转变为在讲坛、沙龙里高谈自由解放,处于介入和非介入之间的"中间型";又进一步转变为从现实退回书斋,在文本世界里消解结构、颠覆意识形态的"非介入型"。利奥塔德认为,知识分子地位和存在价值的危机直接反映了知识状况的改变和危机。他指出,工业文明高度发达条件下,知识状况的最大改变在于科学知识和人文知识之间的冲突。在现代科学技术高度发达的条件下,科学知识变成一种"话语",一种可以操作的电脑语言。这样一来,科技大规模地将知识变成电脑语言,变为可操作运用的资料,而无法电脑化和精密化的人文科学知识则面临被淘汰的危险。这种精密化和商品化的知识状况的直接后果是使传统人文科学所持有的传统价值失效，具体表现为"叙事危机"。这一叙事危机突出表现在以法国大革命为代表的关于自由和解放的"宏伟叙事"与以黑格尔哲学为标志的关于思辨真理的"宏伟叙事"的失效和危机。随着人文知识的地位的动摇和英雄的远去，科学知识开始走向平面化。正是在这种平面化的知识状态或知识危机中，产生了后现代主义思潮。

其他一些后现代主义思想家也从不同侧面分析了工业文明主导精神所经历的危机。实际上，在现代思想家中，许多人都致力于探讨现代社会的文化危机：胡塞尔关于欧洲科学危机的探讨，韦伯关于现代资本主义文化精神的分析，萨特等对20世纪人的存在境遇的揭示，法兰克福学派对于技术理性统治的批判，等等。这些思想运动产生的背景和批判锋芒也都指向作为工业文明主导性文化精神的现代主义或技术理性主义及其危机。在这一点上，后现代主义文化思潮并没有什么全新之处。所不同之处在于，各种具有现代主义本质特点的文化批判无论如何激进，总是着眼于树立一种新的替代物。这很像技术理性主义的情形。它在西方文明的理性化和个体化进程中，在否定了神之地位时，立即以人之主体地位加以补充。所以，笛卡儿的怀疑论在批判和怀疑了一切其他存在之时，只是不怀疑"自我"之存在（"我思故我在"）。现代许多人本主义者在批判和剖析人在技术世界中的困境时，目的依旧是确立真正的人之主体性，以实现关于自由和解放的"宏伟叙事"的允诺。而后现代主义则不同，它在怀疑和否定一切的时候，连"自我"也不放过。如前所述，因为在它看来，人类在高度发达的工业文明中所面临的各种文化矛盾和文化危机并不是工业文化精神遭受破坏的产物，而是这种以人之主体性和技术理性至上性为内涵的现代文化精神的合乎逻辑的产物。所以，后现代主义企图从根基上不但颠覆工业文化的本质精神，消解一切绝对的、给定的、中心的东西，而且也消解人之主体性，达到自我消解的境界。

因而，可以断言，尽管后现代主义文化思潮至今没有公认的、明确的界域，但是，它们分享了一个共同的本质精神：前所未有的激进的否定性原则。正如有的论者指出的那样："在思维方式上坚持一种流浪者的思维，一种专事摧毁的否定性思维，是所有后现代哲学思潮所共同具有的特征。至于否定、摧毁的对象，每个思潮则各有专攻。'非哲学'瞄准的是传统的'哲学观'；'非理性主义'的对手是'理性'；'后人道主义'发难的对象是'人'；

'非中心化思潮'攻击的是'中心';'反基础主义'摧毁的是'基础';'解构主义'志在消解一切二元对立结构;'后现代解释学'对确定的、终极的'意义'发出了挑战;费耶阿本德的'多元主义方法论'则打破了人们关于唯一正确的'方法'的神话;'视角主义'否定了认识事物的单一'视角'的存在;'后现代哲学史编纂学'则将批判的矛头对准了传统的哲学史观;'反美学'虽然反的是传统美学,但其思想方法却是原汤原汁的后现代的。"①可以说,在否定性思维这一本质精神上,无论是激进的后现代主义者,如德里达、福柯、利奥塔德等人,还是温和的或有保留的后现代主义者,如贝尔、罗蒂、杰姆逊等人,都是完全一致的。我们在这里可以以德里达和杰姆逊的理论为典型,展示一下后现代主义否定和解构一切的文化批判精神特征。

可以说,法国哲学家德里达所建构的解构主义或解构哲学是后现代主义文化精神的最激进的表达。德里达的出发点是消解一切固定的结构,拆解一切"在场",即给定的东西。他的解构哲学是作为结构主义的对立面而产生的。德里达认为,传统文化精神的本质特征在于固守一种逻辑中心主义。这一逻辑中心主义表现为二元对立的思维方式,它把一切都分为对立的二项,并设定其中一项为中心项,从而建立起固定的秩序,提供一种确定性的意义。从这样一种思维方式出发,传统文化精神设定世界存在一个中心,存在一种深层的、供认识去追寻的终极价值和确定的真理。德里达认为,解构哲学的任务就在于从根本上否定逻辑中心主义,打破二元对立的结构,消解中心项,颠覆给定的秩序,放弃对深层的终极价值和真理的追求,拒斥"在场的形而上学",并且在解构他者的同时,也即达到主体性的自我解构。在消解一切在场的中心和给定的结构的基础上,德里达反对任何重设深度模式思想的尝试,而主张将世界变成一个没有价值深度的平面。为了建构起平面化的存在模式,德里达提出了具体的瓦解在场、消解结构的解构策略。他强调,文字和文本背后没有真理,"文本之外,别无他物",存在的展开不过是文本相互关联和相互替代而形成的无穷的意义链。德里达用了四个范畴来表述这种以无穷的意义链表征的平面化的生存模式:延异(differance),代表着一种无中心的、非同一的、在不断分延着的符号语境中

---

① 王治河:《扑朔迷离的游戏——后现代哲学思潮研究》,社会科学文献出版社 1993 年版,第 IV 页。

流动着的意义；播撒（dissemination），不断延异的意义无中心地播撒，暴露出文本的零乱无序；踪迹（trace），表征无根源可寻，文本意义的永无穷尽性；替补（supplement），永无尽期的"替代"昭示出存在的不完善性。总而言之，这一切均表明消除中心、解构自我、拆除在场、颠覆秩序之后的意义之不确定性和存在之平面性。

美国新马克思主义代表人物杰姆逊对后现代文化有所保留，持一种不完全认同的批判态度。他比较准确地概括了后现代主义文化精神的主要特征。他认为，后现代主义文艺和美学具有四个基本特征。第一，平面感：深度模式削平，即消除了现象与本质、表层与深层的对立，从本质走向现象，从深层走向表层；第二，断裂感：历史意识消失，从而不再有历史和未来，只留下现在一个时间维度；第三，零散化：主体的消失，即主体开始零散成碎片，世界是物化的世界，而不再是人的世界或以人为中心的世界；第四，复制：距离感消失，机制复制的结果是文化的衰败和世界的物化。①

无需更多地转述和引证，从上述论述已可以清楚地看出，后现代主义文化思潮是近现代工业文明精神，特别是技术理性主义发展到登峰造极并物极必反的必然产物，它代表着人类精神在新的世纪之交所达到的又一次痛苦的，然而是深刻的自我意识。后现代主义要消解一切结构，拆解一切"在场"，即给定的东西，并反对一切中心项，实质上是在否定由技术理性主义支撑的传统历史意识要件之一，即超人的和绝对的实体或力量，从而使人之存在不再求助于或依赖于某种外在于人的"铁的规律"、神律或别的什么超人的东西。同时，后现代主义反对理性主义文化精神中的理性主体。当福柯宣布"人的消亡"或主体的消解时，他实际上是在断言启蒙理性意义上的"人"死了。这一传统理性主义中的理性主体代表着一种关于人之结局的乐观主义信念，它相信人可以凭借理性的增长和技术的完善而成为完善完满的存在物。后现代主义极力消解的正是这种意义上的主体性。利奥塔德关于"元叙事"和"宏大叙事"之终结的断言，从另一个侧面代表着后现代主义的否定精神，它表明历史之结局不可能完善完满。关于自由解放和思辨真理的"宏大叙事"的落空，消解了人们关于终极价值、深层意义、崇高、神

———————————

① 参见王岳川：《后现代主义文化研究》，北京大学出版社 1992 年版，第 236—244 页。

圣、宏伟等的文化信念,开始确立一种积极的文化批判精神。

　　不可否认,后现代主义的文化批判理论具有极端性和偏颇的特征,很多时候把否定的意识推到了极端。但是,实际上,如果我们从思想深处去挖掘,就会发现,后现代主义的激进否定和批判只是为了激起人们对深刻的文化危机的认识。实际上,后现代主义并未彻底否定理性主义文化精神,例如,许多后现代主义者在破除了逻辑中心主义之后,都主张一种多元的和宽容的精神。利奥塔德认为,去中心、求异而不求同的后现代文化精神实际上代表着一种多元论。罗蒂强调,西方思想必须从黑格尔式的绝对独断论的统治中解放出来,走向对话、交流、宽容与多元。哈桑强调必须使文化摆脱政治的束缚,以后现代的多元论批评取代一元论批评。显而易见,这种多元差异的文化精神不仅是现代人所应具有的批判的文化意识,也是健全的理性文化精神的题中应有之义。因此,可以说,无论存在主义、历史哲学、西方马克思主义、后现代主义,以及其他文化批判理论在其批判中存在多少局限性,这些深刻的文化批判理论对于我们更为深刻地理解当代人类的精神状况,对于确立更为健全的理性文化精神,都具有重要的借鉴意义。

第九讲

理性文化批判的主题

　　通过前两讲关于20世纪文化焦虑的分析和20世纪几个主要文化批判流派基本观点的展示,我们对西方理性主义文化精神的内涵,特别是20世纪的境遇和命运有了总体上的概貌性的了解。但是,这种了解还是很初步的,很难把握理性文化和各种批判视野的实质。我们在这里拟转换一个角度,从20世纪各种文化批判理论的论述中抽取和概括出几个人们广泛关注的理性文化批判的主题,以加深我们对西方理性文化及其在当代的命运的理解。

　　然而,这并不是一个很简单的任务。20世纪许多批判思潮都可以纳入文化批判的框架,要把众多理论流派的观点用几个主题概括出来是很困难的事情,同时也是很容易出现片面性的做法。因此,我们在这里准备以西方马克思主义的理论为基础,来展示20世纪文化批判的几个重要的主题。这是因为,在20世纪文化批判理论的谱系中,西方马克思主义的文化批判理论具有独特性和代表性。我们可以从两个方面来加以说明:其一,在某种意义上,西方马克思主义的文化批判理论在20世纪文化批判理论的演进中处于承前启后的地位,并与其他各种文化批判理论处于积极的、普遍的、开放式的对话之中。西方马克思主义理论家普遍从马克思的实践哲学和异化理论出发,对现存社会持彻底批判的态度;卢卡奇、布洛赫等人直接师从韦伯、齐美尔等批判理论大师;他们与同时代的各种有影响的理论思潮保持着积极的对话,甚至通过与存在主义、精神分析等重要理论流派的结合或对话直接形成新的批判视角;哈贝马斯等理论家则与后现代主义代表人物利奥塔等人就现代性和后现代性等现代文化精神的核心问题展开直接的对话和辩论。其二,在迄今为止的各种文化批判理论中,西方马克思主义所涉及的文化批判主题最为广泛与丰富,如意识形态批判、技术理性批判、大众文化批判、性格结构与心理机制批判、现代国家批判、现代性批判等。因此,研究西方马克思主义的文化批判理论不仅可以为深刻理解西方马克思主义提供一种独特的、合理的、可靠的视角,而且可以为我们全面理解 20 世纪的文化危机和文化批判理论提供最好的范例。

我们在这里考虑选取西方马克思主义意识形态批判、技术理性批判、大众文化批判、性格结构与心理机制批判这四个文化批判主题来加以介绍,因为这也是其他文化批判流派所共同关注的问题。

一　意识形态批判

"意识形态"问题在西方马克思主义的思想历程中一直占据十分重要的位置,对于意识形态问题的关注贯穿着西方马克思主义流派的始终。应该说,意识形态问题不仅是西方马克思主义的重要主题,而且也是 20 世纪社会学、法学、政治学及哲学共同关注的重要主题之一。对于意识形态问题的争论几乎贯穿了整个 20 世纪。进入 19 世纪以后,马克思以否定的态度说明,意识形态的功能就是为统治阶级辩护,意识形态是一种虚假的意识。这一观点不仅在 19 世纪产生了较大的影响,而且至 20 世纪仍得到广泛传播并具有深远的影响。

意识形态理论在马克思的哲学思想中占据着比较重要的地位。在马克思那里,意识与意识形态是两个不同的概念。其根本区别在于,从本真的意义上说,意识是不能独立存在的,而意识形态是独立存在的。在他看来,意识最初并非独立的东西,而是同现实的生产,同语言直接交织在一起的,它是人的实践活动的组成要素。意识形态则不然,它与意识的区别在于,它不仅是可以独立存在的,而且只是对某个特定的阶级利益的反映。那么意识是如何获得独立性的外观的呢? 马克思认为其主要的根源在于"分工"。马克思和恩格斯指出,"分工只是从物质劳动和精神劳动分离的时候起才开始成为真实的分工。从这时候起意识才能真实地这样想象:它是某种和现存实践的意识不同的东西;它不用想象某种真实的东西而能够真实地想象某种东西。从这时候起,意识才能够摆脱世界而去构造'纯粹的'理论、神学、哲学、道德等等"①。显而易见，这种独立化的精神生产及其成果就是意识形态。在阶级社会中，意识形态无疑具有阶级的属性，它所表达的是这一阶级的历史—社会状况与利益。可以说，这种意识形态是一种独立化的和异化的社会力量，其要害是为现状辩护。正因为意识形态所表现的是统治阶级的利益与价值观念，因此它的主要功能是维护现存的制度。意识形态的主要特点是"虚假性"，主要功能是"遮蔽性"。意识形态并不是空洞的幻想，它存在的意义就在于它的现实性。正因为遮蔽性是意识形态的主要特征之一，马克思主张通过批判去意识形态之蔽，从而认识现实世界的真相。实际上，马克思的意识形态理论对西方马克思主义思潮的形成与发展具有深远的影响，并且其基本理论精神一直作为西方马克思主义社会批判理论的基点。

西方马克思主义非常重视发达工业社会的意识形态批判，他们认为，在现代社会，意识形态是一种异化的文化力量，虚伪性是一切意识形态所固有的普遍特性。一切意识形态都是其制造者们为巩固与扩大自身的阶级利益而杜撰、虚构出来的，其目的是左右人们的思想，决定社会的生活。并且他们认为在今天"每一个社会阶层的意识有可能受到意识形态的限制或腐蚀"（霍克海默语）。统治的形式已经由传统的政治经济统治转变为意识形态控制，意识形态已经成为维护统治的主要力量，成为当今社会普遍异化的文化因素之一。因此"人的解放"的主要过程就是瓦解意识形态的控制，对意识形态进行揭露与批判是社会批判理论的主要课题。从这一立场出发，西方马克思主义的成员们在不同的时期从各种不同的角度对资本主义的意识形态进行了比较严厉的批判，他们比较具体地分析了意识形态的特点与功能。

首先，从总体上看，西方马克思主义继承了马克思和恩格斯的基本立场，认为意识形态从本质上是一种虚假意识，它具有很大的欺骗性，其主要功能是通过美化现实生活而替现状辩护。

弗洛姆在《马克思关于人的概念》一书中认为，马克思把意识形态理解为"虚假的意识"。他指出，"马克思像斯宾诺莎和后来的弗洛伊德一样认为，人自觉地思考的那些东西大部分是虚假的意识，是意识形态和文饰，人

①《马克思恩格斯选集》第1卷，人民出版社1972年版，第36页。

的行为的真正动力是人所意识不到的"①。在弗洛姆看来,意识形态的消极功能在于它对现实的认同与文饰,结果对人遮蔽了变革现实的可能性,使人不能认识和实现真正的人的需要。因此,必须进行意识形态批判,用"真实的意识"代替"虚假的意识",从而实现人的需要和潜能。在另一处,即《在幻想锁链的彼岸》中,弗洛姆转换了一个角度,从弗洛伊德的无意识概念理解意识形态的虚假性和它对社会的决定作用。弗洛姆把意识形态理解为社会的无意识,他认为,只有在社会的无意识的范围内,才能全面地认识到意识形态对社会生活的作用。他分析了意识形态的本性,"这些意识形态既不是真理也不是谎言,或者说,既是真理,又是谎言——人们真诚地相信这些意识形态,就这个意义而言,它们是真理;从另一个意义上来讲,即就这些被合理化了的意识形态具有掩盖社会和政治行动的真正动机这一点而言,这些意识形态又是谎言"②。弗洛姆认为,马克思和弗洛伊德在社会改革方案的见解上有本质的不同,弗洛伊德强调,文明本身就起源于性压抑,因此,社会的进步和文明的发展不会消除无意识对人的压抑,而只会使之强化;马克思则指出了消除压抑、消灭意识形态的前景。他指出,按照马克思的观点,"压抑本质上是人的全面发展的需要和特定社会结构之间的矛盾的结果——因此,当剥削和阶级冲突消失的时候,全面发展的社会就不需要任何意识形态,也就可以取消任何意识形态。在充分人性化了的社会里,不存在压抑的需要,因此也就不存在社会的无意识"③。

其次,西方马克思主义认为,在现代社会,意识形态不仅是具有欺骗功能的虚假意识,而且是一种强有力的统治力量和操纵力量,是一种扼杀人的自由和自主性的异化力量,它通过现代科学技术所提供的各种大众传播媒介和文化手段来操纵人们的生活,从而为现状辩护。

在这方面,马尔库塞作了许多阐述,他认为,在现代社会中,意识形态完全成了扼杀人的个性的工具,导致自由思想的沦丧、创造性的消失和人的主体性的丧失。他在《单向度的人》一书中,通过现代人的单向度特征而形象地揭示和描述了意识形态对人的操纵功能。他断言,"现实对意识形态的

---

① 《西方学者论〈1844年经济学—哲学手稿〉》,复旦大学出版社1983年版,第36页。
② 埃里希·弗洛姆:《在幻想锁链的彼岸》,湖南人民出版社1986年版,第139页。
③ 同上。

同化并没有预示'意识形态的终结'。相反，在某个特殊意义上，由于当今意识形态处于生产过程本身之中，发达工业社会比它的前身更意识形态化。……大众交通与传播工具、吃穿住日用品，具有非凡魅力的娱乐与信息工业输出，这些也同时带来了人为规定的态度、习俗以及多少舒适的方式使消费者与生产者结合并通过后者与整个社会结合起来的某些理智和激情反应。这些产品灌输、控制并促进一种虚假意识，这种意识不因自己虚假而受影响。而且，随着这些有益产品对更多社会阶层的个人变为可得之物，他们所携带的训诫就不再是宣传而是变成了一种生活方式。它是一种美好的生活方式——比从前的要美好得多，而且，作为一种美好的生活方式，它抗拒质变。一种单面思想与单面行为模式就这样诞生了"①。

弗洛姆也详细分析了现代社会中意识形态对人的行为的不知不觉的操控，他列举了在社会上流行的各种意识形态，这些意识形态通过教育、大众传媒、社会示范已经悄悄地灌输到人的意识深处，人的行为往往不知不觉地受这些意识形态的左右，现代人并没有意识到自己已经在多大程度上成了意识形态的奴隶。弗洛姆在分析这些意识形态时说："我仅说明其中的一部分，因为这些意识形态实在是太多了：我们是基督教徒；我们是个人主义者；我们的领袖是英明的；我们是善良的；我们的敌人（无论谁是我们的敌人）都是邪恶的；我们的父母亲爱我们，我们也爱自己的父母亲；我们的婚姻制度是成功的；等等。苏联炮制了另外一种意识形态：他们是马克思主义者；他们的制度是社会主义制度；这一制度代表了人民的意志；他们的领导人是英明的，是为人民谋幸福的；他们社会中的利益兴趣是'社会主义'性质的，完全不同于'资本主义'；他们所重视的财产是完全不同于'资本主义'的'社会主义'的财产，等等。所有这些意识形态通过父母、学校、教会、电影、电视、报纸从人的童年时就强加给人们，它们控制着人们的头脑，似乎这是人们自己思考或观察的结果。"②

从以上两个大的方面的论述不难看出，西方马克思主义对意识形态持彻底批判的态度，他们一方面继承了马克思和恩格斯的思想，把意识形态理解为虚假意识和异化意识，反复强调意识形态的要害在于替现状辩护，在于

---

① 马尔库塞：《单面人》，湖南人民出版社 1988 年版，第 9—10 页。
② 埃里希·弗洛姆：《在幻想锁链的彼岸》，湖南人民出版社 1986 年版，第 130—131 页。

与现存分裂的和异化的世界认同;另一方面又特别注重在当代历史条件下分析意识形态的消极功能,揭示现代技术世界中意识形态通过现代技术手段对现代人的欺骗和操控。这些分析批判构成西方马克思主义社会批判理论的重要组成部分,也是这一学派社会批判理论的一个重要范例,其突出特征是超越社会历史的经济和政治表层,深入到人的生存方式上,即从文化层面揭示阻碍人的全面发展和社会进步的异化力量。西方马克思主义的其他批判主题在价值取向上,同意识形态批判是完全一致的。

二 技术理性批判

技术理性批判与意识形态批判一样,构成20世纪批判哲学的重要主题之一,很多大思想家从不同侧面揭示了这一主题。韦伯关于价值理性与工具理性的分析、齐美尔关于合理化与物化的批判、胡塞尔对实证主义的科学世界的批判、存在主义关于技术世界中人的文化困境的剖析,等等,都构成技术理性批判理论的重要组成部分。相比之下,西方马克思主义关于技术理性的剖析和批判更为系统,更具代表性。

从文化学的视野来看,西方文化植根于古希腊理性主义和希伯来精神,这是西方文化的两种基本精神,理性与上帝构成西方人的两大精神支柱,成为西方文化的象征。这其中,理性主义文化精神尤为重要,它不但哺育了灿烂的古代文明,也支撑着整个现代工业文明。作为工业文明的主导性文化精神之一的技术理性主义,直接导源于希腊的古典理性主义,是传统理性主义同文艺复兴的人本精神及现代科学技术的结合体,它构成理性主义传统的重要组成部分。所谓技术理性主义是指在近现代科学技术呈加速度发展的背景下产生的一种新的理性主义思潮。它立根于科学技术发展的无限潜力和无限解决问题的能力之上,其核心是科学技术万能论。它相信:人可以通过理性和科学而把握宇宙的理性结构,并且可以通过日益改善的技术手段去征服自然和控制自然,解决人的生存的各种问题。

在分析西方现代理性文化危机时,西方马克思主义与其他许多批判理论都不约而同地从技术理性的异化来寻找文化危机的根源。我们可以通过卢卡奇的"物化理论"、霍克海默与阿多尔诺的"启蒙的辩证法"和马尔库塞的"单向度的人"来简要地介绍西方马克思主义技术理性批判的基本观点。

（一）卢卡奇的"物化理论"

卢卡奇是西方马克思主义技术理性批判的开创者,他在《历史与阶级意识》一书中首开从人本主义对技术理性进行异化批判的理论先河,并为后来的法兰克福学派的技术理性批判奠定了理论基石。卢卡奇深受德国传统的浪漫主义艺术和美学思想的影响,并直接得益于西方著名的社会理论家韦伯和研究异化的专家齐美尔的启示,以马克思《资本论》中的商品拜物教理论为基础,提出了著名的"物化理论"。在他看来,西方发达的资本主义社会已经陷入全面的总体的异化,一切都为商品生产和商品交换关系所支配,出现了普遍的物性化现象。在这种情况下,人自身的活动作为某种客观的、不依赖于人的东西开始与人相对立,人的劳动开始成为控制人的外在力量。这种情势,一方面表现为在人的面前矗立着一个商品化的世界,人与人之间的关系体现为物的关系;另一方面表现为人的活动不再是自由自觉的创造性活动,而是服从某种外在力量的强迫性的活动。卢卡奇的"物化"概念,实际上就是异化。物化理论是技术理性批判的前提和基础。

卢卡奇的技术理性批判是通过韦伯意义上的关于资本主义理性化进程的分析加以展开的。卢卡奇认为,理性化进程已经进入到资本主义的经济活动、政治管理以及思想文化等各个领域,因而,社会进入到了被技术理性严格统治和支配的历史阶段。在这种情况下,人的存在本性遭到了全面的扼杀和毁灭。第一,在经济活动领域,人被严重地片面化和原子化。合理化在经济领域表现为工业的大机器生产和严格的劳动分工,这导致了人的主体性的丧失和严重的主体间疏离。卢卡奇指出,"由于工作过程的合理化的原因,当主体与根据预测的正在发挥作用的那些抽象的特殊规律相比较时,工人的人的属性和特征日益表现为只是错误的源泉。人既不是在客观上也不是在他同他的工作关系上表现为劳动过程的真正主人。相反,他是被结合到机械体系中的一个机械部分。他发现这个机械系统已经存在并且是自给自足的,它的作用不以他的意志为转移,无论他是否乐意,他都必须服从于它的规律"①。第二,从政治管理领域来看,人的管理活动被严格地

---

① 卢卡奇:《历史和阶级意识》,重庆出版社1989年版,第99页。

模式化和齐一化。在此,卢卡奇在吸收韦伯所谓的"合理化的官僚体制"思想的基础上进行分析。第三,从人的精神活动领域观之,由于物化和理性化的全面和总体性的统治,致使人的主观世界完全为物化意识所支配。这种物化意识表现为人对事物和自身的认识停留于局部,失去了对整体的联系的把握,只见树木,不见森林。在这种情况下,人们丧失了革命的主体性和反抗精神。

(二)霍克海默、阿多尔诺的"启蒙辩证法"

霍克海默、阿多尔诺 1947 年发表的《启蒙辩证法》是法兰克福学派技术理性批判最具代表性的文本形态,对启蒙的批判是从西方的文化价值观念入手进行的典型的文化反思,在 20 世纪西方马克思主义的文化批判理论中具有举足轻重的地位。在"启蒙的辩证法"这一文化学意义的范畴中,"启蒙"并不特指近代 17—18 世纪在欧洲兴起的资产阶级的思想解放运动即"启蒙运动",而是泛指西方近现代以来的理性化进程中为思想家所主张和强调的理性至上、知识崇拜以及人对自然的技术主宰和征服的思想启蒙运动。而这里的"辩证法"亦不是通常意义的哲学范畴,即不是指谓事物的相互作用和矛盾运动,而是指事物走向了自身的反面、走向自我毁灭的变化情形。霍克海默、阿多尔诺的"启蒙的辩证法"揭示了以理性和技术为核心,以人的主体性与对自然的征服欲和统治权为主旨的文化启蒙精神,最终走向了反面,走向了启蒙理性自我毁灭的文化历史悲剧。

所谓启蒙精神实质上是古希腊传统理性主义同现代科学技术发展相结合而形成的技术理性主义,它构成西方工业文明和现代社会的主导性文化精神。这种启蒙精神主要有以下几个方面的内涵:第一,启蒙精神坚信理性万能、理性至上,主张用知识取代神话,把人类从迷信、无知和愚昧中解放出来,从而使世界走出神秘、变得清醒。第二,以崇尚理性和技术为核心的启蒙精神或启蒙运动,其目标就是确立人对自然界的优越地位和无限统治权。第三,启蒙精神认为,人类以理性征服自然、统治世界,其目的是为了增强人的本质力量,促进人的自由,实现人的自身解放。启蒙精神相信自身是完善的,它在以知识取代神话,使神话中以否定的形式包含的人的形象以肯定的形式表现出来,成为宇宙的中心。

但是,在现实历史进程中,启蒙精神并没有真正实现自己的承诺。在理性精神和科学技术的推动下，人类极大地改变了自己的生存条件，并创造了前所未有的物质财富和精神财富。然而，与此同时，在理性化的这一进程中，启蒙精神却在悄悄地走向自己的反面。理性的历史不再表现为进步，而是转化成了退步，启蒙的喜剧转变成了悲剧，走向了自我摧毁。20世纪人类的实际历史发展状况表明，被理性启蒙的世界不是一个人性得到真正发展、自由得到全面实现的世界，而是一个普遍异化的世界。

第一，启蒙理性的宗旨是确立人对自然的无限的统治权，然而，人征服自然的结果并没有使人成为自然的主人，也没有使自然成为属人的存在，相反，人对自然的统治导致人与自然关系的破坏，导致自然对人类的报复。霍克海默和阿多尔诺清醒地认识到人对自然关系问题上的人类中心主义态度的危险性。他们描述了人过分征服自然所导致的消极后果。"人类进行毁灭的能力是如此之大，如果这种毁灭力实现了，整个地球就会成为一片空地。或者人类自身互相吞尽，或者人类食尽地球上全部动物和植物，如果地球符合一种著名的论断还有足够的生命力的话，万物就会从最低级的阶段重新开始。"[①]

第二，在完全被技术理性统治的世界中，不但人与自然相异化，而且人与人也相互异化，人普遍物化，在普遍异化的世界中相互冲突。在霍克海默和阿多尔诺看来，启蒙精神迷信于技术理性和科学思维，倾向于用抽象的科学的理性认识去客观地描述现实，而缺乏基于人的主体性的否定性思维。这种技术理性的文化信念在现实中也倾向于把人视作无主体性的客体，结果容易把人与人之间的主体性的交往关系降格为主体与客体的关系，降格为主体与物的关系。正是在这一技术理性统治的世界中，人与人的关系走向了异化，变成了物的关系，变成了相互冲突，甚至相互厮杀的关系。他们指出，"现代工业社会的整个挖空心思想出来的机制，也不过是相互残杀的自然界。再没有手段可以表达这种矛盾了。这种矛盾是与单调严肃的世界一起运动的，艺术、思想、否定性就是从这个世界中消失的。人们相互之间以及人们与自然界是在彻底地异化，他们只知道，他们是从哪里来的，以及他们要做什么。每个人都是一个材料，某种实践的主体或客体，人们可以用

---

① 霍克海默、阿多尔诺：《启蒙辩证法》，重庆出版社1990年版，第213—214页。

他来做什么事,或者不能用他来做什么事"①。

第三,在技术理性统治的世界中,理性和技术的发展并没有像启蒙精神允诺的那样,增强人的本质力量,实现人的普遍自由。相反,技术本身成为自律的、总体性的统治力量,成为扼杀人的自由和个性的异化力量。霍克海默和阿多尔诺认为,现代科学技术并不像传统观念以为的那样,是人可以随意选择的中性的工具,或者注定要为人类造福的善的力量。相反,当技术和理性成为失控的、自律的、自我发展的存在时,它就成为人所面临的一种新的统治力量,一种比传统的政治统治力量更为强大的力量。他们断言,"今天,技术上的合理性,就是统治上的合理性本身。它具有自身异化的社会的强制性质。汽车、炸弹和电影,除非它们之中所含的因素表现出非法的力量,否则它们都会联结为一个整体的"②。

显然,在霍克海默和阿多尔诺看来,启蒙精神的演化历程的确是悲剧性的辩证法。它的初衷是要成为人的解放的积极的力量,把人从神话和迷信的统治中解放出来,但其结果,却又使自身成为一种新的束缚人、统治人的力量,建立起技术理性对人的统治,使人置身于一个物化和异化的世界。因此,霍克海默和阿多尔诺用一句话明确地概括了"启蒙的辩证法"的基本思想:"从进步思想最广泛的意义来看,历来启蒙的目的都是使人们摆脱恐惧,成为主人。但是完全受到启蒙的世界却充满着巨大的不幸。"③

(三) 马尔库塞的"单向度的人"

技术发展的两重性是马尔库塞技术理性批判的基本出发点。马尔库塞认为,在现代社会,无论是科学技术本身,还是以科学技术发展为根基的技术理性,其发展都呈现出两面性质。一方面,科学技术的发展极大地提高了劳动生产率,促使财富的不断增长;但是,另一方面,科学技术的发展又导致新的统治形式,即技术理性的统治形式的产生。在当代,科学技术不再是中性的,它本身就成为一种统治和操控的异化力量。

马尔库塞认为,在以科学技术飞速发展为背景的相对富裕的消费世界

---

① 霍克海默、阿多尔诺:《启蒙辩证法》,重庆出版社 1990 年版,第 241 页。
② 同上书,第 113 页。
③ 同上书,第 1 页。

中,技术理性形成了一种新的统治体制,人们陷入一种新的异化的和物化的生存方式之中。这种新的异化不是马克思当年所描述的工人的自我折磨、自我牺牲的异化劳动,而是人的自愿的、带有享乐性质的物化活动。工人被"整合"或"一体化"到现存的社会体制中,不再作为社会的反抗力量;人作为一种自由的、创造性的实践存在所应具有的否定性、超越性和批判性被技术理性所消解,人成为失去超越维度和批判维度的"单向度的人"。

第一,以现代科学技术发展为背景的机械化和自动化正日益减少花费在劳动中的体力的数量和强度,这一点对于传统的工人概念产生了巨大的影响,因为工人对于劳动和生存境遇的态度及其地位发生了重大的,甚至是根本性的变化。

第二,在劳动者的职业阶层划分中也出现了同化或一体化的趋势,在关键性工业机构中,"白领"劳动者增多,而"蓝领"劳动者趋向于减少,其结果是"非生产性工人数量增加"。这一变化引起了价值构成的改变,机器在整个生产体系中的地位开始突出,其"输出"影响或决定着生产率和价值的生成。在这样一种以自动化为核心的技术体系或机械体系中,人在减轻体力劳动的输出的同时,也开始失去原有的在生产中的中心地位,失去了职业自主权,被整合到机械体系中。

第三,自动化技术体系中的工人地位上的变化也影响到工人对待生产体系或技术体系的态度和意识,工人开始主动地参与到技术体系之中,或者说,工人自愿被整合到生产和技术体系中,不再作为现存生产体系的否定力量,而是作为其肯定的力量而存在。

第四,整合进程的直接后果就是技术世界中的工人丧失了否定性的维度,"不再表现为现存社会活生生的对立",劳动者由此成为与现存认同的"单向度的人"或"单面人",其主导性的意识是缺少否定维度的"单向度的思想"或"单面思想"。

通过上述四个方面的分析,马尔库塞比较深刻地揭示了现代科学技术和技术理性的发展及其在生产体系中的运用所带来的劳动者的地位及其价值观念的变化。从价值学的视角来看,马尔库塞对工人阶级被整合或一体化到现存技术体系中的这一事实持否定和批判的态度。在他看来,单向度的人的出现,对于社会的进化而言不是一种积极的现象。虽然在现代技术世界中,人的物质生活条件得到了极大的改善,劳动者甚至主动地与现存体制认同,但是,在实际上,劳动者丧失了人之为人的一个基本维度,即否定和批判的维度,其后果是使社会失去了自我超越的内在驱动力,人的基本生存是由个人无法控制的力量和机制所决定的。用马尔库塞的话来说,"发达工业文明的奴隶们是升华了的奴隶,但毕竟还是奴隶"①。

通过上面的论述,可以清楚地认识到,西方马克思主义的技术理性批判一方面立足于人的生存本性,对技术理性进行了生存论困境的揭示和批判,揭示了在现代资本主义社会技术理性已取得全面的、总体性的统治,成为一种新的统治形式和统治方式;另一方面,从意识形态批判的视角对技术理性、科学技术的意识形态功能进行了激烈的批判,揭示了技术理性、科学技术成为维护资本主义、维护不合理的极权社会的统治工具。技术理性的全面统治,使人们成为单向度的人,成为一种历史的被动的客体,丧失了主体性和革命精神,丧失了否定的、超越的维度,从而使人们与不合理的社会现实认同。

三　大众文化批判

大众文化是在发达工业社会和后工业社会中随着文化进入工业生产和市场商品领域而产生的新的社会现象,是由现代大众传媒技术和现代信息技术塑造并加以支撑的文化生产形式和文化传播形式,并因此能够成为被大众广为使用和利用的文化消费形式,是基于文化成为大众普遍的消费品而确立起来的文化形态。对大众文化内涵的这种定位已成为西方马克思主义、后现代主义等现代文化理论研究中占主导性的理解范式,大众文化被作为文化工业、媒体文化、消费文化、视听文化、娱乐文化等加以界定、理解、分析和批判。法兰克福学派通常所使用的大众文化范畴与"文化工业"的概念非常接近。"文化工业"是霍克海默、阿多尔诺在《启蒙辩证法》一书中提出来的一个重要概念。他们指出,所谓的文化工业是指凭借现代科学技术手段大规模地复制、传播文化产品、文化商品的娱乐工业体系。这种娱乐工业产生于发达的资本主义工业国家,它以制作和传播非创造性的、标准化的

---

① 马尔库塞:《单面人》,湖南人民出版社1988年版,第28页。

大众文化商品为手段和载体,通过独特的大众传播媒介,如电影、电视、广播、报刊、杂志等多种普遍有效的途径送达消费者,供其消费,进而从中达到获取高额利润、实现发财致富的目的。这种大众文化就是借助大众传播媒介(电影、电视、广播、报刊、广告、杂志等)而流行于大众中的通俗文化,如通俗小说、流行音乐、叫座的影片、广告艺术、大批量生产和复制的艺术品等。大众文化实现了文化、艺术、宗教、哲学与商业、政治、消费、娱乐的有机融合,从而形成了物化的、虚假的文化,满足人们被动、虚假的需要。西方社会的统治阶级通过这种文化的兜售,占据人们的闲暇时间,通过娱乐来实现对大众的欺骗,从而操纵广大群众的思想与心理,培植支持统治和维护现状的顺从意识。概括起来,西方马克思主义,特别是法兰克福学派主要是从以下几个方面剖析大众文化对于人的存在的负面影响。

第一,大众文化的商品化:创造性的丧失。法兰克福学派认为,在技术世界中,通俗化、大众化的文化已经丧失了真正的文化的本质规定性,即丧失了艺术品的创造性,呈现出商品化的趋势,具有商品拜物教的特征。霍克海默与阿多尔诺在许多地方对大众文化的商品化特征进行了揭示。例如,阿多尔诺讨论了音乐的商品化现象。他认为,除了先锋派音乐以外,今天的音乐都不再具有创造性,都成了商品,它们是受市场导向的、受利润动机和交换价值支配的商品。这种大众化的音乐的创作者所关心的是上座率和经济效益,而不是艺术完美和审美价值。因此,在当代,同商品拜物教相一致,出现了"音乐拜物教",人们对音乐的崇拜已异化为对音乐所能取得的交换价值的崇拜。霍克海默和阿多尔诺在《启蒙辩证法》中,明确地指出大众文化的商品化特征,以及艺术向商品性的屈从。他们认为,"由于出现了大量的廉价的系列产品,再加上普遍进行欺诈,所以艺术本身更加具有商品性质了。艺术今天明确地承认自己完全具有商品的性质,这并不是什么新奇的事,但是艺术发誓否认自己的独立自主性,反以自己变为消费品而自豪,这却是令人惊奇的现象"①。

第二,大众文化的齐一化:个性的虚假。由于以现代技术发展为背景的大众文化具有批量生产、无限度复制的特征,所以,大众文化具有明显的标

---

① 霍克海默、阿多尔诺:《启蒙辩证法》,重庆出版社1990年版,第148页。

准化和齐一化的特征,换言之,大众文化不再具有真正的艺术品所具有的不可替代的个性。众所周知,艺术品的创造性特征主要表现在它的个性,即是说,真正的艺术品总是不可替代、不可重复的个体的独创。然而,由于现代技术的批量生产特征和大众传播媒介的大众性,现代艺术品开始失去个性,从形式到内容都越来越趋于相同,成为可以批量生产的大众化商品。霍克海默和阿多尔诺对此作了形象的描述:"现在一切文化都是相似的。电影、收音机、书报杂志等是一个系统。每一领域是独立的,但所有领域又是相互有联系的。甚至政治上的对手,他们的美学活动也都同样地颂扬铁的韵律。装潢美观的工业管理组织机构在独断的国家与在其他国家是一样的……从宏观上和微观上所表现出来的统一性,说明了人民所代表的文化的新模式:即普遍的东西与特殊的东西之间的虚假的一致性。在垄断下的所有的群众文化都是一致的,它们的结构都是有工厂生产出来的框架结构,这一点已经开始明显地表现出来。管理者根本不再注意它们的形式,它们表现的越是粗野,它们的力量就越是强烈。电影和广播不再需要作为艺术。"①

大众文化的标准化和齐一化的直接后果就是真正的艺术品所应包含的个性的消失,艺术品成为无个性的模仿和标准化的批量复制。霍克海默和阿多尔诺认为,在文化工业中,普遍存在着"个性的虚假",无论在文化艺术创作中,还是在艺术欣赏中,创造性的个性都不复存在。例如,甚至年轻人在谈恋爱或约会,以及表达接受或拒绝的意向时都失去了本真性,都想"能按照文化工业提供的模式进行表达",人们内心深处对美的感受和反应也都"已经完全物化了"。因此,他们断言,资本主义的发展同时使个人得到了发展,但是,技术的发展和统治,使个人的每一种进步又是"以牺牲个性为代价的"。他们指出,"在文化工业中,个性之所以成为虚幻的,不仅是由于文化工业生产方式的标准化,个人只有当自己与普遍的社会完全一致时,他才能容忍个性处于虚幻的这种处境。从爵士音乐典范的即席演奏者,到为了让人们能看出自己在影片中所扮演的角色,不得不仍用鬈发遮住眼睛的演员,都表现出个性的虚假。个性被归结为普遍的能力。偶然性,当它完全具有普遍的特性时才能存在下去"②。

---

① 霍克海默、阿多尔诺:《启蒙辩证法》,重庆出版社 1990 年版,第 112—113 页。
② 同上书,第 145 页。

第三，大众文化的欺骗性：超越维度的消解。大众文化具有很大的欺骗性，它主要迎合在机械劳动中疲惫的人们的需求，通过提供越来越多的承诺和越来越好的无限的娱乐消遣来消解人们内在的超越维度和反抗维度，使人们失去思想和深度，从而在平面化的文化模式中逃避现实，沉溺于无思想的享乐，与现存认同。霍克海默和阿多尔诺用了许多篇幅来描述大众文化的欺骗性。例如，他们特别分析了电影的欺骗功能。他们指出，在现代社会中，整个世界都得通过文化工业这个过滤器，结果，人们通常在电影欣赏中失去了独立的判断，往往认为，"电影就是外面大街上发生的情况的继续"，或者认为，"外面的世界是人们在电影中看到的情况的不断的延长"。结果，生活和电影在人们的错觉中不再有什么区别。大众文化的欺骗性不仅表现在电影这一艺术形式上，而且也体现在其他各种艺术活动中。霍克海默和阿多尔诺指出，"文化工业通过不断地向消费者许愿来欺骗消费者。它不断地改变享乐的活动和装潢，但这种许诺并没有得到实际的兑现，仅仅是让顾客画饼充饥而已。需求者虽然受到琳琅满目、五彩十色的招贴的诱惑，但实际上仍不得不过着日常惨淡的生活。同样的，艺术作品也不能兑现性爱。但是由于艺术作品把不能兑现的东西表现为一种消极的东西，它就似乎又贬低了欲望，从而对不能直接满足欲望要求的人，是一种安慰"①。换言之，虽然在现实中，人们无法实现现代社会和现代文化所允诺的许多东西，但大众化的通俗艺术作品却的确可以使工作一天后身心疲惫的人们在娱乐和享乐中得到放松和安慰，从而丢掉思想和一切现时烦恼。文化工业为消费者提供越来越多的文娱消费作品，从而给人们带来满足，"享乐意味着全身心的放松，头脑中什么也不思念，忘记了一切痛苦和忧伤。这种享乐是以无能为力为基础的。实际上，享乐是一种逃避，但是不像人们所主张的逃避恶劣的现实，而是逃避对现实的恶劣思想进行反抗。娱乐消遣作品所许诺的解放，是摆脱思想的解放，而不是摆脱消极东西的解放"②。

第四，大众文化的操控性和统治性。技术时代的大众文化成为一种新的统治形式，它的商品化和齐一化特征消解了艺术的创造性和个性，同时，它的消遣娱乐特征又消解了人们对现实的不满和内在的超越维度。因此，

---

① 霍克海默、阿多尔诺：《启蒙辩证法》，重庆出版社 1990 年版，第 130—131 页。
② 同上书，第 135—136 页。

虽然大众文化在表面上不具有强制性，但是，它对人的操控和统治更为深入，具有无所不在的特征。霍克海默认为，随着艺术和文化的深度的削减，文化工业或娱乐工业正悄悄地按着自己的尺度来调节、操纵和塑造人。他指出，"个体和社会的对立以及个人生存与社会生存的对立，这些使艺术消遣具有严肃性的东西已经过时。以取代艺术遗产而产生的所谓消遣，在今天不过是像游泳和踢足球样流行的刺激。大众性不再与艺术作品的具体内容或真实性有什么联系。在民主的国家，最终的决定不再取决于受过教育的人，而取决于消遣工业。大众性包含着无限制地把人们调节成娱乐工业所期望他们成为的那类人"①。由于统治方式的特殊性，大众文化对人的操控作用是无所不在的，它"影响人们傍晚从工厂出来，直到第二天早晨为了维持生存必须上班为止的思想"，在现代社会中，几乎没有什么人能够离开大众娱乐品而存在，因此，大众文化对人的操控无论在深度上还是在广度上都是其他统治形式所不可比拟的。霍克海默和阿多尔诺断言，"工业社会的力量对人们发生的影响，是一劳永逸的。文化工业的产品到处都被使用，甚至在娱乐消遣的状况下，也会被灵活地消费。但是文化工业的每一个产品，都是经济上巨大机器的一个标本，所有的人从一开始起，在工作时，在休息时，只要他还进行呼吸，他就离不开这些产品。没有一个人能不看有声电影，没有一个人能不收听无线电广播，社会上所有的人都接受文化工业品的影响。文化工业的每一个运动，都不可避免地把人们再现为整个社会所需要塑造出来的那种样子"②。

大众文化氛围中人对现存的"反抗无效"的现象充分说明了发达工业社会条件下人的异化的严重性。不仅传统的政治力量和经济因素作为外在的统治力量而存在，原本最具有创造性的文化也走向了异化，它不仅不再是人的创造性本质和个性的确证，而且本身成为统治人操控人的力量，成为人与现实认同的中介要素。如果我们把前面已分析的技术理性和意识形态等异化力量同大众文化结合起来，就可以更清楚更深刻地了解现代社会中文化异化的深度。这正是法兰克福学派等西方马克思主义把批判理论的主题主要定位于文化层面的根本原因之所在。文化主要表现为人的基本的生存

---

① 霍克海默：《批判理论》，重庆出版社1989年版，第274—275页。
② 霍克海默、阿多尔诺：《启蒙辩证法》，重庆出版社1990年版，第118页。

方式或生存样法,因此,文化的异化毫无疑问是人的深层次的异化,因为它是人的本质的异化。要扬弃大众文化的异化,必须扬弃人的本质的异化,恢复艺术和审美的个性和创造本质,也就是恢复人的自由自觉的生存方式。在这种意义上,大众文化批判同技术理性批判以及意识形态批判的主旨是完全一致的。

四　性格结构与心理机制批判

西方马克思主义的技术理性批判、意识形态批判、大众文化批判理论表明,在发达工业社会条件下,马克思在 19 世纪 40 年代所剖析的异化现象非但没有被扬弃,反而呈现出深化和加剧的趋势,具体表现在:以统治人、束缚人、扼杀人性为特征的异化机制从传统的政治统治和经济压迫转化为技术、理性、意识形态等无形的文化力量对人的不知不觉的操控。特别需要指出的是,发达工业社会条件下的异化问题还不仅仅表现在统治人的异化力量从有形的政治经济力量向无形的文化力量的转化,更严重地表现在,异化的机制逐步深入和内化到人的生存结构中,导致了人的性格结构和心理机制的异化。在西方马克思主义看来,现代人性格结构与心理机制的异化是人的最深层的异化,这是因为,在传统的政治统治和经济压迫下,改善生存状况的需求会驱使人反抗与超越现存秩序,而在以技术发展和消费娱乐为背景的文化力量的操控下,人很容易主动地与现存秩序认同,在性格结构和心理机制的层面上消解掉超越和否定现存的维度,成为非创造性的人格。异化的性格结构和心理机制的出现使现存社会缺少内在驱动力和超越的维度,成为消费主义的物化世界。西方马克思主义从多方面揭示现代人的异化的心理机制,我们可以通过马尔库塞关于"压抑性心理机制"的分析和弗洛姆关于"逃避自由"的心理机制及"非生产性的性格结构"的批判来展示现代人的深层异化和深层的文化危机。

(一) 压抑性的心理机制

从思想渊源来看,对马尔库塞影响最大的两个思想家便是马克思和弗洛伊德。早在 1932 年,马克思的《1844 年经济学—哲学手稿》问世的当年,马尔库塞就写成了《历史唯物主义的基础》一书,对马克思的异化理论进行了系统的研究与阐述。他对马克思的劳动异化理论的评价十分高,认为异化理论构成了历史唯物主义乃至马克思全部学说的基础。同时,马尔库塞对于弗洛伊德的精神分析学也给予了极大的重视,他在1955年发表的《爱欲与文明》一书中,把马克思的异化理论同弗洛伊德的文明观结合起来,对于现代人的压抑性生存方式或心理机制进行了深刻的阐释。由此,《爱欲与文明》一书也被人们称作弗洛伊德主义马克思主义的代表作。

众所周知,弗洛伊德是当代著名的社会心理学家,他所创立的精神分析学对于20世纪人类精神的演进和文化观念的更新起到巨大的促动作用。他从诊治精神病患者开始,在对于精神病患者的梦的解析中窥测到人的深层心理机制的奥秘,并发现了以性欲和爱欲为核心的本能在人的生存中和社会的进化中的巨大的影响力,甚至是决定性力量。由此,弗洛伊德的思索和研究超越了纯病理学的层面,进入了人类文化的层面,他对传统理性文明观提出了挑战,建立起以本能和对本能的压抑为主要线索来解释文明的机制的非理性的文明观。

弗洛伊德在早期著作中,把人的心理活动分为两个基本层面:意识和无意识。其中,意识是人的理性活动层面,而无意识则由各种各样不可遏止的本能冲动和欲望组成。按照传统观点,理性或意识构成了人的本质规定性,弗洛伊德则认为,意识只是人的心理结构的表层,因而并不是最重要的,而无意识则对人的整个精神活动和其他活动起着决定性作用。此外,弗洛伊德认为,在意识与无意识之间还存在着下意识或前意识的层面,其功能是防止本能和欲望等无意识因素渗透到意识之中。到了晚年,弗洛伊德使上述思想进一步明确,把人的心理结构划分为三个基本层面:一是"本我"(id),这是由本能和欲望构成的无意识层面;二是"自我"(ego),代表着理性和判断的层面;三是"超我"(super ego),它是由道德观、是非观、良心等构成的对"本我"的道德限制层面,实际上是社会文明规范在个体中的内化。弗洛伊德指出,"本我"和"自我"服从于不同的原则:"本我"由各种非理性的本能和欲望构成,其中最根本的是性欲冲动,即"力比多",它为人的各种活动提供动力,它唯一追求的目标是获得快乐,因此,"本我"的活动遵循快乐原则;而"自我"代表着理性和判断,它既要满足本能对快乐的追求,又要用"超我"的道德和是非观来约束本能的活动范围,使之符合现实的要求,因此,"自我"的活动遵循现实原则。弗洛伊德认为,健全的心理机制应当是

"本我""自我"和"超我"三个层面处于平衡状态,而实际上它们之间的冲突是常常发生的。文明起源的机制就说明了这一点。人类社会的风俗、习惯、宗教戒律、道德规范等等归根到底是作为对人的性本能的节制而产生的。从杂乱性交的原始群,经过血缘家庭和普那路亚家庭的群婚制,再通过对偶家庭这种不稳定的个体婚制,最终过渡到严格的一夫一妻制,实际上就是人的理性文明观通过不断限制性本能的活动范围而建立起来的过程。因此,弗洛伊德断言,文明起源于性压抑。他认为,随着现实原则不断约束快乐原则的活动范围,理性对本能的不断压抑一方面外化为文明形态,另一方面内化为人的压抑性心理机制。马尔库塞认为,弗洛伊德关于以现实原则、操作原则、理性原则为核心的压抑性文明的理论对于认识发达工业社会也具有很大的价值,这是因为,在现代,虽然科学技术的发展和财富的增长在很大程度上缓解了由于匮乏所引起的生存压力,但是,文明对人的压抑并没有消除,反而有增无减,深入到人的生存的各个领域。在这种情形下,人的存在方式和心理机制更加异化,更加具有压抑的性质。对此,马尔库塞重点强调了以下几点。

第一,异化现象的普遍化。马尔库塞认为,在现代技术世界中,除了仅有的为数不多的真正的艺术活动外,绝大多数劳动都是异化的。真正的艺术活动能够提供高度的"力比多"满足,因此,它是人的本能的健康的升华,能够给人带来巨大的愉悦和快乐。而现代社会中的大部分工作则完全不同,它们属于痛苦的和可怕的异化劳动,这种活动割断了同爱欲的联系,不能满足个体的需要和倾向,因此,是"由残酷的必然性和无情的力量强加于人的"。

马尔库塞对异化的普遍化作了十分形象的描述。他指出,"劳动几乎完全异化了。装配线的整套技巧、政府机关的日常事务以及买卖仪式,都已与人的潜能完全无关。工作关系几乎变成了作为科学活动和效率专家的处理对象,成了可以互相替换的人与人之间的关系"①。

第二,统治力量(异化力量)的非人格化与普遍化。发达工业社会条件下异化的加剧不仅体现在异化现象的普遍化,存在于人的几乎所有活动领

---

① 马尔库塞:《爱欲与文明》,上海译文出版社 1987 年版,第 72—73 页。

域,而且还体现在统治人的异化力量也改变了存在形式,从人格化、个体化的有形的力量(如主人、酋长、首领、权威等)转化为非人格化、普遍化的无形的社会力量或文化力量(机构、理性、技术、观念形态等)。在这种情况下,人对异化的反抗和超越更为艰难,更加无效。马尔库塞认为,在现代社会条件下,家庭的社会功能的削弱深刻反映了非人格化力量对人的统治的加强这一事实。他指出,在传统社会,无论如何都是家庭在行使抚养和教育个体的功能,在这种情形下,人们所遵循的主要准则和价值标准都是由个人传递并通过个人的命运改变的。与此相应,对个体的控制和约束也是由家长等各种人格化、个体化的父亲形象来行使的。而在现代社会条件下,非个体化的社会教育、各种大众传播媒介取代了家庭的地位,把这种价值与准则灌输给个体,并对人进行效率、意志、人格、愿望、冒险等方面的训练。与此同时,政治、经济、文化垄断集团等各种非人格化的力量取代了传统的人格化的父亲,通过"管理"的方式而形成新的统治机制和统治形式。

第三,压抑性心理机制的生成。马尔库塞认为,正是由于异化现象的普遍化和统治力量或统治形式的非人格化,现代人的心理机制具有压抑性的本质特征。发达工业社会条件下的压抑性心理机制的两个突出特征是:劳动(工作)异化为苦役;爱欲降格为单纯的性欲。

我们可以从这两个基本特征入手来理解马尔库塞所揭示的压抑性心理机制。关于劳动或工作异化为苦役,马尔库塞有许多论述。他认为,在现实原则和操纵原则的支配下,人的身心都变成了异化劳动的工具。面对非人格化的力量通过"管理"的形式而行使的具有合理化外观的现代统治形式,现代人往往"自由地"经受压抑,把压抑视作自己正常的生活。他们往往不像早期资本主义时期的工人那样反抗机器,逃避劳动,而是能够忍受劳动的枯燥与痛苦,同时用劳动之外的娱乐消遣和消费来平息被压抑的力比多。因此,具有压抑性心理机制的现代人较少具有超越性和反抗性。这正是马尔库塞在《单向度的人》中所描述的失去超越维度的"单面人"。在这种意义上,无论现代人如何能够忍受自己的工作,这些工作都具有明显的异化性质。关于压抑性心理机制的另一个本质特征,即爱欲变成单纯的性欲,马尔库塞直接运用了弗洛伊德的论述方式。他认为,在现代社会,超我,即文明对人的压抑越来越强烈,结果导致了人的爱欲区的急剧缩小,爱欲由此变成了单纯的性欲。按照弗洛伊德的观点,性本能是泛性欲化的,它并不只集中于生殖器性欲的满足，而是贯穿于人的一生，体现在人的多种活动的升华机制中。但是，马尔库塞认为，发达工业社会的压抑机制堵塞了人的力比多释放的各种渠道，技术限制减少了爱欲能量，限制了升华的范围，从而增加了性行为能量，把"爱欲体验还原为性体验与性满足"。关于这一点，马尔库塞在《单向度的人》中作了形象的描述。他说，我们可以"比较一下草坪上的做爱与汽车里的做爱，城墙外情人在小径上的做爱与在曼哈顿大街上的做爱。在前一情形中，环境参与了进来，分享了利比多的专注，并倾向于爱欲化。利比多超越了直接性感觉区——一个非压抑的升华过程。相形之下，机械化的环境似乎阻碍了利比多的自我超越。在被迫努力扩大爱欲满足区域的情况下，利比多变得更少'多晶型'，更少能进行超越了定域性行为的性爱，局限于性器官的性行为于是被强化"①。可以说，劳动（工作）和性活动是人的两个非常基本的活动领域，因此，这两个领域的异化标明文明对人的压抑已经达到人的生存的深层次。

马尔库塞同弗洛伊德精神分析学理论的最大分歧点是关于非压抑性生存方式的可能性问题。按照弗洛伊德的观点，在理性的现实原则和本能的快乐原则之间不可避免地要发生冲突，文明历史的结构本身就体现了这种冲突，体现了现实原则对快乐原则的压抑，文明就起源于性压抑；无论在什么样的意义上，人类都"不可能彻底解放快乐原则"，而这即是说，非压抑性的生存方式是不可能的。在这一点上，马尔库塞的见解完全相反。他指出，按照弗洛伊德的观点，在文明中现实原则同快乐原则的冲突及理性对本能的压抑是由于普遍的缺乏、生活窘迫和生存斗争引起并维持的。既然如此，就说明压抑是由本能之外的因素形成的，或者说是历史性的结构。而这样一来，非压抑性的生存方式应当是可以设想的，因为匮乏并非永恒的状态，与此相关，对本能的压抑也就不是必然的。对此，马尔库塞是持比较肯定的结论的。他在 1961 年为《爱欲与文明》一书标准版所写的序言中明确指出："本书提出了非压抑性生存方式这个概念，旨在表明，向现阶段文明有可能达到的新阶段过渡将意味着，使传统文化颠倒过来，不论是物质上的还是精神上的，就要解放迄今为止一直受到禁忌和压抑的本能需要及其满

---

① 马尔库塞：《单面人》，湖南人民出版社 1988 年版，第 63 页。

足。"①他把非压抑性生存方式或非压抑性文明的要点概括为两个:工作转变为消遣;性欲升华为爱欲。这两方面转变的共同结果,将是"建立本能与理性的新联系"。

(二)"逃避自由"的心理机制

在西方马克思主义者中,弗洛姆对于现代人的异化的心理机制或性格结构的分析最多。他同马尔库塞一样,把马克思的异化理论同弗洛伊德的精神分析学说结合起来,并且对这两种理论的内在一致性作了更多的探讨。他由此同马尔库塞一样,被称之为"弗洛伊德主义的马克思主义者"。对现代人的深层心理机制和性格结构的异化性质的揭示与人道主义批判,对人的主体性的呼唤,是贯穿弗洛姆全部理论学说的思想主线。他的《逃避自由》(1941)、《自为的人》(1947)和《健全的社会》(1956)被视作分析批判现代人的异化状况的三部曲。此外,弗洛姆的《在幻想锁链的彼岸》(1962)和《占有还是生存》(1976)也是批判现代人异化的心理机制的重要著作。在某种意义上,弗洛姆的《逃避自由》一书成为现代性格结构和心理机制批判的经典之作,它对20世纪的文化批判理论的发展产生了重大的影响。

弗洛姆在《逃避自由》一书中所作的心理分析从深度上讲是一般的社会心理学研究不可比拟的,他从人的生存的内在冲突,以及人与自然的矛盾关联入手,把对人的存在的人本学思考同对人的内在的心理机制或精神结构的分析结合起来,又从对人的心理机制的一般阐释进入到对现代人的异化的心理机制的具体解析,的确为我们提供了深层心理机制批判的典型范例。我们可以简要地展开弗洛姆的关于逃避自由的理论。

弗洛姆首先从人与自然的关系入手,展开人的生存的基本矛盾。他认为,一方面,人本身就是自然的一部分,与自然有着不可分割的统一性,但是,另一方面,人的生存的展开过程又是不断超越自然的过程,这表现为人的个体化进程。人的个体化导致了具有不同价值取向的双重结果:一方面是人的自由的增长,另一方面则是人的孤独感的增强。正是人的生存的这种内在冲突形成了"逃避自由"心理机制的生成基础,人由于对孤独的恐惧

---

① 马尔库塞:《爱欲与文明》,上海译文出版社1987年版,序言第14页。

而倾向于逃避构成自己本质的自由，而与某种整体和权威认同，以获得安全感。弗洛姆断言，人的命运"是悲剧性的：既是自然的一部分，又要超越自然"①。这一超越自然的进程就是人的个体化过程。具体说来，人的最原初的世界是一个与万物无异的自然世界或动物世界，人像其他存在物一样，存在于天人合一、物我不分的自在世界。人的先天生物结构的脆弱（哲学人类学所说的"未特定化"）使人不得不用后天的努力去弥补本能的不足，由此，人开始形成思想与文化，开始与自然相分离，开始成为与其他存在物不同的个体。假如没有这一个体化进程，也就不会有人类社会和人类历史，而只有自在的自然流程。然而，这一个体化进程给人类存在带来的影响并不是单值的和一维的，而是双重的。用弗洛姆的话来说，这一个体化斩断了人与自然的原始的、天然的、未分化的联系，由此导致了人的个体的发展，人可以摆脱自然的束缚，而进行活动与创造，因此，人获得了自由。但是，人在摆脱了原始的自然联系对自己的束缚的同时，也失去了原始关系给人所带来的天然的安全感和归属感，因此，人在获得自由的同时也开始感受到前所未有的孤独。自由与孤独并存是个体化的双重不可回避的后果。用他的话来说，"人类史就是冲突与奋斗的历史。在日益个人化的过程中，每进一步，人们便遭到新的不安全的威胁。原始的束缚一旦被割断了，便不会修复；一旦丧失了天堂，人就不能重返天堂"②。正是面对着这样的生存境遇，人有可能产生逃避自由的心理冲动。与自由相伴随的孤独、焦虑、不安，以及沉重的责任，会使人产生对原始安全感的怀念和对自由的恐惧，于是，"便产生了想要放弃个人独立的冲动，想要把自己完全隐没在外界中，藉以克服孤独及无权力的感觉"③。

弗洛姆认为，这种放弃自由、逃避责任、渴望安全的心理冲动，在一定的历史条件下，会积淀成一种普遍的心理机制，即有意识地、主动地、自觉地逃避自由的心理机制。而逃避自由的基本途径是与某种权威或组织机构认同。因此，逃避自由的心理机制一方面会消解人的主体性，另一方面会为专制机构或体制提供生存基础。对于这一逃避自由的心理机制，弗洛姆作了

① 弗洛姆：《逃避自由》，北方文艺出版社1987年版，第10页。
② 同上书，第13页。
③ 同上书，第6—7页。

清晰的概述：“如果人类个人化过程所依赖的经济、社会与政治环境（条件），不能作为实现个人化的基础，而同时人们又已失去了给予他们安全的那些关系（束缚），那么这种脱节的现象将使得自由成为一项不能忍受的负担。于是自由就变成为和怀疑相同的东西，也表示一种没有意义和方向的生活。这时，便产生了有力的倾向，想要逃避这种自由，屈服于某人的权威下，或与他人及世界建立某种关系，使他可以解脱不安之感，虽然这种屈服或关系会剥夺了他的自由。”①

弗洛姆认为，现代人的产生过程就是如此。现代人产生于中世纪之后，从文艺复兴开始的以理性、个性、自由为内涵的个体化进程实际上就是现代人的生成过程。现代人与以中世纪为代表的传统人在生存方式上有很大的差异。在中世纪，真正的个体尚未生成，人尚未成为自由的个体，然而，那时人虽然不自由，但人同自然的原始关联（原始束缚）及社会整体对人的天然束缚却给人以安全感；文艺复兴和宗教改革代表了现代人的生成过程，这一个体化过程使人成为自由的和创造性的个体，同时给社会发展带来了前所未有的内在驱动力，但是，新的自由却使人孤独和焦虑不安，摆脱孤独和逃避责任的心理倾向使逃避自由成为现代人的主导性心理机制。现代人的逃避自由的心理机制通过极权主义、攻击性等多种形式表现出来。特别需要指出的是，在一般的逃避自由的心理倾向的基础上，现代社会出现了一些极端的逃避自由的心理机制，这种心理机制不仅妨碍个体人格的健康发展，而且在一定的历史条件下会造成很大的社会弊端，甚至成为诸如法西斯主义之类的人类悲剧的心理基础。在《逃避自由》一书中，作为极端的典型，弗洛姆主要分析了三种典型的逃避自由的心理机制，即受虐狂和虐待狂共生的极权主义；攻击性和破坏性；顺世和随俗。

第一，极权主义：受虐狂和虐待狂的共生。弗洛姆认为，从表面上看，受虐狂和虐待狂是相互矛盾的和相互冲突的，但实质上它们是相互依存的，在本质上是共生的和一致的，即它们都是内在孤独感和恐惧感的表现，都倾向于与某种外在的权威或力量认同，以获得安全感。用弗洛姆的话来说，极权主义所代表的这种逃避自由的心理机制“是指其个人有放弃自己独立自由

---

① 弗洛姆：《逃避自由》，北方文艺出版社 1987 年版，第 13 页。

的倾向，而希望去与自己不相干的某人或某事结合起来，以便获得他所缺少的力量。换句话说，也就是寻求新的第二个束缚，来代替其已失去的原始约束"①。弗洛姆和其他一些思想家断言，以受虐狂和虐待狂的共生为基础的极权主义构成法西斯主义兴起的社会心理基础。

弗洛姆认为，在极权主义心理机制中，作为一极的受虐狂的特征是，这种人有着内在的自卑、无能及无意义的感觉，他们有意识地轻视自己，使自己软弱，不愿主宰一切，而愿意依靠具有权威的他人、组织、大自然或自身之外的任何力量。这种人不愿固执己见，也不愿做自己想做的事情，而愿意委诸外力，听别人的主张。在极权主义心理机制的另一极是虐待狂。与受虐狂相反，虐待狂想使"别人倚赖他们"，他们以绝对手段控制别人，或操纵别人，或使别人痛苦。弗洛姆认为，从表面上看，虐待狂与受虐狂有本质的差别，虐待狂表现出强大无比的特征，但是，在本质上，虐待狂与受虐狂有同样的依赖的本性，虐待狂的强大或真实力量的根源不是他们自身，而是来自那些被控制者，因此，他们同样需要或离不开对方，即受虐狂，而且往往是更为急切地需要受虐狂的存在。因此，弗洛姆断言，受虐狂和虐待狂是共生的现象，他们有着共同的目的，都想使自己从孤独及无权的情况下获得解脱。正是受虐狂和虐待狂的共生构成了极权主义的心理基础。

第二，攻击性和破坏性。作为逃避自由的心理机制的重要表现形式之一的攻击性和破坏性，同样是为了消除由于自由和不确定性而引起的孤独与焦虑，但是，它所使用的方式与受虐狂和虐待狂不同，它不是主动地与身外的某种权威和力量通过委身或驾驭的方式而达到认同或合一的境界，从而在舍弃自由的同时消除孤独与不安。破坏性或攻击性的逃避机制所采取的方式是摧毁一切威胁到自身存在的外力，由此来缓解内在的孤独和无权力感。显而易见，这同样是一种极具破坏性的逃避自由的心理机制。弗洛姆认为，在现代社会中，各种破坏和攻击的行为时有发生，与这种心理机制密切相关，而且，人们常常用爱、责任、良知、爱国主义等字眼来掩饰自己的破坏行为，用各种方式使这些迫害活动合理化。对于这种逃避自由的心理机制，弗洛姆作了深刻的揭示，他指出，同受虐狂和虐待狂相比，"破坏性的

---

① 弗洛姆：《逃避自由》，北方文艺出版社 1987 年版，第 88 页。

不同是因为它的目的不在于主动的或被动的共生,而在于想消灭它的目的物。可是,它也是产生于个人无法忍受的无权力感及孤独感。由于我把外在的东西摧毁了,因此,我可以免除了我自己无权力的感觉。当然,如果我成功地消灭了外在的目的物,我还是孤独的和孤立的,可是,我这种孤独是一种绝佳的孤立状态,在这种孤立状态中,外在的目的物之力量,不能再压服我了。毁灭世界是想使自己不再受外界力量摧毁的最后的一种,几乎是奋不顾身的企图。虐待狂是欲借统治他人来增强自己的力量;破坏则是欲借消除外界的威胁,来增强自己的力量"①。

第三,舍己的自动适应:顺世与随俗。应当说,受虐狂和虐待狂,以及破坏性和攻击性,都属于极端的、极具破坏性的逃避自由的心理机制,而对大多数人来说,则往往可能采取比较温和的逃避自由的方式。一般说来,普通人为了消除自由和责任带来的重负和孤独,往往倾向于通过采取与世无争的方式或沉溺于、封闭于内心世界的方式来摆脱世界,摆脱威胁与孤独。其中,最为常见的是在文化模式上的顺世与随俗,主动地放弃自己的个性和主体性,变成海德格尔所说的无主体的"常人"。

弗洛姆强调舍己的自动适应这种逃避自由的心理机制的普遍性和常见性。他指出,"这个逃避现实的心理机制,是大多数正常人在现代社会中所发现的解决办法。简而言之,就是:个人不再是他自己,他完全承袭了文化模式所给予他的那种人格。因此他就和所有其他的人一样,并且变得就和他人所期望的一样。这样,'我'与世界之间的矛盾就消失了,然后,对孤立与无权力的恐惧感也消失了。这种心理机构宛如某些动物的保护色。他们看起来,与他们的周围环境那么相似,以至于他们几乎和周围的环境,没有什么区别,一个人放弃了他独有的个性,变得和周围的人一模一样,便不再感到孤独和焦虑"②。从这种分析可以看出,逃避自由的心理机制的确具有很大的消极性,它即使不对社会造成破坏性的后果,也会导致人的主体性的消解和萎缩性人格。正因为如此,弗洛姆极力寻找超越逃避自由的心理机制的途径。

此后,弗洛姆又从不同方面深化自己关于现代人"逃避自由"的心理机

---

① 弗洛姆:《逃避自由》,北方文艺出版社 1987 年版,第 107—108 页。
② 同上书,第 111 页。

制的批判。他在《自为的人》和《健全的社会》中又从社会性格结构的角度
进一步揭示了现代人的性格结构的异化性质,从中诊断现代人的病症。弗
洛姆认为,正如一个人会生病一样,一个社会也会患病,目前发达工业社会
的疾病表现在精神上的不健全。造成西方发达社会精神上不健全的主要原
因是现代西方社会的社会性格结构出了毛病。具体说来,在西方发达工业
社会中,占主导地位的是非生产性(非创造性)的性格结构或性格倾向。同
逃避自由的心理机制相对应,在现代人中流行着几种严重的非生产性的、异
化的性格倾向,如接受型倾向、剥削型倾向、囤积型倾向、市场倾向,等等。
而在生前最后一部重要著作《占有还是生存》(1976)中,弗洛姆依旧充满了
年轻人的激情去抨击现存社会的弊端,构想和呼唤充满人性、尊重个性的新
的社会体制。他在《占有还是生存》中,像在《逃避自由》、《自为的人》和
《健全的社会》中一样,依旧把批判和超越现代人的异化的心理机制和性格
结构,发展健全的人格和建立健全的社会作为自己理论研究的中心课题,在
这里,他继"逃避自由"的心理机制、"非生产性"的性格结构之后,又提出了
"重占有"的生存方式,用以揭示现代人的深层异化。

  弗洛姆从"逃避自由"的心理机制、"非生产性"的性格结构和"重占
有"的生存方式等多方面剖析了现代人无所不在的物化和异化状态。但
是,他并非一个悲观主义者。相反,在弗洛姆看来,虽然个体化进程不可避
免地给人的生存带来自由与孤独并存的生存境遇,但是,人并不是命定地要
走逃避自由的道路,人面前总存在着选择的空间。逃避自由并不能使人获
得真正的安全感,人的真正出路在于确立"积极自由的生存状态"。积极自
由意味着自我的实现,意味着人的个性和潜能的发挥。他说:"我们深信,
一定是有一种积极自由的状态存在,自由发展的过程不会构成恶性循环,人
可以是自由而不孤独的,可以具有批评能力,而不会充满怀疑,可以独立,而
仍然是全人类的完整的一部分。获得这种自由的方法,是自我的实现,是发
挥自己的个性。"①

  从上述分析来看,在理性主义文化批判的主题上,西方马克思主义比后
现代主义等思潮更具有建设性,对于我们全面理解西方文化和文化危机更

---

① 弗洛姆:《逃避自由》,北方文艺出版社 1987 年版,第 133 页。

具有启迪性。首先,西方马克思主义者都以马克思的异化理论为依据或立足点,对发达工业社会进行了全方位的文化批判。他们认为,在发达工业社会条件下,马克思所剖析的劳动异化现象非但没有消失,反而走向了普遍化和深化。异化结构和物化机制已渗透到人的所有活动领域,不但传统的政治力量和经济力量依旧是人的统治力量,而且意识形态、技术理性、大众文化等文化力量都成为压抑人、消解人的主体性的异化力量。同时,异化的普遍化进一步导致了异化的深化,物化结构开始深入到人的生存方式的层面上,导致了人的性格结构和心理机制的异化,导致了物化意识、单向度的思想、单向度的人格、消费人格、市场人格的形成。其次,针对现代社会的普遍异化,法兰克福学派成员并没有丢弃人道主义信念和人本主义立场,他们从不同方面提出了各种具有人道主义本质特征的理想社会构想,以反抗异化,恢复人的自由自觉的和创造性的本质。例如,他们所提出的非压抑性的文明、健全的社会、非异化的"新人"、交往的合理化、重生存的生存方式等等,其宗旨都是要超越人的深层异化,扬弃各种普遍的文化力量和其他异己力量对人的压抑和统治,建立以人的自由和全面发展为内涵的人道主义的理想社会。

第十讲

回归生活世界的文化重建

　　从前面的分析,我们对 20 世纪的理性主义文化危机有了比较全面的了解,现在的问题是人类如何走出这种深刻的危机。实际上,很多文化批判思想家也十分关心这一问题,许多人从不同方面提出了很多富有启迪的设想,其中既有宏观的社会改革方案,也有具体的变革措施;既有重建人的主体性和理性文化的呼吁,也有彻底解构理性主义文化的要求。比较而言,在 20 世纪的文化批判中,回归生活世界的理论导向在解决人类的理性文化危机方面的探索最具合理性,它不是一般地笼统地坚持或是彻底地全盘地否定理性主义问题,而是主张回到人类社会和人类文化的根基——生活世界去寻找合理的理性文化重建的途径。

　　20 世纪是哲学理性异常发达的时代,人类理性演进经历了几次重大的转向,如开始于弗雷格而完成了维特根斯坦的“语言学转折”、舍勒所代表的“人类学转折”,等等。其中生活世界理论是十分重要的转折之一。我们发现,在 20 世纪的哲学王国中,不是某个哲学家零散地、偶尔地将目光投向了生活世界领域,而是许多哲学家或哲学流派不约而同地从不同视角将注意力聚集到生活世界上,提出了关于生活世界的构想和批判理论。我们可以从胡塞尔的现象学、维特根斯坦的语言哲学、海德格尔的存在主义、哈贝马斯和列菲伏尔等人的西方马克思主义、许茨的生活世界理论、K. 科西克和 A. 赫勒的东欧新马克思主义等重要哲学流派的主要观点中,看到 20 世纪哲学向生活世界回归这一重要转向。

　　生活世界理论从产生之日起就是文化哲学的重要组成部分。无论是哪个哲学流派或哲学家,无论从什么视角回归生活世界,其根本原因或基本动机都与 20 世纪的文化状况有着本质的联系。具体说来,哲学家们回归生活世界的深层动机或是分析和批判西方的理性主义文化危机，探寻现代人走出深刻文化危机之路，或是在文化冲突和文化交汇的意义上思考传统经验主义或自然主义文化模式向现代理性主义和人本主义文化模式的转型问题。因此，我们在这里，拟从生活世界理论的庞大家族中选取胡塞尔、许茨、列菲伏尔、哈贝马斯、A. 赫勒几位思想家的理论，来从总体上把握回归生活世界的文化批判导向在重建理性文化和重建现代性方面所作的富有建设性的探索。

一　胡塞尔的生活世界理论

我们在讨论文化危机的原理时，已经简要地介绍了胡塞尔的生活世界理论。面对 20 世纪这场深刻的理性主义文化危机，胡塞尔为欧洲人开出了"生活世界"的药方。他认为，导致这场危机的根源在于科学世界在自己的建构过程中，偷偷地取代并遗忘了生活世界，因此，要摆脱这场危机，就必须回归日常生活世界。因为这一生活世界同科学世界相比，具有优先性，因为在生活世界中，人和世界保持着统一性，这是一个有人参与其中的，保持着目的、意义和价值的世界；而科学世界是从这一前科学的生活世界中分化出来的，它把生活世界的一部分抽取出来加以形式化和片面化，结果把人从统一的世界图景中作为主观性而排斥出去，形成了一幅没有人生存于其中，没有目的、意义和价值的科学的世界图景。正是科学世界与生活世界的这一分裂导致了科学和人的存在的危机。胡塞尔认为，"生活世界是自然科学的被遗忘了的基础"。胡塞尔反复强调，科学不应当把人的问题排除在外，哲学应当自觉地回归并研究生活世界，为欧洲人重建人与世界相统一的，有价值、意义和目的的世界。

虽然我们已经论述了胡塞尔思想的基本要点，但在这里还想进一步展开他的生活世界理论。这是因为，在人类思想史上，胡塞尔第一个自觉地开始回归生活世界的文化批判，这一理论导向不但开创了 20 世纪的生活世界理论，而且对所有的理性文化批判理论都产生了深刻的影响。

要阐述胡塞尔的生活世界理论是一件十分复杂、非常困难的任务。在这里，我们只能就我们的主题的相关性而言探讨胡塞尔生活世界理论的几个相关问题，主要涉及胡塞尔对欧洲科学危机的性质和实质的判定、关于危机的根源的揭示、关于生活世界的基本阐述和关于摆脱危机的思路等。胡塞尔于 20 世纪 30 年代在《欧洲科学危机和超验现象学》一书中明确指出，欧洲的科学已陷入深刻的危机之中。这里的所谓"科学危机"不是指物理学或数学等具体学科本身的危机，而是指由于科学的社会作用所引起的文化危机，因而，从根本上说，这是一场哲学的危机，一场人自身的危机。胡塞尔认为，欧洲人于文艺复兴时期在自己身上发生了一场革命性变化，确立了新的人性理念，而这种新的人性基础是由哲学奠定的。欧洲人复兴了古希腊罗马人的价值和生存方式，强调一种"哲学的"人之生存形式：即根据纯粹的理性，根据哲学，自由地塑造他们自己，塑造他们的整个生活，塑造他们的法律。按照文艺复兴的主导思想，古人是自己明智地在自由理性中塑造自己的人。但是，胡塞尔认为，在 19 世纪与 20 世纪之交，实证主义思潮开始流行，人们被实证科学的表面繁荣所迷惑，让自己的整个世界观受实证科学的支配，结果，被人们理想化和神化的科学世界偏离了关注人生问题的理性主义传统，把人的问题排斥在科学世界之外，导致了片面的理性和客观性对人的统治。"在十九世纪后半叶，现代人让自己的整个世界观受实证科学的支配，并迷惑于实证科学所造就的'繁荣'。这种独特现象意味着，现代人漫不经心地抹去了那些对于真正的人来说至关重要的问题。只见事实的科学造成了只见事实的人。…… 实证科学正是在原则上排斥了一个在我们的不幸的时代中，人面对命运攸关的根本变革所必须立即作出回答的问题：探问整个人生有无意义。"①这样一来，欧洲科学的危机实际上表现为深刻的文化危机，即人的生存方式的危机。胡塞尔指出，"因为如前所述，新哲学的奠基是近代欧洲人人性的奠基，并且这种人性奠基与以往中世纪和古代的不同之处正是表现在通过并只是通过这种新哲学来彻底地更新自己。因此，哲学的危机意味着作为哲学总体的分支的一切新时代的科学的危机，它是一种开始时隐藏着，然后日渐显露出来的欧洲的人性本身的危机，这表现在欧洲人的文化生活的总体意义上，表现在他们的总体的'存在'（'Existenz'）上"②。

胡塞尔不仅判定欧洲科学危机的性质是哲学的危机，是文化的危机，即

---

① 胡塞尔：《欧洲科学危机和超验现象学》，上海译文出版社 1988 年版，第 5—6 页。
② 同上书，第 13 页。

人的生存方式的危机,而且对于这种危机的根源及其后果作了深入的探讨。在胡塞尔看来,实证科学的发展导致了实证主义思维方式的盛行。在笛卡儿和伽利略等人那里,经历了自然的数学化和理念化的进程。这种数学化的最高阶段是普遍的形式化,其结果是公式成为预见具体的出发点,经验世界和生活世界被遗忘。实证科学和实证主义建立起绝对自明的客观性和绝对客观主义的态度,貌似合理,实际上却导致了严重的后果。这种绝对客观主义的态度导致消解人的主体性和精神性的封闭的物质自然观的产生。"伽利略在从几何的观点和从感性可见的和可数学化的东西的观点出发考虑世界的时候,抽象掉了作为过着人的生活的人的主体,抽象掉了一切精神的东西,一切在人的实践中物所附有的文化特性。这种抽象的结果使事物成为纯粹的物体,这些物体被当作具体的实在的对象,它们的总体被认为就是世界,它们成为研究的题材。人们可以说,作为**实在的自我封闭的物体世界**的自然观是通过伽利略才第一次宣告产生的。随着数学化很快被视为理所当然,自我封闭的自然的因果关系的观念相应而生。在此,一切事件被认为都可一义性地和预先地加以规定。"①

面对这场深刻的文化危机,胡塞尔为欧洲人开出了"生活世界"的药方。关于胡塞尔的生活世界的概念,一直是国内外学术界反复争论的问题,对这个基本问题的理解直接影响着人们对胡塞尔现象学的理解,影响着人们对生活世界理论的价值的判定。在这里,我们先不去对生活世界的范畴进行过细的考证,而是梳理一下胡塞尔关于生活世界的阐述中一些相对而言被人们在一定意义上公认的观点。

首先,在胡塞尔看来,生活世界具有先在的给定性,是"直觉地被给予的""前科学的、直观的""可经验的"人之存在领域。这里我们必须立即加以限定。这种先在的给定性不是简单的时间上的在先或逻辑上的在先,也不是一般的经验上的非反思性,而是一种具有原初的、本源的、根据的意义上的给定性,是非课题化的给定性,而科学世界等领域则是在生活世界的基础上课题化、理性化的产物。用胡塞尔的话来说,"生活世界是永远事先给予的,永远事先存在的世界。人们确认它的存在,并不因为某种意图、某个

---

① 胡塞尔:《欧洲科学危机和超验现象学》,上海译文出版社 1988 年版,第 71 页。

主题,也并不因为某种普遍的目标。一切目标以它为前提,即使那在科学的真理中所被认知的普遍的目标也以它为前提,并且已经和在以后的工作中一再以它为前提,它们以自己的方式设定它的存在,并立足在它的存在上。科学的世界(在自然科学的意义上的自然,在作为普遍的实证科学的意义上的世界)对于作为其前提的人和生活世界来说是一个无限开放的目标构成物的区域。我们还需进一步澄清,生活世界虽是一个'构成物区域',但不是一个'目标构成物区域',尽管人属于它的先于一切目标的存在,我们当然知道,人是有目的的,人的一切创作当然也属于生活世界"①。

其次,这种给定的生活世界包含着我们通常所说的日常生活的范畴,但是,不能把生活世界简单地理解为琐屑的经验的日常生活,它是主体性的意义构造。特别需要强调的是,生活世界不是理性化和课题化或主题化的具体的意义构造,而是前科学的、非课题化的生活的成果,现存生活世界的意义是超验的主体性的产物;自在的第一性的东西是主体性,生活世界的这种意义构造成为科学世界和其他一切领域的基础。胡塞尔明确提出,"现存生活世界的存有意义是**主体的构造**,是经验的,前科学的生活的成果。世界的意义和世界存有的认定是在这种生活中自我形成的。——每一时期的世界都被每一时期的经验者实际地认定。至于'客观真的'世界,科学的世界,是**在较高层次上的构成物**,是用前科学的经验和思想为基础的,或者说,是以它的对意义和存有的认定的成果为基础的。只有彻底地追问**这种主体性**(在此特别需追问造成对世界及其内容的认定、造成对一切前科学的和科学的模式的认定的主体性,以及追问理性的成就是什么并如何),我们才能理解客观真理和弄清楚世界最终的存有意义。因此,世界的存有(客观主义对此不加提问,把它视为不言自喻的)并不是自在的第一性的东西,因而不应该只问什么东西客观地属于这种存有。实际上,**自在的第一性的东西是主体性**,是它在起初素朴地预先给定世界的存有,然后把它理性化,这也就是说,把它客观化"②。

再次,生活世界作为自在的第一性之主体性的意义构造,不是孤立的自我的产物,而是交互主体性的产物。换言之,生活世界之所以是前科学的、

---

① 《胡塞尔选集》下卷,倪梁康选编,上海三联书店1997年版,第1087—1088页。
② 胡塞尔:《欧洲科学危机和超验现象学》,上海译文出版社1988年版,第81—82页。

给定的意义世界,还在于它是主体间性的生活世界。胡塞尔指出,"无论如何,在我之内,在我的先验还原了的纯粹的意识生活领域之内,我所经验到的世界连同他人在内,按照经验的意义,可以说,并不是我个人综合的产物,而只是一个外在于我的世界,一个**交互主体性**的世界,是为每个人在此存在着的世界,是每个人都能理解其客观对象(Objekten)的世界"①。众所周知,胡塞尔的超验现象学所遭遇的难题和责难之一,便是主体间性或交互主体性的可能性问题以及"他人"(他者)问题。他自己也非常清楚这一点,例如,他在讨论交互主体性时,也在发问:"当我这个沉思着的自我通过现象学的悬搁把自己还原为我自己的绝对先验的自我时,我是否会成为一个**独存的我**(solus ipse)?"进而又问:"现实的超越认识的可能性问题,尤其是我如何从我的绝对自我出发而达到其他自我(作为其他的自我,他们毕竟不是现实地在我之中,而只是在我之中被意识到的)的可能性问题,难道不应当纯粹是在现象学上提出来的吗?"②我们知道,胡塞尔是用意向性理论来解决这个难题,"在意向性中,他人的存在就成了为我的存在,并且按照它的合法内容,它在其充实的内容中就得到了解释"③。当然,我们都非常清楚,胡塞尔关于主体间性或他人问题的这种解决方式遭到了许多批评和责难。我们在这里不去具体展开这些批评,也不去具体分析胡塞尔的理论是非。我们只想指出一点,无论问题是否已经找到合理的答案,胡塞尔把生活世界界定为主体间性或交互主体性的世界,都是具有重大意义的做法,它对于 20 世纪的生活世界理论和文化批判理论产生了重大的影响。

最后,我们还要提及一点,在胡塞尔看来,这一生活世界同科学世界相比具有优先性,因为在生活世界中,人和世界保持着统一性,这是一个有人参与其中的、保持着原初自在的主体的意义和价值构造的世界;而科学世界是从这一前科学的生活世界中分化出来的,是以生活世界为基础的,"生活世界是自然科学的被遗忘了的意义基础"④。因此,哲学必须实现从科学的客观主义向超验的主观主义的转变。超验主义建立在前科学的生活世界的

① 胡塞尔:《生活世界现象学》,上海译文出版社 2002 年版,第 153 页。
② 同上书,第 150、151 页。
③ 同上书,第 153 页。
④ 胡塞尔:《欧洲科学危机和超验现象学》,上海译文出版社 1988 年版,第 58 页。

基础上，把生活世界理解为主体的构造，理解为意义世界。"我们处处想把'原初的直观'提到首位，也即想把本身包括一切实际生活的（其中也包括科学的思想生活），和作为源泉滋养技术意义形成的、前科学的和外于科学的生活世界提到首位。"①

可以看出，胡塞尔现象学的生活世界理论的确具有划时代的意义，它为20世纪的人类和理性走出深刻的文化危机指出了非常重要的出路。因此，它对20世纪的文化批判理论产生了重大影响。以胡塞尔的生活世界理论为基础，我们对其他人的生活世界理论的分析就相对容易一些，因为它们均是从某一方面对胡塞尔理论的发展、补充或超越、完善。

二　许茨的日常生活世界理论

在胡塞尔提出回归生活世界的倡导之后，很多理论家从不同角度给予积极的响应，例如，存在主义大师海德格尔和西方马克思主义重要代表人物列菲伏尔在生活世界理论领域开辟了从生存论的角度剖析和批判现代人在日常生存层面的异化的路向。对于这些理论，我们在前面的论述中已经有些涉猎。在这里，为了突出以生活世界为根基进行文化重建的主题，我们重点选取现象学社会学创始人 A. 许茨、东欧新马克思主义代表人物之一 A. 赫勒和西方马克思主义代表人物哈贝马斯所开辟的，从社会学和社会历史理论的角度研究日常生活世界的内在结构和社会历史方位的新路向。

许茨关于日常生活世界的现象学社会学研究对我们从社会构成和文化机制的双重角度建立日常生活范式，具有十分重要的意义。因为，一方面，许茨继承了胡塞尔现象学的意向性理论，以及胡塞尔关于主体间性和生活世界的基本界定，另一方面，他超越了胡塞尔的超验哲学的立场，把交互主体性的生活世界的可能性问题从先验主体的意向性设定，转变为经验上给定的问题，从而把日常生活世界的"有限意义域"作为一个给定的经验世界、常识世界，特别是作为一个文化世界在社会实在的角度上加以把握。这是胡塞尔的生活世界理论的一个重要的、独特的发展方向，对后来的生活世

---

① 胡塞尔：《欧洲科学危机和超验现象学》，上海译文出版社1988年版，第70页。

界理论研究产生了重要的影响。与其他理论家的研究相比,许茨关于日常生活世界的研究比较细致,包含很多内容,从日常生活世界的界定、日常生活世界在社会实在中的位置、日常生活世界的内在结构,一直到主体间性的具体生成等等。显然,我们在这里不可能详细展开这些内容,只能突出其最主要的观点。

　　阐述许茨的日常生活世界理论,首先应当从他关于社会实在的探讨开始。在这里,一方面,我们看到,许茨直接继承了胡塞尔现象学的意向性理论,他强调实在和社会实在的"非客观性",强调社会实在与人的主体性的联系。许茨把社会实在定义为"有限的意义域"(provinces of meaning)。他明确提出,"全部实在的起源都是主观的,无论激发出我们的兴趣的东西是什么,它都是真实的。说一个事物是真实的,意味着这个事物处在与我们自己的某种关系之中"①。许茨反复强调,无论哪个层次的社会实在,都不是由客体的结构预先决定的,而是我们的经验的产物。"我们可以把实在的特征赋予每一个有限意义域。我们之所以谈论**意义域**而不谈论次级宇宙,是因为正是我们的各种经验的意义而不是客体的本体论结构构成了实在。"②但是,另一方面,许茨关于日常生活世界的界定已经超越了胡塞尔的先验自我的意向性领域,他强调日常生活世界的经验给定的特征。特别重要的是,他认为,社会实在是由众多的"有限的意义域"构成的,日常生活世界也是其中的一种"有限的意义域",而且是最高的实在。这样一来,在许茨那里,日常生活世界就不只是一个意义领域,而且是构成其他社会实在领域的基础的社会实在层面。许茨认为,存在着众多的社会实在,存在着多重世界,例如,梦的世界,想象的和幻想的世界,特别是艺术的世界,宗教体验的世界,科学家静观的世界,儿童游戏的世界,以及精神病患者的世界,等等,它们都是有限的意义域。其中,日常生活的有限意义域是最高的实在,"我们拥有了实在的几种同时发生并且不断竞争的秩序——我们的日常生活的秩序,我们的幻想世界的秩序,艺术的秩序,科学的秩序等等,在这些秩序中,第一种秩序是最高秩序,因为沟通只有在这种秩序中才是可能的"③。

---

① 许茨:《社会实在问题》,华夏出版社2001年版,第283页。
② 同上书,第309页。
③ 同上书,第441页。

从关于日常生活世界的这种界定出发，许茨似乎比其他理论家都更加重视日常生活世界作为有限的意义域和最高的社会实在领域的重要地位。他关于日常生活世界的解析有很多，我们可以选择其中的几个主要命题。

第一，许茨明确把日常生活世界界定为给定的主体间际的世界，界定为一个文化世界和一个意义结构。他在《社会实在问题》以及其他著作中反反复复强调，日常生活世界是一个主体间性的世界，一个交互主体性的世界。他说："我的日常生活世界绝不是我个人的世界，而是从一开始就是一个主体间际的世界，是一个我与我的同伴共享的世界，是一个也由其他他人经验和解释的世界，简而言之，它对于我们所有人来说是一个共同的世界。"①

许茨的这种理解和明确无误的界定为生活世界理论范式对于人的存在和社会运行的文化机制的解释奠定了基础。在这种视野中，日常生活世界的重要性不仅仅在于它作为个体生存的平面而不可缺少意义上的重要，而且已经成为社会的文化基础和意义源泉。许茨明确地阐述了作为文化解释模式的生活世界理论，清楚地展示了日常生活世界作为意义结构和文化世界的重要地位。"它从一开始就是一个主体间际的文化世界。它之所以是主体间际的，是因为我们作为其他人之中的一群人生活在其中，通过共同影响和工作与他们联结在一起，理解他们并且被他们所理解。它之所以是一个文化世界，是因为对于我们来说，这个日常生活世界从一开始就是意义的宇宙，也就是说，它是一种意义结构（a texture of meaning）。我们若想在其中找到我们的方位，并且与它达成协议，我们就必须解释它。然而，这种意义结构来源于人类行动——我们自己的行动以及我们同伴的行动，当代人的行动和前辈的行动——并且一直是由人类行动规定的，正是这一点把文化领域与自然领域区别开来了。所有各种文化客体——工具、符号、语言系统、艺术作品、社会制度，等等——都通过它们的起源和意义回过头来指涉以往人类逐条的各种活动。因此，我们总是能够意识到我们在传统和习俗中遇到的文化所具有的历史性。我们可以根据这种历史性对各种人类活动的指涉（它就是这些人类活动的积淀）来检验它。出于同样的原因，如果我

---

① 许茨:《社会实在问题》，华夏出版社 2001 年版，第 409 页。

不求助于产生一个文化客体的人类活动,那么,我就无法理解这个文化客体。"①

第二,许茨非常明确地在经验领域中解决日常生活世界作为主体间性结构的可能性问题,从而超越现象学的先验哲学的交互主体性的困境。众所周知,胡塞尔的现象学始终遭遇一个主体间性或交往的可能性悖论。胡塞尔的超验现象学的理论定位使他无法依据经验上的给定性来确立主体间性交往的可能性,而必须以先验哲学的理论推导的方式来解决"我"从"我"的绝对先验自我出发而达到其他自我的可能性问题。虽然胡塞尔用意向性理论作了解答,但是,他的方式总还是具有独断的"本我论"特征。

许茨的做法是把生活世界从胡塞尔那里的科学批判的概念转变为社会哲学的概念,把主体间的交往和沟通作为经验上给定的现实,作为给定的自然态度,而不是先验主体的意向性设定。许茨认为,之所以出现现象学悖论,是因为人们把主体间性作为生活世界之外的先验领域的问题,而实际上,主体间性从根本上说不是这个先验领域的问题,"只有当我们把我们称为有限意义域的东西,看作是客观存在于它们从其中产生的个体意识流之外的本体论静态实体的时候,这种'沟通悖论'——它既是现象学的悖论,也是我们前面的分析专门研究过的世俗悖论——才能够存在"②。许茨反复强调,要解决主体间性问题,即解决主体对其他主体的经验和沟通理解问题,必须回到作为给定的常识世界和经验世界的日常生活领域。"因此,为了与我的同伴沟通我的理论思维,我必须放弃这种纯粹的理论态度,我必须回到这个生活世界及其自然态度上去——正像我们已经看到的那样,这同一个世界仍然是我们通过理论化直接进行研究所无法接近的。"③许茨明确断言:"由于我们在这里只涉及对日常生活世界的常识经验的分析,所以,指出下面这一点就绰绰有余了,即,人认为他的同伴的身体实在,他们的意识生活的实存,进行相互沟通的可能性以及社会组织和文化的历史给定性都是理所当然的,这就像他认为他生在其中的这个自然世界是理所当然的

---

① 许茨:《社会实在问题》,华夏出版社 2001 年版,第 36—37 页。
② 同上书,第 338 页。
③ 同上书,第 337 页。

那样。"①正是从这样的立场出发,许茨通过许多重要的范畴,如"接近呈现"（appresentation）、"面对面"关系（face-to-face relationship）、"我们关系"（We-relationship）、共同在场中的"他人自我"（或变形自我 the alter ego）等,对于生活世界的主体间性关系的建立作了深刻的探讨。

第三,从日常生活世界作为一个给定的主体间性的生活世界,即一个文化世界和意义结构的理解出发,许茨还揭示了日常生活世界作为一个给定的经验世界的自在性和重复性特征,以及它与个体生存的密切关联。日常生活世界作为一个主体间性的意义世界,是每一个体从生到死一直生活在其中的经验世界。"'日常生活的世界'指的是这样一个主体间际的世界,它在我们出生很久以前就存在,被其他他人（Others）,被我们的前辈们当作一个有组织的世界来经验和解释。现在,它对于我们的经验和解释来说是给定的。我们对它的全部解释都建立在人们以前关于它的经验储备基础上,都建立在我们自己的经验和由我们的父母和老师传给我们的经验基础上,这些经验以'现有的知识'的形式发挥参照图式的作用。"②

这里已经涉及日常生活世界的自在性和惰性问题,它对于个体而言,不是反思性或课题化的结果,而是给定的、必须遵循的自然态度领域。但是,正因为这种自在性,日常生活世界实际上又是围绕着"我"建立起来的,"我"是用非反思的、非课题化的自然态度来占有与"我"的生存密切相关的周围领域,因此,日常生活世界是我们力所能及的有限意义域。"为了实现我们的意图,我们建议把这种被个体当作其实在核心来经验的工作世界的层次,称为**处在他力所能及的范围之内的世界**（the world within his reach）。这种他力所能及的世界不仅包括米德的操纵领域,而且还包括那些处在他的视觉范围和听力范围之中的事物,而且,它还包括这个世界既对他的实际工作活动开放、也对他那随之而来的潜在的工作活动开放的领域。"③

作为给定的力所能及的经验世界,日常生活世界是一个自在的主体间交往的世界,是人依据重复性思维和理所当然的自然态度而自在地生存的领域。许茨揭示了日常思维的经验本性,他通过谈论日常思维的经验储备

---

① 许茨:《社会实在问题》,华夏出版社 2001 年版,第 410 页。
② 同上书,第 284 页。
③ 同上书,第 302 页。

基础,如先前的经验所构成的自在的类型化和人的平生经验所选择的类型化特征,揭示了日常生活图式的重复性特征和理所当然的自然态度。人们对给定的经验储备的信任,加强了日常生活的自然态度。一般说来,在日常的生存态度中,只要我们已经建立起来的参照图式发挥作用,只要我们以及其他人的有充分根据的经验系统发挥作用,只要我们在这种系统的引导下所进行的各种行动和操作产生了我们所希望的结果,那么,我们就始终相信这些经验,而不会对我们那些有充分根据的经验提出怀疑。这样就形成了日常思维和日常行动中的"可重复性的理想化"的定势。"这里所涉及的假定建立在我支配自然领域中所有行为举止的理想化的基础上,也就是说,我可以像我迄今为止一直活动的那样继续活动下去,而且,我可以在同样的条件下一再重新开始同样的行动。在研究处理这些对于逻辑基础、特别是对于纯粹分析基础发挥普遍作用的理想化的过程中,胡塞尔把它们称为'诸如此类'的理想化和'我可以再做它一次'的理想化,后者是前者的主观相关物。"①

行文至此,我们发现,许茨关于作为有限意义域的主体间性的日常生活世界的分析的确给我们提供了生活世界理论的新思路,因为,在这里如果我们进一步向前推进,生活世界问题的确从胡塞尔那里的科学批判和理性反思的主题转变为社会批判和文化批判的主题,从先验哲学的命题转变为社会哲学和文化哲学的核心命题。即是说,把日常生活世界理解为社会实在体系的基础层面和最高实在提供了我们更深入地揭示历史运行的文化机制的思路。

三 赫勒的日常生活人道化理论

东欧新马克思主义的重要代表人物、布达佩斯学派的主要代表人物和发言人 A. 赫勒在日常生活批判领域的基本路向非常接近许茨,或者说与许茨具有明显的"家族相似性"。她直接受教于西方马克思主义创始人卢卡奇,并成为 60 年代围绕着卢卡奇而形成的布达佩斯学派的主要代表人

---

① 许茨:《社会实在问题》,华夏出版社 2001 年版,第 303 页。

物。赫勒和布达佩斯学派其他成员从人本主义哲学立场出发，致力于探讨人的自由、全面发展和社会的民主化进程。他们扬弃了传统马克思主义的经济观点和阶级观点，从微观结构上探索社会的民主化和人道化途径。在这方面，他们发展了以激进民主制为核心的激进哲学、人类需要论和日常生活批判理论。其中赫勒的贡献十分突出，她由于创立人类需要论而获1981年联邦德国的莱辛奖。而她于1970年发表的《日常生活》一书，则对日常生活作了较为全面的探讨，设计了日常生活变革的模式。

赫勒的日常生活批判受到卢卡奇的直接影响和指导。如前所述，卢卡奇在60年代中期写成的《审美特性》中，曾对日常思维作了较深入的探讨。他认为，科学和艺术都是从日常生活的长河中分流出去的，在现代社会中，科学和艺术处于分离的状态中。卢卡奇设想通过对日常生活的改造而形成一个没有神话、没有宗教的自由世界，使科学和艺术重归日常生活"故里"，从而使艺术所体现的个体与类的统一由可能变为现实。赫勒继承了卢卡奇的思想，建立起较为系统的日常生活批判理论。的确，正如赫勒本人在《日常生活》一书的序言中指出的那样，她在写作《日常生活》一书时并没有读过许茨关于社会实在和日常生活世界的论述。但是，读者却发现了二者之间的相似性。这正说明二人在生活世界理论的路向上的一致性。赫勒承认自己的理论在某些方面与许茨的观点具有相似性，但明确指出她的理论与许茨理论的差异。她强调，日常生活不同于一般意义上的生活世界，不只是行为和思维中的一种自然态度，它作为"自在的"对象化领域，构成"每一社会行动、制度和人的一般社会生活的对象化基础"，同时，日常生活并不必定是不可改变的自在的领域。我们认为，从生活世界的共同的理论逻辑来看，赫勒和许茨的关系表现为一种在同一个路向上的进一步推进和深化。一方面，许茨把胡塞尔作为主体性的意义构成的生活世界在社会哲学的层面上落实于社会实在的基础层面，而赫勒的工作则把作为社会实在的基础层面的日常生活领域进一步具体化为对象化的、客观的存在领域。另一方面，许茨的现象学分析没有对日常生活世界引入价值学维度，赫勒则把作为自在的对象化领域的日常生活的人道化变革作为其学说的主旨。她在《日常生活》中开宗明义，清楚地表达了日常生活批判的宗旨："日常生活如何能在人道主义的、民主的和社会主义的方向上得以改变是本书讨论的实际争端。本书提供的答案表达了这样的信念，即社会变革无法仅仅在宏观尺度上得以实现,进而,人的态度的改变无论好坏都是所有改变的内在组成部分。"①与许茨的日常生活世界的理论一样,赫勒在《日常生活》一书中也提出了系统的日常生活理论范式,我们在这里只能简要地展示其基本内涵。

第一,赫勒从社会存在领域和内在活动图式两个方面对日常生活作了深刻的界定,把日常生活理解为以个体的再生产为主要内涵的自在的对象化领域,并且区分了日常生活领域与非日常生活领域。

从划分社会存在领域的角度来看,赫勒认为,日常生活是个体再生产的领域,它构成社会再生产的基础。"如果个体要再生产出社会,他们就必须再生产出作为个体的自身。我们可以把'日常生活'界定为那些同时使社会再生产成为可能的个体再生产要素的集合。"②这一个体再生产领域十分重要,在任何社会都构成基础的层面。"没有个体的再生产,任何社会都无法存在,而没有自我再生产,任何个体都无法存在。因而,日常生活存在于每一社会之中;的确,每个人无论在社会劳动分工中所占据的地位如何,都有自己的日常生活。"③进而,赫勒使用马克思和卢卡奇的"类本质"(species-essence)和"对象化"(objectivation)从内在运行机理和图式上来进一步界定作为个体再生产领域的日常生活。她把不同的社会领域和存在领域划分为"自在的类本质对象化"(species-essential objectivations in itself)、"自为的类本质对象化"(species-essential objectivations in itself)和"自在和自为的类本质对象化"(species-essential objectivations in-and-for-itself)。其中,日常生活领域正是"自在的类本质对象化"领域;"自为的类本质对象化"领域包括传说、神话、思辨(哲学)、科学、视觉象征(艺术)等为人的生存提供意义的精神活动领域;而"自在和自为的类本质对象化"则是社会、经济、政治诸制度的领域,即制度化领域。日常生活作为自在的对象化领域,服从于普遍经验化的给定的规则体系,构成所有对象化领域的基础、人类的条件和全部文化的起点。"这个'自在的'类本质对象化是人的活动的结果,但同时也是人之所有活动的前提条件。这一对象化领域的三个不同的、但内在联系的要素为:工具和产品,习惯,最后是语言。人的生成(即他从缄默的类本

① Agnes Heller, *Everyday Life*, Routledge & Kegan Paul, 1984, p. x.
② Ibid., p. 3.
③ Ibid.

质的提升，这一类本质在他出生时，像他的特性一样被授予他），始于他通过自己的活动而占有这一‘自在的’对象化领域之时。这是人类文化的起点，是所有‘自为的’对象化领域的基础和前提条件。"①

正是基于关于日常生活的上述双重界定，赫勒区分了日常生活领域与非日常生活领域。这在生活世界理论的探讨中是比较少见的。她依据"自在的类本质对象化""自为的类本质对象化"和"自在和自为的类本质对象化"的区分勾勒出从"日常"到"非日常"的一个存在链条。其一，工作（劳动）处于日常生活与非日常生活的交叉之中，它既是日常活动，又是超越日常的直接的类本质活动。具体说来，工作的履行是日常生活的有机部分，而工作过程和活动则是直接的类本质对象化。其二，道德不是一个分离的或独立的领域，但是它出现于所有领域之中，是内在于所有领域的人际关系。其三，宗教本质上是"理想的共同体"（ideal community），是以人类对超越性的依赖为根基的集体形象。它是日常生活的组织者，并且常常是它的主要组织者，其影响涉及日常生活的各个方面。其四，同工作、道德和宗教相比，政治和法更加远离于日常生活领域。政治是制度化领域，广义的政治活动指一切凭借"为我们意识"（We-awareness）而履行的旨在保护和攻击各种社会整体的活动；而狭义的政治活动则是指谓旨在获取或维持政权的活动。因此，只有当政治活动在社会劳动分工条件下的"个人"简单再生产中形成时，它才是日常生活的组成部分。其五，在所有对象化活动中，科学、艺术和哲学是"自为的类本质对象化"的最高发展，其中，科学代表着最高的类的知识，艺术代表着类的自我意识，而哲学则代表着达到最高可能性的知识和自我意识的统一。因此，它们也就最远离于日常生活领域。

第二，赫勒对作为个体再生产领域的日常生活的内在结构和图式特征作了重要的文化学的分析，揭示了日常生活图式的自在性、给定性、重复性、经验性等本质特征。在这一点上她与许茨非常接近。

赫勒在《日常生活》一书中从多方面分析了日常生活的基本结构和一般图式的特征，例如，她详细地分析了日常思维的重复性、卸载、经济化等特征，分析了"自在的"类本质对象化的重复性、规范性、符号性、经济性、情境

---

① Agnes Heller, *Everyday Life*, Routledge & Kegan Paul, 1984, p. 118.

性等共同特征,还揭示了日常行为与日常知识的实用主义、可能性、模仿、类比、过分一般化等图式。我们可以从中抽取和概括出几个主要之点。首先,日常生活具有重复性,是以重复性思维和重复性实践为基础的活动领域。赫勒指出,"'自在的'类本质活动是重复的活动。单一性的行为不是习惯行为,偶然一次处理的对象不会由此成为具备条件有具体意义的对象,唯一地表达过的词不是词"①。其次,日常生活具有自在性,是以给定的规则和归类模式而理所当然、自然而然地展开的活动领域。赫勒指出,"日常行为和日常思维的明显图式不过是(或者以重复性思维或者以创造性思维为辅助的)归类模式。借助这些图式,个人管理和安排他所从事或决定从事的一切,以及他那里所发生的一切和他发现自己置身于其中的一切情境;他以这样的方式来从事这些以便能部分地或全部地使这些经验同他'业已习惯'的东西相吻合"②。再次,日常生活具有经验性和实用性。例如,在日常活动中,人们很少询问为什么,而是满足于对象的"如是性",以求得经济化的后果和实用价值;人们日常很少依据科学的论证来行动,而是基于经验的可能性,并通过类比和模仿而活动。

如果我们把上述关于日常生活的共同特征和关于日常行动与思维的一般图式的分析加以对比,就会发现,这里有很多交叉与重复之处。但是,它们共同昭示了这样一点:日常生活是一个由语言、对象和习惯等规则规范系统所维系的、重复性思维和重复性实践在其中占主导地位的自在对象化的领域。从另一个视角看,整个日常生活的结构和图式本身具有抑制创造性思维和创造性实践的特征,即具有一种抵御改变的惰性或保守性。

第三,日常生活批判的宗旨是日常生活的人道化,这充分体现了赫勒日常生活批判理论明显不同于胡塞尔和许茨等人的生活世界理论的价值取向。应当说,赫勒虽然强调日常生活不只是包含一种态度,而是包含各种态度,但是,她还是从总体上把它理解为自在自发的自然态度,并且相信对日常活动图式加以人道化改造是可能的。在这一点上,用今天的话来说,赫勒的日常生活批判属于一种"现代性"的立场,从理性主义和人道主义的立场超越前市场经济条件下的自在自发的生存状况。

---

① Agnes Heller, *Everyday Life*, Routledge & Kegan Paul,1984,p.135.
② Ibid. ,p.165.

　　赫勒认为,要对日常生活及其结构和图式作出价值学判断比较复杂,必须看到问题的双重性。一方面,如前所述,个体再生产是社会再生产和全部历史活动的不可缺少的基础,上述所揭示的以重复性思维和重复性实践为主的日常生活结构和图式无论对于个体的存在还是社会整体的存在都是必不可少的。显然,如果没有重复性实践(思维)所带来的"经济"和"实用"效果,人类社会和个体都很难有足够的力量支撑自己的生存。正如赫勒所说,"并非所有行为(包括精神活动)都要求有创造性思维,或者只是在一个很小的尺度上要求有创造性思维。在日常要求和日常活动的多元复合体中,如果它们都要求创造性思维,那么我们简直无法存活下去"①。

　　但是,另一方面,诚如前述,这种以重复性思维和实践为特征的日常生活结构又的确具有保守性、惰性、束缚个体发展等消极特征。迄今为止的日常生活领域一直充斥着自在性的运动和活动,例如,个人尚处于自在的状态中,他主要以自我为中心建立起自己的世界;日常交往成为一种不平等的异化的交往,其突出表现是把他人当作手段而不是目的进行交往。因此,赫勒指出:"重复性实践和重复性思维形式是人的活动和思维的必要的和积累性的基础。然而,由于这是一个略去了一般化过程(由于它是自发的和直接的)的一般化,因此它能够而且的确常常导致人的行为和思维中的某种僵硬。重复性实践(或思维)不断地发动进攻,而在取得最佳结果的情况下,它甚至能蚕食本是创造性实践和思维的领地。它可能而且的确常常延缓我们去承认新事物,去辨别其中所内含的问题。在存在问题的情形中——即在需要创造性思维的情形中——我们常常试图以重复性思维侥幸过关或勉强应付。我们将会看到,这会导致日常生活的灾难;不仅如此,它也会阻碍个体的发展。"②

　　从日常生活及其结构和图式的双重性,赫勒得出了如下结论:日常生活革命或批判的任务不在于一般地抛弃迄今为止的日常生活结构和一般图式,而在于使之人道化,即扬弃日常生活的自在化特征。具体说来,日常生活人道化的核心是使日常生活的主体同类本质建立起自觉的关系,通过这一主体自身的改变而改造现存的日常生活结构的自在的特性,从而使个体

①　Agnes Heller, *Everyday Life*, Routledge & Kegan Paul,1984,p.129.
②　Ibid.,p.131.

再生产由"自在存在"变为"自为存在"和"为我们存在",使个人由自发和自在状态进入自由自觉的状态。

培养新的人道的日常生活主体的主要途径是建立个体同"自为的类本质对象化"的自觉关系。这并非主张每个人均应成为科学家、艺术家和哲学家,也不是说自由自觉的个体可以彻底摆脱特性,可以不借助日常生活结构和图式而生存。而是说,一旦把科学、艺术和哲学等"自为的对象化"引入日常生活领域,日常生活就不再是一个相对封闭的自在的和异化的领域。赫勒指出:"虽然'自在的'对象化领域作为日常生活的支柱同所有'自为的'对象化(不仅仅同科学,而且同艺术、宗教、抽象道德规范和观点)形成对照,但是日常生活并非必然只能在'自在的'对象化领域的引导下进行。在我们的日常生活中,我们可以求助于更高的对象化,同时我们可以检验和怀疑'被视作理所当然'的规范和规则。"①

这种与"自为的类本质同对象化"建立起自觉联系的个体是自由自觉的个体,他把自己的特性和类的价值置于新的关联之中,从而建立起体现个体和类相统一的自为的价值等级结构。这样一来,个体能够认识,为了日常生活的成功进行,何时必须求助于重复性实践(思维),凭借日常生活结构与图式而活动;何时应当中止实用主义、过分一般化、重复性实践(思维)等日常生活图式,而求助于创造性思维与创造性实践。显然,这种个体是以"相对自由的方式"同日常生活的规范体系打交道。这样一来,日常生活革命就同前述的基本需要革命具有共同的目标:"使所有人都把自己的日常生活变成'为他们自己的存在',并且把地球变成所有人的真正家园。"②

四　哈贝马斯的生活世界理论

在生活世界理论的各种类型中,西方马克思主义著名人物、法兰克福学派后期主要代表人物哈贝马斯关于系统(体系)和生活世界的理论具有很显著的特色,在某种意义上他对于生活世界理论做了某种综合化和完善的

---

① Agnes Heller, *Everyday Life*, Routledge & Kegan Paul,1984,p. XI1.
② Ibid. ,p. 269.

工作。例如,他继承了胡塞尔强调生活世界作为意义结构的做法,但是超越了胡塞尔的意识哲学和认识论的科学批判立场,进入到社会哲学或社会批判的视野;他同海德格尔和列菲伏尔等人一样,关注现代性的理性启蒙条件下人的生存境遇,但是他更多分析的是现代的交往行动,而不是主体的生存体验;他与许茨和赫勒等人一样注重从社会哲学和文化哲学的层面上分析生活世界的意义结构、类型特征和内在结构,但是,他没有完全停留在对前市场经济条件下自在的、非反思的、给定的日常生活世界的结构分析,而是把生活世界作为现代社会的一个重要的深层结构和基础来加以社会批判理论的思考。总之,哈贝马斯关于生活世界的理论视角有助于我们从总体上把握生活世界的不同理论类型和价值判定。众所周知,在当代著名哲学家和社会学家中,哈贝马斯是最为博学的思想家之一,他的理论包括交往行动理论、语用学理论、批判阐释学、历史唯物主义重建、科学技术理性批判、现代性理论、生活世界理论等,我们在这里只能围绕着他的生活世界理论提及一些基本的理论要点。

第一,在哈贝马斯那里,生活世界理论是交往行动理论的重要补充或社会哲学维度。虽然哈贝马斯所思考和探讨的问题十分多,常常给研究者和读者以无从下手的感觉,但是,实际上,他的众多理论领域是紧密相关的,其环绕的核心问题我们可以用"现代性"来命名,他的核心理论形态是交往行动理论,生活世界理论正是这一核心理论的重要组成部分和补充。

众所周知,在后现代主义思潮对现代性形成巨大冲击的时候,哈贝马斯是非常坚定的现代性的捍卫者,他同后现代主义代表人物利奥塔就现代性和后现代性问题展开了著名的争论。在哈贝马斯看来,正如霍克海默等人开始的启蒙理性批判所揭示的那样,现代主体性哲学所形成和维护的理性概念的确具有背反和走向反面的问题。但是,与彻底否定理性价值的后现代主义者不同,哈贝马斯认为,在现代社会中,理性的确出了问题,遭遇了危机,但是,主体性哲学所推崇的是一种技术理性和工具理性的理性范畴,它并没有穷尽理性的意义和价值。相反,理性除了体现在策略和目的行为,即工具理性行为中,也体现在相互理解的交往行动中。哈贝马斯根据行为的协调机制区分了交往行为和策略行为:"在交往行为中,语言理解的共识力量,亦即语言自身的约束力能够把行为协调起来;而在策略行为中,协调效果取决于行为者通过非言语行为对行为语境以及行为者之间所施加的影响。"①他说:"我们把合理性理解为具有语言能力和行动能力的主体的一种素质。合理性体现在总是具有充分论据的行动方式中。"②在合理的交往行动中,理性开始从意识哲学的理性范畴向语言哲学和日常交往实践哲学理性范畴转变,它不再是主体哲学的主体自我反思能力或驱动历史的整体的、逻各斯中心主义的历史理性,而是具有包容性、多维性、对话性、非排他性的日常交往实践的交往理性。交往理性不同于工具理性的征服自然和控制社会的实体理性,而是体现为行动主体间的非强制性协商和意见一致的规则。正是在这种意义上,哈贝马斯认为,现代社会中的理性危机不是理性和现代性的彻底终结,现代性是一个未完成的方案或设计,它的潜力和价值应当在交往理性中充分发挥。

从关于工具理性和交往理性、目的和策略行为与相互理解的交往行为的基本区分出发,哈贝马斯从多方面建立交往行动理论,解决众多现代理论问题和实践问题。例如,他用劳动(工具性)活动的合理化与交往行动的"不合理化"来展开关于作为意识形态的技术与科学的批判;以交往的合理化为基石重建历史唯物主义;以现代语用学和批判阐释学来发展交往理性,推动交往行动的合理化。其中,特别重要的是,用生活世界理论来为交往行动理论奠定重要的理论基础和社会文化基础。在哈贝马斯看来,工具理性调节的主要是系统或体系(system),交往理性主要调节的是生活世界。而关于工具理性的过度发达和交往理性的不发达又通过系统与生活世界的脱节、分离或生活世界的殖民化而深刻地体现出来。因此,生活世界理论在交往行动理论中占据着十分重要的地位。哈贝马斯指出:"我顺带,并且按照一种重建的研究展望,引进了生活世界的概念。它构成了交往行动的一种补充的概念。"③

第二,由文化、社会和个性构成的生活世界是交往行动者始终在其中运动的视野、境域或背景,是主体间交往的意义世界和文化世界。交往行动者正是在生活世界中形成意见一致的文化价值观念和行为规范,形成群体的

---

① 哈贝马斯:《后形而上学思想》,译林出版社 2001 年版,第 59 页。
② 哈贝马斯:《交往行动理论》第 1 卷,重庆出版社 1994 年版,第 40 页。
③ 哈贝马斯:《交往行动理论》第 2 卷,重庆出版社 1994 年版,第 165 页。

归属和认同感,形成个体同一性,并加强社会整合。

哈贝马斯认为,"生活世界"包括三大结构成分:文化、社会和个人。他说:"我把**文化**称之为知识储存,当交往参与者相互关于一个世界上的某种事物获得理解时,他们就按照知识储存来加以解释。我把**社会**称之为合法的秩序,交往参与者通过这些合法的秩序,把他们的成员调节为社会集团,并从而巩固联合。我把**个性**理解为使一个主体在语言能力和行动能力方面具有的权限,就是说,使一个主体能够参与理解过程,并从而能论断自己的同一性。"①应当说,这是在各种生活世界概念中内容比较丰富、结构内涵比较清晰的一种界定。哈贝马斯还明确地表述了生活世界的各种组成部分或要素的功能和目标。它们包含着交往行动所必备的理解功能、行动规范功能和社会化功能。他指出,"在**理解**的职能方面,交往的行动服务于文化知识的传统和更新;在**行动合作化**方面,交往的行动服务于社会统一和联合的形成;最后在**社会化方面**,交往行动服务于个人同一性的形成。生活世界的象征性结构,是通过有效知识的连续化,集团联合的稳定化,和具有责任能力的行动者的形成的途径再生产出来的。在生产过程把新的状况与生活世界的现存状况连结在一起,并且在(文化传统的)意义或内容的**语义学**方面,(社会统一的集团的)**社会空间**方面,以及(前后相继的一代代的)**历史时期**方面都是一样。文化、社会和个人作为生活世界的**结构因素**与**文化再生产、社会统一**和**社会化**的这些过程相适应"②。从这里不难看出,生活世界的三个组成的职能或功能实际上就体现了生活世界合理化的内容:通过文化传统的反思实现文化再生产,通过对规范和法律的反思实现社会统一,通过个人同一性和自我实现来完成社会化。

通过上述关于生活世界的结构分析和职能分析,我们可以清楚地理解生活世界对于个体的生存和交往行动的合理展开的不可或缺的基础地位和重要性,哈贝马斯的生活世界是"交往行动者'一直已经'在其中运动的视野","这种生活世界构成了一种现实的活动的背景"③。因此,生活世界是与每一个体的生存息息相关的领域,"我无论是在肉体之中,还是作为肉

① 哈贝马斯:《交往行动理论》第 2 卷,重庆出版社 1994 年版,第 189 页。
② 同上书,第 188—189 页。
③ 同上书,第 165、171 页。

体,一直都是在一个主体间所共有的世界里,集体共同居住的生活世界就像文本和语境一样相互渗透,相互重叠,直到相互构成网络"①。正是在这种意义上,我们才可以理解,生活世界对于交往的开展、社会的形成、个体的生产的极端重要性,并且理解生活世界作为价值和意义的文化世界的含义。哈贝马斯对此有详细的描述,"我们可以认为,生活世界的各个部分,如文化模式、合法制度以及个性结构等,是贯穿在交往行为当中的理解过程,协调行为过程以及社会化过程的浓缩和积淀。生活世界当中潜在的资源有一部分进入了交往行为,使得人们熟悉语境,它们构成了交往实践知识的主干。经过分析,这些知识逐渐凝聚下来,成为传统的解释模式;在社会群体的互动网络中,它们则凝固成为价值和规范;经过社会化过程,它们则成为了立场、资质、感觉方式以及认同。产生并维持生活世界各种成分的,是有效知识的稳定性,群体协同的稳定性,以及有能力的行为者的出现。日常交往实践的网络同在社会空间和历史时间范围内一样,远远超出了符号内涵的语用学领域,并且构成了文化、社会以及个性结构形成与再生的媒介。"②

第三,哈贝马斯关于生活世界的理论阐述并没有停留在对生活世界的内在结构、功能以及交往行为的背景和境域的分析,而是进一步分析了现代理性或现代性危机条件下的生活世界的状况。这一分析体现在他关于系统(体系)与生活世界的关系,以及关于"生活世界殖民化"的阐述之中。

在某种意义上可以断言,哈贝马斯所说的系统(体系)属于赫勒所界定的"制度化领域"。制度化的系统或体系并不是从人类社会形成伊始就是独立的领域,相反,在部落社会和传统社会中它的系统是生活世界内在的未分化的职能,因此,对这些时代,哈贝马斯常常用"社会文化生活世界"或"文化共同体"来标识。随着商品经济的发展和相对独立的市场交换领域的形成,经济运行系统、行政权力系统、社会控制系统等开始在法治和契约的支持下逐步从生活世界中独立出来,突出的表现是市场机制和现代国家的形成,是理性化经济运行体系和科层化行政管理体系的形成。其结果是生活世界从总体性的、包容性的社会文化生活世界或文化共同体下降为与各种系统具有同等地位的社会下属体系。哈贝马斯非常详细地分析了人类

---

① 哈贝马斯:《后形而上学思想》,译林出版社 2001 年版,第 79 页。
② 同上书,第 82 页。

社会从部落社会，经过传统社会，直到现代国家组织化的社会的演进过程中
体系与生活世界的分离。"与一种很少区别的社会体系最初共处的生活世
界，越来越多地下降为一种与其他下属体系并行的一种下属体系。在这里，
体系机制越来越脱离社会结构，即脱离社会统一借以进行的社会结构。"①

在哈贝马斯看来，问题不在于系统与生活世界的分离和系统的相对独
立，这是正常的也是具有进步意义的历史进程。问题在于，随着社会的发
展，系统的复杂性越来越增强，相应地它的独立性也在不断增强。在这种情
况下，理性化的经济系统和科层化的行政权力系统开始摆脱原本由生活世
界所形成的交往规则和价值信念，开始在金钱和权力的交往媒介的支配下
自律地运行。独立化的系统反过来干预和破坏生活世界的文化机制，造成
生活世界的危机与系统和生活世界的冲突。哈贝马斯把这种现象称为"生
活世界的殖民化"。他指出，"如果人们把体系与生活世界脱节的这种转
变，反映在理解形式的一种体系历史方面，世界历史的启蒙过程的不断的嘲
弄就会暴露出来，就是说，生活世界的合理化促成了一种体系复杂性的上
升，这种体系复杂性的上升是这样的迅猛，以至于自由的体系命令阻碍了被
它们工具化了的生活世界的控制力"②。他还说，"合理化的生活世界促使
下属体系的形成和增长，这种下属体系的独立的命令，又破坏性地反映在它
本身上"③。体系脱离了以理解为基本方式，以达成共识为基本目的的交往
理性的价值追求，干预、限制、危害生活世界。在具体表现上，从文化方面
看，出现了意义的丧失、合法化危机等现象；从社会统一方面看，出现了社会
失序、社会冲突加剧、社会统一受损的现象；在个性方面，出现了心理变态、
个人同一性缺失、社会化进程受阻等现象。在哈贝马斯看来，这些现象的出
现不是现代性的必然后果，而是工具理性过分膨胀、体系的官僚化和金钱化
的趋向等造成的。

因此，在哈贝马斯看来，摆脱"生活世界的殖民化"的出路在于，以生活
世界的合理化趋势为基础，推动交往理性的合理化，从而发挥生活世界的理
解、协商和非强制性意见一致的功能，推进文化再生产、社会统一和社会化

---

① 哈贝马斯：《交往行动理论》第2卷，重庆出版社1994年版，第206页。
② 同上书，第208页。
③ 同上书，第245—246页。

的协调发展。但是,必须注意,这种生活世界的合理化不是简单地向原初的文化共同体的回归,而是在生活世界迄今为止的合理化基础上重建交往理性的合理化。哈贝马斯充分意识到,生活世界的一些发展趋势本身即是生活世界自身发展的必然,也是导致体系或系统独立化的重要原因。例如,一种情形是,随着生活世界合理化过程中的"价值一般化"的趋势的出现,交往行动越来越多地脱离了具体的和给定的文化价值规范的行为模式,"随着这种脱节,社会统一的负担越来越强烈地从一种宗教依赖的意见一致,过渡为语言意见一致的形成过程。行动协调转为理解机制,使为理解所进行的行动的普遍结构,越来越纯洁地出现"①。另一种情形是"生活世界的媒体化"趋势。在价值一般化和大众传媒快速发展的背景下,对于人们行为和成就的评价不再被传统的声望和影响所决定,"声望和影响,我们已当作原始的一代的积极作出成就的结果认识到了;现在媒体的形成已代替了它们"②。生活世界合理化过程中出现的这些以及其他趋势或现象使生活世界作为交往主体的境遇和视野的文化世界的活动机制必须发生变化,不能再回到依赖生活世界中的传统文化知识储备而相对自发地调节主体间的关系和达成意见一致的方式。

正是在这种基础上,哈贝马斯从多方面展开关于交往合理化以及生活世界合理化的构想:一是强调语用学的功能,突出平等的、非强制性的言语交往、协商、商谈的交往功能;二是对文化生活世界内在的传统规范引入反思的机制,建立起深层的或批判的阐释学,为交往的合理化奠定更为合理的基础;三是强调以相对独立的公共领域保证大众的民主参与,建立分散的民主机制,通过公共领域的平等的、自由的商谈和对话形成基于公共论辩所产生的意见一致,并通过共同舆论控制经济和政治系统权力,防止系统对生活世界的干扰和侵蚀。从这些理论旨趣来看,哈贝马斯的生活世界理论范式在信息化时代的确具有更大的合理性。

应当说,生活世界的理论范式对于文化哲学的主题具有十分重要的价值,它不仅为我们深刻开展 20 世纪的理性文化危机的批判和重建提供了重要的途径,而且对于我们把握发展中国家社会转型期的文化冲突也具有重

---

① 哈贝马斯:《交往行动理论》第 2 卷,重庆出版社 1994 年版,第 238 页。
② 同上书,第 239 页。

要的价值。实际上,在当代,一方面是发达国家面临着理性主义文化的危机,另一方面则是走向现代化和全球化的发展中国家在社会转型时期所面临的前现代的经验主义文化和理性主义文化、本土文化和世界文化的激烈冲突。生活世界理论作为文化批判的重要范式在这两方面都大有可为。这样,我们就可以转换话题,从现代理性文化危机问题转向中国传统文化的当代命运问题。

第十一讲

中西视野中的中国传统文化

从总体的发展趋势来看,人类的文化演进的基本轨迹是从相对独立的民族文化经过民族文化的交流和融汇而逐步走向世界文化。在传统社会中,生产力发展水平的低下、交往和交换活动范围的狭小、交通工具的局限等因素使得人类各个地域和各个部分没有更多的交往和交流的可能性,各民族文化一般是相对独立地存在和演化。资本主义的现代化的社会大生产与范围不断拓宽的世界性交往和交换市场的确立,开辟了各种地域各个民族的文化相互交流和交汇的时代。这种文化的交流有时是通过和平的和平等的方式进行,有时则是通过野蛮的武力征服和血腥镇压来实现的。无论如何,文化的交流极大地拓宽了人类关于自身和社会发展的视野,在这种文化交流和交往的过程中,关于东西方文化的比较研究逐步成为哲学和文化学共同关注的课题。

东西方学者对于东西方文化的比较研究无论在基本结论上还是在基本价值取向上都是五花八门、极不统一的。但是,几乎东西方所有进行东西方文化比较研究的学者在一个基本点上是高度一致的,即人们都承认东西方文化模式或文化精神之间存在着本质性的差别,而且这种差别对于东西方历史演进的作用决不是无足轻重的。如前所述,著名社会学家韦伯不但承认并从独特的视角研究了东西方文化模式的差异,而且断言这种差别决定了东西方在现代化进程中截然不同的命运。韦伯在探讨西方资本主义的发展时,提出了一个比较学的问题:为什么资本主义没有在中国和印度发展起来,为什么中国和印度的政治、经济、科学、艺术的发展没有像西方那样走上理性化的道路?韦伯是从文化层面解答这一问题的,他提出了一个著名的社会学假说,即任何一项伟大事业的背后都存在着一种支撑这一事业,并维系这一事业成败的无形的文化精神,他称之为"社会精神气质"(ethos)。韦伯认为,中国的儒教和道教所孕育的是一种不同于西方的经济理性主义的保守主义文化精神,它阻碍社会的理性化进程。而在西方,经过宗教改革而产生的以预定说、天职观和入世禁欲主义为核心的新教伦理则成为推动资本主义工业文明发展的积极的文化精神。

我们在这里不准备全面展示和比较西方文化和中国为代表的东方文化的差异,这是需要更大的和专门的研究去完成的课题。实际上,探讨东西文化或中西文化的比较,必须作出一些界定,否则,很难准确地开展这种比较工作。例如,西方文化本身不是一个无任何差别的整体,英国人对经验证明的重视、德国人对理性思辨的重视、美国人对实用理性的重视都说明了这一点。同样,在东方文化中,中国传统文化同印度传统文化就有很大的差异,前者更多地关注当下的精神生存,后者在某些方面更注重精神的苦行和修炼。即使在中国精神或中国文化的范畴中,也同样存在许多差异,例如儒家和道家,以及它们与其他文化精神的差异。

我们在这里不是要对东西方文化作全方位的比较研究,而是选择一个透视中国传统文化的切入点。根据上述分析,我们可以在忽略一些细微差别的前提下,把西方文化理解为一种典型的理性主义文化;与此相对,我们可以以儒家和道家的思想为核心和主体,把中国传统文化理解为一种经验主义和自然主义的文化;并在此基础上比较中西文化的差异和社会分化。在本讲中,我们先不作具体的考证和分析,而是依据众多进行东西方文化比较研究的学者和思想家的观点,形成关于中国传统文化的总体印象。

一　西方学者视野中的东西方文化

应当说,从古代文明起,例如,从古希腊时起,就有人开始关注到东西方文化的差异。但是,在现代工业文明开辟了世界市场和大规模的世界交往之前,这些文化比较往往相对简单和肤浅,或是表现为一般的、笼统的、大概的对比,或是像马可·波罗那样注重中西文化的具体文化特质和细节的描述。在这里,稍需提及的是亚里士多德关于东西方文化的比较研究。虽然他的比较同样笼统,但是,他的观点对西方后来的东西方文化比较研究产生了很大的影响。亚里士多德主要是从各个民族生存的自由状况来比较东西方文化的优劣。他认为,西方民族,特别是希腊民族"既有热忱,也有理智;精神健旺,所以能永保自由,对于政治也得到了高度的发展"。相比之下,东方民族则严重缺乏自由,"亚细亚人民多擅长机巧,深于理解,但精神卑弱,热忱不足;因此,他们常常屈从于人而为臣民,甚至沦为奴隶"。[①] 现代西方学者关于东方文化,特别是中国文化评价的基调往往与亚里士多德的这些见解密切相关。

在近现代,随着世界范围内文化交流和交往的增强,越来越多的西方学者出于各种不同的意图开始关注东方文化,特别是中国文化与西方文化的本质差别。这其中既有对中国传统文化的批判与指责,也有对中国传统文化的赞美与向往。对此,我们在这里无法一一展开,例如,意大利传教士利玛窦对中国文化与西方文化各个方面的详细比较,德国哲学家莱布尼兹关于中国伦理道德和礼仪文化的赞美,孟德斯鸠关于中国与西方法律文化的比较研究,伏尔泰对中国自然法则思想和伦理文化的肯定,狄德罗关于中西文化优劣的分析,等等。我们在这里特别想提及的是,黑格尔、斯宾格勒和雅斯贝尔斯几位学者关于中国文化和西方文化的比较研究。他们对中国传统文化大多持批判的态度,但在很多方面的确切中要害,因此,对于西方的中西文化比较研究产生了很大的影响。

黑格尔关于东西方文化的见解无疑属于"欧洲中心论"。众所周知,他习惯于用绝对理念或绝对精神的发展阶段来描述一切事物的变化和演进,世界历史的演进在他的视野中就是世界理性或世界精神的自我发展的轨迹。他提出了一个为人们所熟知的历史演化系列:"精神的太阳"最先从亚细亚的最东方升起,中国人最先看到了世界精神的曙光;当早晨八九点钟的太阳光照古希腊世界时,世界精神进入了"历史的青年时代";中午的太阳落在罗马世界,它使世界精神进入了"历史的壮年时代";而当西下的夕阳走到了日耳曼世界的上空,世界精神空前成熟,进入了"历史的老年时代"。无论处于哪一阶段上的民族,一旦被精神的阳光所超越,就永远停留在那时的精神状态。因此,处于世界历史开端的东方亚细亚,最终却落得精神和文化最不发达的地步,它们永远停留在人类童年的未分化、不发达的精神状

[①] 亚里士多德:《政治学》,商务印书馆 1965 年版,第 360—361 页。

态。在这里,黑格尔继承了亚里士多德的观点,他强调,不同民族文化的差异主要表现在:东方从古到今只知道"一个人"的自由;希腊和罗马世界知道"一些人"的自由;而日耳曼世界强调"所有人"的自由。这其中的本质差别在于,东方文化强调一种普遍性品格,是以群体为本位的,它否认个体存在的价值和自由,而西方则发展了个体本位,注重个体的独立自主和自由。

作为著名的文化形态史观的创立者,斯宾格勒明确反对"欧洲中心论"的历史视界,他认为,这种眼光并不具有历史的普遍性,同时,他反对用"古代—中古—近代"的线性历史发展模式来剪裁丰富多彩的文明史。从这样的角度出发,他认为不同地域的文化的演进具有不同的特征。斯宾格勒把人类文化划分为八大形态:埃及文化、巴比伦文化、印度文化、中国文化、古典文化、阿拉伯文化、墨西哥-玛雅文化、西方文化。在他的历史观中,我们注意到一个很重要的类型划分,即具有"历史感"的文化和具有"非历史感"的文化。他认为,不同文化形态的历史感不同:一种文化更多地表现为历史的,如西方和埃及文化;另一种文化更多地表现为非历史的,如古典和印度文化。他指出,"历史显然是每个人都有份的,以致每个人及其全部生存和意识都是历史的一部分。但是,一个人在生活中经常感觉自己的生活就是一种千年万载绵延不绝的、更为广阔的生活历程的一部分,或者以为自己就是圆满的、独立自主的,这当中的区别是很大的。对于后一种想法,当然就无所谓世界历史,无所谓作为历史的世界了"①。斯宾格勒认为,印度文化是非历史性文化的代表,"在印度文化中,我们发现了一种完全非历史的精神。它的带有决定性意义的表现是婆罗门的涅槃。没有纯粹的印度天文学,没有历法,因而也就没有作为有意识的精神演化的痕迹的历史"②。斯宾格勒还指出,"印度人的世界意识是极其非历史的,它甚至不能把某一个作者写出一本书看作一件具有确定的时间性的事情。不是由特定的人写出成为一套有机联系的著作,而是逐渐地出现了模糊的一堆书籍,每个人都添进他所愿意添进的东西,而才智的个人主义、才智的演化、才智的时代等等观念在这件事中都不发生作用。我们所有的印度哲学——同时也是我们所有的全部印度历史——就是这样一种匿名形式的;而西方的哲学、历史则是

---

① 斯宾格勒:《西方的没落》上卷,商务印书馆 1963 年版,1995 年印刷,第 20 页。
② 同上书,第 25 页。

由个别的书和人所组成的一种完全确定的结构;拿它来和印度哲学比较一下是足以发人深省的"①。从这样的理解出发,斯宾格勒强调西方文化不同于东方文化的突出特征,这就是它的历史感。他认为,从埃及开始,西方的文化充满了历史精神。在他看来,西方人的时间距离感是很强烈的,"我们西方文化的人是有历史感的,我们是例外,不是通例。世界历史是我们的世界图景,不是全人类的。印度人和古典人没有想到世界是进展的,一旦西方文明顺次消灭以后,说不定就不会再有一种文化和人类,能让'世界历史'成为醒觉意识的如此有力的形式了"②。不难看出,在斯宾格勒的比较中,常常流露出一种西方中心论的见解,对此,中外许多学者都提出了质疑。但是,应当承认,斯宾格勒从文化的历史感的角度对这两种文化精神的区分对于我们关于东方自然主义和经验主义文化与西方理性主义文化的对比具有重要的启示。虽然他在这里主要谈论印度文化,而没有直接讨论中国文化,但是,在许多学者的眼中,印度文化和中国文化是东方文化的代表,它们具有本质上一致的文化精神。

如前所述,雅斯贝尔斯在《历史的起源和目标》中提出了著名的世界历史的"轴心期"的理论。他认为,在公元前800至前200年是世界历史的轴心时期,人类精神和人类文化在这一时期分别奠基于中国、印度和西方,并通过这些地区的发展而达到了自觉。应当说,雅斯贝尔斯在西方思想家中,是属于那种尽量避免欧洲中心论立场的类型。例如,他强调,"中国和印度与埃及和巴比伦是并列的","中国和印度具有与西方平起平坐的地位"。③但是,在他看来,精神和文化在这三个地区的觉醒程度是不同的,而这种差别又直接决定了这些地区后来分道扬镳的发展路径。具体说来,雅斯贝尔斯一方面接受了亚里士多德关于东方文化缺少个体自由的观点,另一方面又很接近于斯宾格勒,断言东方文化缺少历史感,是以过去为定向的文化。他指出,"中国和印度总是在延续它们自己的过去时存活",而"西方懂得政治自由的思想。希腊产生了一种自由,它虽然只是一个短暂的现象,但没有在世界上其它任何地方出现过。自由的人们忠贞不渝的兄弟关系,胜过自

①　斯宾格勒:《西方的没落》上卷,商务印书馆1963年版,1995年印刷,第25—26页。
②　同上书,第31页。
③　雅斯贝尔斯:《历史的起源和目标》,华夏出版社1989年版,第63、64页。

称正将幸福带给各民族的极权主义组织的普遍专制。以这种行动,希腊城邦奠定了西方所有自由的意识、自由的思想和自由的现实的基础。按照这种政治意义,中国和印度对自由一无所知"。①

雅斯贝尔斯还特别分析了西方和中国在文化觉醒程度上的不同所导致的历史和文明后果。他认为,西方文化在"轴心期"的精神革命中获得了一种特殊的历史感,形成了西方文化的历史连续性,而东方的文化则相对停滞,缺乏历史感。这种文化差异导致了重大的历史后果,"与中国和印度相比,西方的新开端似乎惹人注目得多。和东方有时变得很弱的精神持续性相并列,西方出现了一系列完全不同的精神世界。金字塔、巴台农神庙、哥特式教堂——中国和印度展现不出这些在历史连续中出现的形形色色的现象"②。其结果,"轴心期的创造性时代之后是剧变和文艺复兴;直至公元1500 年,当欧洲迈出其前所未有的步伐时,中国和印度却准确地同时进入了文化衰退"③。

由此可见,上述思想家关于东西方文化差别的基本见解是一致的,他们都强调了中国传统文化的自然性、经验性、非历史性特征。与西方理性主义文化的个体本位和内在创造性、超越性相比,中国传统的自然主义和经验主义文化则具有停滞的、自在自发的特征。例如,中国的日常生活世界典型地展示出中国传统文化的自然性和自在性特征。很多思想家都注意到了这一点。自然性是所有民族的传统日常生活的典型特征,正如许茨和赫勒等人所强调的那样,日常生活世界是一个给定的世界。但是,中国传统日常生活世界的自然性特征具有出奇鲜明的特点,这与中国传统社会的农本或乡土本性直接相关。成熟的、持久的农本社会、乡土社会、自然经济使得中国传统日常生活世界像大自然的春华秋实、星移斗转一样,无言地、沉默地、自然而然地延续着,处处透露一种自然的气息。美国学者明恩溥在《中国乡村生活》中指出,"在西方,人们已经习惯于说'布置'一个城市或城镇。然而,这种说法用在中国乡村上则是大大地不适宜,因为'布置'意味着相关部件安排上的设计。中国乡村是自然而然形成的,没有人晓得,也没有人去理会

---

① 雅斯贝尔斯:《历史的起源和目标》,华夏出版社 1989 年版,第 71、74 页。
② 同上书,第 66 页。
③ 同上。

它的前因后果"①。而且这种自然的生存状态似乎天长地久,永远不会改变,它使中国传统文明一直不变地延续,具有持久性。斯塔夫里阿诺斯在《世界通史》中指出,"与印度文明的不统一和间断相比,中国文明的特点是统一和连续。中国的发展情况与印度在雅利安人或穆斯林或英国人到来之后所发生的情况不同,没有明显的突然停顿"②。

关于中国传统文化类似的评价还有很多,我们在这里不必一一展示,只是列举几种有代表性的论述就可以了。然后,我们需要转过来看一看中国自己的学者是如何看待中国传统文化的。

二　中国学者视野中的东西方文化

现在我们转过来看一下中国人视野中的东西方文化的关系。应当承认,在一点上,中国人和西方人的看法是非常一致的,即他们都强调东西方文化的差别。所不同的是,在西方,很多学者持一种欧洲中心论的历史观;而在中国历史上,中国文化优越论在相当长的历史时期中一直是主流心态。甚至在清朝末年,中国社会已经进入风雨飘摇的状况,顽固的统治者和守旧的文人还紧闭双眼,拒绝了解和接受西方先进文化,把西方看作文化荒漠的"化外蛮夷之邦"。众所周知,在17、18世纪,中国曾经历了一个非常辉煌的发展阶段,史称"康乾盛世"。在乾隆末年,中国经济总量占世界第一位。但是,正是在这一时期,中国封建统治者文化上的封闭与保守也达到了登峰造极的地步。"在变化了的世界面前,康雍乾三代英明君主却表现出惊人的麻木和极度的愚昧:妄自尊大、拒绝开放,囿于传统、反对变革,满足现状、固步自封,特别是限制工商业、蔑视科学技术、闭关锁国、加强集权、禁锢思想的做法,愈加严重地制约着社会的进步。"③直到落后、挨打、民族危在旦夕时,人们才开始正视西方文化的先进性特征,才有了我们前文所分析的文化激进主义对中国传统文化的批判和对西方理性主义文化的肯定,才有了

① 明恩溥:《中国乡村生活》,时事出版社1998年版,第12页。
② 斯塔夫里阿诺斯:《世界通史——1500年以前的世界》,上海社会科学院出版社1988年版,第278页。
③ 《落日的辉煌——十七、十八世纪全球变局中的"康乾盛世"》,《学习时报》2000年6月19日。

关于中西文化的理性分析和比较。从 19 世纪末开始，许多学者开始了东西方文化的比较研究，到了"五四"运动前后，这种比较研究转化成关于东西方文化的论战。我们在这里同样不去全面展开 20 世纪上半叶中国哲学界和文化界关于中西文化的争论，以及关于科学和玄学的争论，而只想选取几个代表性人物的观点，形成东方视野中的东西方文化观。

陈独秀是新文化运动的先锋，他通过比较研究，认为东西方文化存在三方面的本质性差别：第一，"西洋民族以战争为本位，东洋民族以安息为本位"；第二，"西洋民族以个人为本位，东洋民族以家族为本位"；第三，"西洋民族以法治为本位，以实利为本位；东洋民族以感情为本位，以虚文为本位"。[①] 陈独秀认为，中国文化上的落后是中国经济政治和其他方面落后的根本原因。正因为如此，他强调接受西方先进的科学和民主的新文化，呼唤"自主的而非奴隶的""进步的而非保守的""进取的而非退隐的""世界的而非锁国的""实利的而非虚文的"和"科学的而非想象的"新青年。

在东西方文化的比较上，文化激进主义代表人物胡适从"全盘西化论"立场出发，对传统中国文化的批判和对西方科学、民主、自由的理性文化的倡导已经为人们所熟知，我们不去加以展开。在这里，我们想提及梁漱溟的东西方文化观。他虽然在基本价值取向上属于文化保守主义，与胡适和陈独秀相对立，但是，他关于东西方文化的比较分析却是十分深刻的，而且在基本的判定方面，同胡适和陈独秀的见解竟然有惊人的一致性。我们在分析文化模式时曾指出，梁漱溟在《东西文化及其哲学》中区分了中国、印度和西方三种文化模式。他认为，文化作为"生活的样法"或"生活中解决问题的方法"是存在着各种差别的，其中有三种基本的导向，可以称作"人生的三路向"：第一种是生活的本来的路向，"就是奋力取得所要求的东西，设法满足他的要求；换一句话说就是奋斗的态度"；第二种是持中的路向，"遇到问题不去要求解决，改造局面，就在这种境地上求我自己的满足"；第三种是转身向后去的路向，"走这条路向的人，其解决问题的方法与前两条路向都不同。遇到问题他就想根本取消这种问题或要求"。[②] 梁漱溟指出，对

---

① 徐洪兴主编：《二十世纪哲学经典文本——中国哲学卷》，复旦大学出版社 1999 年版，第 178—180 页。

② 同上书，第 457 页。

应人生的这三种基本路向,恰好就有西方、中国和印度三种主要的文化模式,其中,西方文化是"以意欲向前要求为根本精神的";"中国文化是以意欲自为、调和、持中为其根本精神的";而"印度文化是以意欲反身向后要求为其根本精神的"。① 在这三种路向中,梁漱溟毫无疑问赞美中国的文化模式,他断言"世界未来文化就是中国文化的复兴"。但是,由此,梁漱溟并没有神化中国文化模式,相反,他认为,中国文化模式的缺陷是成熟太早,属于早熟的文化,因此,在目前的情况下"不合时宜",在同西方文化的交往中处于下风。② 由此,他提出了在文化问题上我们应当秉持的基本态度:"第一,要排斥印度的态度,丝毫不能容留;第二,对于西方文化是全盘承受,而根本改过,就是对其态度要改一改;第三,批评的把中国原来态度重新拿出来。"③

在《中国文化要义》一书中,梁漱溟又进一步集中比较了中国文化与西方文化的本质区别,他强调,西方文化是"个人本位"文化,而中国文化是"伦理本位"的文化。他指出,"我们如其说,西洋近代社会是个人本位的社会——英美其显例;而以西洋最近趋向为社会本位的社会——苏联其显例。那我们应当说中国是一'伦理本位的社会'"④。梁漱溟认为,这一基本特征体现在社会经济政治生活的各个方面。正因为有此区别,西方文化强调个性,而中国文化则没有"个人观念",强调家庭和关系。

这些学者在进行上述判断时,大多是依据对中国传统社会中大多数民众的生存状态的考察加以分析的。几千年的小农经济和自然经济条件下,绝大多数中国民众的生存都表现为一种自在自发的自然状态。换言之,生活在具有自然性特征的传统日常生活世界之中的传统中国人的全部生计都被这种自然的日常生活所占据,服从于日常生活的经验式和人情化的文化模式。人们祖祖辈辈、世世代代似乎吃着同样的饭,干着同样的活,种着同样的地,收着同样的粮,穿着同样的衣,住着同样的房。典型的日常生活主体缺少改变现状、超越现存生活的冲动和热情,日常生活就如平稳流逝的江

---

① 徐洪兴主编:《二十世纪哲学经典文本——中国哲学卷》,复旦大学出版社1999年版,第458页。

② 同上书,第470页。

③ 同上书,第472页。

④ 同上书,第485—486页。

水,没有浪花,没有波澜。传统日常生活的图式展现出鲜明的给定性、稳定性、持久性的特征。林语堂这样概括传统日常生活主体的文化模式:"如果我们回头看一下中华民族,并试着描绘其民族性,我们大致可以看到如下特点:(1)稳健,(2)单纯,(3)酷爱自然,(4)忍耐,(5)消极避世,(6)超脱老猾,(7)多生多育,(8)勤劳,(9)节俭,(10)热爱家庭生活,(11)和平主义,(12)知足常乐,(13)幽默滑稽,(14)因循守旧,(15)耽于声色。总的来讲,这些都是能让任何国家都增色不少的平凡而又伟大的品质。…… 以上这些特点,某些与其说是美德不如说是恶习,另一些则是中性的。这些特点既是中华民族的优点,也是它的缺陷,思想上过分的稳健会剪去人们幻想的翅膀,使这个民族失去可能会带来幸福的一时的狂热;心平气和可以变成怯懦;忍耐性又可带来对罪恶的病态的容忍;因循守旧有时也不过是懈怠与懒惰的代名词;多生多育对民族来讲可能是美德,对个人来讲却又可能是恶习。"①

　　费孝通在著名的《乡土中国》中对于传统日常生活的自然性、稳定性和惰性,对于传统中国人的自然的生活态度和自然的生存状态作了十分形象而深刻的描述。他从中国社会的乡土本性入手,指出:"在一个乡土社会中生活的人所需记忆的范围和生活在现代都市的人是不同的。乡土社会是一个生活很安定的社会。我已说过,向泥土讨生活的人是不能老是移动的。在一个地方出生的就在这地方长下去,一直到死。极端的乡土社会是老子所理想的社会,'鸡犬相闻,老死不相往来'。不但个人不常抛井离乡,而且每个人住的地方常是他的父母之邦。'生于斯,死于斯'的结果必是世代的黏着。这种极端的乡土社会固然不常实现,但是我们的确有历世不移的企图,不然为什么死在外边的人,一定要包棺材运回故乡,葬在祖茔上呢? 一生取给于这块泥土,死了,骨肉还得回入这块泥土。"②

　　根据这种分析,费孝通表述了一个非常具有深刻哲学意蕴的见解,即传统乡土社会或日常生活世界的非历史性特征。对于传统日常生活主体而言,日常的时间是周而复始地重复的,他们的日常生活仿佛是在历史之外。他指出,在乡土社会的日常生活中,记忆都是多余的,"秦亡汉兴,没有关

---

① 林语堂:《中国人》,学林出版社1994年版,第56—57页。
② 费孝通:《乡土中国　生育制度》,北京大学出版社1998年版,第21页。

系。乡土社会中不怕忘,而且忘得舒服"。因此,"在一个每代的生活等于开映同一影片的社会中,历史也是多余的,有的只是'传奇'。一说到来历就得从'开天辟地'说起;不从这开始,下文不是只有'寻常'的当前了吗?都市社会里有新闻;在乡土社会,'新闻'是稀奇古怪、荒诞不经的意思。在都市里有名人,乡土社会里是'人怕出名猪怕壮'。不为人先,不为人后,做人就得循规蹈矩。这种社会用不上常态曲线,而是一个模子里印出来的一套"。①

我们发现,很多学者对中国传统文化的特征作了不同的概括,例如,"强大的生命力和凝聚力""重实际求稳定的农业文化心态"②;再如,"中国文化具有务实的精神和崇尚中庸特征""中国文化具有延绵不绝、体系完备的特点""中国文化具有重人事轻宗教、重现实轻来世的特点"③,等等。各种评价尽管表述不一,且有褒有贬,但本质精神上都离不开自然性、给定性、稳定性、停滞性等特征。

应当说,中国传统文化的上述特征,如自然性、封闭性、自在性、非历史性的文化特征,体现在中国社会的方方面面,特别是深入到中国民众的日常生活之中,构成了全民族的普遍的文化基因。因此,很多学者从一般的社会生活和民众的日常生活等视角深刻揭示了中国传统文化的特征。其中,费孝通的《乡土中国》、林语堂的《中国人》等著作对于体现在中国民众日常生活和社会生活之中的传统文化特征作了非常深刻的探讨。

在传统农业文明和自然经济条件下,传统日常生活主体的活动方式具有典型的经验性特征。各种经验、习惯、传统、风俗、礼俗、家规、家法等成为调节日常生活、支配日常行为的基本的图式。而中国人对于经验的信任、依赖堪称世界各民族之最。费孝通深刻地分析道:"乡土社会是安土重迁的,生于斯、长于斯、死于斯的社会。不但是人口流动很小,而且人们所取给资源的土地也很少变动。在这种不分秦汉,代代如是的环境里,个人不但可以信任自己的经验,而且同样可以信任若祖若父的经验。一个在乡土社会里

---

① 费孝通:《乡土中国　生育制度》,北京大学出版社1998年版,第22页。

② 参见张岱年、方克立主编:《中国文化概论》,北京师范大学出版社1994年版,第352—355页。

③ 参见裴士京等:《中国文化史》,安徽大学出版社1998年版,第16—18页。

种田的老农所遇着的只是四季的转换，而不是时代变更。一年一度，周而复始。前人所用来解决生活问题的方案，尽可抄袭来作自己生活的指南。愈是经过前代生活中证明有效的，也愈值得保守。于是'言必尧舜'，好古是生活的保障了。"①

一个完全依赖经验而运转的日常生活世界，必然是一个熟悉的世界，一个狭窄的、封闭的天然共同体。生活在这一共同体中的人自发地依靠习惯、传统、风俗、礼俗、家规、家法等各种各样现成地给定的经验或者知识储备、文化规范体系而生存。日常生活日复一日、年复一年，祖祖辈辈都是同样的，不断地重复的。甚至人生的各种经验也不需要刻意地去积累，重复性的日常生活会无师自通地教会每个人衣食住行、饮食男女等日常生活所需要的一切规范。正如费孝通所描述的那样："历世不移的结果，人不但在熟人中长大，而且还在熟悉的地方上生长大。熟悉的地方可以包括极长时间的人和土的混合。祖先们在这地方混熟了，他们的经验也必然就是子孙们所会得到的经验。时间的悠久是从谱系上说的，从每个人可能得到的经验说，却是同一方式的反复重演。同一戏台上演着同一的戏，这个班子里演员所需记得的，也只有一套戏文。他们个别的经验，就等于时代的经验。经验无需不断累积，只需老是保存。"②

支配传统中国民众生活的基本的文化图式是重复性的思维和重复性的实践模式，这是一个经验世界，一个常识世界，一个习俗世界。其突出的特点是尚未培养起一种反思的维度，在常识思维或经验思维中，从来没有"为什么"的问题，一切都是天经地义、古来如此的。在这里，人们不必像在科学、艺术和创作活动中那样不断提出和思索"为什么"的问题，不断致力于新问题的创造性解决，而是停留于对"是什么"知识的占有。日常思维基本停留于自在的水平，一代又一代的日常生活主体往往是靠自发的模仿、类比而自在地习得传统、习惯、风俗等日常生活规则和图式、解决问题的路数和生存方式。

因此，我们在中国人身上很少看到那种勇于冒险、进取、超越、否定和僭越现存的规范和惯例、标新立异的特征，看到的是中庸、温和、不争、无为、安

---

① 费孝通：《乡土中国　生育制度》，北京大学出版社 1998 年版，第 50—51 页。
② 同上书，第 21 页。

于现状、满足已有的保守特征。如前所述，林语堂不乏刻薄同时也不乏深刻地写道："大多数中国人仍将墨守成规，这当然不是出于自觉的信仰而是出于一种民族的本能。我觉得中华民族的传统势力是如此之强，人们的基本生活方式将会永远存在。即使发生共产主义掌权这样巨大的社会变革，中国人的那些性格特征：宽容、折衷、中庸等古老的传统将会毁掉共产主义，把它改头换面。而共产主义那种社会的、不受制于个人感情影响的、严格的世界观则很难毁掉这个传统，情况一定会是这样。"①这种中庸、保守、依赖经验、以过去为定向的生存态度在某种意义上已经成为中华民族的文化基因，不仅渗透到传统农民的日常生活的方方面面，至今依旧威力不减当年。我们今天在发达国家的许多大城市的"唐人街"还可以看到许多"中餐"家庭小饭馆，这些家庭的孩子有的甚至放弃上大学的机会，更不愿进入竞争的社会生活（经商或从政），不愿改变父辈的小农生活方式和生存态度，而是甘愿"子承父业"，默默地做着小本生意，体验着知足常乐的小康生活。

中国传统文化的另一个重要特征是人情化和情感化，处处突出的不是个人的个性，不是平等的和民主的人际关系，而是以家庭本位、生存本能、血缘关系、天然情感、伦理纲常等构造的庞大的人情网。中国人习惯把日常生活之中的享受称为"天伦之乐"。毋需赘言，古往今来、古今中外的日常生活都离不开这一自然之网和情感之基。但是，中华民族对于家庭、血缘、情感、人情的依赖，甚至是迷恋，的确举世无双。因此，人情化无可争辩地构成中国传统日常生活的基本图式之一。

在中国人的人情化或情感化的自然本能的生存之网中，家庭的地位和作用至高无上。凡是研究中国文化或中国民众生活的学者，几乎没有不提及中国传统社会生活和日常生活的家庭本位特征。正如王沪宁在分析中国的村落家族文化时指出的那样，"世界上大多数国家都曾经历过农业社会这一阶段，都必须经历从农业社会向工业社会过渡这一历史转型时期，但并非所有的国家都有家族文化，都有像中国历史上那样根深蒂固的家族文化及其酿造的家族精神。这一点可以说是中国社会区别于西方社会或其他社会的基本特征之一"②。他还详细分析了中国家族文化的血缘性、聚居性、等级性、礼俗

① 林语堂：《中国人》，学林出版社1994年版，第85—86页。
② 王沪宁：《当代中国村落家族文化》，上海人民出版社1991年版，第3页。

性、农耕性、自给性、封闭性、稳定性的特征。在这一点上，中外学者没有什么争议。斯塔夫里阿诺斯在《全球通史》中把家庭本位视作中国社会和中国文化的本质特征之一。他认为，"祖先崇拜从最古代起就一直是中国宗教的一个主要特征，对一个人的姓十分重视与这一点有密切的联系。中国人的姓总是位于个人的名字之前，而不像西方那样，位于个人的名字之后；这反映了中国社会历来起主要作用的是家庭，而不是个人、国家或教堂"①。

以家庭为本位的日常生活世界，通过血缘、生育、亲情、亲属、人伦等编织成一种以血缘和出身关系为尺度的日常生存和日常交往的圈子，这种血缘和情感圈子同狭窄和固定的地缘相结合就构成了传统日常生活世界的阈限。因此，注重家庭关系的传统中国日常生活世界是一个血缘社会，一个亲情社会，一个熟悉的私人社会，一个复杂的人伦世界。费孝通在《乡土中国》中提出了表征中国以家庭为本位的传统社会的概念："差序格局"。他认为，西方社会呈现为一种团体格局，一些相对独立的个体按一定的约定组成一个团体，在这种背景下，家庭是很小的，仅限于夫妻和子女。而在中国，家庭的界限是模糊的，它以血缘在不同方向、不同辈分上的延伸而形成一个很大的圈子，就像把一块石头丢在水面上形成的一圈圈推出的波纹，推出一个越来越大的亲属血缘圈子。人的衣食住行、饮食男女、婚丧嫁娶、礼尚往来都超不出这个以血缘和亲属关系为波纹的差序格局。在这里，人伦关系十分重要，因为它清楚地展示出家庭关系和亲属关系的各个方面。在中国人的意识和传统文化中，人伦概念和人伦关系都占据着十分重要的地位，"六亲""九族"横贯了家庭关系和亲属关系，《礼记》中所讲的鬼神、君臣、父子、贵贱、亲疏、爵赏、夫妇、政事、长幼、上下等"十伦"几乎涵盖了血缘社会或亲情社会的所有日常交往关系。

以血缘社会、亲情社会、私人社会和人伦世界为特征的家庭本位的日常生活世界，在日常交往活动图式上的本质特征便是人情化，它成为中国传统社会所有交往活动的主色调。换言之，中国传统日常生活世界是一个典型的人情世界。在人情面前，人们常常可以牺牲原则、正义、平等、公正等一切理性化的文化特质。拉关系、讲人情、注重礼尚往来、盛行裙带关系，在中国日常生活

---

① 斯塔夫里阿诺斯：《世界通史——1500 年以前的世界》，上海社会科学院出版社 1988 年版，第 137 页。

中成为一种完全正常的现象。不断地送人情、拖欠人情、还人情等,成为中国社会普遍的日常交往中一条独特的风景线。即使没有什么直接的功利企图,邻里间、街坊间、亲属间、朋友间逢年过节的礼尚往来也是必不可少的。费孝通先生以中国家庭和社会的差序格局描述了人情社会的特征。他说:"在西洋社会里争的是权利,而在我们却是攀关系、讲交情。"[1]

三 关于中国传统文化的价值判断

显而易见,我们上述重点介绍的关于中西文化或东西文化比较研究的各种观点,并没有涵盖中外理论家和思想家关于中国传统文化的全部认识和评价。特别需要强调的是,我们是置身于中国传统文化模式现代转型的历史进程中来反思传统文化,因此,所介绍的观点更多地体现出对中国传统文化的局限性的分析批判。但是,即使上述理论家和思想家本身的观点也互有差异,甚至相互冲突。例如,在西方学者中毫无疑问既有指责中国传统文化落后和保守,坚持欧洲中心论的文化霸权主义观点,也有批判欧洲文化,青睐中国传统文化的激进主义者;同样,在中国学者中,虽然面临着"西学东渐"、中国传统文化模式受到现代化浪潮猛烈冲击的局面,以胡适为代表的主张"全盘西化"的文化激进主义者呈现出强势特征,但是,也不乏梁漱溟这样坚持中国社会的乡土结构和乡村本位文化的文化保守主义者,而近现代新儒学思潮的经久不衰更呈现出对中国传统文化的坚守和辩护的特征。

关于中国传统文化的相互冲突甚至是针锋相对的价值判断,并不是一种纯粹学理分析的产物,而是与近现代人类历史进程的复杂内涵密切相关的价值判断。20 世纪下半叶,这种争论依旧在世界范围内延续,而且对中国传统文化的肯定性评价和否定性评价往往随着一些重大的历史变化而此消彼长。例如,20 世纪 60 年代以后,日本、韩国、新加坡、中国台湾、中国香港等具有深厚儒家文化背景的东亚国家和地区在经济上取得了惊人的成就,成为当时世界上发展最快的区域,迅速实现了工业化和现代化。东亚现

---

① 费孝通:《乡土中国 生育制度》,北京大学出版社 1998 年版,第 27 页。

代化这一现象引起了国际学术界的关注，许多学者开始运用东亚的现代化发展经验来反思原来以"西化"为定位的现代化模式的危机和弊端，其中一些学者，如新儒学代表人物杜维明等，开始探讨儒家文化对于支撑现代化进程的积极的建构意义。而到了20世纪末席卷亚洲的金融危机突然爆发，又使一些学者从亚洲的家族企业和儒家文化伦理来寻找亚洲金融危机的文化根源，对中国传统文化的批评声音开始占据上风。进入21世纪后，中国在全球化背景下迅速发展，一跃成为世界第二大经济体，并且积极地挖掘中国传统文化资源来构筑国家文化软实力与和谐世界的理念，这一现象使以儒家伦理为核心的中国传统文化又一次成为全球关注的热点文化资源之一，出现中国的"国学热"和全球范围内对汉语言文化的热情。这些复杂的历史现象充分说明，对于中国传统文化这样一种在中华民族和人类历史上发挥过并且继续发挥着重大作用的文化精神和文化模式，我们不能简单地作出全盘肯定或者全盘否定的价值判断，而必须对它的复杂内涵、本质精神及历史作用作出历史的、全面的和辩证的分析。这是一个开放的问题，是需要人们经常反思的问题，我们在这里只能提出一些基本的认识。

首先，我们必须充分肯定以儒家伦理为核心的中国传统文化在中华民族几千年的发展历程中所具有的重要的文化建构力和民族凝聚力。文化既具有民族性，又具有世界性，在任何文明时代，文化都既是民族的，也是世界的。历史越是向前追溯，文化的民族性就越强，在世界文明体系中，每一种文化都具有鲜明的民族特征，是特定民族根据自己的需要在特定的自然环境中和社会历史条件下形成的。民族文化或传统文化的巨大生命力在于其内在的民族精神。所谓民族精神是指一个民族在长时期的历史过程中形成的、本民族成员所共同具有的、稳定的心理机制、思维方式、价值取向、共同理想和民族性格，是一个民族特有的精神风貌，是民族文化、民族智慧、民族心理和民族情感的集中体现。民族精神的至关重要性在于它是民族维系的纽带，是民族发展的动力，是民族自立于世界民族之林的支柱。同西方文化相比，中华民族的传统文化精神在强调人与自然的和谐、人与人的和谐、人与社会的和谐等方面具有很大的优点，并由此形成了中国文化优秀的民族精神。中华民族在几千年的发展历史中，形成了以爱国主义为核心的团结统一、爱好和平、勤劳勇敢、自强不息的伟大民族精神，具体体现为注重以民为本，尊重人的尊严和价值；注重自强不息，不断革故鼎新；注重社会和谐，强调团结互助;注重亲仁善邻,讲求和睦相处,等等。这种文化精神在传统农业文明时代,对处于相对低下的社会生产力和相对匮乏的物质资料条件下的民族,往往更具有独特的凝聚力。中华文明是世界古代文明中始终没有中断、连续五千多年发展至今的文明,在自己的发展历程中,经历了无数磨难而百折不挠,其力量来源于中华民族的文化精神所形成的文化的生命力、创造力和凝聚力。许多思想家和理论家都对之十分敬佩。"中国——东亚文明的最大特点在于它的稳定性和安定性,这是一种绝无仅有的、令人惊叹的伟大统一力。就中国人来说,几千年来,比世界任何民族都成功地把几亿民众从政治文化上团结起来。他们显示出这种政治文化上统一的本领,具有无与伦比的成功经验。"①

其次,我们必须充分认识到植根于传统农业文明的中国传统文化精神在面对人类社会的现代化转型时,不可避免地会产生文化不适,具有文化阻滞作用。这也正是清朝晚期中国社会处于闭关锁国、落后挨打状态,开始沦为半殖民地半封建社会时,一些有识之士激烈和激进地批判中国传统文化的原因之所在。通过上述中西方学者关于中国传统文化的分析不难看出,尽管各种观点存在很大差异,同时在价值取向上也存在冲突,但是,如果我们撇开细微的和枝节的差别,应当承认,他们关于中西文化的比较研究的确有许多共同的见解。例如,从总体上看,西方文化具有个性化、理性化、自觉的特征,而中国传统文化具有自在、自然、经验、人情化、群体化的特征。基于中外学者的上述论述,我们可以从以下几个方面概括中国传统文化的基本特征:一是中国传统文化的核心特征或本质特征是群体本位,不同于西方理性主义文化的个体本位,相应地,中国文化精神中缺少独立的个体自由和个体意识,而这构成了西方现代文化精神的核心。中国传统文化同传统农业文明和自然经济在本质上是一致的,按照弗洛姆的说法,传统农业文明条件下作为个体的人尚未存在,这并不是说人的自由被剥夺,而是说人的个体自由尚未真正形成,人还生活在自然的或原始的关联之中。而工业文明或现代化的实质是个体化和理性化进程,因此,个体本位和个体自由成为现代人本质性的生存方式、主导性的文化精神。二是中国传统文化具有比较强

---

① 汤因比、池田大作:《展望二十一世纪》,国际文化出版公司 1989 年版,第 294 页。

烈的伦理主义或伦理中心主义的特征,它对人文或人际关系的重视胜过对自然或人与自然关系的重视,是一种自然主义文化。应当说,如果不加具体分析,一般断言一种文化具有伦理主义特征,并不一定是一种否定性的判断,但是,当这种伦理主义特征同中国传统文化群体本位的本质特征相联系时,就具有了很大的消极性。因为,在群体本位文化中,人同自然以及人与人的分化尚未达到理性的自觉,人的生存缺乏个体意识和个体自由,在这种情况下,对伦理关系的强调主要着眼于人的先天身份和地位、家庭出身、家庭关系等构成的等级关系和君臣、父子、夫妻、兄弟、朋友等血缘关系、情感关系或宗法关系,同现代理性文化中基于契约、法制而结成的平等、自由、理性的交往关系和伦理关系有着本质的差别。即是说,东方群体本位的伦理文化是一种自然主义的文化,它压抑个性的自由和个性的创造性;而现代西方个体本位的伦理文化则是一种理性主义文化,它虽然有导致异化的可能性,却为个体自由和创造性的发挥创造了条件。三是中国传统文化具有保守性和"以过去为定向"的特征,是一种经验主义文化模式。这一保守性特征同样与中国传统文化的群体本位有着本质性的关联。由于个体自由和主体性的不发达,人生活在与自然"天人合一"的关系之中,缺少自觉地征服自然的精神导向,支配人的生活和社会活动的主要文化要素是传统、经验、常识、习惯、自然节律,而不是理性主义文化模式所倚重的理性、科学、自由、主体意识、创新精神。因此,这种文化模式是"以过去为定向"的,具有消极性和保守性,缺少历史感和超越感,受这种文化模式支配的社会缺少内在驱动力和发展的活力。显而易见,尽管中国传统文化具有独特的文化建构力和民族凝聚力,但是,在人类社会的现代化转型时期,如果不能经历深刻的批判性重建,很难直接支撑中华民族的现代化事业,甚至会对中国的现代化进程产生某种文化阻滞力。

再次,我们还应当认识到,尽管中国传统文化对于社会的现代化转型不可避免地具有某种文化阻滞力,但是,作为人类社会的一种历史悠久的文化精神,它具有批判性重建和文化创新的潜能,对于人类社会健康发展有不可忽视的当代价值。在文明的演进和文化的发展进程中,文化传承和文化创新总是相互依赖的两个方面。任何一种文化要保持连续和发展,首先必须依靠文化传承,从而形成历史演进的内在文化机制;同时,任何一种文化要在新的时代保持生命力和价值,都必须突破原有文化的局限,赋予文化以新的时代内涵,也就是要通过新的文化创造及与其他文化的交流碰撞推动文化的创新。中国传统文化作为人类历史上最悠久的文化传统之一,能够数千年源远流长而不中断,毫无疑问是包含着内在的文化创新机制和文化创造潜能的。"中国传统文化是我们的先辈传承下来的丰厚遗产,曾长期处于世界领先的地位。传统文化是历史的结晶,但它并不只是博物馆里的陈列品,而是有着活的生命……传统文化所蕴含的、代代相传的思维方式、价值观念、行为准则,一方面具有强烈的历史性、遗传性,另一方面又具有鲜活的现实性、变异性,它无时无刻不在影响、制约着今天的中国人,为我们开创新文化提供历史的根据和现实的基础。"①然而,尽管我们对中国传统文化的创造性转化的潜能深信不疑,现代西方理性文明的危机特征和中国社会的发展又为我们在全球化的视域中展示中国传统文化精神的力量提供了前所未有的有利契机,但是,我们新时期的文化建设依旧任重道远。一方面,传统儒家、道家等思想,作为传统文化典籍和知识形态,任何时候都无可争议地在人类知识殿堂中占据一席重要的位置,然而,这还不是鲜活的有生命的文化,只有切实使中国传统文化中的优秀精神资源转化成当代中国民众的道德价值观念,并且整合到现代人类的主导性文化精神之中,才是中国传统文化的当代转型;另一方面,从理论上讲,中国传统文化的义利观等伦理价值观念对于当代人克服市场经济条件下的消费主义、享乐主义等不健康的生存方式,以及抑制资本的逻辑和市场的逻辑的非人道倾向具有重要的价值,但是,这一文化建构和文化创新的历史任务不是把传统文化简单地搬过来,形成各种形式的"国学热"就可以完成的。实际上,如何既发挥中国传统文化精神对市场经济的负面效应的文化制约作用,又防止中国传统文化精神从根本上抑制市场经济的发展等重大的历史课题,不仅远未完成,甚至还没有开启。这一切都呼唤着中国传统文化深刻的批判性重建和创造性转型,其真正的文化建设目标,不是中国传统文化的复活,而是具有强大生命力的现代中国文化精神和文化模式的生成。

必须看到,要想对中西文化或东西文化的差别作深入理解和把握,仅靠上述分析是远远不够的;同时,要想更为深刻地把握中国传统文化的历史命

---

① 张岱年、方克立主编:《中国文化概论》,北京师范大学出版社 1994 年版,第 8—9 页。

运和当代价值,仅凭上述几点一般性的判断也是远远不够的。我们必须深入到具体的历史进程中,进入全球化进程东西方文化的碰撞和交汇中,去具体地理解和把握中国传统文化不可否认的局限性和不可替代的独特价值。实际上,尽管已经进入社会主义市场经济建构的历史进程之中,中国的现代化事业已经取得了长足的进步,并且在全球化的历史进程和世界格局中产生了巨大的影响,但是,我们依然处于传统文化和现代文化、中国文化和西方文化碰撞、冲突、交汇、转型的时代,因此,在对中西文化的一般特征作了上述了解后,还必须深入到过去百余年中国的现代化建构和文化转型的历史进程中,以全球化、信息化和市场经济建构为背景,具体和深入地把握中国现代文化精神的生成机制。

第十二讲

中国传统文化的结构特征

我们在上一讲通过东西方一些著名思想家关于东西方文化的比较研究,形成了一个总体性的概念:中国传统文化属于一种自在自发的经验性和人情化的文化。但是,关于中国传统文化的认识不能停留于此,实际上,不仅中国传统文化具有自然主义和经验主义的特征,即使以古希腊的古典理性主义为开端,素来强调自由和理性的西方文化,在西方相当长的农业文明时代,也在许多方面表现为缺乏个性和主体性,具有自然主义和经验主义特征的文化模式。问题在于,中国传统文化似乎不是一般地具有经验化和人情化特征,而是从骨子里就透露出这种自在自发、自然而然的本质特征,它具有一种顽强地抵御变革和转型的力量,可以经久不变。即使在近现代中国走向现代化的历史进程中,中国传统文化转型的历史允诺也迟迟难以兑现。

要真正深刻地揭示中国传统文化的本质,必须从它的结构特征入手。我们发现,同西方文化相比,中国传统文化具有一种特殊的"超稳定结构"。进一步探索,我们还发现,对于中国传统文化的这种超稳定结构,必须从社会的基础层面或社会的根基入手,从日常生活的结构入手,真正把握。因此,我们在这里引入西方生活世界理论中的日常生活批判的范式,对中国传统文化进行一种特殊的结构分析。

一 成熟的农本社会与发达的日常生活世界

解析中国传统日常生活世界,必须从中国传统农本社会(或乡土社会)的特征入手。我们发现,虽然埃及等文明古国很早就培育起比较发达的农业文明,以至于英国文化人类学家埃里奥特·史密斯和詹姆斯·佩里先后提出"埃及中心论"和"太阳之子论",但是,中国同样是农业文明最早的发祥地之一。很多研究者注意到了这一点,例如,美国学者斯塔夫里阿诺斯在其著名的《世界通史》中指出:"我们已确凿地知道,中东和中美洲是农业革命的独立中心;新近的研究表明,中国北部也是这样的一个中心。"①而且,相比之下,中国的农业文明具有特殊的成熟性,这不仅表现在其历史之悠久,而且体现在其内在的文化机制的成熟和对全部社会生活和历史运动的影响。相应地,中国的传统日常生活世界也出奇地发达,许多学者从不同角度都注意到家庭、村落、乡里等自然体系及其文化模式在中国人的生活中所占据的特殊的分量。必须指出,成熟的农本社会和发达的日常生活世界之间的联系肯定不是偶然的,而是必然的。从这一必然的联系中,我们可以找到解读中国社会和中国文化的深层的文化符码。农本社会是解读中国历史和中国文化的关键。"在中国占主导地位的传统文化,无论是物质的,还是精神的,都是建立在农业生产的基础上的,它们形成于农业区,也随着农业区的扩大而传播。"②

为了揭示这一必然联系,我们需要进一步建立起日常生活世界和非日常生活世界的理论范式和历史解释模式。我们一般地把日常生活世界界定为社会的最基础的层面,它包括衣食住行、饮食男女等以个体的肉体生命延续为宗旨的日常生活资料的获取与消费活动;杂谈闲聊、礼尚往来等以日常语言为媒介、以血缘关系和天然情感为基础的日常交往活动;伴随着日常消费活动、日常交往活动和其他各种日常活动的日常观念活动,等等。这一日常生活世界与政治、经济、技术操作、经营管理、公共事务等有组织的或大规模的社会活动领域,以及科学、艺术和哲学等自觉的人类精神生产领域或人类知识领域这些非日常生活领域相对。应当说,这种意义上的日常生活世界在古往今来、古今中外各民族的历史和生存中,都是不可或缺的。但是,不同民族、不同地域、不同历史时期的日常生活世界的发达程度、内在结构和图式的规定性、同非日常生活世界的关联模式是存在着很大的差异的。

---

① 斯塔夫里阿诺斯:《世界通史——1500 年以前的世界》,上海社会科学院出版社 1988 年版,第 85 页。

② 张岱年、方克立主编:《中国文化概论》,北京师范大学出版社 1994 年版,第 27 页。

因此,我们可以引入一个历史的维度,对日常生活世界本身的历史演进进行描述。而这种历史演化模式对于在文化解释的层面上理解人类历史的演进,具有十分重要的意义。

(一) 日常生活世界的历史演化模式

依据人类文明形态的更替,我们可以把迄今为止的日常生活世界的演化划分为三个基本阶段:与原始文明相对应的原始日常生活、与农业文明相对应的传统日常生活、与工业文明相对应的现代日常生活。

第一,原始日常生活:人类社会的原生态。原始初民的世界是人类社会的最初形态,即人类社会的原生态。从我们的文化哲学的视角来看,这一作为人类历史开端和人类社会原生态的原始世界,本质上是一个典型的日常生活世界。换言之,原始初民把全部精力均投放到衣食住行、饮食男女这些带有强烈自然色彩的日常生活之中,日常生活涵盖了远古先民的全部生活与活动领域。那时,尚未建构起今天我们生活于其中的庞大的非日常生活世界。

我们可以简要地从日常生活批判的角度揭示原始社会的特征。其一,远古时代的先民们所进行的获取衣食住行等生活资料的生产活动尚未构成相对独立的、非日常的社会活动领域,而是与生活资料的消费直接交织在一起的、凭借天然的或简单人造的工具而自在自发地进行的活动,是纯粹的日常活动。其二,在原始时代,人们尚未发展起非情感性的、自觉的、非日常的社会交往活动和自觉的精神交往活动,原始交往严格局限在由血缘关系和天然情感所维系的狭隘圈子,因而属于典型的情感性的、自在的日常交往活动。性交往关系、血缘关系、情感关系、共同生活的关联决定了原始交往是封闭的、狭隘的、自在的日常交往。其三,原始初民尚未建构起政治经济管理等非日常的社会机构,原始氏族制度从本质上讲只是血缘家庭关系的自然放大,并未超越日常生活范畴,因而不具有超日常生活的社会化组织的功能,而只行使对日常生活的自发调节功能。其四,在原始时代,人们尚未形成对类本质和自我存在的自觉意义,通过原始巫术、图腾、神话等形成的表象世界尚不是自觉的、非日常的精神世界和知识世界。这一精神表象世界的核心信念是"万物有灵""天人感应""物我不分",因而原始思维是一种无个性、缺乏自我意识的集体表象或集体无意识,是一种停留于"是什么"层面而缺少"为什么"和"应如何"维度的自在的思维，是一种自在的、重复性的日常思维。

第二，传统日常生活：不发达的非日常世界的坚固基础。所谓传统日常生活是指农业文明条件下的日常生活。同原始日常生活相比，传统日常生活的社会历史方位有了一个质的改变：它不再涵盖人的全部生活或生存领域。进入文明时代后，从原始日常生活世界这一人类社会的原生形态中分化出人类社会的次生形态，非日常的社会活动领域和精神生产领域开始得以建构与发展，从此，人类社会不再是日常世界的一统天下，而是日常世界与非日常世界并存的领地。但是，这种分化并没有根本改变日常生活的自在的活动图式、封闭落后的状态以及对人类社会和个体存在的决定性制约作用。即是说，传统日常生活在农业文明时代依旧是人的主要生存活动。原因很明了，在农业文明条件下，日常生活结构还十分强有力，它不是作为人类社会的潜基础结构和背景世界，而是作为人类社会的直接的基础结构支撑着非日常生活世界。

对于传统日常生活的这一社会历史方位，可以进一步从以下几方面理解。其一，自然经济条件下的生产是分散的、小规模的小农经济，是依据自然节律而自发地进行的重复性的实践活动，而社会化的大生产尚未发展起来。其二，在农业文明条件下，人主要生存在由血缘宗法关系维系的自然秩序中，尚未建立起自觉的社会关联。换言之，农业文明条件下的人尚未建立起自由、平等、自觉、开放的非日常交往关系，而是作为自在的日常生活主体而进行着以血缘关系、宗法关系和天然情感为基础的日常交往活动。其三，农业文明条件下的精神生产领域相对不发达，只是少数人独占的领域，绝大多数人没有机会和条件进入非日常的精神活动领域，既不能同自觉的人类知识建立起自觉的关联，更不可能参与精神创造活动，他们终生停留在自在的日常观念世界之中，凭借着重复性的和自在的日常思维而自发地生存。

第三，现代日常生活：发达的非日常领域的背景世界。所谓现代日常生活是指与现代工业文明相对应的日常生活。同从原始日常生活向传统日常生活的过渡相比，从传统日常生活向现代日常生活的转变导致更为深刻的社会变化和日常生活的社会历史方位的巨大变化。其本质差别在于，在农业文明时代，日常生活依旧是人类社会的主导性存在领域，而非日常世界相对狭小与不发达；而在工业文明条件下，以社会化大生产、政治、经济、社会管理等为内涵的社会活动领域和以科学、艺术、哲学为主要形态的精神生产领域飞速发展,从而使非日常世界急剧膨胀与拓宽,而日常生活世界则退隐为狭小的私人领域,成为人类社会的潜基础结构和背景世界。

我们可以从以下几方面去把握工业文明对传统日常生活世界的冲击和改造。其一,社会化大生产和商品经济的发展具有划时代的历史意义,一方面打破了封闭保守的传统日常生活世界,使生产活动不再同衣食住行等日常消费活动直接合一,不再属于自在的、零散的日常活动,而是同日常生活相分离,形成独立的、非日常的、有组织的、自觉的社会活动领域;另一方面斩断了传统农民对土地的依赖和人身依附,消解了封建等级制和血缘宗法关系对人和社会发展的束缚,从而为一切人进入非日常生活世界提供了均等的机会,使非日常活动成为每一主体生存中的重要组成部分。这极大地促进了非日常世界的发达与膨胀,尤其在现代科学技术飞速发展的背景中,非日常世界迅速取代了传统日常生活的地位,成为人类社会的主导性存在领域,而日常生活世界则开始从历史舞台的中心移到背景或边缘。其二,在工业文明条件下,人们打破了传统的封闭的日常交往阈限,基于天然情感和血缘关系的自在的日常交往开始降为从属的、私人活动的领域,而非日常交往得以确立和发展,交往的自由与空间越来越大。在社会化大生产、商品流通、社会管理、政治活动、学术交流、精神生产等领域中,以理性、契约、自由、平等、自觉、开放为特征的非日常交往迅速发展,成为人际交往的主要形式。这为平等的、理性的、民主的、人道的社会关系和社会结构的确立提供了重要条件。其三,支撑着工业文明的两大主导精神即技术理性和人本精神,极大地改变了人的生存方式,把人从自在自发的生存状态提升到自由自觉的和创造性的生存状态,使人们不再满足于重复性日常思维所关心的"是什么",而是更多地借助于科学思维探寻"为什么"和"应如何",由此开始超越单纯日常生活主体的保守性思维图式和活动方式,逐步培养起非日常活动主体的创造性和主体精神。当然,我们必须看到,在特定历史条件下,非日常世界对日常生活世界的过分挤压与冲击也会使人失落日常生活世界给予人的自在的安全感、自在的价值与意义,这也是工业文明条件下的异化现象的重要基础。这正是海德格尔和胡塞尔从不同侧面所忧虑和关注的现代人的文化危机。

上述历史解释模式,从表面上看,是关于日常生活世界本身的演化机制和趋势的描述,实际上,日常生活世界本身的每一变化,同时也是非日常生活世界的相应变革,我们对于每一历史时期的日常生活世界特征的揭示都是将日常生活世界放在与非日常生活世界的关联中去把握,无论是在领域划分的含义上,还是在内在图式和机理的变化上,均是如此。因此,我们从中不难发现一种对于我们描述人类历史的深层文化演进十分重要的历史坐标系统,这就是日常生活世界与非日常生活世界的关联模式,即日常生活世界的社会历史方位的变化图标。

（二） 中国传统农业文明的持久性

必须指出,我们上述围绕着日常生活世界的历史演变建立起的历史解释模式只具有相对的意义,千万不能用一种理性化的理论框架去剪裁活生生的历史进程。但是,就中国的具体境遇来说,这种解释模式具有特别的意义,这与中国农业文明特有的成熟性和持久性特征密切相关。一般说来,对于世界各个民族而言,从总体上来看,由古至今,日常生活在个体和社会的存在与发展中的比重或方位呈现逐步下降或弱化的趋势。日常生活世界曾经是人类社会(人的世界)的原生形态,而非日常生活世界则是人类社会的次生形态。人的世界的历史建构一般遵循着从日常到非日常的基本途径,而当非日常生活世界真正建构并日渐发达时,日常生活世界则逐渐作为人类社会和历史的潜基础结构退隐为背景世界。但是,在中国,情形不完全如此,尽管中国的现代化进程已经有一个多世纪的历史,尽管我们在信息化、全球化的进程中都已经向前走了很远,但我们的农本社会的根基和文化基因并没有受到根本性的冲击和变革,而是以一种农业文明特有的成熟方式从容地持续生存。另一方面,虽然中国社会的非日常的社会生活和精神生活无疑已经相当发达,已经远不是传统农业文明条件下的相对狭小的非日常生活世界,但是,如果我们深入分析一下我们的非日常生活领域的运行机制,又会发现处处活跃着日常生活世界的自在的文化模式。这是我们理解中国问题不可回避的事实。也正因为如此,日常生活批判的理论范式对于中国的社会历史解释具有特殊的意义。

关于中国传统农业文明的研究是一个很多人都在关注的大课题,我们在这里甚至无法完整地勾勒这一课题的全貌,而只能就我们所研究的课题的要求提及中国传统农业文明的几个方面的特征。为了展示中国传统农业文明的成熟性、稳定性和持久性,我们可从以下几个方面加以论述。

首先,中国传统农业文明具有特别的成熟性。应当说,中国和中华民族在世界历史上的地位和影响主要地不是来自于近现代在科学技术和经济发展等方面有什么突破,而是作为一个文明古国的地位。这不仅在于中国传统农业文明起源早,与古埃及、西亚两河流域、中南美洲、古印度河流域等一起成为人类农业文明最早的发祥地,而且在于中国传统农业文明特有的成熟性,这体现在构成农业文明主要特征的各个方面。第一,以小农经济为主体的自给自足的、稳定的自然经济。马克思指出,"在印度和中国,小农业和家庭手工业的统一形成了生产方式的广阔基础"①,小农经济具有高效的自我复制能力,在幅员辽阔的中国大地上持久不衰地繁衍和生存。这种分散的小农经济缺少流动、交往圈狭小,加重了自然经济的低效与稳定的特征。第二,家庭本位的社会结构。在世界各民族中,中国人的家庭观念相当突出,这与中国长期农业文明中家庭本位的社会构成直接相关。这种家庭本位是直接以分散的小农经济为基础的。马克思指出,"小农人数众多,他们的生活条件相同,但是彼此间并没有发生多种多样的关系。他们的生产方式不是使他们相互交往,而是使他们相互隔离。…… 一小块土地,一个农民和一个家庭;旁边是另一小块土地,另一个农民和另一个家庭。一批这样的单位就形成了一个村子;一批这样的村子就形成一个省"②。以家庭为本位,中国传统农业文明条件下,家庭、家族、村落、乡里等形成了农本社会或乡土社会特有的发达的血缘性社会结构和文化。第三,基于情感和血缘关系的发达的自发伦理规范和礼俗体系。家庭、家族、村落、乡里等不只是一种自发的社会单位,更是强有力的文化规范体系和行为调节体系。家法、族规、乡约等复杂的、发达的乡土伦理规范、习俗、习惯等形成了费孝通所说的"无讼"的礼俗社会。上述特征以及其他许多特征共同构成了中国传统农业文明的特有的成熟性和持久的稳定性特征。

其次,中国的农业文明迄今为止在人口构成和社会构成上一直占中国社会的主体。有的学者作了考证和统计:自西汉初年以来,在长达两千余年的漫长历史长河中的许多时候,中国都在养活着全世界22%以上的人口。

① 《马克思恩格斯全集》第25卷,人民出版社1974年版,第373页。
② 《马克思恩格斯选集》第1卷,人民出版社1972年版,第693页。

例如,我国人口在公元 2 年是 5959 万,占当时世界人口总数 2.3 亿的
25.9%;在 1195—1223 年间,我国人口为 7681 万,占当时世界总人口 3.48
亿的22.07%;1790 年,我国人口为 3.0803 亿,占世界总人口数 9.06 亿的
33%左右;1919 年,我国人口为 5.06 亿,占当时世界总人口 17.9 亿的
28.2%。中国古代农业,不仅养活了世界 22% 以上的人口,而且还创造了
光辉灿烂的古老文明,使中国长期居于世界领先地位。①

　　这种现象,至今没有从根本上改观。我们在引论中谈到中国的现代化
实现指数时,曾经援引了一些数据。例如,有学者统计,"1950 年世界城市
人口占总人口比例达 28.4% 时,我国城市人口占全国总人口比例为 10.6%
(1949 年统计);1980 年世界城市人口占总人口比例为 40.9% 时,我国仅为
19.4%。目前世界上发达国家的城市化水平为 78%,最高的达 92%,中等
收入国家为 60%。而中国的城市化水平有人认为已达 30%,却仍低于低收
入国家的平均水平。这就是说,我国的城市化水平,与国家的经济发展水平
不相适应"②。到 20 世纪末,城市人口占总人口比重,现代化标准为 50%
以上,世界 120 个国家平均为 46%,而我国为 33%;非农业就业人口占就业
人口比重,现代化标准为 70% 以上,世界 120 个国家平均水平为 56%,而我
国仅为 47.8%。③

　　再次,特别需要指出的是,中国传统农业文明的稳定性、成熟性和持久
性特征,还与过去半个世纪我国的现代化方案直接相关,我们的许多重要的
政策,甚至国策,不断地强化乡村与城市的二元结构,在某种意义上说,计划
经济体制在本质上或许多根本点上是传统农业文明的延续。例如,我们的
户籍制度体现了"反城市化"的本性和对农民的"非公民待遇",所谓"离土
不离乡"的乡镇企业政策、农业税收政策等牺牲农民利益的工业化策略等
等,从根本上抑制了中国的城市化进程,强化了城乡二元结构,使中国传统
农业文明在工业化和信息化时代依旧按雅斯贝尔斯的说法"在延续它们自
己的过去时存活"。

　　计划经济像传统农业文明的自然经济一样,用剥夺农民正常的城市公

　　①　参见胡岳岷:《制度、技术与中国农业文明》,载《经济评论》2003 年第 3 期。
　　②　刘艺书:《关于我国城市发展模式的争论》,载《城市问题》1999 年第 4 期。
　　③　郑林:《我国离现代化还有多远》,载《中国青年报》2000 年 3 月 31 日。

民待遇、强制性的户籍制度等把随着人口增长而土地越分越少的小农封闭在狭窄的土地上和天然的共同体中。在全球范围内都在加速城市化的时期，我国却采取了逆世界潮流而动的人口流动政策，不是引导农村人口向城市流动，而是把城市人口下放到农村去。有的学者概括了过去几十年我国城市人口违反规律的逆向流动现象："40年来，我国每当从小农文明迈向工业文明的转换中出现了阵痛，习惯使用的办法是，以行政手段把已经流动进城的农村劳动力人口驱赶出城市大门，甚至还殃及市民，下放市民。理由是为了保证城市居民的粮食和副食品等物资的'供应'，减少城市的交通紧张状况和社会治安问题。1958—1960年的大跃进，从农村转移4000多万劳动力人口进城，到1962年以后，下放城市的劳动力人口6000多万，不仅进城的农民要下放，也下放原来就职的工人。又如1966—1976年城市知青上山下乡插队1600多万，不但无助于农业发展，还花耗一笔巨额的知青安置费，十年后又要花一笔回城安置费。再如1988年开始进行'治理整顿'7000多万进入城镇兼业的农村劳动力人口，刚刚从农村转入城镇从事工商业不到三年，大多数又被迫解甲归农。"[①]

不可否认，我国历朝历代都强调农业的重要性，把农业作为社会的根本，作为社会存在和稳定的根基，甚至不惜采取"重农抑商""崇本抑末"的策略。我国各级政府也反复强调农业的基础地位，把解决"三农"（农村、农民、农业）问题摆在很重要的地位，实行减轻农民负担的政策，鼓励各行各业开展科技、文艺和卫生"三下乡"活动，等等。但是，这些都是"头痛医头，脚痛医脚"的治标不治本的办法。而从根本上说，正是我国实行的背离现代化世界历史潮流的抑制城市化的户籍制度、农业税收政策、计划经济体制造成了"三农问题"。我们一方面在加固和强化传统农业文明的生存模式和运行方式，另一方面又想通过一些枝节性措施来解决这些根本问题。这正是中国社会的困境之所在。实际上，真正解决"三农"问题的出路不在于强化传统农业文明，而在于"农民的终结"。换言之，作为经济形式的农业总会伴随着人类的存在而发展，但是，作为传统文化寓所的传统农村和作为一种文化模式和生存方式的传统农民将不再存在。世界历史的潮流是逐步

---

① 潘义勇：《论传统农业文明向现代工业文明转换的户籍障碍》，载《江苏社会科学》1994年第1期。

进入一个没有"农民"和"农村"的农业。可以说,正是由于中国传统农业文明的持久性和稳定性特征,以及计划经济体制的反现代化和反城市化本性,带来中国社会转型所面临的一系列问题,特别是内在的顽固的文化阻滞力。

（三）中国传统日常生活世界的发达

当我们从规模上描述中国传统农业文明的持久性、成熟性和稳定性时,其主要意图并不是简单地指出农业和农民在我国的社会构成中压倒性的多数地位。从根本上说,具有决定性意义的在于,乡村和农民并不单纯是一种地域概念、领域概念或身份概念,农业并不单纯是一种经济形态或社会结构,它们首先代表着一种文化存在方式或生存模式。这种文化方式或模式像血脉和基因一样自在自发地流动在个体的生存和社会的运行中,规范着生活在其中的人之行为,左右着社会的运行机制。这种文化模式是典型的自然性、经验性、自在性的文化,它构成了传统日常生活世界的内在图式和机理。因此,传统农业文明和传统日常生活世界在文化上必然是同质的。

在这种意义上,我们可以进一步理解斯宾格勒对农民和乡村的评价。在本书引言中,我们已经提到斯宾格勒关于农民的"无历史"的断言。实际上,无论在论述到乡村和城镇时,还是在论述到民族时,他都强调它们不是地域概念或政治单位,而是文化概念,是一种心灵的单位。例如,他称民族为"文化民族",指出,"民族既非语言的单位,也非政治的单位,也非动物学上的单位,而是精神的单位"[1]。同理,他认为,"区别市镇和乡村的不是大小而是一种心灵的存在"[2]。按照这种文化形态学或文化哲学的理解,他断言"农民是无历史的","农民是永恒的人,不依赖于安身在城市中的每一种**文化**。它比**文化**出现得早,生存得久,它是一种无言的动物,一代又一代地使自己繁殖下去,局限于受土地束缚的职业和技能,它是一种神秘的心灵,是一种死钉着实际事务的枯燥而敏捷的悟性,是创造城市中的世界历史的血液的来源和不息的源泉"[3]。为什么会是如此?关键在于,农业是一种自然的生存方式,一种自然性的文化。"挖土和耕地的人不是要去掠夺**自**

---

[1] 斯宾格勒:《西方的没落》上卷,商务印书馆 1995 年版,第 304 页。

[2] 同上书,第 200 页。

[3] 同上书,第 208 页。

然,而是要去改变**自然**。种植的意思不是要去取得一些东西,而是要去生产一些东西。但是由于这种关系,人自己变成了植物——即变成了农民。他生根在他所照料的土地上,人的心灵在乡村中发现了一种心灵,存在的一种新的土地束缚、一种新的情感自行出现了。敌对的**自然**变成了朋友;土地变成了家乡。"①显而易见,斯宾格勒在这里并不是一般地贬低农民和乡村,而是指出农业作为一种文化存在方式特有的自在性和自然性特征。与此相关,他强调了市镇所代表的文化所具有的创造性和历史意蕴。他说:"一切伟大的**文化**都是市镇**文化**,这是一件结论性的事实,但前此谁也没有认识到。第二时代的高级人类是一种被市镇所束缚的动物。世界历史是市民的历史,这就是'世界历史'的真正标准,这种标准把它非常鲜明地同人的历史区分开来了。民族、国家、政治、宗教、各种艺术以及各种科学都以人类的一种重要现象,市镇,为基础。"②

尽管斯宾格勒的论述中常常带有某些神秘的东西、一些牵强的地方,但是他从文化的层面分析不同的存在形式的做法的确给我们很多启示。从这样的视角来审视中国传统的农业文明,我们的关注点就不只是它的经济内涵、技术内涵和数量问题,而是它的文化内蕴。我们上述已经清楚地进行了理论铺垫:在漫长的自然经济条件下,日常生活世界不是社会的背景世界,而是社会的主体和基础;相应地,与十分成熟和稳定的农业文明相适应的必然是十分发达的日常生活世界。在这里,日常生活世界作为一种主导性的文化模式不仅统治了人的全部生存活动,而且也以内在机理和图式的方式成为社会运行机制的灵魂。在某种意义上,我们可以说,中国传统社会是一个巨大的日常生活世界,这既表征着一种社会构成的单位,更是一个文化学的单位。后面的很多分析都将围绕着传统日常生活世界的内在结构和图式,我们在这里简要地论述中国传统农业文明条件下的日常生活世界的基本特征。

首先,中国发达的传统农业文明以分散的小农经济的汪洋大海著称,由此造成了绝大多数人口的相互隔绝与封闭的居住方式和生存模式,形成了典型的、相对纯粹的传统日常生活世界:狭小的、封闭的和天然的共同体。

---

① 斯宾格勒:《西方的没落》上卷,商务印书馆 1995 年版,第 198 页。
② 同上书,第 199—200 页。

从空间特征来说，与非日常空间的开放性相比，日常空间具有固定、狭窄和封闭的特点；从时间特征来看，同非日常时间的节奏多变性、飞跃性和超越性相比，日常时间具有凝固、恒常和均匀流逝的特征。所谓日常空间，就是日常消费活动、日常交往活动和日常观念活动在其中得以展开的空间。一般说来，日常空间比非日常空间狭窄和固定。日常空间一般是个人的直接生活环境，即家庭和天然共同体。相比之下，政治、经济等非日常的社会运动和自觉的精神生产在其中得以展开的非日常空间则呈现出开放、发散、变动、不断拓宽的特征。一个人的日常时间即是他从生到死的自然流程，而群体的日常时间则表现为世世代代、生生死死循环往复的过程。同非日常活动的时间相比，日常时间具有在同一平面上均匀流逝和周而复始循环往复的特征。同这种均匀流逝、凝固恒常的日常时间相比，非日常时间则具有节奏多变、日新月异、飞跃、超越的特点。总而言之，同科学、艺术、哲学和人的自觉的创造活动所建构起的精确的、硕大的、开放的非日常空间以及日新月异、节奏多变的非日常时间相比，以前后左右、上下远近这些相对的、不精确的体验建构起的日常空间以及以昨天、今天、明天，去年、今年、明年这些相对的、不精确的术语连接的日常时间构成一个相对封闭、狭窄、凝固、恒常的时空坐标系，构成典型日常生活的基本存在形式。

中国传统农业文明具有许多特征，从农业经营的主体特征来看，分散的小农经济占绝对的主导地位应当是公认的中国农业文明的本质特征之一。幅员辽阔、居住分散等地理环境无疑是小农经济存在的重要原因。我们在前面谈论中国农业文明的稳定性和成熟性特征时，已经讨论了小农经济的特点。马克思在分析法国小农经济时描述了小农经济的分散和封闭状态，他说："每一个农户差不多都是自给自足的，都是直接生产自己的大部分消费品，因而他们取得生活资料多半是靠与自然交换，而不是靠与社会交往。"基于这种分析，马克思提出了关于小农经济的一个形象的比喻："这样，法国国民的广大群众，便是由一些同名数相加形成的，好像一袋马铃薯是由袋中的一个个马铃薯所集成的那样。"①马克思关于法国小农经济的分析完全适用于中国传统小农经济，而且，由于其他因素的作用，中国的小农

---

① 《马克思恩格斯选集》第 1 卷，人民出版社 1972 年版，第 693 页。

经济似乎更为发达、更为持久。例如，很多学者注意到中国传统小农经济家庭生产中的兼业化特征。兼业化主要表现为小农户在小规模土地上的农业生产经营间隙，或多或少地进行着一些其他如纺织业、小商业、小手工业等优势行业的生产经营活动。[①] 我们在这里不去具体分析和考证形成传统农业社会农户兼业化的动机和原因，但是，可以看出，这种兼业化对于小农经济的稳定和农业文明的持久起到很大的作用，因为它实际上模糊了行业分工，抑制了商品交往和交换的发展。有迹象表明，中国传统社会的政府是鼓励或促进这种农户兼业化行为的，而且这种现象一直伴随着传统农业文明长期持续下来。

小农经济的这种稳定性长期抑制商品经济的发展、抑制社会化大生产的形成、抑制非日常的社会活动领域和自觉的精神生产领域的拓展，把全部生产限制在日常生活的阈限内，从而使中国传统农民的主导性生存样态呈现为彼此隔绝的、封闭的、分散的自然状态，使中国传统社会基本上呈现为相对封闭与凝固的天然共同体——典型的日常生活世界。正如孟子所言，"五亩之宅，树之以桑，五十者可以衣帛矣；鸡豚狗彘之畜，无失其时，七十者可以食肉矣；百亩之田，勿夺其时，数口之家可以无饥矣"[②]。对于几千年传统农业文明条件下的绝大多数人口而言，简单的衣食住行、饮食男女、婚丧嫁娶、生老病死的日常生活成了全部生活内涵。只有少数人有机会进入非日常的社会活动和精神生产领域，而大多数人终生以家庭和村庄等共同体为活动阈限，终日面朝黄土背朝天，以食为天。对土地的依赖和人身依附把多数人牢牢地锁在家庭、村庄、土地这些天然的共同体或直接环境中。即使在现代生活中，虽然每个人都有机会进入非日常的社会活动和精神生产领域，但日常空间依旧具有狭窄和封闭的特征。就我们国家的发展程度而言，一方面，生活在相对偏远农村、山沟的许多村民，依旧过着与世隔绝的封闭生活，没有见过火车、飞机、城市、高楼的人并不是个别现象。另一方面，即使生活在城市的人，其日常消费和交往活动也是在相对狭窄的地方共同体中展开，如在家庭、街道和某一区域中进行，其日常空间同样相对固定和

---

① 参见王亚娟：《传统农业社会农户兼业化行为趋向的效率分析——兼论中国封建社会长期延续的原因》，载《人文杂志》2002 年第 1 期。

② 《孟子·梁惠王上》。

狭窄。

其次,中国发达的和成熟的传统农业文明不仅从活动范围上把大多数人限定于封闭的、自在自发的日常生活领域之中,而且成为经验式、情感式的传统日常生活的内在图式异常发达的温床和基础。

在描述日常生活的时间特征时,我们曾指出过日常时间的相对凝固性和重复性特征,实际上,它展示出日常生活图式的自在性、重复性的特征。在彼此隔绝的、封闭的、分散的天然共同体中,小农的日常生活基本上遵循两个节奏或节律:一是伴随着大自然的节奏进行,与黑夜白昼、春夏秋冬的自然循环相一致,春耕、夏锄、秋收、冬休,这几乎成为千百万年的传统日常生活的基本节奏和韵律;二是跟随着人的生理变化和进展,与生老病死的自然流程相一致,诞生、成丁、结婚、生子、衰老、死亡成了日常时间的千篇一律的运动图式。正因如此,日常生活往往给人一种恒常、凝固的印象,生生不息而又循环往复、世代绵延,似乎亘古不变,漫漫的日常时序似乎凝固成一幅宁静的画面。正像黑格尔描述自然运动时所断言的那样,“太阳底下没有新事物”。即使现代城市居民的日常生活也同样具有重复、单调、千篇一律的特点,很少出现新事物,更缺少创新。科西克曾指出,“在日常中运演着两种可替代性和替换。日常中的每一天都可以换为相应的另一天,日常使这个星期四与上个星期四或去年的某个星期四毫无区别。……同时,每一给定日常主体都可以为另一任何主体所替换:日常的主体是可以互换的。最好用数字或印章去描述和标识他们”。日常生活的运行也具有自然性,“世世代代,芸芸众生曾经或正在过着他们的日常生活,仿佛日常是一种自然的氛围,他们从未停下来去追寻日常的含义是什么”①。

应当说,日常生活本身都不可避免地分沾这种自在性、重复性的特征。但是,中国传统农业文明的成熟性、稳定性和持久性使得传统日常生活的内在图式异常发达,突出表现在经验式的和自然主义的文化模式。一方面,以血缘、天然情感、宗法关系为基础,中国文化的情感意识、家庭意识、家族意识、裙带意识、人情意识特别发达,成了贯穿全部日常生活的准则,形成了发达的自然主义文化样式;另一方面,经验式的日常生存模式在中国传统农业

---

① Karel Kosik, *Dialectics of the Concrete*, D. Reidel Publishing Company,1976,pp. 44,42.

文明条件下具有十分发达和运用自如、得心应手的特征,人们对于经验、常识、祖训、家规、惯例等自在自发的文化因素的依赖使人们的全部生存完全没有任何超出或超越日常生存的趋向和要求。

再次,中国发达的和成熟的传统农业文明不仅培育了发达的自在自发的日常生活图式,而且使日常生活的经验式和情感性的文化模式成为非日常的社会活动和自觉的精神生产的内在机理。

应当承认,中国作为文明古国,在漫长的农业文明时代,不仅形成了特别发达的日常生活世界,而且也逐步发展起非日常的社会活动领域。一方面,统一的国家管理机构的建立、历朝历代的政治制度的不断完善逐步发展起非日常的社会结构和运行机制,即赫勒所说的非日常的"制度化领域";另一方面,众所周知,从先秦开始,中国就有了儒、道、墨、法等百家争鸣的学术领域,和以《论语》《楚辞》《春秋》等为代表的哲学、文学、史学、艺术等自觉的精神活动领域。按照我们所建立的日常生活批判的理论范式,这些非日常生活领域的运行应当服从于自由的或自觉的文化机制,应当具有开放、不断超越、不断飞跃、日新月异、富有创造性的特征。但是,这一一般化的范式在中国的语境中似乎遭遇到某种例外。具体说来,这些非日常生活领域的建立和发展并没有改变或限制日常生活的领域或图式的有效性,相反,在某种意义上似乎还在强化日常生活的文化模式的自在性、自发性、重复性特征。

这正是我们在中国的历史和现实的语境中开展日常生活批判的特殊意义。实际上,上述现象并没有否定我们所建立的一般的日常生活批判的理论范式,而是更加深刻地证明了这一范式的有效性。从表面上看,中国传统社会的非日常的社会结构和自觉的精神领域具有加强日常生活的自在自发的活动图式的特征。而反过来看,这一问题的实质在于,中国传统社会的发达的日常生活世界及成熟的日常文化模式具有渗透、左右和影响非日常活动的特征,在某种意义上,可以断言,中国传统日常生活的自在自发的经验式的和情感性的图式成为中国传统社会中非日常的社会活动和自觉的精神领域的主导性图式和内在机理。一方面,中国传统社会中以宗法血缘关系为基础的家庭本位的日常生活结构扩展和放大为整个社会结构,其内在的血缘关系、宗法观念、人情文化等同时成为中国传统社会制度化领域的内在机理。另一方面,中国传统社会以宗法血缘关系和家庭为本位所形成的情感、亲缘、人情惯例,以及相应的依赖习惯、风俗、经验、礼俗等自在自发的文化因素而生存的经验式文化模式,都升华为中国传统儒学、道学、经学等自觉的精神生产的主导性文化精神,从而形成了中国传统文化的典型的经验主义和自然主义本质特征。

二　中国传统日常生活结构和图式的特征

在确立了中国成熟的传统农业文明和发达的日常生活世界在文化模式和内在机理上的本质性的关联之后,我们的任务不是具体分析某一种日常活动的内涵,而是揭示这一发达的日常生活世界的图式特征。可以从两个方面展开这一问题:一是简要描述传统日常生活的一般图式特征;二是揭示中国传统日常生活的内在结构和基本图式。

(一) 传统日常生活的一般图式特征

当我们使用"传统日常生活"这一概念时,通常是指与传统农业文明和自然经济相联系的自在自发的、给定的个人再生产领域。在这种意义上,古今中外的日常生活世界的确服从于一些起支配作用的自在自发的、给定的规范体系和行为图式。古往今来、古今中外的日常生活是一个纷繁复杂的异质化领域。但是,其背后存在着支配这一复杂领域的基本结构和一般图式。对于把握日常生活的活动方式或存在方式、内部结构和一般图式而言,最为重要的是以下四方面的内容。

第一,从总体上看,日常生活的基本图式表现为以重复性思维与重复性实践为主的自在的活动方式。

一般说来,人们通常把实践理解为人的自由自觉的和创造性的本质活动。应当承认,这是真正意义上或典型意义上的人的实践,它最清楚地昭示出人与其他一切存在的本质区别。实践会以不同方式,在不同层面上展示这种人为的特征。自在自发的活动是人的最基础或最低层次的实践活动,它具有自在性、自发性和典型的重复性特征,是人们依据重复性思维、传统习惯、给定的图式和规则而自发地、不假思索地进行的重复性实践活动。重复性思维与重复性实践是日常生活世界中人的主要生存模式或活动方式。自在的重复性思维和重复性实践成为日常生活的主要方式,其原因主要有两方面:一是日常生活所涉及的都是人为了维护其直接生存所必不可少的基本因素和基本条件,正因为这些因素和条件具有最为基本、原初、不可或缺的性质,它们也就较少变化,具有稳定性和不变性的特征,这构成了重复性思维与重复性实践的客观前提;二是人的活动总是自觉或不自觉地遵循一种最大经济化原则。人不是一种超凡脱俗、无所不能的存在物,不可能总是处于自我实现和充分发挥创造性的人生巅峰境界之中。在这种意义上,日常生活所表现出的实用主义倾向、经验主义倾向、类比模仿等归类活动方式、重复性特征等使人们可以用最小的时间和精力投入获取最大的效益,成功地进行日常生活,从而有可能去从事科学、艺术、哲学等自觉的类本质活动以及各种非日常的社会活动。这一经济化原则构成了重复性思维与重复性实践的主体前提。

第二,以传统、习惯、常识、经验等为基本要素的经验主义的活动图式。

日常生活之所以能够作为一个重复性思维和重复性实践的领域而自在地、周而复始地、成功地运行,主要原因在于它的运演遵循着一些给定的自在的规则,其中最主要的是传统、习惯、风俗、经验、常识等等,它们自发地调节和支配着日常生活的运行,构成了日常生活的自在图式。卢卡奇曾指出:"没有大量的习惯、传统、惯例,生活就不能顺利地展开,人的思维就不能这样迅速地(往往是绝对必要的)对外部世界作出反响。"①在传统农业文明中,在典型的日常生活世界中,由传统、习惯、风俗、经验、常识等构成的自在的日常生活规则或图式往往十分强有力。其顽强的生命力特别表现在,虽然这些因素也可以通过学校教育等自觉的途径习得,但是,其最主要的遗传或继承方式则是自在的。人们往往通过自发的模仿类比,在潜移默化的社会示范中,在家庭或环境的不知不觉的熏陶中,自然而然地接受了这些文化要素,并且把它们溶化在血脉中,使之成为自己在日常生活中不假思索就可以成功地遵循的规则或规范。

第三,以本能、血缘、天然情感为核心的自然主义的立根基础。

日常生活是自在的类本质对象化领域,是以重复性思维和重复性实践为主要活动方式的领域,因而,它是一个自在的领域,是人的所有活动中最

---

① 乔治·卢卡契:《审美特性》第 1 卷,中国社会科学出版社 1986 年版,第 27 页。

接近和类似于自然运动的领域。关于传统习俗、经验和常识的探讨只从一个方面论证了日常生活的自在性、重复性和类自然性。从另一个侧面来看，日常生活之所以是自在的和重复的领域，之所以是最接近自然或类似自然的领域，是因为它具有自然主义的立根基础，生存本能、血缘关系和天然情感等自然因素是人的日常生活所不可或缺的基础，这里面包含着人与自然之间的通路。简而言之，自然主义的立根基础和经验主义的活动图式从两个方面共同决定着日常生活的自在性、重复性和类自然性。生存本能、血缘关系和天然情感是相互关联的，以生存本能为基础发展起血缘关系，又以血缘关系为基础建构起情感世界。这样，生存本能、血缘关系和天然情感就构成了日常生活世界的自然主义基础。

第四，以家庭、道德、宗教为主要组织者和调节者的自发的调控系统。

从日常生活主体作为个体活动所遵循的基本图式或机制着眼，我们揭示了传统日常生活以传统习俗、经验和常识为主要内涵的经验主义活动图式和以生存本能、血缘关系和天然情感为基本要素的自然主义立根基础。如果我们进一步把日常生活领域作为一个整体或一个基本领域加以透视，揭示支配、调节和控制日常生活运转的基本要素、组织、机构或力量，那么，我们发现，在传统日常生活世界中，存在着一个由家庭、自发的道德规范和自在的宗教习俗构成的自发的调控系统。一般说来，从空间上看，衣食住行、饮食男女等日常生活大多在两个层面上展开：一是在具有血缘关系的家人和亲属之间展开；二是在同一共同体中的邻里和朋友之间展开。在大多数情形中，对前一个层面的日常生活的调控职能通常由家庭来行使；而对后一个层面的日常生活的调控职能则通常由自发的道德规范来行使，在宗教意识较浓的民族那里，则是自在的宗教习俗与自发的道德规范共同调控天然共同体范围内日常生活的进行。

通过以上四个方面的分析，可以断言，同自觉的科学世界、艺术世界、哲学世界，以及有组织的政治、经济等制度化世界相比，日常生活领域是一个习俗世界、经验世界、常识世界、本能世界、情感世界。对于传统日常生活的上述图式和规范体系，我们不能简单地用"好"与"不好"或者"肯定"与"否定"来评价，关键要根据文明的不同发展阶段，根据人的生存，确定合适的文化价值评判体系，并需要进行多维的透视。例如，日常生活的重复性实践可以带来人之活动的经济化和高效率，但也可能导致对于创造性和超越性的压抑。再如,从社会进化论的角度来看,天然情感虽然对日常生活世界的建构和日常生活的运行起着十分重要的、不可替代的作用,但是,过分强化的情感世界在特定的历史条件下会阻碍人的个体化和社会的理性化,从而成为人的自由发展和社会进步的障碍。当这些自然主义因素的作用在适当的范围内发挥时,日常生活世界和非日常生活世界都会协调发展。而当这一自然主义基础过分强大,当社会关系是以血缘关系为基础建构起来,当人们的社会地位主要依据出身和血缘来确定,当人们主要以天然情感作为衡量是非的标准的时候,日常生活领域就会明显地压倒非日常生活领域,而使社会失去内在的活力,使社会以过去为定向。同样,家庭作为日常生活的基本寓所,日常生活的主要组织者、调控者和人类情感世界的坚实基地,对于保证日常生活的顺利进行,为人提供安全感、熟悉感,起到十分重要的作用,但是,过分的家庭本位往往会带来消极的负面效应。其突出的要害是把人纳入一个自在的、自发的、封闭保守的存在层面上,限制与束缚个性的发展,尤其容易成为个体超越纯粹的日常生活层面,向自由自觉的非日常生存状态跃升的羁绊和桎梏。这种价值学的具体分析,正是日常生活批判的重要任务。

(二) 中国传统日常生活结构和图式的沉重与强大

如前所述,中国是一个古老的农业文明国家,至今尚未完全超越农业文明形态,只是处于由农业文明向工业文明的转型时期。这一农本社会有着十分强大与沉重的日常生活结构,其相对不发达的非日常的社会活动领域也是按照日常的自然主义原则组织起来的。因此,在某种意义上可以说,几千年来中国社会从本质上讲是一个巨大的、自在的、封闭的日常生活世界。20 世纪 50 年代以来建立起的计划经济体制和高度集权的行政管理体制虽然试图组织农民,使整个社会变成一个按理性指令和计划运行的自觉的王国,但实际上并没有从根本上触动日常生活世界的根基,没有使人们的行为模式摆脱传统的自在的文化因素的制约。不仅如此,在我们高度发达的、日益膨胀的行政管理体制中,并没有完全建立起理性、民主、法制、自觉、自主的非日常的运行机制,官僚主义、长官意志、经验主义、例行公事等方式使我们的行政管理体制变成了一个类日常生活的领域。上述因素造成了中国日常生活世界的极其庞大,极其坚固。

在上文中我们业已分析，在传统农业文明条件下，绝大多数人终生作为纯粹的日常生活主体，被闭锁在封闭的和自在的日常生活世界之中。农业文明条件下的农民是典型的、纯粹的日常生活主体，他们终生被封闭在家庭、村庄、山沟等天然共同体中，这是他们所十分熟悉的、安全的、封闭的日常生活世界。许多人终生没有跨越日常生活世界的疆界，不知道山那边有什么，不知道海对岸是什么，不知道外面的世界有多大，更不知道外面的世界中的人们是什么样，在做什么。即使在人类已进入世纪之交时，依旧有许多边远山村的农民没有见过火车、飞机、轮船。生活在传统日常生活世界中的人们不必思索、不必沉思，没有困惑、没有不解，家风家教、父辈言传身教、周围人们的示范等等，把传统、风俗、习惯、经验、天然情感等自在的文化因素潜移默化地溶进一代又一代日常生活主体的血脉之中。于是，一代又一代的人凭借着这些自在的文化因素而自在自发地，然而又是自如地应付着日常生计。春耕、夏锄、秋收、冬休，春华秋实，星移斗转，一代又一代人在默默地搭屋、安家、生子。当自己为这个家的日常生计耗尽了全部精力命归黄泉时，自己的后代会继续"面朝黄土背朝天"，把毕生的辛酸苦辣和欢乐都洒进黄土地，洒进熟悉的日常生活世界之中。

在这平凡无奇、单调重复的日常生活世界，人被消融到周围世界之中，成了自然链条上的一环。人与周围的物，人与他人都处在一种天然的、未分化的、自在的关联之中，生存在原始给定的天人合一之中。对于这种自给自足、封闭的日常生活，从不同的视角看，会得出截然不同的结论：在诗人的眼中，这是自给自足、丰衣足食的田园牧歌般或世外桃源般的生活；而在进化论者看来，这是封闭、落后、愚昧的生活。的确如此，对待这一问题我们应当用一种理性的历史视野，而不是感性的诗意境界来观照。当一个社会的绝大多数人都沉溺到这种半睡半醒、自在自发、浑浑噩噩、周而复始的日常生计中去，这个社会必然缺少足够的内在驱动力，因为在典型的日常生活主体中很难萌生超越自在的生存状态，进行自觉的创造的冲动，而更多的是迷恋黄土地，把自己嵌入自然链条之中的倾向。这正是中国几千年发展缓慢的重要原因之一，因为，日常生活世界的过分发达直接在文化模式上影响和制约社会生活和社会的制度安排。

第一，在传统农业文明条件下，不发达的非日常社会结构也是按照日常的自然主义和经验主义原则组织运作的。

在以自然经济为基础的农业文明条件下,不仅日常生活世界是一个封闭的、自在的、未分化的领域,而且已经建构起来的不发达的非日常社会活动领域也是一个服从自在的自然主义原则和经验主义原则运转的自在的领域。在农业文明条件下,无论日常生活世界,还是非日常生活世界都是以自然经济为基础、以血缘关系为纽带的宗法社会。在这种情况下,社会的政治机构和管理机构不过是天然家庭和血统血缘关系的自然放大。一切人的社会地位在出生时已天然地给定了,而人与人之间的权利义务关系也以出身和血缘来确定,长子继承制,父子、夫妻、兄弟之间的尊卑长幼和血缘情感关系延伸到社会体系的各个层面,组成了日常生活和非日常生活世界之中的血缘宗法网络。在中国高度集权的封建政治体制中,普天之下就是一个巨大的家庭,皇帝就是一家之长,君臣关系、君民关系、官民关系本质上都是父子关系。在传统官制中,裙带血缘关系和人情关系一直是政治运行领域的最主要关系。在我们几十年的传统计划经济体制下,虽然高度集中的行政体制排除了传统的血缘关系、情感关系和世袭关系,但是裙带关系、人情关系依旧成为干扰行政体制、阻碍社会政治民主化和法制化进程的重要因素。显而易见,传统农业文明条件下依据血缘宗法自然原则组成的非日常的社会结构,具有扼杀人的主体性与创造性、遏止社会内在的超越性和社会发展的消极作用。

社会制度安排的日常化体现在许多方面。例如,中国传统的政治体制是一种以家庭为本位、"家国同构"的宗法专制的政治制度。费孝通在《乡土社会》中提出,中国社会是以家庭为本位的"差序格局"。这一围绕着家庭的血缘关系、亲属关系、宗法体系所形成的越来越大、不断外推的亲属血缘圈子,涵盖了全部衣食住行、饮食男女、婚丧嫁娶、礼尚往来等日常生活世界。但是,实际上,这一差序格局的边缘并没有终止于日常生活世界的领地,而是几乎扩展和渗透到全部社会生活领域,通过家庭、家族、宗族、宗法等机制或制度,贯穿于全部非日常的社会生活领域,导致了非日常的社会生活领域的日常化。整个社会从体制到具体运行都表现为家庭的扩大,中国社会如同许多学者指出的那样,是"家族结构式的社会",是一个巨大的日常生活世界。这就导致中国的国家体系和行政管理体系的宗法血缘特征、专制集权特征、超稳定的特征。同时,日常生活的基本图式还渗透到社会生活的各个方面。以家庭为本位的日常生活世界,通过血缘、生育、亲情、亲属、人伦等编织成一种以血缘和出身关系为尺度的日常生存和日常交往的圈子，注重家庭关系的传统中国日常生活世界是一个血缘社会，一个亲情社会，一个熟悉的私人社会，一个复杂的人伦世界。实际上，我们探讨的问题不仅如此，这种家庭本位的人情化文化模式实际上是中国所有社会机制和制度化领域的内在图式。很多研究者已经发现了这一点。例如，林语堂在著名的《中国人》中指出："家庭制度是中国社会的根基，由此而生发出各种社会特点，这个家庭制度以及乡村制度——家庭制度的更高一级阶段——可以用来解释中国社会中的所有问题。面子、人情、特权、感恩、谦恭、官吏的腐败，公共机构、学校、行会、慈善事业、好客、正义，以及整个的国家机构，都源于家庭和乡村制度，都借用这些制度的要旨及其外部结构，都在这些制度中发现了可以用来解释自己特点的有启发性的理由。从家庭制度中生发出家庭观念，从家庭观念中生发出一定的社会行为规范。"①对此，很多研究者都有同感，不了解中国的家庭结构和文化模式，恐怕很难说清中国社会基本结构和运行机制的特征。例如，有的学者在研究中国乡里制度时指出，"如果说中国文化有何独到之处，那么，对'宗族和家庭'的重视恐怕是其中最显著者。'宗族和家庭'就如同一张大网，笼罩着中国社会的各个方面、各个角落；'宗族和家庭'又好似无孔不入的水，渗透了中国社会意识和精神的最深处。因之，对中国文化的探讨就不可能忽视甚至无视'宗族和家庭'的地位与作用，而应该首先考虑之"②。

第二，中国传统自觉的文化对自在的文化的认同与强化导致了自在的文化，即日常生活图式和结构对人的行为模式的专制统治，使人很难由自在自发的日常生存状态进入到自由自觉的非日常生存状态。

如前所述，就传统中国社会而言，自觉的文化精神集中体现在以儒家和道家为代表的中国传统哲学之中，而自在的文化则体现在中国传统的伦理纲常，如君臣、父子、夫妻、兄弟、朋友间尊卑长幼的伦常关系，以及各种习惯、习俗、经验、常识之中。虽然从表面上看，儒家代表一种"入世""兼济天下"的精神导向，而道家代表一种"出世""独善其身"的精神境界，但二者本质上是一致的，它们都植根于原始的、自在的"天人合一"的观念之上，代表

---

① 林语堂：《中国人》，学林出版社 1994 年版，第 180—181 页。
② 赵秀玲：《中国乡里制度》，社会科学文献出版社 1998 年版，第 175 页。

着人与自然尚未自觉分化的状态。因而，它们的主要导向不是要超越自然关系，不是要人进入一种超越习俗、习惯、经验、常识等自在文化层面的理性境界，不是使人逐渐摆脱宗法血缘等自然关系的制约和束缚，而是强调对自然的回归与肯定。儒家通过对君臣、父子、兄弟、夫妻、朋友等立根于血缘自然关系之上的伦理纲常的突出强调，道家通过对"自然无为""与万物齐一"的境界的赞美，试图把每个人都纳入到一种给定的、自在的、自然的关联之中，使人凭借一种习惯和经验而自在自发、无情无欲、顺其自然地自存。显而易见，以哲学为代表的中国自觉的文化精神不但没有形成对自在的文化因素的超越，反而表现为对立根于血缘宗法关系基础之上的自在的文化因素的自觉认同、肯定与强化；不但没有促进中国人的个体化进程，反而以"存天理，灭人欲"、三纲五常等集体主义的伦理纲常扼杀人的个体性和主体性。自觉的文化因素对自在的文化因素的这种认同与肯定大大强化了日常生活的自然主义色彩和自在性、重复性、封闭性等本质特征。这是中国传统社会中日常生活结构和图式异常强大与坚固的一个根本原因。

第三，更为重要的是，中国传统日常生活结构与图式不但自身十分强大与沉重，而且具有蚕食或侵蚀自觉的精神活动和社会活动领域的倾向。

这一特征与上述第二点特征是密切相关的。第二点特征是说，在传统农业文明条件下，由于自在的文化和日常生活结构异常强大，所以非日常的社会活动领域，如政治管理系统，是按照日常的自然主义原则建构起来的，即按照血缘和血统继承关系，以及具有父子关系性质的君臣、君民、官民等自然关系而组建起来的。这里我们进一步指出，这一非日常的社会活动领域不但是按照宗法血缘关系组成的，而且它的具体操作也是服从于日常的经验主义、自然主义原则的。通俗地讲，在日常生活结构和图式异常强大的农业文明社会中，人们不但用自在自发的态度来从事日常生计，而且处于非日常活动中的人们也用这种自在自发的态度、重复性的思维与实践、自然主义和经验主义的活动图式去应付非日常的社会活动，如政治管理活动、科学探索活动、艺术创作活动和哲学反思活动。这种情形在传统社会中比比皆是。例如，在高度集权的封建专制统治中，不可抗拒、不可违背的皇权与世代相袭的祖训定律等经验化的图式在国家大事的决策中起着十分重要甚至决定性的作用，这同一个家庭中依靠父权和经验、习俗、家训家规来决定一切事务的情形完全相似。再如，中国传统社会中的学习、教育、精神创作等都被一种给定的程式、机械的格律所束缚。其中最为典型的是明清科举制度中的八股文，每篇必须由破题、承题、起讲、入手、起股、中股、后股、束股诸部分组成，而从起股到束股的四部分，每部分又有两股相互排比的文字，共为八股。这把精神创作活动变成了一种遵从固定的归类模式的机械活动。

必须指出的是，中国传统日常生活结构与图式对非日常活动领域的侵蚀不但普遍出现在几千年典型农业文明时期的封建社会之中，而且在我们几十年的计划经济体制下也是十分严重的现象。例如，在我们的企业中，缺乏工人的积极参与意识；在政治管理活动中，虽然已经排除了严格意义上的血缘世袭制现象，但是凭情感行事的情形依旧存在，经验主义、教条主义和例行公事的官僚主义现象严重，使我们的政治活动领域无法形成民主化、理性化、法制化的非日常的和自觉的运行机制；甚至哲学和艺术这种最需要自觉性和创造性的活动也变成了按固定模式和框架进行归类与复制的重复性活动，电影和电视剧似乎是按统一的模式复制出来的，而几十年的哲学活动主要忙于为古今中外的哲学家在唯物主义和唯心主义两大阵营中归类与排座次。这些都反映了一个事实：大多数中国人至今还在以自在的和重复性的日常生活方式来从事现代的创造性的非日常社会活动。

通过以上几个方面的分析，可以清楚地看到中国传统日常生活结构与图式的强大与坚固，可以清楚地看到中国传统经验性和人情化文化模式的保守性和顽固性，即它的超稳定结构，在这种意义上，我们的确可以把中国传统社会形象地称为"一个巨大的日常生活世界"。这预示着，中国日常生活的变革与重建，即中国传统文化的转型将是异常艰巨、缓慢、费时的历史事业。

第十三讲

中国社会转型期的文化冲突

　　20 世纪末的中国社会进入了一个非常关键的变革时期。现代市场经济在理论上最终被认可，并且成为社会运动自觉追求的一个目标，是这一变革时期最本质的内容之一。市场经济体制的建立决不是单纯的经济运动过程，实际上是社会全方位走向现代化的进程，它不仅从根本上改变经济运行机制和经济增长方式，而且引起整个社会运行体制的理性化和民主化进程，尤其是促动社会的最深层的变化，即传统文化模式的失范，引起新旧文化模式和中外文化精神的冲突。一句话，它把过去一个多世纪中国现代化进程中人们一次又一次提起的传统文化转型的任务再次提到了现实的日程上。在这样的社会历史背景中，任何一种严肃的具有现实感的文化哲学都不能不把中国现代化及其文化转型问题纳入自己的讨论中，给予特殊的关注。

一　社会转型期的文化状况

　　无论我们如何界定市场经济，是把市场经济看成社会资源配置的一种基本形式，还是把它看成商品经济高度发达基础之上的一种经济运行形式，都必须承认，它既是一种经济制度安排和经济运行机制，又远远超出了经济的范畴，代表着一种社会机制，其内在的文化机制渗透到社会的一切活动领域和运行机制之中。因此，现代市场经济的确立有着十分明确的文化逻辑：它必然要求以现代性为核心的理性的、契约的、主体的、创造性的文化机理和文化模式，自然也就会对前现代的传统社会自在的、经验性的、人情化的文化模式构成根本性的冲击。换言之，现代市场经济的全方位的确立必然以传统日常生活世界的前现代的文化图式之破除或改变为前提。

　　现在需要我们回答的问题是：经过一个多世纪的现代化探索，特别是通过三十多年的市场经济建构，中国传统文化模式是否从根本上受到了触动？以自在自发的经验性和人情化为特征的中国传统文化模式是否在现代市场经济的文化逻辑的推动下，转变为一种自由自觉的理性化和人本化的文化模式？

　　实际上，这是我们没有办法简单回答的问题。我们必须承认，中国传统文化在社会转型期已经和正在经历深刻的转变。例如，在社会文化精神方面，中国哲学理性在实践理性的复兴、主体意识的成熟、发展观念的更新、文化精神的重建等几个方面的进步已经开始超越传统文化模式的束缚。再如，在社会生活和社会制度运行方面，行政管理的现代化体现为管理的水平、决策的能力、工作的效率等方面的进步；公民社会参与意识的增强、对政府和权力机关的监督意识和维权意识的增强、民主选举制度、依法治国和依法行政、权力制约机制、政治文化目标的制定等体现出政治文明的进步；科技创新、金融体系改革、证券交易、资本运营、多元混合经济体制等开始启动经济运行的理性化进程。再如，在个体的活动中，一种超越传统自在自发的日常生活模式的新文化模式开始萌生，体现在个体的独立意识和主体意识的增长、社会价值的更新、大众化高等教育水平的提高等方面。

　　然而，虽然有各个方面的长足进步，我们却远不能断言，中国传统文化模式的转型已经完成。相反，我们发现，中国民众和中国社会正处于一种矛盾的境地。一方面，经过一个多世纪的各种历史事变，特别是过去几十年的社会变革，中国社会不仅在经济增长、制度安排、科技进步、社会发展、人民生活等各个方面发生了历史性巨变，而且在社会的理论形态、文化精神、社会心理、文化模式等方面也发生了重大变化。但是，另一方面，我们又不得不面对这样的现实：在民众的生存方式和社会运行机制等层面上，现代性依旧没有生成，传统日常生活世界的自在的文化模式和活动图式依旧发挥着社会活动和个体行为的规范和解释功能，现代化进程的内在文化阻滞力还依旧存在。甚至更为复杂的是，目前传统的经验式、人情化的文化模式往往会披着科学、理性、民主、自由、进步等外衣或各种现代的甚至所谓后现代的文饰而登场。这种复杂情形对于中国的现代性的生成和全球化的进程会带来更大的阻滞，其危害性更加隐蔽。

　　因此，我们在把握了中国传统文化模式的结构和图式的特征之后，还要特别考察这一文化模式在目前的社会转型期的境遇,从而制定更为合理的文化转型方略。如果我们要对中国社会转型期的文化景观作一总体性的判断,那么,应当说,文化冲突是我们这一时代的基本的文化特征。

二 "文化热"与文化激进主义

如果我们不加分析、不加限定地断言,中国还没有真正建立起现代工业文明,还没有完全超越传统农业文明,没有实现现代化,那么,我们马上会招致严厉的批判和指责,而且这一断言也的确不能让人完全信服。因为,如果从"洋务运动"开始的被迫的现代化算起,经过一个半世纪的发展,尤其是经过改革开放三十多年的现代市场经济的实践,中国社会的确发生了翻天覆地的变化,中国的确步入了世界强国之列。对此我们大概不需要更详细的分析即可以提供足够的证明:以社会化大生产为标志的现代工业体系的建立、以信息科学和生命科学为标志的现代高新科学技术的发展、以"两弹一星"为标志的现代国防科学技术和国防工业的发展、以城市化为标志的现代居民生活方式的改变、国民经济综合实力的大幅度提高、人们生活水准和生活质量的明显改善,等等,都表明了中国社会的现代化水平。尤其是近几年,我国的综合国力有了大幅度的提高,引起了国际范围内的广泛关注,在一定意义上,我国的确已经步入世界强国之林。例如,据国内一个比较权威的"综合国力课题组"的最新研究成果,按经济、军事、科技、教育、资源等要素构成的综合国力的强弱,中国目前可以排在美国、日本、法国、英国、德国、俄罗斯之后,列第七位,而其中一些要素,如资源、经济等的排名还要靠前一些。[1]

然而,问题也并非如此简单。上述发展并不能作为我们断言一个国家完全实现现代化的充要条件。换言之,上述内容是现代化的重要内涵,但不是现代化的全部内涵,甚至在某种意义上不能揭示现代化的最根本的内涵。从深层内蕴和本质特征上看,以工业革命、商品经济、科学技术革命等等为表现形态的现代化实际上代表着人类社会由传统的农业文明向现代工业文

---

[1] 参见《我国的综合国力到底有多强》,载《中国青年报》2000 年 9 月 10 日。

明的世界历史性的转变。它不囿于一般的经济和技术的加速度发展,而是表现为文明和文化的深刻转型,表现为人的存在方式或行为模式的根本性转变。从这样的角度入手,现代化是一个总体性进程。它必然涉及人和社会各个主要方面的变化。从大的方面着眼,可以把统一的现代化进程粗略和相对地划分为两大层面:一是以经济起飞、技术发展、体制完善等为主要内涵的社会层面的现代化;一是以文化转型、素质提高、生存方式和行为方式转变为主要内涵的人自身的现代化。

而正是在这后一方面,我国的现代化进程还存在着很大的差距。在某种意义上,在我国的现代化进程中出现了美国学者 W. F. 奥格本所说的"文化滞差"(cultural lag),即精神文化或适应文化的变迁严重滞后于物质文化的变迁。对此,我们不需要详细论证,只要指出许多方面存在的经济政治运行非理性化、社会法制的某种表面化现象、充斥社会活动和人际交往的人情关系、决策活动的经验内涵、市场活动中的寻租行为和腐败现象等等,就足以说明传统自然主义和经验主义的文化模式还强有力地影响着我们的社会生活和个人活动,而现代理性主义的文化模式还没有成为中国民众的主导性生存方式和社会的运行机理。对此,我们也可以提出量化的分析,我们上述所引证的关于综合国力的研究报告中的一个数据引起了我们的关注,即在构成综合国力的几个主要因素中,我国同美国和其他几个发达国家相比,最弱的是科教水平。[①] 同时,最近发布的另外一个关于我国的现代化程度的研究报告从另一个方面说明了这一点。美国现代化问题专家英克尔斯于 60 年代曾提出实现现代化的 10 项标准,即人均国民生产总值、非农业产值占国民生产总值的比重、第三产业产值占国民生产总值的比重、城市人口占总人口比重、非农业就业人口占就业人口比重、大学生占 20—24 岁年龄人口比重、人口净增长率、平均预期寿命、平均多少人有一名医生、成人识字率。研究报告指出,我国有 4 项指标(人口净增长率、平均预期寿命、平均多少人有一名医生、成人识字率)超过了世界平均水平,其中除人口净增长率外,另外 3 项达到了现代化标准。而在未达到现代化标准的 6 项指标中,差距最大的是大学生占 20—24 岁年龄人口的比重。在这项指标上,现代化的

---

① 参见《我国的综合国力到底有多强》,载《中国青年报》2000 年 9 月 10 日。

标准为 12.5%,世界 120 个国家的平均水平为 18%,而我国只达到 4%。如果再考虑到前面所说的成人识字率(虽然统计数字说明我国已达到 83%,但实际上我国普及扫盲的统计数字方面存在相当的虚假成分),那么,这一数字就不是偶然的,它同我国传统文化转型的迟滞有着内在的本质联系。[①]

我们发现,现代化的两个基本层面在演进速率上的上述反差是中国现代化的深刻的内在矛盾,我们在现实的现代化实践中遇到的很多阻力都与这一根本矛盾,即传统文化转型的迟滞有着本质的联系。也正因为如此,在中国现代化进程的许多关键时期,一些有识之士总是把文化的问题推到争论的焦点上。因此,我们关于中国现代化进程的文化哲学反思应当从这一文化矛盾的分析入手。

(一) 两次"文化热"的启示

回顾自"洋务运动"开始的一个半世纪的现代化进程,关于文化的争论始终是现代化进程中的一条重要的线索。而其中有两次关于文化的大讨论和大争论具有特别典型的意义:一是 20 世纪上半叶的新文化运动所引导的文化革命;一是 20 世纪 80 年代中后期的"文化热"。了解一下这两次文化热的前因后果和来龙去脉,可以给我们的文化批判提供重要的启示。

众所周知,中华民族素来重视文化,传统哲学对"道"和"理"的重视胜过其他一切形而下的器物。然而,20 世纪初的这一次"文化热"不是简单地对传统的"道"和"理"的维护,不是传统文化"天不变,道亦不变"的超稳定结构的加强。相反,这一次"文化热"起因于几千年来一直稳固地支撑着中华民族生存,为人们提供安身立命支柱的传统自然主义和经验主义文化模式的动摇和危机,这种文化模式受到西方的理性主义新文化精神的强有力的挑战。中西文化的这一次剧烈冲突不是偶然发生的,而是从"洋务运动"开始的现代化进程走向深化的必然结果。

从比较现代化的角度来看,中国的现代化属于外源性的现代化,它不同于日本那种迎接西方文明挑战的主动的现代化,而是在西方列强的武力逼

---

① 参见《我国离现代化还有多远》,载《中国青年报》2000 年 3 月 31 日。

迫下的被动的现代化。因此，作为中国现代化开端的"洋务运动"有很大的局限性，它主要是具体经济层面或器物层面的有限的现代化。无论是 19 世纪 60—70 年代仿造洋枪洋炮等军事武器装备的"求强"运动，还是 70—80 年代以兴办民用企业为主要内涵的"求富"活动，都没有超出经济发展的层面。在这一时期社会的主导性文化心态是"中学为体，西学为用"，人们依旧相信中国的政治体制和中国的文化是最优秀的，所欠缺的只是西方的坚船利炮。直到 19 世纪末甲午战败，人们才把目光从单纯的经济革新转向了政治体制改革，于是有了著名的"戊戌变法"，即 1898 年的"百日维新"。此后，慈禧太后所代表的顽固派虽然镇压了维新派，但也还是开始了"清末新政"，推进有限度的政治体制改革。正如众所周知的那样，在几千年的传统文化和封建体制的统治下，单纯的政治改革不但不可能促成民主共和国的诞生，即使有限的"君主立宪"也不可能实现，这种意义上的政治维新只能以失败告终。然而，必须承认，经济层面的"洋务运动"和政治层面的"戊戌变法"在现代化的实现程度上无论多么有限，其结局多么失败，它们的历史意义还是不可磨灭，因为，它们不仅导致了后来的辛亥革命，而且特别重要的是，这些运动使人们认识到现代化的总体性特征，认识到单纯的经济改革和政治变革不可能导致现代化，只有从文化的根基上推进彻底的变革，才可能实现中国社会的根本转型。于是，在 20 世纪初，才有了一批有识之士对于改造中国民众的国民性的重视，才有了五四时期的新文化运动，科学的、民主的西方理性主义文化开始切入中华民族这一古老的国度。中国传统文化的优越性不再被所有人视作天经地义，著名的中西文化的争论、著名的"科玄之争"，真正宣告了中国传统自然主义和经验主义文化模式的危机和动摇，开始了传统文化的转型过程。

历史的某些阶段常常会有一些惊人的相似之处。"五四"新文化运动过了半个多世纪，当中国的现代化再一次走向深化时，中华民族再一次遭遇了"文化热"，中国传统文化的生死存亡的命运问题再一次成为全社会争论和关注的焦点。而这一次"文化热"的形成过程也同本世纪初的"文化热"的形成过程有着某种相似的历程。度过十年"文化大革命"的浩劫之后，党的十一届三中全会确立了改革开放的正确路线，重新把现代化的历史任务提到了党和国家的全部工作的中心。但是，最初的改革开放是从单纯的经济层面开始的。20 世纪 80 年代初农村联产承包责任制的实行和工业企业扩大自主权的实践开始了中国新时期的改革和现代化进程。应当说，这些经济改革措施具有重大的历史意义，它不仅把党的工作重点从阶级斗争和政治思想斗争转到了经济建设，极大地解放了被束缚的社会生产力，而且为后来的经济改革奠定了基础。正是在这些改革措施的基础上，我党逐步统一人们的思想，开始承认商品生产和市场交换的合理性，并逐步形成了后来的社会主义市场经济的构想。但是，80年代初的单纯的经济改革也使人们认识到现代化进程的复杂性和总体性，看到了推进政治改革的必要性。于是，在80年代中期，关于政治体制改革的讨论开始成为热点，人们认识到，要发展现代化的商品经济，增强社会发展活力，必须改革不合理的过分集中的政治管理体制，建立社会主义的民主政治，推进决策的民主化和科学化，最大限度地调动人们的积极性。然而，问题还没有就此结束，无论推进经济体制改革，还是推进政治体制改革，人们都发现了一个十分重要的问题，受传统自然主义和经验主义文化模式支配的中国民众在基本素质和行为方式上还不能适应现代化的社会经济活动和政治活动的要求，经验式和人情化的行为方式和交往模式常常阻碍社会经济和政治的现代化。于是，80年代中期，在一些人关注政治体制改革的同时，哲学界、文学界和其他许多有识之士开始了新的一轮文化争论，开始了直到今天尚未结束的"文化热"。

在这场文化争论中，人们开始反思几千年一直制约着中国人的传统文化精神和文化模式。这场争论在哲学界和文学界同时展开。主要涉及的问题有：(1)以儒家和道家为核心的中国传统文化是否具有人的精神，是否扼杀人性？一种观点认为，中国传统文化不像西方传统哲学那样，关注自然和世界的本质，它探讨的主要是人际关系、人文世界、人的伦理纲常，因此充满了人的精神。另一种观点则认为，中国传统文化由于强调人与自然不分化的"天人合一"境界和以君臣、父子、夫妻、兄弟、朋友等不平等的和自然血缘伦理关系为核心的伦理中心主义，因此，它实际上不具有人的精神，扼杀人的个性和创造性，同时，也扼杀理性和科学的发展。(2)在现代市场经济和工业文明的条件下，中国传统文化将会经历什么样的命运？主要有三种观点：一种是"批判继承说"，认为对传统文化应当批判地继承，扬弃它的不合理的成分，继承它的优秀的内容；第二种是完全肯定中国传统文化的观点，认为中国传统文化由于关注人际关系，有助于克服现代工业文明对人和自然关系及人与人关系的破坏，因此，在现代社会，中国传统文化将会复兴；

第三种观点对中国传统文化持彻底批判的态度，属于"彻底重建说"，认为由于中国传统文化具有扼杀人的个性和创造性，扼杀理性与科学的本质特征，因此它同现代工业文明不相容，必须推动中国传统文化模式彻底转型，建立适应现代工业文明的理性的、创造性的文化精神。这一观点在 1988 年的电视剧《河殇》中，以最极端的形式表现出来。

在这里我们先不去具体评价各种争论观点的是非优劣，对我们的文化批判而言，更为重要的是从这些争论中得到一些深层的启示。我想，这些历史事实给我们提供的启示是多方面的，而其中尤其重要的有两点：第一，两次"文化热"的形成过程充分说明了文化转型在整个现代化进程中所处的重要地位，说明了文化转型的深刻性。我们发现，20 世纪中国现代化进程中的两次"文化热"的形成过程完全一致，都是从单纯的经济改革和经济现代化进入到政治改革和政治现代化，又深入到文化转型和文化的现代化，即人自身的现代化。这充分说明了文化转型在总体性现代化进程中的核心地位。第二，中国现代化进程中一次又一次的"文化热"的出现，说明中国的传统文化有着特殊的稳定结构，很难通过一般的文化变革或文化启蒙的路子而实现彻底的转型。

（二）文化激进主义的顽强与困境

在中国一个半世纪的现代化进程中，与反复出现的"文化热"相伴生的另一个重要的社会文化现象就是文化激进主义思潮的持续不断和顽强努力。这里所说的文化激进主义并非严格的学术范畴，而是泛指近现代中国一切主张彻底改造中国传统文化，全盘或从根本上接受现代西方以科学和民主为主要内涵的理性主义文化，实现文化转型的观点或思潮，其中包括梁启超、严复等中国近代第一代知识分子的文化批判，陈独秀、胡适和鲁迅等人为代表的新文化运动，以及 80 年代"文化热"中新的一代知识分子的反传统主义。

大约从严复开始，文化激进主义就成为中国近现代文化争论中一股非常有影响的思潮。在中国历史上，严复是最先系统地引进和介绍西方文化的思想家之一，他翻译的赫胥黎的《天演论》（即《进化论》）以及亚当·斯密、孟德斯鸠、斯宾塞等人的著作，对于中国人了解西方理性主义文化精神，以及现代中国的一大批知识分子的理性启蒙起了巨大的作用。严复的历史作用还不只限于翻译介绍西方文化,他关于中西方文化的比较研究开中国文化激进主义思潮的先河。他批判中国传统文化对科学的轻视,明确主张发展科学,建立民主政体,提出了"以自由为体,以民主为用"的深刻思想,并提出了"鼓民力、开民智、新民德"的文化改革方案。章太炎同样对中国传统文化持批判的态度,他在"戊戌变法"失败后进行了深刻的反思。他得出结论,不能像康有为期望的那样借助于中国传统文化的权威来改造中国社会,而只能"驰骋欧美""兼容并包",吸收外来文化,创造一种全新的文化意识,以此动员人民的力量,推翻清朝保守统治。梁启超虽然晚年在《欧游心影录》中批判西方文化的危机,转向了文化保守主义,但是,他早年提出的"新民"理论还是明确主张要用西方文化来改造中国民众的文化模式。他在《新民说》中明确提出"新民为今日中国第一急务",并且批评了社会上人们重视政治体制改革而忽略文化变革的错误倾向。他指出:"今论者于政治学术技艺,皆莫不知取人长以补我短矣,而不知民德民智民力实为政治学术技艺之大原,不取于此而取于彼,弃其本而摹其末……故采补所本无以新我民之道,不可不深长思也。"①由此,梁启超极力主张用西方文化中的民权思想、自由意识、平等观念、进取冒险意识等要素来改造和补充中国传统文化,塑造新民。

到了"五四"运动前后,文化激进主义思潮对中国传统文化的批判势头更加猛烈。陈独秀以《新青年》杂志为阵地,对中西文化作了深刻的比较,从而对中国传统文化的家族本位、感情本位和"虚文"本位进行了批判,明确提出要以西方文化的科学、民主和理性的精神来塑造中国的"新青年"。他从6个方面揭示了"新青年"的本质特征:"自主的而非奴隶的""进步的而非保守的""进取的而非退隐的""世界的而非锁国的""实利的而非虚文的"和"科学的而非想象的"。②鲁迅对传统文化的批判则更加直截了当,他抨击了当时的"保存国粹"的文化保守主义论调。鲁迅指出,所谓"国粹"就是特别的东西,是一国独有,但是,"特别未必是好,何以应该保存?"因此,他提出了向世界开放的"拿来主义":"总之,我们要拿来。我们要或使用,

① 徐洪兴主编:《二十世纪哲学经典文本——中国哲学卷》,复旦大学出版社 1999 年版,第 98 页。
② 同上书,第 173—177 页。

或存放,或毁灭。那么,主人是新主人,宅子也就会成为新宅子。然而首先要这人沉着,勇猛,有辨别,不自私。没有拿来的,人不能自成为新人,没有拿来的,文艺不能自成为新文艺。"①至于胡适的"全盘西化论"所表露的更加彻底的文化激进主义立场,已为人们所熟知,在这里我们不再详细介绍。

问题在于,为什么在中国的现代化进程中文化激进主义持续长达半个多世纪而不衰竭,80年代末在《河殇》等著作中又一次达到了新的高潮?这一文化激进主义现象引起许多学者的关注,林毓生在《中国意识之危机》中把以陈独秀、胡适和鲁迅为代表的这种文化激进主义称作"全盘性反传统主义"。他指出:"20世纪中国思想史的最显著特征之一,是对中国传统文化遗产坚决地全盘否定的态度的出现与持续。"②应当承认,在对反传统主义文化现象的概括和揭示上,林毓生是深刻的。但是,在探究其原因时,他只提及了"西方文明的侵入"和中国文化传统的"一元论和唯智论思想模式"的影响,并把全盘性反传统主义称为"借思想文化以解决问题的途径"。③ 这里的问题在于,第一,他把文化主要等同于思想意识、信仰和价值,而忽略了其更深刻的维度,即人的生存模式;第二,相应地,他只是从中国的思想传统来解释文化激进主义的成因。显而易见,上述弱点使他无法深刻揭示文化转型的重要意义,也无法充分估计它在中国现代化进程中的历史地位。

应当指出,文化转型历史任务的提出,并不导源于思想方式问题,而是根源于现代化进程的总体性要求;至于为什么这一文化转型任务总以激进主义方式提出,则与中国现代化进程中出现的"总体性"危机相关。概而言之,对于中国近现代文化激进主义的产生原因和社会历史条件,可以表述如下:防御性现代化导致理论上和实践上文化保守主义思潮的弥漫;文化保守主义的理论与实践消解或遮蔽了现代化的总体性;这一总体性危机导致重建文化的历史举动采取越来越激进的态度。我们可以结合现实的历史进程把这些论点略加展开。

---

① 徐洪兴主编:《二十世纪哲学经典文本——中国哲学卷》,复旦大学出版社1999年版,第233页。

② 林毓生:《中国意识的危机》,贵州人民出版社1988年版,第2页。

③ 同上书,第45页。

如前所述,文化是历史地凝结成的稳定的生存方式,其核心是人自觉不自觉地建立起来的人之形象,这就是梁漱溟所说的抽象的"人类生活的样法",和胡适所说的"人民生活的方式"。在这种意义上,文化并不简单地是意识观念和思想方法问题,作为人的生存方式,它像血液一样融进总体性文明的各个层面中,自发地左右着人的各种生存活动。文明的总体性决定了现代化必须是一个总体性的进程。它涉及社会的生产、经济、政治、科学、技术、思想、文化等各个层面的变迁。而作为人之生存方式的文化的转型,即人自身的现代化,是总体性现代化进程深层的和核心的内涵。一般说来,健全的文明形态体现为这一文明的各个层面和构成要素的协调同步运行,而作为从一种文明形态向另一种文明形态转型的真正的现代化则必然是文明不同层面从传统向现代的协调同步的总体性嬗变。否则,如果文明的某一层面停滞不变,就会出现美国学者 W. 奥格本所描述的 Cultural lag(文化堕距或文化滞差)。这一现象十分重要。文化作为人的生存方式,它的转型直接关系到人的再造,即人自身的现代化,因而,文化在文明的总体变迁中处于核心地位。但是,文化的抽象性、深层性、稳定性和保守性又使得它的变迁总是比文明的其他任何层面的变化都更为艰难。这就要求在现代化进程中对于文化变迁予以优先的和加倍的关注,使人的现代化处于突出的位置上,这是现代化的总体性的要求。如果出于疏忽或故意而加大了"文化堕距",就会导致现代化进程的中止、悬置或生出畸形的、不伦不类的产物。

在中国的现代化进程中,始终存在着严重的甚至被强化的"文化滞差",这与现代化进程中所存在的作为文化激进主义对立面的文化保守主义思潮密切相关。这种保守主义思潮,只在有限的程度上接受工业文明和商品经济,而从根本上否认使中国传统文化由立根于宗法血缘关系之上的自然主义和伦理中心主义向现代科学理性主义和人本主义转变的必要性。如前所述,从洋务运动开始的中国现代化起初从根本上说是一种"防御性现代化",它不是一种出于使原有社会体制和文明形态自我完善,并取得合理性的"主动的现代化",而是出于救亡图存、变法图强的历史紧迫性的"被迫的现代化"。结果,形成了一种颇具复杂情绪的中国现代化心态:占主导地位的"社会期待"不是对新东西的渴望,而是对失去旧有物的恐惧,于是,保种、保教、保国、保民成了现代化的核心。传统中国文化作为传统文明形态的血脉和人们习以为常的生存方式凝聚着民族的认同感和标志,它自然被置于这个"保"字的中心。相应地,文化保守主义成为弥漫于现代化理论与实践之中的主导性社会心态。洋务运动时期"中学为体,西学为用"的口号尔后成为百年现代化的基本心理定势;20 年代梁漱溟为代表的中国文化"复兴论"、30 年代十教授的"中国本位的文化建设宣言",等等,无论有多大差异,都是这种文化保守主义思潮的写照。

以"中学为体,西学为用"为定势的文化保守主义思潮在实践中的运行导致了被切割的、片面的现代化,其结果是消解或遮蔽了现代化的总体性。在保守的、被迫的或防御性的现代化中,人们常常怀着一种理想化的、幼稚的心态,希望在不触动中国文化本体的情况下通过引进西方发达的工具、手段、用品、技术来实现社会的现代化。早期洋务运动的"中学为体,西学为用"是这方面的典型。即使到了 80 年代,人们还是习惯于在经济和技术操作的层面上把现代化归结为"四个"具体领域(工业、农业、科技和国防),归结为经济发展和技术引进问题。这种企图把两种不同文明形态各"切割"下来一块,然后加以拼接组合的方法,尽管可以在有限的时间内取得一定的短期效益,但从长远讲不可能实现现代化的根本成功。这是因为,工业文明的经济、政治、技术等运行机制同具有科学技术理性和人本精神等文化基因的进取的、创造性的现代人是契合的,而农业文明与具有自然主义文化基因的保守的、封闭的、自在的传统人也是同体的。我们无法把现代工业文明的社会机制同自然主义的文化基因相嫁接,也无法让自在自发的传统活动主体去直接从事现代工业文明条件下的自由自觉的或理性化的活动。严复在本世纪之始已经意识到这一点。他明确指出,"体用者,即一物而言之也。有牛之体,则有负重之用,有马之体,则有致远之用。未闻以牛为体,以马为用也。中西学之为异也,如某种人之面目然,不可强谓似也。故中学有中学之体用,西学有西学之体用,分之则并立,合之则两亡"①。严复对洋务运动"中学为体,西学为用"的片面现代化构想的这种驳斥的确很深刻。

因此,中国百年现代化进程中的许多桎梏、羁绊、迟滞实际上都反映了这种文化保守心态导致的现代化的"总体性"危机。回首这段历史,我们不止一次地发现,我们的现代化实践一再在技术、经济、政治、文化等层面之间

---

① 《严复集》,中华书局 1985 年版,第 558—559 页。

依次摸索、徘徊、循环，而始终不见现代化的"总体性"的生成。甚至文化保守主义的代表梁漱溟在20年代已经敏锐地领悟到这一点。他指出，洋务运动时人们热衷于搬用西洋的火炮、铁甲、声光化电；甲午战败，一些人看到了纯粹技术引进的局限性，开始搬运西洋的立宪制度和代议制度；但是，10年革命未能使这些制度在中国立根。梁漱溟认为，这些人在如此做的时候，全然没有看到这些造物和制度背后的文化根基，他们"以为西洋这些东西好像一个瓜，我们仅将瓜蔓截断，就可以搬过来"①。80年代初开始出现历史的某种相似性。具体说来，农村和工厂的改革与现成商品和技术的引进成了最初人们心目中的现代化（四个现代化）；当经济体制改革的推进受阻时，人们则开始关注政治体制和社会管理体制的现代化；而经济和政治运行过程中人的素质问题和存在方式问题的严重性，又把"文化滞差"再一次显露出来。于是，以反传统主义为主流的"文化热"再度升温，现代化又在经济、政治、文化诸层面中依次走了一圈。

在迄今为止的中国现代化进程中，总体性不是以合理的形式，而是以"危机的"或"不在场的"形式显现自身；同样，文化转型不是作为自觉的历史任务，而是作为现代化"总体性"危机的无奈选择而进入运作之中。当我们对社会的保守文化心态和防御性现代化的片面性有足够的了解之后，就不难理解为什么文化启蒙者和重建者要采取越来越激进的态度了。因为文化自身的保守性和惰性，加上文化保守主义思潮从理论上和思想上对传统文化的极力维持，已使得文化转型和人自身的现代化陷于难产之中，使整个社会的现代化进程举步维艰。透过历史，我们可以看到，从"五四"运动的"全盘性反传统主义"到80年代"文化热"中的反传统主义，在每一次文化激进主义崛起的背景中都可见到文化保守主义理论与实践的顽固不化和由于现代化的"总体性"失落而加大了的"文化滞差"。对于这一点，文化激进主义者有相当的自觉。例如以"全盘西化论"而著称的胡适，曾用"充分世界化"来解说"全盘西化"。他指出，之所以采取这样激进的态度，盖由于中国传统文化的惰性所致。他说："此时没有别的路可走，只有努力全盘接受这个新世界的新文明，全盘接受了，旧文化的'惰性'自然会使他成为一个

① 梁漱溟：《东西文化及其哲学》，载《东方杂志》第19卷第3号。

折衷调和的中国本位新文化。"①

三 社会转型期的文化冲突

现在我们应当把目光转向 20 世纪最后 20 年中国社会的巨大变化,以了解现实的文化景观,了解中国传统文化转型的进展情况。应当说,这 20 年是中国社会发展中具有非凡意义的 20 年,尤其是现代市场经济体制的选择使中国的现代化开始取得实质性的深化。中国社会正处于前所未有的转型时期,这是每一个普通中国人都可以通过自己的生存而亲身感受到的、不容置疑的现实。这表明,缠绕我们民族百余年的现代化进程终于开始从理论层面切入现实层面。中国社会正在以市场经济的建构为中介从传统农业文明向现代工业文明转型;中国民众正从传统深处走出来,与新的生存方式和文化价值观念会面,从而由传统的自在自发的活动主体向现代的自由自觉的活动主体转型。

然而,即使在这一空前的社会转型期,中国传统文化转型的历史任务也远未完成。造成这一现实的原因,除了中国传统文化模式自身的惰性与顽固性之外,还与中国现代化和社会转型的特殊历史定位密切相关。所谓中国社会转型和现代化的特殊历史定位是指这样一个现实:中国的现代化与西方发达国家的现代化有一个很大的时代落差,即我们不是在西方工业文明方兴未艾、朝气蓬勃之际来实现由传统农业文明向现代工业文明的社会转型和现代化,而是在西方工业文明已经高度发达,以至于出现自身的弊端和危机,并开始受到批判和责难而向后工业文明过渡之时才开始向工业文明过渡的。不可否认,在此之前,其他一些后发展中国家的现代化也在某种程度上受这种特殊的历史定位的影响。然而,没有哪个民族像我们这样强烈地体验到本世纪末这一巨大的时代落差。同样不可否认的是,我们尚不能在毫无争议的情形下谈论后工业文明或后现代文化。但是,有一点是肯定的,这些趋向的出现表明,原本意义上的工业文明或现代化已出现了严重的弊端和危机,它必然要进行一种新的变革或调整。这即是说,当中国社会

---

① 胡适:《编辑后记》,载《独立评论》第 142 号。

终于确立了现代化目标时,它所面对的现代性已不再是无可争议的价值象征,而是一个开始残缺的价值实体。这种特殊的境况使中国的现代化既不可能是美国等发达国家所经历的原发性现代化,也不可能是拉美国家所经历的"依附—发展"的殖民性现代化。

中国社会转型的特殊历史定位直接影响到中国社会各个层面的发展,而最为根本的一点在于,它使得中国社会在短时期内无法形成一种支撑现代化进程的相对统一的、主导性的文化精神。如果用一句话来描述社会转型期中国现实的文化景观,那么最确切的是:前所未有的、深刻的、全方位的文化冲突。这种文化冲突既体现在知识精英们的理论争论中,也直接表现在民众的生活和社会活动中。

(一) 精英层面的文化精神的冲突和分裂

中国社会转型的特殊历史定位带来了前所未有的文明冲突和文化碰撞,它使得原本应以历时的形态依次更替的农业文明、工业文明和后工业文明及其基本的文化精神在中国的嬗变和演进,由于中国置身于开放的世界体系之中而转化为共时的存在形态,不同的文化精神同时挤压着中华民族。结果,不但普通民众面对文化的冲突无所适从,即使知识精英也由于对不同文化精神利弊的不同理解而相互分裂。在这种情形中,以技术理性和人本精神为内涵的工业文明精神并未成为中国现代化的主导性人文精神,相反,以"天人合一"为特征的中国传统文化和消解现代性的后现代文化正通过某些知识精英而与工业文明精神形成错综复杂的冲突。我们可以从以下三个方面的分析了解现代的、前现代的和后现代的文化精神的激烈冲突。

第一,现代化文化精神的自我裂变:技术理性和人本精神之间的张力与冲突过早地展开。

在中国,由于特殊的历史定位,现代化进程从一开始就与西方不同,出现了技术理性与人本精神之间的张力,二者尚未在中国文化精神中取得主导地位就已经发生冲突。具体说来,在目前的中国社会,充斥着各种各样关于现代化的文化心态:当一种价值取向强调科学技术和技术理性所创造的巨大社会财富以及它对人的本质力量和主体性的积极确证的时候,另一种价值取向则从西方的历史经验中看到科学技术和技术理性自律发展所带来的普遍物化和人之异化等负面作用,从而对科学技术和技术理性持一种人本主义的批判和拒斥态度；当一些人文知识分子强调技术理性和人本精神对人的文化启蒙以及人之主体性的生成对于市场经济建构和现代化进程的积极意义的时候，另一些人文知识分子则为个性的过分张扬以及市场经济条件下的竞争所带来的价值混乱和道德滑坡等现象忧心忡忡。应当承认，人本精神和技术理性之间的张力过早地展开这一事实，可能在一定程度上有助于中国社会减少或消除技术理性或工具理性过分发达所带来的技术世界的普遍异化以及人与自然的分裂，但也的确存在着干扰和延缓现代化进程的危险。中国现代化会由于缺少一种统一的文化精神而迟滞，呈现为一个乏力的进程。

第二，前现代的文化精神对现代文化精神的阻滞：新儒学的复兴与文化保守主义思潮的泛起。

如前所述，百余年的中国现代化进程中，文化保守主义心态一直占据重要地位。从洋务运动的"防御性现代化"和"被迫的现代化"的"中学为体，西学为用"的文化心态到 20 世纪上半叶的"中国本位文化论"，以传统文化拒斥西方理性主义文化的传统一直没有中断。以梁漱溟的中国文化"复兴论"为激进或极端代表的新儒学思潮正是在这样的背景中兴起。进入 90 年代，新儒学思潮开始在中国大陆复兴，先是牟宗三、熊十力、梁漱溟、唐君毅、方东美、刘述先、余英时、徐复观、杜维明等一批新儒学代表人物的著作被出版、研究和评介，接着是一些颇有影响的学者开始从自己原来明确倡导的以科学、民主和人之主体性为宗旨的文化启蒙立场撤退，回到以"天人合一"观念和伦理中心主义为特征的中国传统文化的立场上。于是，一种拒斥现代性、批判现代主义的文化保守主义思潮正在中国学术界泛起。

如果说，早期的、严格意义上的新儒家，如牟宗三等人，无论如何固守中国传统文化，毕竟还关注中国传统文化同现代化或现代工业文明的总体适应问题，期待着中国传统文化的"内圣"开出民主、科学的"新外王"，那么，目前"国学热"中的文化保守主义者的主要关注点则不在于中国传统文化如何适应现代化，而是如何用中国传统文化医治工业文明本身的弊端或现代化的负面效果，如道德体系的崩溃、社会结构的解体、生态环境的破坏、心理平衡的打破等问题。进而，一些人更是得出中国传统文化将在 21 世纪复兴的结论。尤其当萨义德的"东方主义"理论传入中国后，更是引起一些人的共鸣，他们愤愤地批判和拒斥西方"帝国霸权主义"打着现代化的旗号对中国文化所进行的"后殖民文化统治",从而要求坚持中国文化自身的话语。

第三,后现代文化思潮对现代文化精神的消解:后现代主义的切入与文化启蒙精神的式微。

90年代初,在新儒学在大陆复兴的同时,后现代主义文化思潮开始通过文学与哲学领域而切入中国。这两种文化思潮虽然在文明时代上相距遥远,但在基本的价值取向上则有一个共同点,即对现代性或现代文化精神的超越或消解。如前所述,从19世纪下半叶起,尤其在20世纪,西方工业文明的两大支柱精神,即人本精神和技术理性开始出现张力和冲突,技术理性和工具理性的过度发达并没有达到人的本质力量增强和人的解放的宗旨,而是导致了人和自然生态关系的破坏与人际交往关系的异化,导致了意识形态、技术理性、大众文化等社会力量对人的统治。针对人类的这一文化历史困境,于20世纪下半叶兴起的,以德里达、福柯、利奥塔德等人为代表的后现代主义思潮同存在主义等人本主义思潮以及新马克思主义一样,以深刻批判现代性的负面效应为己任。后现代主义认为,人之主体性及启蒙理性的过分发展是造成现代工业文明弊端的根源,因此,德里达对逻辑中心主义的解构、福柯对现代人的消解、利奥塔德对元叙事或宏伟叙事的否定,其宗旨都是对人之主体性和现代性的消解。中国的一些人文知识分子正是出于对西方发达工业文明弊端的敏感认识和对中国现代化进程中已开始出现的某些文化失范现象的忧虑,而接纳后现代文化精神,企盼中国能超越工业文明阶段,直接步入后现代社会。

应当承认,以儒家为核心的中国传统文化精神很早就通过直观的方式比较深刻地体悟到人和自然相统一,即"天人合一"的境界,这对于高度发达的工业文明条件下面临着人与自然相分裂、人与人相异化之历史困境的人类确实可以提供某种有益的启示。同时,后现代主义对于现代性的批判虽然激进和极端,但是它们的确抓住了现代工业文明的理性主义文化模式的某些弊端。然而,必须看到,中国传统文化对人与自然相统一的观念的强调只是对原始的、未分化的、自在的"天人合一"关系的体悟,它根本无法与后工业文明时期人们基于人和自然分化之后形成的人与自然相统一的文化精神同日而语;同时,这种传统文化精神是传统农业文明条件下人的自在自发的生存方式和文化模式的最集中的体现,它同我们目前正在进行和建构的市场经济和工业文明所要求的自由自觉的行为方式和文化模式格格不入。同时,中国社会的历史定位不同于那些产生了后现代主义文化思潮的西方发达国家,我们目前所面临的根本问题并非人与自然的过分的分化与分裂,而是人与自然相对不分化所导致的社会不发达状态。因此,当新儒学试图从中国传统文化的"内圣"直接开出民主、科学的"新外王",当人们试图直接以儒家伦理来重构中国社会,以避免现代化的负面效果,或者,当人们从后现代主义立场出发,把"消解主体""解构主体"的后工业文化精神与传统农业文明的文化精神直接联姻或对接时,其结果只会导致中国现代化"以过去为定向"的时代错误,从而消解现代化文明精神,断送现代化的前程。

我们的确在 90 年代中国人文知识分子中发现了这种令人担忧的文化价值观念上的分裂:一方面,一些人文知识分子自觉地、主动地撤离文化启蒙的阵地,将自我消解于平面化的日常生活之中;另一方面,另一些人文知识分子依旧固守文化启蒙立场,却面临着多种文化精神的严重冲突。

首先应当明确的事实是,无论在"五四"新文化运动中,还是在 80—90 年代的"文化热"中,人文知识分子所倡导的文化启蒙都是以确立人的主体性,即实现人自身的现代化为宗旨的。这是中国现代化进程的内在本质要求。中外现代化的历史经验表明,以工业革命、市场经济、科技革命为表现形态的现代化并非简单的经济增长和技术发展的问题,而是代表着人类社会由传统农业文明向现代工业文明的世界历史性的转型,因而,它既包含社会层面的现代化,也包含人自身的现代化。从社会层面上讲,现代化是指传统的自然经济以及以传统、习惯、血缘、天然情感维系的社会关系,让位于建立在大工业生产和现代科技之上的市场经济以及合乎理性的、符合人的发展需要的、民主的社会关系和结构。与此相适应,在活动主体方面,就有一个如何从传统人转变为现代人的问题。关于现代人或人的现代化,中外学者多有探讨。例如:M. 韦伯把人的现代化理解为由以传统习惯和特殊情感为基础的传统非理性行为向工具合理性和价值合理性行为的转变。在中国,梁启超曾设想过具有权利思想、义务思想和自尊、进取、冒险等特征的"新民"。陈独秀则呼唤自主的、进步的、进取的、世界性的、实利的、科学的"新青年"。尽管各种论述互有差异,但共同点是显而易见的。质言之,文化启蒙所追求的人自身的现代化就是指人由凭借习惯、传统、风俗、情感而自在自发的传统主体向具有主体性和创造性、具有人本精神和技术理性的自由自觉的现代主体的转变。

现在的问题在于，一些人文知识分子在中国现代化进程正要走向深入、市场经济建构正在进入实质性阶段之际，却自觉地、有意识地放弃或撤离这种以人之主体性生成为宗旨的文化启蒙立场，接受以消解主体性为本质特征的后现代文化精神，与衣食住行、饮食男女等自在的日常生活模式认同。这一点在目前的哲学和文化学研究中均有清楚的体现，而以一些敏感的文学知识分子最为突出。当然，必须承认，这一价值倾向的出现，主要是近几年的事情。不要说20世纪上、中叶以鲁迅的《伤逝》和杨沫的《青春之歌》等所代表的革命文学一直以超越琐屑、自在的日常生活，确立人的主体性为主题，即使在80年代中期，文学知识分子的主导性价值取向依旧是弘扬主体性的文化启蒙。从刘心武的《我爱每一片绿叶》和《班主任》、张辛欣的《在同一地平线上》，到张承志的《北方的河》、刘西鸿的《你不可改变我》等，都明确无误地表达着个性发展，自我的尊严，人的自由、自律和主体性的主题。即使像马原的《冈底斯的诱惑》、韩少功的《归去来》等充满怀疑和不确定性文化气氛的作品，依旧表达着对人生的价值、理想、真理和意义的探求。而到了80年代末，一种异样的文化倾向开始出现，这就是后来人们用"新写实"命名的那些作家向日常生活世界的回归，最初的代表作应数池莉的《烦恼人生》和谌容的《懒得离婚》。而进入90年代，这一文学导向已成为十分有影响的文化精神取向。刘震云的《一地鸡毛》、苏童的《离婚指南》、池莉的《不谈爱情》《太阳出世》《冷也好热也好活着就好》、张欣的《爱又如何》、何顿的《我不想事》等等，都是这一文化精神走向的范本。衣食住行、饮食男女、婚丧嫁娶、吃、喝、玩、过日子等日常生活原生态占据了这些作品的全部画面。而且特别值得注意的是，在这里，我们看到的是作者以零度情感冷静地描绘着这一自在的生活世界，没有超越，没有主体性的冲动，相反，"过日子""混""凑合着过"成为这些作者高扬的旗帜。池莉的《冷也好热也好活着就好》中"四"（作家）给"猫子"命名的失败和刘震云《一地鸡毛》中"小李白"对写诗的无情嘲弄象征着这些文学知识分子对文化启蒙立场的彻底告别，表明他们对人之主体性的消解和对日常生活原生态的非批判的认同。刘震云对此有明确的自觉，他说道："我们拥有世界，但这个世界原来就是复杂得千言万语都说不清的日常身边琐事。它成了我们判断世界的标准,也成了我们赖以生存和进行生存证明的标准。"①

如果我们进一步分析就会发现,世纪之交中国精英文化的裂变不只表现为一些人文知识分子对人之主体性的自觉消解和从文化启蒙立场的撤退,而且更深刻地表现在,其他依旧固守文化启蒙立场的人文知识分子面对着多种文化精神的冲突,无法确立现代化所要求的主导性文化精神。世纪末哲学界探讨人文精神的失落与重建问题,某种意义上可以说,在中国社会转型过程中,出现了人文精神的"空场"。"空场"并不表明我们没有任何文化精神,恰恰相反,现实情况是,我们同时拥有太多的文化精神,前现代的、现代的和后现代的文化精神同时包围和挤压着我们,它们相互冲突、碰撞、拒斥,却没有哪一种能够成为主导性的文化精神。

面对多重文化精神的冲突,人文知识分子的价值取向也发生了深刻的裂变,我们至少可以提及三种主要的取向。一种哲学倾向极力弘扬以技术理性和人本精神为内涵的现代工业文明精神,试图通过文化启蒙和教化使中国民众由传统的自在自发的活动主体转变为自由自觉的、具有自觉的主体性的现代个体;另一种哲学倾向则以发达工业文明条件下技术理性和工具理性过分强化而导致的物化和异化现象为理由拒斥以人之主体性为标志的工业文明精神,从文化保守主义立场出发,企图以"天人合一"的中国传统文化和伦理精神来建构现代社会,并医治工业文明本身的弊病,这一价值取向的突出表现便是新儒学的兴起;第三种哲学倾向同样从对工业文明弊端的批判立场出发,主张中国民众通过直接接受"消解主体""解构主体"的后现代文化精神,避免工业化和个体化的历史代价,这种后现代文化价值取向同上述撤离文化启蒙立场的文学知识分子的主张有深层的一致之处。

(二) 大众层面的文化价值的游离与裂变

中国社会转型的特殊历史定位及文化冲突不仅造成了精英层面的自觉的人文精神的冲突,而且也导致了大众层面的自在的文化价值的裂变。在今日中国民众的生活世界中,可以看到各种时代的价值观念在冲突、碰撞、游荡。在某种意义上,普通民众在文化上的游离、分裂、自律是同哲学等人

---

① 刘震云:《磨损与丧失》,载《中篇小说选刊》1991 年第 2 期。

文学科从社会文化的中心向边缘的滑落相一致的。

众所周知,中国是一个历史悠久的农业文明古国,农业文明的深层文化结构和文化精神至今尚未完全消解。这一文明的社会文化调节和控制机制同它的社会和经济结构有着本质性的关联。具体说来,作为农业文明之基础的自然经济在本质上是一种自在的客体经济或"无主体的经济"。在这种历史背景中,大多数活动主体停留于自在自发的层面,凭借着关于大自然周而复始地运行的经验常识和人之生老病死的自然流程而自在自发地进行着衣食住行、饮食男女等重复性日常生计。因此,在少数知识分子所代表的精英文化之外,并不存在相对独立和自律的大众文化或自觉的市民文化(公民文化)。与这一基本事实相适应,传统哲学家大多充当大众的"立言人"或"代言人"的角色,他们把一种自觉的精英文化从外部加诸普通民众的生活世界,以此规范和控制社会的主流价值取向或文化精神,而自在自发的大众只是精英文化的被动的听者或受众。一般说来,传统哲学主要通过两种基本方式来固守自己的民众"代言人"或"立言人"的地位。在社会的常规发展时期,哲学主要采取文化教化的方式,与社会主流(即官方)意识形态合一,把特定的精英文化加诸社会生活之上,以规范普通民众的日常生活与交往,为之提供某种文化支柱。这方面的典型当数儒家学说,它成为几千年中国社会的主导性文化精神。而在社会的转型时期,哲学主要采取文化启蒙的方式,呼吁民众接纳一种新的精英文化和新的生活方式,以超越原有的生存模式。"五四"时期的新文化启蒙是这方面的典型。

从这样的角度思考问题,过去几十年中国社会的文化结构与几千年农业文明时代有某种相通之处。其根本原因在于,计划经济与自然经济虽然有根本性差别,却分沾着一种共同的本质,即它们均为一种"无主体"的客体经济,缺少个体主体性的参与。因而,我们的时代的哲学理论虽然在内容上已有本质性改变,但在社会历史方位上,它依旧充当普通民众的"立言人"或"代言人"的角色,在计划经济体制下,社会各个阶层被一种统一的文化和精神所支配。具体说来,昔日社会的主流意识形态主要通过政治宣传和哲学知识分子的精英话语阐释而转化为全社会普遍齐一的大众话语和文化,从而控制着大众的主导价值取向,而大众没有自己独立的和自觉的文化,主要是接受外在的自觉的精英文化。在这种历史背景下,哲学等人文学科往往拥有社会文化的中心地位。一方面,哲学从世界观和方法论的高度控制着普遍民众的理性层面的文化价值观念,将其人生价值取向统一定位于一种共同的理想社会,历次全社会性的学哲学和用哲学的运动是这方面的突出例证。另一方面,哲学等人文学科还进而控制着普通民众的感性层面的文化生活,用统一的政治标准和意识形态标准去评判各种文学艺术形式与作品,"文化大革命"期间普通民众只能听到和看到几部"样板戏"的历史状况充分昭示了这一点。

市场经济的建构正在从根本上触动和改变上述社会文化结构。一方面,今天社会意识形态的聚焦点不再是政治斗争和思想斗争,而是科学技术和经济的发展,它给哲学理论研究和大众生活以前所未有的自由度和宽容度,多元的经济利益、多元的需求、多元的生存样式、多元的价值观念不再被限制与禁止,而是被默许、宽容,甚至被鼓励。另一方面,作为现代工业文明立根基础的市场经济本质上是一种"主体经济",在发达工业文明条件下,社会活动主体开始超越传统的经验主义和自然主义的活动方式,通过接受现代技术理性和人本精神而由自在自发走向自由自觉,在这一转变过程中,以现代实业家为主体,逐步形成相对自律和自觉的市民阶层（或公民阶层）。这一相对独立和自觉的市民阶层不再满足于作为某种外在的精英文化的被动听众和受众,而是开始形成自己本身的自觉的文化精神,即市民文化或公民文化。这样一来,大众层面的文化精神和话语不再直接为政治意识形态所左右,它因而也开始从哲学的精英文化和精英话语的控制下游离出来,在消费文化、通俗文化的引导下相对独立地、自律地、多元地流动,而不再具有一种被哲学精英话语控制的主导性价值取向。哲学等人文学科由此而开始从原来的社会文化结构的中心游离出来,处于社会的边缘。在这里,我们发现了民众文化价值世界中相互矛盾或相互背离的发展趋势。

现代化进程的深化在大众层面开始引起一种自觉的市民文化的萌生。由于市场经济条件下的需求、利益和价值的多元化,以及现代行为方式的创造性和竞争性,普通民众开始通过实际的功利活动,在经济层面上逐渐萌生出自觉的主体意识和价值观念,尤其是具有现代知识背景和现代人文精神的实业家阶层,开始在经济要求之外表露出自觉的主体意识和社会参与意识。特别是由于信息化时代的到来,信息技术和其他科学技术及理性精神越来越深广地渗透到人们生活的各个方面:人的数字化生存、消费的文化理念引导、经济决策的理性化、社会管理的民主化与公开化、个人活动和社会活动的法制化等等，都透露出某些理性的、科学的、契约的、主体性的文化精神内涵。这一文化精神导向的出现十分重要，它将为现代工业文明所要求的理性、民主、法制、契约等文化精神的生成奠定基础。

但是，我们对于上述文化发展趋势不能估计过高，因为所有这些只是以有限的萌芽形式而存在。特别需要指出的是，我们在时下中国民众的个人生活和社会生活中也发现了价值取向截然相反的、同样强有力的文化发展趋势。在全社会的商品化浪潮和功利心态的引导下，目前中国民众的主导性文化模式是一种贴近生活原生态的平面文化。人们放弃了传统精英文化用理性、人生的价值、历史的意义、人的终极关怀等深度文化价值取向为大众构造的理性文化或理想文化空间，开始向衣食住行、饮食男女等日常生计（生活的原生态）回归，从而自觉不自觉地接受以现代大众传播媒介为依托、以此时此刻为关切中心、以吃喝玩为基本内涵的消费文化和通俗文化。

更为严重的是，个人生活和社会生活中的理性主义和人本主义文化萌芽并没有真正削弱传统自然主义和经验主义文化模式对于民众和社会的深层影响，相反，恰恰是在现代化走向深化的时候，在中国民众的个人生活和社会生活中，传统文化模式却出现了严重的复活与反弹。以经验和人情为主要内涵的传统文化模式恰恰在中国社会步入知识经济和信息时代之时似乎更强有力地渗透到时下的经济、政治、文化等各个领域的活动之中。对此我们可以列举两个方面的突出表现：第一，以经验对抗理性。有着几千年农业文明传统的中国民众往往习惯于消极的、被动的、无主体的文化模式。"日出而作，日入而息"的封闭的自然经济和周而复始、循环往复、习以为常的衣食住行、饮食男女、婚丧嫁娶等日常生活和经验式的文化模式，使得中国民众常常容易不思改进、知足常乐、小富即安，而对各种革新有一种恐惧的、拒斥的心理，习惯于凭借着经验、传统、常识、习惯而自在自发地生存与活动。这种前现代的经验式的文化模式至今还强有力地影响着许多民众，渗透到我们的行政管理、经济决策、文化创造等各个层面的社会活动中。第二，以人情对抗法治和契约。几千年传统农业文明中调节人际关系的主要因素是天然情感和宗法观念、血缘关系，这种人情式的交往模式作为传统文化的遗产至今还强有力地影响着中国民众的交往行动，影响着社会的政治活动和经济活动的健康发展。市场经济要求剔除不平等的情感因素和人情关系对社会政治、经济等活动的干扰，而我们目前的现实情况则是，人情因素比以往更加强有力地出现于社会生活的各个方面，从幼儿入托、儿童择校、学生高考、工作调转等个人生活，到企业经营、行政管理、法律诉讼、职务提拔、职称评定、干部录用等社会活动，无处不留下人情的影响和痕迹。

上述关于两次"文化热"的回顾、关于中国现代化进程中文化激进主义同文化保守主义的激烈对立的分析、关于时下社会转型过程中精英层面和大众层面的文化冲突和裂变的揭示，的确可以给我们很多深刻的启示：第一，立根于传统农业文明的中国传统自然主义和经验主义文化模式有着极其顽强的生命力，它至今依旧是中国现代化的深层的文化阻滞力和羁绊，对于这一文化模式的批判不能表面化，必须揭示其内在的超稳定结构，才可能找到促使其转型的有效途径；第二，中国现代化进程中的传统文化转型还远远没有完成，支撑现代市场经济与现代理性和法制社会的主导性的文化精神还没有真正得以确立，我们必须正视中国现代化的极端艰巨性和复杂性，以更大的努力推动这一进程的发展；第三，文化转型对于人类社会的发展决不是简单的附属现象或者可有可无的东西，而是它的最本质的内涵之一，实际上，在很多情况下，经济发展往往不是纯粹的经济问题，同样，政治发展也不是纯粹的政治问题，社会各个层面的发展，都受到深层的文化模式和文化精神的影响和制约。这进一步证明了文化哲学和文化批判理论不可替代的价值。

第十四讲

中国传统文化转型的机制

当我们分别揭示了中国传统文化模式的深层的超稳定结构和它在社会转型期依旧强有力的影响之后，文化批判的内在逻辑必然驱使我们进一步探索中国传统文化转型的机制、途径和方式。如前所述，中国传统文化转型的迟滞，从内在原因来看，主要是中国传统文化模式所特有的超稳定结构的阻滞和桎梏，而从外在原因来看，则是迄今为止的现代化进程中的文化启蒙方式没有真正切中传统文化模式的要害。因此，关于中国传统文化转型机制的探讨必须包括两个方面：一是对原有的文化启蒙和文化转型方式的检讨与批判；二是依据中国传统文化的超稳定结构，提出新的文化启蒙和文化转型的途径和方式。

一 表层文化启蒙与深层文化启蒙

无论文化危机时期的文化冲突、文化反省和文化批判，还是文化转型过程中文化的内在创造性转化或外在批判性重建，在现代都越来越成为一种自觉的历史进程，而其中文化启蒙（系统的文化反省、文化反思、文化批判、文化重建）是十分重要的环节和内涵。就近现代社会的现代化的背景而言，文化启蒙的宗旨是破除传统的自然主义和经验主义的文化模式对人之自由和社会之创造性的束缚，确立以理性、契约、自由、主体性、创造性为本质内涵的现代理性主义和人本主义文化精神，使人从自在自发的传统的生存状态进入到自由自觉的和创造性的生存状态。这种转变是文化的现代化，从本质上讲是人自身的现代化。西方现代化进程中以人文主义为特征的文艺复兴和以新教伦理为内涵的宗教改革、中国20世纪上半叶的新文化运动和 80 年代的文化争论,都属于这种以人自身的现代化为宗旨的文化启蒙。

然而,虽然各种形式、各种方式的文化启蒙都有助于推动文化的整体转型,但是,不同深度的文化启蒙的历史作用是极其不同的。例如,我们发现,20 世纪中国现代化进程中文化激进主义的文化启蒙虽然很激进和革命,但是往往流于表面化,是一种表层文化启蒙,很难从根本上触动和改变具有超稳定结构的中国传统文化模式。而近年兴起的日常生活批判理论属于文化哲学的一个新兴领域,它以中国的现代化进程为背景,以人自身的现代化为宗旨,倡导一种以人之主体性的生成为核心的文化启蒙立场。从启蒙的宗旨上,日常生活批判同一般文化激进主义的文化启蒙没有什么本质性的区别,但是,由于以现代化为背景的日常生活批判理论是在人们的日常生活世界的根基上揭示传统文化的转型和人自身的现代化的现实途径,因而它超越了"五四"新文化运动和 80 年代"文化热"所代表的传统的、表层的文化启蒙的局限性,建构起一种新型的、深层的文化启蒙模式。

（一） 表层文化启蒙的局限性

如前所述,中国现代化历史进程的重要特色之一在于,它的每一次深入,总是将文化层面的问题凸现到十分醒目的位置,无论从洋务运动开始的"中体西用"的防御性的、被迫的现代化,还是 80 年代开始的改革开放的主动的现代化,其结果都引起了文化转型的要求。在前一次现代化进程中,从早期洋务派的技术和器物层面的引进,经过戊戌维新的政治体制变法,最后落脚于五四时期的新文化运动。而在 80 年代开始的现代化进程中,同样先从经济体制改革开始,中间提出了政治体制改革的要求,并且又一次引发了文化转型问题,形成了 80 年代后期的新的"文化热"。

应当明确的事实是,无论在"五四"新文化运动中,还是在 80 年代的"文化热"中,人文知识分子都在积极倡导一种以确立人之主体性,即实现人自身的现代化为宗旨的文化启蒙。这体现了中国现代化进程的内在本质要求。我们反复强调,中外现代化的历史经验表明,以工业革命、市场经济、科技革命为表现形态的现代化并非简单的经济增长和技术发展的问题,而是代表着人类社会由传统农业文明向现代工业文明的世界历史性的转型,因而,它既包括社会层面的现代化,也包含人自身的现代化。从社会层面上讲,现代化是指传统的自然经济以及以传统、习惯、血缘、天然情感维系的社会关系,让位于建立在大工业生产和现代科技之上的市场经济以及合乎理性的、符合人的发展需要的、民主的社会关系和结构。与此相适应,在活动主体方面,就有一个如何从传统人转变为现代人的问题。从根本上说,文化启蒙所追求的人自身的现代化是指人由凭借习惯、传统、风俗、情感而自在自发地活动的日常生活主体向具有主体性和创造性,具有人本精神和技术理性的自由自觉的现代主体的转变。

问题在于,"五四"新文化运动和80年代"文化热"两次激进的文化启蒙运动从根本上说除了实现人文知识分子的自我启蒙以外,并没有真正触动普通民众自在自发的传统生存模式,梁启超所设想过的具有权利思想、义务思想和自尊、进取、冒险等特征的"新民",和陈独秀呼唤的自主的、进步的、进取的、世界性的、实利的、科学的"新青年",始终没有在中国大地上普遍地生成。不仅如此,进入90年代后,中国社会出现了非常奇特的文化景观,当中国现代化进程以市场经济的建构为契机走向深化的关键时候,一些人文知识分子则从文化激进主义走向文化保守主义,开始自觉地、有意识地放弃或撤离这种以人之主体性的生成为宗旨的文化启蒙立场。其具体表现形式有两种:一是一些人文知识分子从现代新儒学的文化保守主义立场出发,以发达工业文明条件下技术理性和工具理性过分强化而导致的物化和异化现象为理由而拒斥以人之主体性为标志的工业文明精神,企图以"天人合一"的中国传统文化和伦理精神来建构现代社会,并医治工业文明本身的弊端;二是一些知识分子从后现代主义对工业文明弊端的批判立场出发,主张中国民众通过直接接受"消解主体""解构主体"的后现代文化精神,避免工业化和个体化的历史代价,直接过渡到后工业文明的平面文化模式。这两种倾向的出现,使得人文知识分子所倡导的以人之主体性为核心的文化启蒙更加走向式微。

为什么传统文化启蒙迟迟难以兑现自己的允诺?是什么原因使得传统文化启蒙运动表面上激进彻底,实质上软弱无力?应当说,造成这种现象的原因是多方面的。从外在方面看,中国百余年的现代化不是表现为一个连续的和统一的进程,而是不断为各种事变所打断,因而,文化重建无法作为一个持续统一的进程而不断走向深化。特别重要的是,如前文所述,中国的现代化及其文化转型处于一种十分特殊的历史方位:中国的现代化与西方发达国家业已完成的现代化之间有一个巨大的时代落差,即我们不是在西方工业文明方兴未艾之际来实现由传统农业文明向现代工业文明的现代化转型,而是在西方工业文明业已高度发达,以至于出现某种弊端和危机,并开始向后工业文明过渡之时才开始向工业文明转型。这种历史错位给中国的现代化带来了特殊的历史定位,它使得原本应以历时的形态依次更替的农业文明、工业文明和后工业文明及其基本的文化精神在中国的嬗变和演进,由于中国置身于开放的世界体系之中而转化为共时的存在形态;它把加速发展现代化的历史使命和消除现代化负面效应的历史任务同时置于刚刚踏上现代化征程的中华民族面前,并使中国人备受对现代化前景的渴望和对现代化负面效应的恐惧两种相互冲突相互矛盾的文化心态的困扰。

相比之下,造成传统文化启蒙迟滞的更深层原因是这一启蒙的内在局限性,具体说来,文化激进主义的文化启蒙自身很不完善,它没有充分地估计到中国传统文化模式由于内在的强有力的超稳定结构而造成的顽固性和巨大的惰性,基本停留于表层启蒙上,而没有触及到传统文化的深层本质和根基,因而无力从根本上促使中国普通民众从自在自发的、天人合一的传统文化模式向自由自觉的、以人之主体性为内涵的现代文化模式转变。从总体上看,"五四"新文化运动和 80 年代"文化热"所代表的传统的文化启蒙的表面性和局限性主要表现在,它主要是一种纯粹思想观念的启蒙,而这种对新思想、新观念的一般呼吁又往往只能触动和改造社会的一个很小的阶层。文化作为人们的生存方式或"人类生活的样法"并不等同于纯粹的、自觉的思想观念,它既可以表现为自觉的思想观念(如世界观、意识形态等),也可以体现为自在的传统、习惯、风俗及自发的经验、常识、价值观念、天然情感等因素。在一个社会中,往往只有少数人是自觉的文化的实践者,而绝大多数普通民众则凭借着自在的文化而自发地生存。因此,在普通大众的生活世界和文化根基没有发生真正的松动的情况下,停留于纯粹思想观念层面上的外在的、表面的文化启蒙无法兑现文化转型的承诺。

对于表层文化启蒙的这种局限性,我们可以举两个例子来加以说明,它们都揭示了这种文化启蒙中知识精英的激进和普通民众的无动于衷。鲁迅曾经用犀利的笔描述了"示者"与"看者"的反差。革命者为了普通民众的解放事业而被反动派推出去斩首示众,作为革命所解放和启蒙的对象的普通民众对此不但没有感到痛心,或者由于良心或精神的震撼而勇敢地站出来,自觉地投身于革命者的事业,反而成了看"杀人好玩儿"的冷漠的围观者,甚至不知不觉地成了杀人者的某种意义上的共谋。同样的情形出现于现代市场经济建构过程中,只是现在或许是以喜剧的形式展现出来。新写实文学的著名代表人物池莉在小说《冷也好热也好活着就好》中用形象的笔法给我们提供了这样的鲜活的描述。两个主人公"四"和"猫子"原本是中学同学,现在前者是业余作家,后者是食杂店的业主,两个人分别成了知识分子和普通民众的代表,在小说中展开了一种文化启蒙关系。"四"虽然总也无法使自己的作品发表,但是却痴心不改,一如既往地在写作中表达理想、信念和人生的价值、意义和追求。他希望能够启发自己的老同学"猫子"形成对自我的意识,满怀激情地向"猫子"讲述他最新的一篇小说的构想,他相信会使"猫子"感动得热泪盈眶。但是,结局却是,"四"讲到一半时,"猫子"就睡着了。而"猫子"热衷于喋喋不休地向许多人讲的一个故事,却是:一个顾客来买温度计,拿起来对着太阳照一照,看看温度,不成想水银竟然受热剧烈膨胀,撑碎了温度计。你说,武汉的天有多热?这两个例子的确能给我们许多深思的空间。

由此可见,对一种根深蒂固的民众文化的改造重建,不能期望像在政治运动中那样一呼百应、一蹴而就,不能满足于一般地呼吁新思想观念的表层文化启蒙。从今天的视角看,要超越"五四"新文化运动和80年代"文化热"所代表的传统的文化启蒙的局限性,而又不撤离或放弃现代化文化启蒙的立场,就要使文化启蒙从表层进入深层,直接从普通民众赖以安身立命的自在的文化的根基上入手。我们发现,中国传统的自在自发的文化的根基或寓所不是人类自觉的精神活动,也不是政治、经济等有组织的社会活动,而是被人们习以为常地、不假思索地置于背景世界之中的日常生活世界。因此,只有从衣食住行、饮食男女等自在的日常生活的批判重建入手,从现实的生活世界的根基上开展启蒙,才能真正动摇传统文化的根基。在这种意义上,我们所倡导的新型的、深层的文化启蒙在本质上就同传统日常生活的批判重建合流了。

(二) 走向深层文化启蒙

综上所述,"五四"运动和80年代"文化热"所代表的传统文化启蒙的软弱性和不彻底性在于它的表层性和外在性;而它的表层性和外在性又具体体现在它没有触及传统文化的根基和寓所——传统日常生活世界。这样,在中国社会由传统农业文明向现代工业文明转型的关键时期,通过传统日常生活的批判与重建把以人之主体性为核心的文化启蒙推向深层次,就显得十分重要与迫切。这不仅是世界现代化进程的一般要求,而且是中国现代化进程的特殊要求,因为,同其他一些民族相比,中国具有十分庞大的日常生活领域和过分沉重的日常生活结构,这就使得中国的日常生活批判重建、传统文化的转型、人自身的现代化异常艰难。

我们之所以把现代化进程中的日常生活批判称作深层文化启蒙,主要有两方面理由:第一,在中国民众的个人生活和社会运行中无所不在的、强有力的、沉重的、自在自发的传统日常生活结构和图式,最集中、最直接、最全面地体现出中国传统自然主义和经验主义文化顽固的超稳定结构的本质特征,对于这一结构和图式的改造、超越、批判和重建能够实质性地触动和动摇传统文化的根基,为传统文化的真实转型奠定基础,而不会使文化启蒙再流于表面化和形式化;第二,以日常生活批判和重建为内涵的文化启蒙能够较好地解决我们在本书导言和其他地方反复强调的一点:促使精英文化与大众的市民文化或公民文化的会面和整合。这是一种真正回归现实生活世界的文化启蒙与文化批判,它不会再像表层文化启蒙那样停留于新文化精神的一般呼吁或自我批判上,不会再对漠然的民众之自在的文化模式束手无策,因为,这种新的深层的文化启蒙,不再是一般地从生活世界之外灌输某种现成的文化价值观念或文化精神,而是立足于生活世界内在的某些根本性变化,从而把文化启蒙的过程当作一种新的文化模式,通过精英文化精神与市民文化要素的整合而从现实生活世界的根基上逐步生成的过程。

应当看到,就中国目前的现代化进程的推进情况而言,以日常生活的批判重建为基本内涵的深层文化启蒙不仅具有必要性,而且在中国目前的历史条件下已经具有现实可能性。这是因为,五四时期和80年代的人文知识分子面对的是有限的、表层的现代化和未被触动的日常生活世界,而从90年代起人文知识分子则面对着以市场经济建构为内涵的彻底的、深层的现代化和已经开始松动的日常生活世界。对此我们可以稍作具体分析。

如前所述,在以自然经济为基础的农业文明条件下,普通民众主要停留于自在自发的日常生活层面,并没有形成相对独立和自律的大众文化或自觉的市民文化(公民文化),只有少数知识精英作为普通民众的“立言人”和

"代言人"把一种自觉的精英文化从外部加之于普通民众的生活世界。在计划经济体制下,有着类似的情形。社会各个阶层被一种统一的文化精神支配,社会的主流意识形态通过政治宣传和哲学等人文知识分子的精英话语阐释而转化为全社会普遍齐一的大众话语和文化,从而控制着大众的主导价值取向,而大众没有自己独立的和自觉的文化,主要是接受外在的自觉的精神文化。人文知识分子作为普通民众的"代言人"处于社会文化结构的中心地带。"五四"运动和80年代由于中国社会是在继续维持原有的自然经济和计划经济基础的前提下从事现代化,因此,大众的日常生活世界和传统文化模式基本上没被触动。在这种情况下,人文知识分子依旧以普通民众的"代言人"的身份出现,企图把一种新的文化精神外在地灌输给依旧生活在传统日常生活世界之中的普通民众,这种文化启蒙难免要受到传统日常生活结构的拒斥,从而流于表面化和形式化。

而现代市场经济的建构正在从根本上触动和改变上述社会文化结构。一方面,今天社会意识形态的聚焦点不再是政治斗争和思想斗争,而是科学技术和经济的发展,它给哲学理论研究和大众生活以前所未有的自由度和宽容度。多元的经济利益、多元的需求、多元的生存样法、多元的价值观念不再被限制与禁止,而是被默许、宽容,甚至被鼓励。另一方面,作为现代工业文明立根基础的市场经济本质上是一种"主体经济",在发达工业文明条件下,社会活动主体开始超越经验主义和自然主义的活动方式,通过接受新的生活方式以及伴随这种新的生活方式的现代技术理性和人本精神因素,而正在开始由自在自发走向自由自觉。在这一转变过程中,以现代实业家为主体,正在开始逐步形成相对自律和自觉的市民阶层(或公民阶层)。他们不再满足于作为精英文化的被动的听众和受众,而是开始形成自己本身的自觉的文化精神,即市民文化或公民文化。在新的经济体制、新的生存样法、新的文化精神的冲击下,普通民众的传统日常生活结构在根基上开始松动,在普通民众中,正在萌生走出传统日常生活世界,投身充满竞争充满创造机遇的非日常世界的冲动,同时,大众层面的文化精神和话语不再直接为意识形态所左右,它开始在消费文化、通俗文化的导引下相对独立地、自律地、多元地流动。

显而易见,传统日常生活结构的松动和社会文化结构的改变为今日人文知识分子的深层文化启蒙提供了现实可能性。质言之,我们所倡导的以市场经济建构为背景的深层文化启蒙是以传统日常生活的批判重建为基本内涵,以精英文化和市民文化的整合和现代化的主导性文化精神的生成为目标。具体说来,深层文化启蒙倡导人文知识分子向生活世界的回归和对传统日常生活的批判;进而通过精英文化与市民文化的对接与整合而促使以人之主体性为内涵的现代化的人文精神在普通民众的生活世界中得以生成。我们可以把这一深层文化启蒙的任务简单地划分为两个方面:

首先,哲学等人文学科要为精英文化和市民文化的整合做前提性工作,这就是对彼此冲突的各种精英文化精神进行梳理与整合。在中国目前所处的历史时期,这一文化整合要坚持类价值尺度和历史价值尺度的统一,但其主导目标是以技术理性和人本精神为内涵的现代化的文化精神在中国社会转型时期的真正确立。具体说来,一方面,处于正在生成的世界历史进程之中,面对各种文化精神在现代化进程中的碰撞,我们的确可以进行一种知识整合或文化整合工作,从而建构起充分体现人的类本质和类价值的、具有世界历史意义的理论形态。但是,另一方面,建立市场经济体制,使我国迅速由农业文明向工业文明过渡的紧迫历史任务又不允许我们超脱历史进程,去单纯从事一般的人类知识的综合活动,不允许我们对各种有影响的文化精神给予同等的、无区别的地位。例如,尽管技术理性和人本精神的过分张扬可能带来异化的后果,但是,对于从传统农业文明向现代工业文明转换的中国人,这又是在目前应当占主导地位的文化精神;尽管儒家学说对于试图克服工业文明弊端的后现代文化具有启迪的意义,但是在目前我们则应当从总体上抑制它的作用,以免它的原始的"天人合一"文化精神阻碍科学技术和市场经济的发展。

其次,哲学等人文学科要从表层的、外在的文化启蒙转向生活世界内在的、深层的启蒙,从而促使精英文化与市民文化的交会与整合。对于中国这样的后发展国家而言,彼此分离的精英文化和市民文化,谁也无法单独建构起现代化进程所具有的内在文化精神。一方面,现代化历史进程的紧迫性不容许中国再用数百年时间去等待刚刚开始形成的市民文化自发地、缓慢地转化为以技术理性和人本精神为主要内涵的自觉的现代化人文精神;另一方面,从发达国家或世界历史进程中所借鉴的现成的现代化人文精神如果不同市民文化或大众文化相汇合,也只能是少数知识精英所倡导的封闭的人文精神,而不会成为中国民众普遍的行为模式。因此,哲学理性或精英文化应当向生活世界回归,当然,这并非要消解自身,像"新写实"小说那样简单地同生活世界的平面文化模式认同,而是要引导自觉的技术理性和人本精神向生活世界渗透,促使内在于普通民众中的各种具有现代主体特征的文化因素、价值观念和行为方式等因素走向自觉和觉醒。总体说来,我们应当以人类文化精神的演进为参照系,对中国社会转型时期的生活世界的结构图式、存在方式、活动主体的价值取向等作哲学的、社会学的、文化学的多维透视和实证性研究,从而把握并引导市民文化的生成与走向,促使现代精英文化和市民文化的对接、交会与整合,以形成中国现代化的主导性文化精神。

二 日常生活的批判与重建

日常生活批判是本世纪出现的文化哲学的新兴学科,它同技术理性批判、大众文化批判、意识形态批判等并列为不同类型的社会批判理论。胡塞尔、维特根斯坦、海德格尔、列菲伏尔、卢卡奇、赫勒、科西克等人从不同视角探讨了日常生活批判问题。这些理论与观点对于我们建构中国的日常生活批判理论具有重要参考价值,但是从理论范式、文化背景和价值取向上看,我们不能直接搬用这些理论。我们应当在中国社会由传统农业文明向现代工业文明的转型期,以中国的现代化进程为背景,构建我们的日常生活理论范式与日常生活批判和重建的实践模式。在我国,日常生活批判作为文化哲学的一个特殊领域是近 10 年才刚刚开始探讨和建立的哲学新生点[①],因此,它还处于起步阶段,在基本的范畴体系、逻辑结构、分支领域等方面还需要进一步建构。同时,由于日常生活批判涉及的内容很宽泛,我们在这里只能就我们的文化批判的主题从中截取部分内容。

我们在揭示中国传统文化模式的超稳定结构时,曾经简单介绍了传统日常生活结构的基本特征、日常生活的一般历史演变及中国传统日常生活结构与图式的基本特征,在这里,我们主要集中探讨日常生活批判的实践性课题,即日常生活批判与重建的实践含义,从而为中国现代化进程中的日常

---

① 参见衣俊卿:《现代化与日常生活批判》,黑龙江教育出版社 1994 年版;衣俊卿:《回归生活世界的文化哲学》,黑龙江人民出版社 2000 年版。

生活批判与重建提供一种可能的思路。

日常生活的批判和重建具有十分丰富和复杂的内涵,尤其在关于日常生活批判的价值取向上更是错综复杂。我们曾研究过胡塞尔、维特根斯坦、海德格尔、列菲伏尔、科西克和赫勒等著名思想家关于日常生活或生活世界的基本见解。① 应该看到,这些思想家都是本世纪很有影响的学者,而且他们的分布很具代表性,分别代表着现象学、语言哲学、存在主义、西方马克思主义和东欧新马克思主义。他们不约而同地从自己的研究领域转向或回归日常生活世界,的确反映了日常生活批判理论产生的必然性和重要性。但是,我们在阐述中也发现一个十分重要的问题:这些思想家并非在同样的含义上界定日常生活,他们对日常生活世界的价值态度也不尽相同。例如,胡塞尔和维特根斯坦把日常生活世界("生活世界"和"生活形式")当作一个自在的价值与意义世界而回归;海德格尔和列菲伏尔把日常生活世界视作一个全面异化的领域而加以批判;而科西克和赫勒则主要把日常生活世界当作一个自在的和未分化的对象化领域而加以超越。

为什么在这些思想家中间会出现如此重要的差异? 毫无疑问,这与每个人对日常生活的理论界定直接相关。但是,当我们参照一下前面关于原始日常生活、传统日常生活和现代日常生活的历史演进的分析,就会发现,根本的原因在于这些思想家是从不同的历史方位去把握和透视日常生活世界,因此会得出表面看来截然不同的结论。胡塞尔和维特根斯坦为了拯救处于深刻危机和异化之中的科学世界、技术世界、艺术世界等非日常生活领域,回归到没有受到科学技术和工业文明渗透的传统日常生活世界,从中挖掘价值和意义的源泉,试图为人重建意义世界和精神家园;海德格尔和列菲伏尔也面对一个异化的技术世界与科学世界,但他们更多地关注被工业文明所切割的现代日常生活世界自身的异化,以求从生活世界的根基上唤起人反抗异化的冲动;而科西克和赫勒似乎主要以前工业文明条件下的传统日常生活世界为模本,对自在的日常生活进行剖析,从而使人超越自在的日常存在状态,成为自由、创造性、人道化的个体,这是社会变革的微观基础。

上述分析,给我们提供了一个很深刻的启示:我们在对日常生活的结构

① 参见衣俊卿:《理性向生活世界的回归》,《中国社会科学》1994 年第 2 期。

图式和社会历史方位进行价值学阐释时,不能满足于对它们的积极的和消极的作用与功能的一般阐发,而应当在这种价值学的阐释当中,引进历史的维度。具体说来,当我们超历史地谈论人的存在领域时,我们得出的结论总具有正负两个方面。例如,从一个方面看,无论是政治、经济、社会化大生产、科学、技术、艺术、哲学等非日常活动领域,还是衣食住行、饮食男女等日常生活领域,都有自身不可替代的价值。而从另一个方面看,上述任何一个层面自身都不是完善和自足的,都有各自的局限性,都会在一定条件下成为束缚人的自由、阻碍人的发展的自在的或异化的力量。上述这种分析的确很全面,但是它并不能指导我们在具体的历史条件下具体地把握日常生活和非日常生活领域的作用。而实际上,在不同的历史条件下或不同的文明阶段,日常生活和非日常生活领域的不同作用与功能往往有不同的展现,或者被自觉不自觉地强化。

因此,我们并不是在任何历史条件下都能谈论同一内涵的日常生活变革与重建。为了搞清我们在特定历史方位所应持有的立场和态度,我们应当从日常生活世界和非日常生活世界的关联的角度把握它们各自的功能。一般说来,日常生活世界和非日常生活世界的整合构成了人类社会的全部结构。从迄今人类历史发展的经验教训和人类的理想追求入手,我们可以确立日常生活世界和非日常生活世界的三种关联模式。

第一种模式:过分强大的日常生活结构和相对不发达的社会生活和精神生产。

在这种模式中,人们主要生活在一种与周围世界的天然的、自在的关联之中,人可以在这种相对封闭和熟悉的空间中获得生存的不言自明的根据和自在的意义。但是,这种社会运行模式也有很大的消极保守的功能。社会大多数人沉溺于日常生计,只有少数人进入非日常生活领域。而且,日常生活的图式和方式还常常侵蚀一般社会活动和自觉的精神生产领域。因此,这种社会往往以"过去"为定向,其各方面的发展速度相对迟缓。这往往是大多数以自然经济为基础的农业文明社会的写照。在这种情形下,社会发展的契机在于打破过分沉重的日常生活结构,使非日常的社会活动和精神生产领域得以拓宽与发展,西方业已完成的现代化就是如此。

第二种模式:过分发达的非日常生活世界和被切割得支离破碎的日常生活世界。

这是西方发达国家高度工业化之后出现的情形。政治、经济、科学、技术、文化的发达带来了社会各方面的高速发展和内在驱动力，但也带来了人的焦虑、孤独、空寂、无家可归的感觉，人置身于一个充满不确定性的、全面异化的机械世界和技术世界之中。而日常生活世界被切割并被压缩到背景世界之中，内在于生活世界的自在价值和意义世界也随之被埋葬了。这正是海德格尔和列菲伏尔把日常生活世界当作一个全面异化的领域加以批判的根据之所在，也是以胡塞尔和维特根斯坦为代表的生活于文化危机之中的西方人寻求回归生活世界、重建人类的精神家园和意义世界的原因之所在。

第三种模式：日常生活世界和非日常生活世界相互渗透、相互作用和协调同步发展的格局。

这种模式要求日常生活的结构和图式为一般社会活动和精神生产创造适宜的条件，而分离已久的科学、艺术、哲学等人类精神"重归故里"，向日常生活领域渗透。这样，非日常生活领域为人提供自由创造和竞争的空间，而日常生活世界则为人提供安全感和家园；每个人都既是日常生活主体，又是非日常生活主体，他能同科学、艺术、哲学等人类精神建立起自觉的关联，无论在日常生活中还是在非日常活动中都既能恰当地有限度地运用日常生活图式和重复性实践（思维），又能自觉地求助于创造性思维和创造性实践。显然，这是一种日常生活世界和非日常生活世界协调同步运演的理想模式。

不难看出，上述第一种模式反映的是农业文明条件下日常生活的社会历史方位和运演模式；第二种模式代表的是发达工业文明条件下日常生活的社会历史方位和运行机制；而第三种模式迄今为止还主要存在于理论家的构想中或存在于后工业文明的社会期待中。显而易见，无论我们如何探讨日常生活的机制和设计日常生活的变革，首先都必须确定我们自身的历史方位和时代性质，这样才能恰当地、准确地选择适合我们需要的社会运行模式，即日常生活世界与非日常生活世界的关联模式，才不会发生历史错位。

由此可见，我们不能泛泛地、不加限定地谈论日常生活的变革与重建。在当代世界历史进程中，至少在不同的地域正在自觉或不自觉地展开着两种性质的日常生活变革与重建：一是由前工业文明（农业文明）向工业文明过渡的社会中,超越传统日常生活的自在性质,使人由自在自发的日常生活主体向自由自觉的非日常生活主体转换的变革进程;二是高度发达的工业文明或按流行说法的"后工业文明"社会中,扬弃现代日常生活的异化性质,重建人类的精神家园和意义世界的变革进程。显而易见,传统日常生活的变革与重建同现代日常生活的变革与重建无论在历史尺度上还是在性质上都有质的差别。

就我们以中国的现代化为背景的文化启蒙和文化批判的主题而言,我们的兴趣中心在于前一种意义上的日常生活批判与重建,即现代化进程中传统日常生活的批判与重建。它是由农业文明向工业文明转型的现代化所必不可少的内涵,因而对于中国等不发达国家的现代化进程具有十分重要的意义。因此,在对于日常生活的变革与重建作出一般的价值学分析之后,有必要专门探讨一下我们所关心的特定历史意义上的日常生活批判,即现代化背景下的日常生活变革。对这一问题的探讨,我们先要作出两点限定。

首先,毫无疑问,对于任何性质的日常生活的变革与重建来说,最理想的目标都是建立日常生活世界与非日常生活世界相互渗透、相互作用和协调同步发展的人类社会或人的生活世界。但是,必须看到,这样一种格局是一种理想意义上的模式,它不可能超历史地、一蹴而就、一劳永逸地实现,任何时候都不会作为一种给定的状态而存在,而只能作为一个开放的、动态的进程而生成与展开。因此,它只能是我们的日常生活变革与重建的总体的、笼统的大目标,而现代化背景下的传统日常生活的变革与重建应当设定自己的具体目标,这就是要打破强大的自在的日常生活结构对个体发展的束缚,以及对非日常生活世界发展的桎梏。只有打破、切割了传统日常生活结构的这种专制统治后,才可以考虑建立日常生活世界和非日常生活世界的新的关联模式。

其次,打破强大的和自在的日常生活结构,把人们从熟悉的日常生活世界逐出,抛入充满竞争和充满不确定性的非日常生活世界,对传统日常生活的这种变革与重建在促进非日常生活世界的发达和社会的现代化的同时,会在一定程度上带来一些消极后果,导致日常生活世界的某种程度的异化。例如,西方发达国家的传统日常生活变革基本上是在商品经济、技术理性和人本精神的自发冲击下自发地完成的。它在积极地促使西方社会完成由传统向现代化的嬗变的同时,也带来一定的消极后果,人与人的异化,人与文明的异化，传统日常生活的熟悉感和完全感的失落，自在的价值和意义世界的破碎，现代人精神上的"无家可归"或"不在家"等。然而，这些消极后果不应成为我们进行传统日常生活变革的阻碍。在某种意义上说，我们别无选择，我们无法设计一个纯粹理想的历史进程，无法把传统日常生活变革的积极内涵与消极作用截然分开，也不可能绕开日常生活的变革与重建而去完成人自身的现代化。现实就是如此，历史进程总是一个异质的进程，有时正义的事业甚至要通过恶的力量去开辟道路。因此，对于处于前工业文明时代的传统社会，只有义无反顾地选择日常生活变革与重建之路，才可能汇入现代化的世界历史进程之中。我们所能做的，只是参照世界现代化进程和日常生活批判重建的成功与失败的经验教训，增强我们的日常生活变革的自觉性，而尽可能减少这一变革所带来的消极后果。

在作了上述限定之后，我们有必要揭示一下传统日常生活变革与重建的基本内涵。我们可以从两层含义上理解这一变革的含义。第一层含义，日常生活变革的宗旨绝非根本超越或彻底抛弃日常生活。如前所述，只要人类存在，作为个体再生产的日常生活以及日常重复性实践所带来的最大经济化结果就是不可或缺的。日常生活变革的目的只是打破传统社会中日常生活结构和图式的专制统治地位，从而使自然主义和经验主义的社会关系和结构逐步为合理的和合乎人的发展需要的、真正属人的和自觉的关系所取代，并且对传统日常生活进行重建，使之从一个纯粹自在和封闭的王国逐步走向自觉、自为与开放。第二层含义，日常生活变革的深层内蕴是使传统的日常生活主体走出封闭的日常生活世界，在开放的和创造性的非日常生活空间中成为自由自觉的非日常生活主体。在这里，对于"走出日常生活世界"不应作表面的理解，这并非主张每个人都成为政治家、科学家、工程师、艺术家、哲学家等等，而是要改变人终生被封闭在狭窄的直接共同体（日常生活）阈限之内的状况，使个体由自在和自发状态进入自为和自觉状态，不断增强主体的自我意识、批判意识和社会参与意识。这样一来，自觉的精神生产和有组织的社会活动所构成的非日常生活领域不再是少数人的特权。每个人都既是日常生活主体，又是非日常生活主体，由此，个体无论在日常生活中还是在非日常生活中都既能恰当地和有限度地运用日常重复性实践的经验化图式和经济化效果，又能自觉求助于创造性思维和创造性实践。这也正是人自身现代化的基本内涵。

当我们对现代化背景中的日常生活变革和重建作了具体限定,并进而揭示了这一变革的实质和基本含义之后,必然要提出一个十分重要的问题:应当采取什么途径使传统人走出日常生活世界,转换为自由自觉的非日常生活主体? 换言之,需要具备什么样的基本条件才能完成传统日常生活的变革与重建,才能实现人自身的现代化? 显而易见,这是一个十分复杂的问题。根据中外现代化的历史经验,我们可以从以下几个基本方面构想传统日常生活在现代化进程中的变革和重建。

第一,日常生活的变革与重建需要一次深刻的社会重组。如前所述,在传统农业文明条件下,绝大多数人生活于封闭的日常生活世界之中,依靠传统、习俗、经验、情感、血缘等组成的天然关联而自发地生存,同时,相对不发达的传统非日常社会结构也服从于血缘宗法关系为基础的建构原则。血缘、出身、门第等自然关系把人终身固定在某一位置,从而使社会失去活力。要打破传统日常生活结构的自在的统治,就必须用商品经济条件下的深刻的社会重组来斩断这种天然的关系或自然宗法关系。所谓社会重组是指社会的职业分工体系、人才流动和管理体系、每个人的职位和社会地位、晋升渠道、人与人之间的权利义务关系等方面的根本性调整、改变和重新组合。现代商品经济要求打破传统农民对土地的依赖和人身依附,斩断充斥社会各个领域的自然宗法关系,使人们走出封闭的日常生活世界,所有人都站在同一起跑线上,根据自己的后天才能而不是先天出身,自由转让自己的劳动力,在一个充满竞争又充满创造性的开放空间中用自己的创造性活动来确定自己的地位,重新组合人与人之间的权利义务关系。

第二,传统日常生活变革与重建要求用技术理性和人本精神塑造现代主体。这是深层次的、微观的变化,是人自身现代化的内核,社会的教育、文化、理论应当形成一种自觉的运行机制,引导自觉的类本质知识向日常生活领域渗透,用科学、艺术和哲学等精神生产领域的积极成果(现代知识和思维方式)来改造传统的日常生活主体,使个体不再满足于自在的"是什么",而能以"为什么"和"应如何"的自觉态度来对待生存。在这些类本质知识中,最为本质的是技术理性和人本精神。以飞速发展的科学技术为依托的科学思维和技术理性强调以不断更新的现代知识和信息作为行为决策的依据,强调行为目标的合理性和行为过程以及行为结果的可预测性和可精确计算性。以技术理性为基本素质的现代主体所创造的成就是传统社会中以经验、常识、习惯为活动图式的日常主体所根本无法比拟的。而体现在现代艺术和哲学中的人本精神强调人的主体意识、参与意识和创造性，它以人的自由和全面发展作为人的活动的目的和历史进步的尺度，从而赋予人的活动以自觉的价值内涵。虽然技术理性和人本精神都有各自不可超越的极限或局限，而且在特定条件下，二者之间会形成某种张力，但是它们却是非日常的现代主体所必不可少的内在素质。

第三，传统日常生活的变革与重建要求在非日常活动领域中确立起超日常生活的社会运行机制。这就是说，要剔除传统社会的非日常社会活动领域中的血缘、宗法、经验等自然原则或自在原则，确立起理性的、民主的、法制的、人道的、契约的非日常的社会运行机制，避免传统日常生活结构和图式对政治、经济、经营管理、社会化大生产、公共事务、科学、技术、艺术、哲学等非日常的社会活动领域的侵蚀，使每一个活动者在这些领域中能真正以现代超日常生活的姿态，即自由自觉和创造性的方式来进行非日常的活动。例如，从体制上鼓励和培养生产者的参与意识和首创精神，培养管理者的现代科学知识和理性精神，推进政治民主化进程等等。

我曾这样提炼和概括日常生活批判的基本思想：以衣食住行、饮食男女、婚丧嫁娶、礼尚往来等日常消费活动、交往活动和观念活动构成的日常生活世界，是一个凭借给定的归类模式和重复性思维以及血缘、天然情感、经验常识、传统习俗等加以维系的自在的、未分化的、近乎于自然的领域，它直接塑造了自在自发的活动主体。这种自发的日常主体是农业文明条件下的典型的活动主体，它与工业文明条件下以技术理性和人本精神为基本素质的自由自觉的和创造性的非日常活动主体格格不入。因此，对于一个民族而言，要实现文化的转型和人自身的现代化，必须经历日常生活世界的批判重建过程，使人超越传统日常生活结构和图式对人的创造活动的束缚，由自在自发的日常生存状态向自由自觉的非日常存在状态跃升。这是日常生活批判的宗旨，也是现代化进程重要的内在机制。在某种意义上，就由传统农业文明向现代工业文明过渡的现代化进程中的文化转型而言，我们可以提出一个比较粗糙的公式：人自身的现代化 ＝ 传统自然主义和经验主义文化模式的转型 ＝ 传统日常生活的批判与重建。

三　中国传统日常生活批判与重建的基本思路

如前所述,同已经完成现代化的西方发达国家相比,中国传统日常生活结构和图式异乎寻常地沉重,在某种意义上,我们可以断言,中国社会是一个巨大的日常生活世界。在这种意义上,要推进中国传统日常生活的结构和图式在实践意义上的现代化转型,必须付出特殊的努力,确定特殊的行之有效的方式和途径。

应当指出,进行中国传统日常生活的变革与重建,决不仅仅是我们基于理性沉思而生成的主观愿望问题,而是在正在展开的现代化进程中已经悄悄地开始的社会变化。在势不可挡的市场经济大潮的背后,我们已经可以看到深层次的、微观的社会变动。这就是,传统日常生活的沉重结构正在悄悄松动,在千百万普通人中间正在悄悄地萌生走出日常生活世界、超越传统日常生活图式的历史冲动。我们的理论批判的功能就在于使这一已经开始的历史进程由潜在走向公开、由自发走向自觉,通过深层次的文化启蒙使千百万普通人明白他们正在经历的内在变化,使他们在走向现代化的进程中更加自觉。

在这里,我们不可能详尽构想和描述中国传统日常生活变革与重建的详细的和具体的内涵,而只能勾画其主要之点。这一变革和重建从总体上是要打破传统社会中日常生活结构和图式的专制统治,从而使自然主义和经验主义的社会关系和结构逐步为合乎理性的和合乎人的发展需要的、真正属人的社会关系所取代,使日常生活从纯粹自在和封闭的王国逐步走向自觉和自为,向以科学理性和人本精神为核心的现代文明世界开放,从而使日常生活世界和非日常生活世界相互渗透、相互作用、协调同步发展。在这里,自觉的精神生产和社会活动领域为人提供自由创造和竞争的空间,而合理的日常生活世界则为人提供安全感和家园;每个人都既是日常生活主体,又是非日常生活主体,他能同科学、艺术、哲学等人类精神建立起自觉的关联,无论在日常生活中还是在非日常活动中都既能恰当地有限度地运用日常生活图式和重复性思维,又能自觉地求助于创造性思维和创造性实践。这样一来,日常生活就会从传统自在的文化的保守寓所转变为现代理性化和人道化社会的有机组成部分。具体说,我们应当从三个基本层面建立中国传统日常生活的变革与重建的机制。

（一）建立理性和人本的新文化精神对民众的普遍启蒙机制

对于传统日常生活结构和图式的改造，即对传统文化模式的超越，着眼点应当落在民众内在的理性的、创造性的文化素质的培养。这一新文化精神的启蒙具有可操作的实践机制，即通过"二位一体"的文化启蒙和现代教育事业，用科学技术理性和人本精神重塑中国人，使中国人由传统走向现代，由自在自发走向自由自觉。

如前所述，传统中国人同自然未分化的存在状态与传统中国文化中根深蒂固的"天人合一"的文化心态，塑造出中国人普遍的整体主义、经验主义、直觉主义的行为方式。无论在日常生活中还是在非日常活动中，中国人都习惯于对整体的直觉的把握和经验的体认，既没有培养起对事物内在结构的精密的理性分析与解析的能力，也没有形成关于自己的主体性和个体性的自我意识。要建立起发达的市场经济和开放的非日常生活世界，就必须求助于工业文明的两大支柱精神：体现在科学、技术发展中的科学思维、技术理性、分析精神与体现在现代艺术和哲学中的主体意识、批判意识、参与精神。这是工业文明条件下自由自觉的现代主体不可或缺的本质素质。

用现代技术理性和人本精神塑造现代人，改造传统的日常生活图式，必须经过文化启蒙。但是，如前所述，如果我们的哲学和社会科学理论工作停留于一般地呼吁现代工业文明的技术理性和人本精神，那还只停留在表层的文化启蒙上，只能对少数知识精英和政治精英起作用，还会重走文化激进主义表层文化启蒙的旧路。我们现在需要理论工作和教育工作自觉地把这种以技术理性和人本精神为内涵的文化启蒙同现代化的教育事业相结合，使文化启蒙与现代教育"二位一体"。现代教育具有双重功能，一是传授知识，二是培养现代活动主体的基本素质和能力，它不仅可以向学生和受教育者传授现代科学技术所提供的实证知识和具体技能，而且可以引导现代自然科学和人文科学的积极的、自觉的精神成果向日常生活领域渗透，从而培养起学生和受教育者的理性精神、分析精神、主体意识和创造精神。这种寓于教育之中的文化启蒙使人内在地建立起现代的价值取向，使人不再满足于自在的"是什么"，而能超越传统日常生活的自在性和自发性，以"为什么"和"应如何"的自觉态度来对待生存。纵观现代发达的工业国家，在它们成功的现代化进程中,教育都起到十分重要的、不可或缺的作用,如日本的明治维新。

在这方面,必须承认,中国目前的初等教育和高等教育同现代化进程对人才素质的要求相差甚远。虽然全社会都已经普遍意识到改革中国现行教育体制、全面实施素质教育的极端必要性,但是,无论在中小学教育中,还是在高等教育中,素质教育大多止于一种口号。这种教育状况本身就与中国传统文化观念和教育观念有着本质的联系,它反过来又成为中国传统文化转型的极大的阻碍和羁绊。就目前的发展情况来看,制约素质教育的深层原因主要有两方面;一是教育体制和教育规模;二是教育观念和教育思想。

我们发现,从小学直到大学,应试教育似乎成为中国教育的顽症,其根本原因之一是现有教育体制的规模过小,尤其是高等教育规模偏小,它取消了教育的启蒙功能,把高等教育纯粹当作传授现成知识和具体技能的岗位培训。因此,中小学生的素质教育难实现,问题出在高等教育的规模上。在传统计划经济体制下,国家是按计划培养少数精英人才的,主要培养掌握一定数量现成的专业知识的"螺丝钉式"的"对口人才"。如果培养得太多了,分配就成了问题。这种观念制约了高等教育规模的扩大。而高等教育的规模已经成为世界公认的衡量各种现代化的基本标准之一,因为现代高等教育主要目的不是培养少数具有特殊知识结构的精英,而是为现代人铺垫基本的素质,是现代主体摆脱自然的和经验的状态,进入理性和自觉的存在状态,"长入"社会的一种越来越必要的准备。因此,原则上讲,每个人都应该有接受高等教育的机会。当然,具体教育形式可以多样化,既可以是四年制的教育,也可以是三年制的技能性的教育,等等。我国在这方面不仅同发达国家相比有巨大的差距,而且远远落后于发展中国家的平均水平。如前所述,目前,国际上关于大学生占 20—24 岁年龄人口比重的现代化标准为12.5%,世界 120 个国家的平均水平为 18%,而我国只达到 4%。另外,按照国际通行的标准,高等教育的毛入学率在 15% 以下,是精英教育;15%—50% 则属于大众化教育;50% 以上是普及性教育。目前中国仅为 10%,低于发展中国家的水平。而美国达到 80% 左右。如果我国的高等教育能达到大众化或普及性教育的水平,那么考大学的压力就减小了,中小学生的应试教育也就会根本改变。这种体制问题不解决,让中小学生减负是不彻底的。我认为,1999 年高等教育的改革是革命性的。它提出了大众化的高等教育改革观,把素质教育与就业脱钩,这将为我国各层次的素质教育奠定必备的基础。

制约素质教育的另外一个根本性因素是中国传统自然主义和经验主义的文化模式和文化观念对于教育事业的消极影响。如我们反复强调的那样,中国传统文化,特别是儒道思想,本质上是自然主义和经验主义,强调天人合一,缺乏创新精神,其行为模式基本上是经验模仿。这种传统文化也体现在我们的教育中。从小学开始,我们的教学就很刻板,搞"满堂灌",缺少趣味,缺少启发,只强调背书,不培养孩子的动手能力,不培养孩子的创造性。留美博士黄全愈先生在他的《素质教育在美国》一书中曾提出"创造性"能不能教的问题。作者的结论是,创造性不是教的,而是培养的,他举了一个画画的例子,中国的绘画老师往往按着绘画专业的要求教孩子绘画技能,中国的孩子往往注重 copy,即复制与模仿,他会问:"我的画画得**像不像**?"美国的绘画老师则喜欢启发孩子按自己的想象随心所欲地、快乐地画,美国的孩子喜欢问:"我的画画得**好不好**?"他提出的另外一个重要问题是孩子能不能搞研究。中国人往往认为,搞研究是大人的事情;而美国人则鼓励从小搞研究,培养个性。① 正是这种传统文化影响了我们的教学思想,影响了教师、学生,使我们的教育仍然停留在纯粹传授知识的层面上。这种状况一直延续到我们的高等教育:按计划经济原则设定的学年制、同样长度的学制、完全齐一的课程内容、同样规格的知识结构、呆板不变的授课方式、缺乏新意的授课内容、会看不会说的外语教学,等等,此类应试教育的现象相当普遍地存在于我们的高等学校之中。

因此,我们应当给予素质教育以更大的关注。首先应当加强对素质教育的新文化观念的培养。人们曾从不同角度揭示素质的丰富内涵,给素质教育下了不少定义。我想,需要明确的是,素质教育同传统应试教育的差别不在于是否进行知识教育,实际上,在这一点上,二者是共同的,因为教育的本质就是传授知识。问题在于,应试教育把所传授的知识当成现成的、给定的东西,当作学生一旦熟记,就可以在未来人生中应付各种工作和生活的工具。而素质教育从一个前提出发,即随着科学和社会的飞速发展,尤其在信

---

① 参见黄全愈:《素质教育在美国》,广东教育出版社 1999 年版。

息时代,任何给定的知识都注定是不完备的。因此,教育传授知识的目的不是让学生简单地记忆现成的东西,而是通过现有知识的启蒙,一方面,使学生从原有的自然状态提升到理性的存在状态,形成合理的知识结构和"自学习"的能力与习惯,另一方面,则是形成一种自觉的创造力或创新能力,而这是现代人和现代社会的本质特征。

在这种意义上,我们需要特别强调的是,在实施素质教育的实践中,要特别防止表面化和形式化的问题。很多中小学把素质教育等同于"减负",顶多把素质教育理解为给学生开设一点美术课等,一些高等学校也只是把素质教育理解为给学生开设一些讲座,增加一些活动。问题在于,"减负"只是素质教育的前提,"减负"之后做什么? 更为重要的问题在于,素质教育主要地不是在知识教育之外所增设的一点内容,而在于知识教育本身,在于从根本上改革现有的教学观念、教学内容、教学方法、教学管理模式、学制设置原则,等等。因此,各级教育部门和教育机构以及全社会都要把素质教育当作一个长期的、艰巨的系统工程来推进。无论是中小学,还是高等学校,在素质教育方面都有一些共性的东西,一些基本的东西。比如,素质教育首先要求更新教育观念,我们必须根据新时期对人才的创新能力的要求,重新确立我们的教学质量标准,它应当是针对不同学生、不同培养规格的多元化的体系,山东桓台县实验小学在实施素质教育时提出"让每一个孩子都抬起头来,进步就是 100 分",就是一种新的教育质量观①;素质教育不能"教",而只能培养,因此,教育的本质应当是愉快的,学校的体育教学应当摆脱竞技体育的束缚,体现快乐原则,同样,学校的课堂知识教育也应当从内容到方法都体现出愉快的特征,体现出学生的自主自愿的参与;素质教育必须重视校长、教师、教材、实验手段等因素的改革,目前,我国的各级学校,在校长的办学理念、教师自身的知识结构和创新能力、教学内容的更新、实验手段的现代化等各个主要教学环节上,同素质教育的要求相比还相差甚远;素质教育还要求一种配套的教学管理体制,从学制、内容、培养规格、发展途径等方面为学生的个性化的发展开辟空间。

而在高等教育中,实施素质教育的关键是全面树立素质教育观,把人才

---

① 参见桂杰、张双武:《让每一个孩子都抬起头来》,载《中国青年报》2000 年 4 月 25 日。

培养规模和教育教学质量作为高等学校的生命线和发展的根基。首先,在高等教育的发展规模方面,要确立大众教育观。以中国高等教育的发展规模与人才就业市场的规模相冲突为理由,而反对高等教育的大规模发展,是没有道理的。如果我们把高等教育作为一种产业,同时作为全民素质提高的根本途径而不只是就业的手段,那么,高等教育的大发展就不应再成为争论的问题。其次,素质教育的教育质量观不同于传统高等教育的教育质量观,它不再满足于把给定的知识灌输给特定的专门人才和"对口式的人才",而是强调知识传授过程中学习主体内在素质和创新能力的培养。高等学校的人才培养模式在很大程度上受学校的教学管理模式和管理体制制约,因此,要改变学校的人才培养模式,首先应当从改革学校的教学管理模式和管理体制入手。可以肯定地说,现行的学年制是适应传统计划经济体制的教学管理模式,它主要培养掌握一定数量的现成的专业知识的"螺丝钉式""对口人才";而学分制是适应现代市场经济的教学管理模式,它致力于培养具有自觉的主体意识的、高素质的"适应型的"创新人才和复合型人才。可以断言,不实行学分制的教学管理模式,所谓素质教育只能是零散的、表层的,只有学分制才能从根本上和体制上确立起素质教育的人才培养模式。应当在学分制的弹性学制、主辅修制、选课制、课型制等机制的框架内,辅之以现代信息技术和现代化教学手段,推进教学内容、教学方法和人才培养模式的改变,贯彻文理渗透、理工结合的复合性原则,贯彻以自主的读书能力、动手能力、技术设计能力、科研能力等为主要内涵的创新性原则,贯彻知识结构和培养规格的个性化原则,等等。

总之,现代素质教育的全面和深刻的实施将成为我们改造传统日常生活的结构和图式,推动中国传统文化模式向理性的、人本的现代文化模式转型的主要途径。

(二) 建立民主化和理性化社会体制对民众的普遍制约机制

注重社会运行体制的民主化、理性化和法制化进程,建构起非日常活动领域中的超日常的社会运行机制,以遏止日常生活结构和图式对非日常活动领域的侵蚀,为自由自觉的非日常主体的生成提供适宜的条件,这是传统日常生活结构和图式的变革与重建或者说传统文化转型的重要途径之一。

如前所述,传统日常生活的变革与重建必须剔除传统非日常社会活动领域中的血缘、宗法、经验等自然关系和自在原则,确立起理性的、民主的、法制的、人道的、契约的非日常社会运行机制,避免传统日常生活结构和图式对政治、经济、经营管理、社会化大生产、科学、技术、艺术、哲学等非日常的社会活动领域的侵蚀。实际上,社会体制的民主化理性化与人的个性化,或者说社会层面的现代化与个体层面,即人自身的现代化是同一进程互不可分、互为因果的两个方面。传统日常生活的变革与重建可以为现代商品经济和工业文明条件下的非日常的社会活动领域提供必需的自由自觉的非日常主体和内在的理性化民主化的运行机制;而非日常的社会活动领域的民主化、法制化和理性化又为自由自觉的非日常主体的生成和活动提供了必要的条件。两个方面的协调同步发展,是现代化获得成功的前提条件。

从这样的视角出发,我们在现代市场经济体制建构过程中,不仅要注意从西方发达国家引进现成的技术和经济体制,而且要认真借鉴发达国家的理性化民主化的现代企业制度和现代社会内在运行机制。这一实践的目标是逐步从体制上确立起超日常生活的企业管理机制和社会运行机制,剔除生产经营和社会管理中的宗法伦理关系和自然血缘关系,避免传统日常生活的自然主义和伦理中心主义的结构和图式对政治、经济、经营管理、社会化大生产等有组织的社会活动的侵蚀,代之以理性化、法制化和民主化的企业和社会运行机制。在这方面,有许多事情要做。例如,确立企业内部的科学管理体制,使企业生产和市场流通遵从精于计算预测的技术理性和分析精神,提高社会政治管理体制的民主化程度,等等。从这个意义上说,不但传统宗法社会的手工作坊式的企业和计划经济体制中缺乏活力的企业无法直接进入现代化生产的格局之中,即使东亚地区以儒家文化为背景的、业已获得成功的"人治式"的家族企业,从长远看,也会被现代"法治式"的企业所取代。近几年,亚洲一些发达国家和地区出现了家族势力逐步淡出一些大企业的日常经营的趋势,决不是偶然的事件,而是有着深刻文化内蕴和历史意义的事情。此外,近几年,我国干部任用过程中的考试制度、公开选拔制度、选举制度,人才市场的建立所导致的人才流动、高知识化和高科技化的人才就业取向等等,都是社会层面现代化和人自身的现代化同步发展的重要趋势。非日常的、理性化的、法制化的、民主化的企业和社会运行机制将从外部极大地削弱保守的日常生活结构和图式,确保人在非日常活动中以自由自觉的非日常活动方式进行劳作,确保理性的、民主的、契约的文化精神内化为现代社会的内在运行机理。

(三) 建立现代化、城市化的生活方式对民众的普遍教化机制

除了通过素质教育的普及化和社会运行机制的理性化民主化来改造传统日常生活方式，即改造传统自然主义和经验主义文化模式以外，对于普通民众的文化启蒙和价值重塑还必须在基本的日常生活方式和社会存在方式的层面上下工夫，要通过价值的重新评估和深刻的社会重组使普通民众积极地接受开放的、现代化的、城市化的新生存方式所内含的非日常价值观念和新文化精神，拥抱工业文明条件下自由自觉的、积极进取的生存方式。

如前所述，单纯呼吁新思想、新观念的文化启蒙只能影响少数知识精英和政治精英，而对大多数停留在生存的日常状态中的普通民众往往收效甚微。从根本上讲，要触动和改造大多数普通民众的日常生存状态，主要不是依靠思想上和理论上的启蒙与教诲，而是要依赖一种符合现代工业文明的全新的生存方式和活动模式对传统日常生活结构的直接冲击。在中国目前的发展阶段上，必须重新评估传统的价值观念，从根本上抛弃儒家的消极的义利观，抛弃片面的集体主义和整体主义的伦理观念和价值取向，积极认可与鼓励以追寻利益的理性、目的性、竞争、参与为特征的现代生活方式和价值观念对传统农业文明封闭的日常生活方式的打击与破坏。

显而易见，对新的价值观念的认同和对新的生存方式的接受都不是一个纯粹的观念问题，而是一个现实的进程。中国漫长的农业文明的自然主义和经验主义文化模式之所以有如此强的生命力，除了我们所分析的文化内在的超稳定结构之外，很重要的原因是中国传统的乡里制度、户籍制度和宗法血缘关系把传统农民紧紧地束缚在对土地的依赖和人身依附中。此后，虽然经过新民主主义革命和无产阶级革命的变革，各层面的体制发生了翻天覆地的变化，但是，计划经济体制下的严格的户籍制度、就业制度依旧以某种方式延续着传统的人对土地的自然依赖，以致到今天，在市场经济建构过程中，我们在发展乡镇企业时，还与世界现代化进程背道而驰地提出"离土不离乡""进厂不进城""乡村工业化和城市化"或发展星罗棋布的小城镇的思路。我们的城市化进程严重滞后，至今依旧是一个农业大国。众所周知，在现代化的各项量化指标中，城市化具有特殊的重要性，在美国现代化专家英克尔斯所提出的现代化的 10 项指标中，至少有 3 项属于城市化

的内容,即非农业产值占国民生产总值的比重、城市人口占总人口比重和非农业就业人口占就业人口的比重。而在这三项指标上,我国均低于现代化标准和世界 120 个国家的平均水平,其中有的还差距甚远,如非农业产值占国民生产总值的比重,现代化标准为 85% 以上,世界 120 个国家的平均水平为 95%,而我国为 82%;城市人口占总人口比重,现代化标准为 50% 以上,世界 120 个国家平均为 46%,而我国为 33%;非农业就业人口占就业人口比重,现代化标准为 70% 以上,世界 120 个国家平均水平为 56%,而我国仅为 47.8%。[①]

必须指出,城市化决不是现代化进程可有可无的内容,而是它的本质性的组成部分。著名经济学家刘易斯在发展经济学中提出了著名的"二元结构理论"。他认为,发展中国家存在着普遍的城乡二元结构及两个部门,即传统农业部门和现代工业部门。农业部门中有大量过剩的劳动力,边际生产率为零或负。整个社会有三条不同的收入线:农村中仅够维持生存(糊口)的劳动收入线、城市中转移劳动力的高于糊口和低于合理水平的劳动收入线、城市中原有市民的劳动收入线。他认为,在中间这条收入线上农业部门对工业有无限的劳动力供给,收入线之差所形成的超额利润的积累扩大工业持续吸收剩余劳动力的能力;到过剩劳动力被吸收完毕时,农业部门劳动生产率及报酬与工业部门持平,从而完成工业化和城市化。我们发现,刘易斯主要是在经济发展的层面上探讨消除城乡二元结构、实现城市化问题。实际上,城市化对于现代化的重要意义不局限于经济层面,它对于人的生存方式和文化模式的转型具有更为重要的意义和价值,因为城市化能从根本上斩断人对土地的自然依赖和消除自然关系对人的创造性的束缚,给人带来全新的开放式的、创新的、流动的、充满活力的生活方式,为理性的、自由的、创造性的文化模式的确立奠定坚实的基础。在这种意义上,传统日常生活的变革与重建需要一次以城市化为契机的深刻的社会重组,以斩断传统社会中的天然关系和宗法血缘关系,打破传统农民对土地的依赖和人身依附,从而使人走出封闭的日常生活世界,成为自由自觉的非日常主体。例如,应当改革我们的户籍管理制度、城市管理体制和人事管理体制,为自

[①]　郑林:《我国离现代化还有多远》,载《中国青年报》2000 年 3 月 31 日。

由的社会重组创造适宜的条件,运用各种手段把越来越多的人(尤其是农民)赶出他们世代熟悉的封闭的日常生活世界,使之进入充满竞争和富于创造性的现代非日常生活世界,让他们在现代工业文明和商品经济大潮的冲刷中拥抱一种新的、自觉的生存方式和文明价值。

从这样的角度看,我们对目前市场经济体制形成过程中的许多新现象将会有一种新的见解和评价。例如,人才的空前流动、大批农民离土进城打工与经商、第三产业蓬勃发展、知识分子纷纷下海、人们公开地或私下地从事第二职业等。这些现象曾引起许多社会学家的忧虑与困惑,实际上,这是现代化进程中社会重组的具体步骤,对于现代化进程具有十分重要的积极意义。尤其是农民的举动,更具有深远的历史含义:这是农民走出日常生活世界的历史举动。至于这些进城的农民最终是成为城市公民还是返回农村并不重要,他们在城市的夹缝中的经营成功与否也不是问题的关键。重要的是,通过这种人口流动,新的一代农民开始从实际生活中领悟到他们祖辈习以为常的"小国寡民""田园牧歌"般的日常生活世界的封闭性与狭隘性,认识到"再也不能那样过,再也不能那样活"。由此他们及其后代将以一种全然不同于传统日常生存方式的全新的姿态来支配生活。

显而易见,以日常生活批判和重建为表现形式的文化转型将成为中国现代化历史进程中的一次最深刻的变革。我在《现代化与日常生活批判》一书的结尾,曾经说了一段话:实在地讲,我们这些生活在当今时代的中国人,正处于传统农业文明和现代工业文明两个时代之间的裂谷中,正处于传统和现代的夹缝中。我们注定要承受大变革时代心灵震动所带来的痛苦与煎熬,我们命定要承受渴望自由与逃避自由的心理冲突。告别昨日封闭的但却熟悉的日常生活世界,投身于富有创造性但却充满竞争与不确定性的陌生的新世界;丢弃已经习以为常的自在自发的生存方式,拥抱自由自觉的创造性的生存方式——这会给我们带来自由、自觉、创造性,带来一片新天地;但也会使我们感到焦虑、恐惧,甚至走向异化。但是,我们别无选择,如果不愿成为新世纪中国现代化社会的局外人,那么我们每个人都不得不从生存方式上经历一次脱胎换骨式的痛苦嬗变。这是我们这一代人的宿命,正如婴儿不能因为光亮和声音的压迫而永远安卧在母亲的体内,也正如孩子不能因为征途的坎坷和外面世界的陌生而永远留在家中,留在父母的膝前。

或许,正是处于传统与现代的夹缝之中的这种痛苦境地造就了我们这一代特有的光荣,因为我们不但有缘从编年学上横跨两个千年,而且有幸在文明史上经历中华民族的两个时代:传统农业文明和现代工业文明。或许,正是我们这些跨世纪的中国人,将在已经莅临的新世纪中自觉地实现百年中国文化启蒙运动的伟大允诺,成为古老中华大地上不再昏昏欲睡、不再"清静无为"的现代主体。

第十五讲

全球化时代的新文化精神

　　行文至此,我们已经提供了一个相对完整的文化批判范例:一方面,我们以文化模式、文化危机和文化转型三个基本范畴揭示了人类社会运行和人类历史演化的内在的文化机制,其中,我们还特别突出从传统农业文明的自然主义和经验主义文化模式向现代工业文明的理性主义文化模式的文化转型的深刻历史内涵,以及新文化模式对于直到今天的现代社会发展和人类生存的重要意义;另一方面,我们依据上述理论模式,以中国的现代化为背景,从中国传统文化转型的迟滞、中国传统文化的超稳定结构、深层文化启蒙和日常生活批判与重建三个方面构造了中国传统文化转型的理论模式和实践思路。显而易见,我们在这里所建立的不是一种纯粹知识形态的文化哲学理论,不是对文化问题的一般性的理论阐发,而是对正处于变化和转型之中的中国文化和世界文化的一种现实的批判反思。具体说来,以过去一个多世纪中华民族的现代化求索为背景的文化转型,是一个开放的历史进程,至今还是一个变化不居、逐渐展开、逐步生成的过程,无论是传统文化的危机、传统文化的转型还是新文化精神的建构,都无法呈现出相对确定和稳定的状态,很多我们尝试着用特定的理论范畴加以描绘和再现的东西,很快又会处于新的变化之中。因此,我们这里所建立和提供的,与其说是一种关于现代文化的理论形态和知识体系,不如说是启迪人们走向文化自觉的现实文化批判。

　　需要进一步指出的是,我们正置身于其中的中华民族的文化转向和文化创新的历史进程,不仅是一个远未完结的开放的进程,而且越来越呈现出既丰富多彩又错综复杂的内涵。全球化和信息化时代的全面开启、中国对现代市场经济体制的选择与认同,从两个侧面给中国传统文化的转型和现代文化的建构带来多重影响。置身于全球化的世界格局之中,中国的市场经济建构和现代化进程与整个人类社会的各种发展进程不可分割地交织在一起,从而一方面使中国传统文化精神、现代工业文明精神和后现代的文化精神这些原本作为历时态的文化形态,以共时态的形式彼此交织、充满张力地同时存在于中国社会和中国民众的精神世界之中;另一方面使中国的文化精神、西方的文化精神和其他民族的文化精神也同时彼此碰撞和彼此冲突地共存于中国社会和中国民众的精神世界之中。这种复杂的文化景观对于我们的文化批判理论和民众的价值世界都带来了全方位的冲击和挑战,需要我们以更加自觉的全球意识和时代精神来把握中华民族未来的文化走向。

因此,作为本书的收尾,我们将置身于全球化背景之中,集中探讨一下,全球化到底在人类文化精神方面引起或将要引起什么样的深刻变化? 进而,全球化时代中国的新文化精神大概应当是什么模样? 当然,作为结语,这种探讨只能是很简短的,作深入探讨将是一个新课题的使命了。

一　全球化的文化逻辑

人类今天生活于一个全球化的时代,或者说,人类生活于一个呈现出强烈的全球化趋势的世界格局之中。全球化目前已经成为发达国家和发展中国家共同关注的一个关系到全人类发展和每一个民族生存的热门话题。然而,关于全球化的理解却存在着许多歧义,有人把全球化局限于经济活动层面,有人则把全球化从经济层面进一步拓宽到政治和文化等领域;在对待全球化的价值态度方面则存在着更多的差异和争论,有人积极欢呼全球化时代的来临,把它视作不可抗拒的世界历史潮流和将给人类带来前所未有的发展空间的积极趋势,但也有人,特别是来自落后的或发展中国家的人士,对全球化持一种恐惧并且拒斥的态度,将全球化视作发达资本主义策划的新的全球殖民化。因此,全球化是一个十分复杂的理论课题和实践课题。

全球化首先是经济的全球化,在这一点上不应当有什么异议。关于经济全球化，中外学者提出了各种各样的定义或界定①，虽然各有差异，但在总的特征的理解上是一致的。一般说来，经济全球化是指当代世界经济运动的一种趋势：经济资源越来越跨越国家和民族的域界，开始在全球或世界范围内自由地、大量地、全方位地、以结合或组合的方式流动和配置，从而使得世界各国经济越来越相互开放和相互结合、融合，各国经济的发展与世界经济的变动之间越来越呈现出相互影响、相互制约和同步演进的趋势。国际货币基金组织曾给经济全球化下了一个定义，即"跨国商品与服务贸易及国际资本流动规模和形式的增加，以及技术的广泛迅速传播使世界各国经济的相互依赖性增强"②。

对于人类历史发展的经济全球化趋势，马克思和恩格斯早在一个半世纪以前所写的《共产党宣言》中就作了清晰的预言。他们指出，"资产阶级，由于开拓了世界市场，使一切国家的生产和消费都成为世界性的了。使反动派大为惋惜的是，资产阶级挖掉了工业脚下的民族基础。古老的民族工业被消灭了，并且每天都还在被消灭。它们被新的工业排挤掉了，新的工业的建立已经成为一切文明民族的生命攸关的问题；这些工业所加工的，已经不是本地的原料，而是来自极其遥远的地区的原料；它们的产品不仅供本国消费，而且同时供世界各地消费。旧的、靠本国产品来满足的需要，被新的、要靠极其遥远的国家和地带的产品来满足的需要所代替了。过去那种地方的和民族的自给自足和闭关自守状态，被各民族的各方面的相互往来和各方面的相互依赖所代替了"③。

如果说，在马克思和恩格斯的时代，经济全球化还只是相对狭小范围内的一种趋势，那么，到今天，经济全球化几乎在全世界的范围内逐步成为现实，而且它所涉及的领域和内容越来越宽泛，已经包含着生产全球化、贸易全球化、金融全球化、科学技术全球化等深刻内涵。在某种意义上的确可以说，经济全球化是世界历史进程不可抗拒的潮流。尽管人们对于经济全球化的价值判断极不统一，但是，有一点是可以肯定的，当今世界各国和各民

---

① 参见王列、杨雪冬主编：《全球化与世界》，中央编译出版社 1998 年版；胡元梓、薛晓源主编：《全球化与中国》，中央编译出版社 1998 年版；张世鹏、殷叙彝主编：《全球化时代的资本主义》，中央编译出版社 1998 年版；等等。

② 国际货币基金组织：《世界经济展望（1997 年 5 月）》，中国金融出版社 1997 年版。

③ 《马克思恩格斯选集》第 1 卷，人民出版社 1972 年版，第 254 页。

族几乎没有谁愿意孤立和自我封闭在这一全球化的进程之外,我们从各个发展中国家自主开放力度的增强和争先恐后地加入 WTO(世界贸易组织)的举动可以充分地看到这一点。

经济全球化趋势的加强,已经给人类的生存与发展带来巨大的影响,而且,随着全球经济一体化趋势的进一步增强,经济全球化无疑将会给各个民族和各个国家的发展带来更大的影响。不少学者对于经济全球化的深远影响和意义作了深入的探讨。例如,有的学者归纳了经济全球化对于世界政治、经济和其他方面的十大影响:(1)经济全球化使得各国经济形成"你中有我、我中有你"的局面,相互依存进一步加强;(2)经济全球化与科学、技术的进步相互作用,人类已步入信息社会;(3)经济全球化向传统的观念提出了挑战,国家主权在一定程度上受到冲击;(4)经济全球化进一步深化了各国产业结构调整,在世界范围内形成生产体系;(5)经济全球化为世界贸易的自由化奠定了基础,有助于全球性市场的日渐形成;(6)经济全球化推动国际企业的合并和兼并,跨国公司的经营战略也会随之发生变化;(7)经济全球化加大了国际金融市场的风险,迫使国际金融机构加强监管职能;(8)经济全球化导致国际关系发生深远变化,相互协调将成为时代的主旋律;(9)经济全球化给发展中国家追赶世界经济发展水平创造了机会,同时也提出了严峻的挑战;(10)经济全球化把世界连成一个整体,全球性国际问题日益增多。[①]

我们在这里不去对各种关于经济全球化的争论作出评价和判断,但是,可以肯定的一点是,即使从上面所引用的关于经济全球化十个方面的影响也可以看出,全球化的内涵决不只限于经济层面,它必然以某种方式、在某种意义上渗透或拓展到政治和文化领域,正因如此,不少人以经济全球化为基础,探讨政治全球化和文化全球化。就我们的文化批判的主题而言,有必要在这里揭示一下全球化的文化内蕴。

首先,不存在纯粹意义上的经济全球化,实际上,经济全球化本身就必然包含着或者本身就是某种意义上的文化全球化。我们可以考虑这样一个问题:为什么经济全球化在马克思的时代就已经展示出某种趋势,但直到今

---

① 王和兴:《全球化对世界政治、经济的十大影响》,载胡元梓、薛晓源主编:《全球化与中国》,中央编译出版社 1998 年版,第 22—36 页。

天才成为一个产生巨大影响的现实？这显然与20世纪下半叶科学技术的发展特征密切相关。众所周知，以信息技术、生命科学、材料科学为代表的高新技术的发展所带来的最深刻的变化，就是知识经济时代的开辟，而经济的全球化离开现代科学技术的内涵是很难想象的。关于知识经济，人们提出了各种不同的定义，但其中有一些基本的共同点，即知识经济是以知识为基础的经济。在这一点上，人们大都接受OECD（国际经合组织）关于知识经济的界定：知识经济是指建立在知识和信息的生产、分配和使用基础上的经济。自20世纪80年代后期以来，在关于知识经济的经济学中，比较有影响的是关于"国家创新体系"的探讨。OECD认为，知识经济的本质是国家创新体系，或者说，一种新的创新体系构成了知识经济的基本存在方式。它指出："创新需要使不同行为者（包括企业、实验室、科学机构与消费者）之间进行交流，并且在科学研究、工程实施、产品开发和市场销售之间进行反馈……创新体系是由存在于企业、政府和学术界的关于科技发展方面的相互关系与交流所构成的。在这个系统中，相互之间的互动作用直接影响着企业的创新成效和整个经济体系。"①显而易见，知识经济本质上是理性经济和主体经济，在知识经济时代，体现在科学和人文之中的文化精神通过新的经济体系和科研体系，通过人的内在文化素质和科学素质，通过科学和民主的决策程序，直接作为经济运动的基本内涵和内在机理而存在。正是在这个意义上，我们常常谈论全球化条件下经济发展的科技含量和知识含量。

其次，经济全球化的发展必然拓展为文化的全球化。全球化的生产、贸易、金融等经济体系的建立必须有所有参加者所共同认可并遵守的规则，由此导致经济运行体制及其他相关法律体制、公共规则等体制上的全球化。这其中包含大量的法律规范、经济理念、运行规则、价值因素等等，实际上就是以体制或制度形式存在的文化。忽略了体制层面和文化层面的全球化，经济全球化很难真正建立起来。实际上，这里面的道理很简单，我们无法设想一个国家只在纯粹的经济活动层面上加入WTO，而在相关法律规范、企业文化理念、产品标准与功能、贸易规则等方面不受WTO和全球化体制的制约。对于这一点，许多中外学者和研究者有共同的见解，例如，一些学者

---

① OECD：《以知识为基础的经济》，机械工业出版社1997年版，第11页。

断言，"全球化话语的一个副产品就是文化的回归"，"文化全球化在目前已成为一个带有普遍性的现象"，"文化的全球化在很大程度上是由经济全球化所驱动的"，等等。①

实际上，我们对于世界范围内的文化整合或世界文化的生成不应当有什么异议。马克思和恩格斯早在一个半世纪以前就已经预见到人类文化的这一发展趋势。他们在《共产党宣言》中谈到资产阶级所开辟的世界市场和全球范围的经济交往与经济一体化时，明确指出，"过去那种地方的和民族的自给自足和闭关自守状态，被各民族的各方面的互相往来和各方面的互相依赖所代替了。物质的生产是如此，精神的生产也是如此。各民族的精神产品成了公共的财产。民族的片面性和局限性日益成为不可能，于是由许多种民族的和地方的文学形成了一种世界的文学"②。我们都知道，马克思和恩格斯在这里所说的"文学"的德文形式是 Literatur，其含义不是狭义上的文学作品，而是泛指科学、艺术、哲学、政治等方面的文献，因此，实际上是指我们所说的文化。

现在的问题是，这种文化全球化的发展趋势包含着一种什么样的内在逻辑，将给各民族的文化带来什么样的命运？是否会出现人们所担心的文化帝国主义或文化霸权主义？全球化的文化景观是否会出现"西化"的文化霸权一统天下？我们认为，情势并非如此悲观，文化的全球化过程必然是一个矛盾冲突和开放的过程。

第一，在民族文化和全球文化的关系上，一方面，我们不得不承认，在已经开始的全球化时代，人类文化呈现出前所未有的、强烈的整合现象，其结果，在某种意义或某种层面上，一种超越民族性的世界文化开始生成；但是，另一方面，文化的全球化不可能是所有民族文化的趋同化，而是一种跨文化对话和交流的机制，是各种文化通过平等交流而共同维护关系到人类社会共同利益的一些基本文化价值。很多学者清楚地认识到，全球化时代的文化整合和世界文化的生成，并不意味着一切民族的本土文化的彻底消亡和一种无地域差别和无民族差异的大一统的世界文化的建立。实际上，在任

---

① 王宁、薛晓源主编：《全球化与后殖民批评》，中央编译出版社 1998 年版，第 22、130、296 页。

② 《马克思恩格斯选集》第 1 卷，人民出版社 1972 年版，第 276 页。

何条件下,文化的世界化和文化的民族化、世界文化和本土文化、共性的文化和个性的文化都是共生的、互为存在条件的。全球化时代的世界文化不是单一的、一元的文化的专制统治,而是多元文化的互动所形成的一种关切到人类生存和人类社会发展的共同的价值取向和价值追求。

与前此的文化景观不同的是,在全球化背景中,民族的、地域的、本土的文化将扬弃自身封闭的、保守的、僵化的、固执的状态,在向世界文化的开放与交流中,一方面促使世界文化的健康发展,形成人类社会发展共同的氛围和文化机理;另一方面使自身得到修正、丰富与完善。著名后现代主义代表人物杜威·佛克马指出,"在所有文化中,在所有文化成规系统中,我们至少可以假设一种一切文化都共有的成规。也许这一可为所有文化都接受的成规便是,自己文化的基本宗旨是可以得到讨论、解释、辩护、重新思考甚至批评和补充的。如果这样的辩论和批评全然不可行的话,那么同样在一个范围狭窄的层面上,相关的文化仅仅包含受到机械地考察的一套规则。这种文化实际上是僵死的"①。基于这样的分析,他断言,人类正在走向一种"新世界主义"。正是在这种文化对话、交流、冲突、修正和自我修正的过程中,人们可以在人与自然、生态、人类交往等许多关系到人类生存的基本价值观念上达成共识。里斯本小组的专家们试图提出基本的世界性契约,例如,以消除不平等为内涵的基本需求契约、以宽容和国际文化对话为特征的文化契约、以全球调控为宗旨的民主契约、以共同生活和可持续发展为目标的地球契约等。②

第二,在发达国家的文化和发展中国家的文化的关系上,一方面,不可否认,在迄今为止的现代化进程中,的确程度不同地存在着萨义德"东方主义"所描述的世界文化格局中的不平等现象,即文化的中心/边缘、西方/东方、强势文化/弱势文化、文化生产国/文化消费国等非均衡的二元文化结构现象,同时,在目前的全球化进程中,由于"先发展"的优势,西方发达国家的文化霸权还会自觉或不自觉地以某种方式给发展中国家带来威胁和损害;但是,另一方面,文化的全球化不可能是文化的"西方化",不会是"西

---

① 王宁、薛晓源主编:《全球化与后殖民批评》,中央编译出版社1998年版,第252—253页。

② 参见里斯本小组:《竞争的极限》,中央编译出版社2000年版,第180—196页。

化"的文化霸权的一统天下,而是多种文化通过冲突和对话而形成的新的文化格局。实际上,由西方发达国家的文化所主导的这种文化格局不可能通过欠发达或发展中国家和地区的文化的自我封闭和隔绝而真正打破;相反,文化全球化所包含的文化冲突和文化对话的机制可能为消解西方的文化霸权提供条件。

在这方面,我们特别要注意到 20 世纪的一些新的历史和文化的变化:各种文化批判理论和思潮对于发达工业社会的文化危机的反思和批判、发展中国家和地区现代化道路的多样性探索以及它们的民族觉醒和对发达国家的文化反抗、全球性或区域性的非政府组织在国际经济和政治事务中影响力的增强、信息化和网络化生存所导致的文化交流的非中心化或平等化趋势,等等。在这种背景下的文化全球化不可能继续固守西方的文化中心或霸权地位,相反,会在文化相对主义的氛围中为多元文化的平等对话与争论提供机遇。正如安东尼·吉登斯在《现代性的后果》中指出的那样,在现代化的进程中,的确存在着西方制度和文化向世界蔓延的问题,但是,全球化的进程在破坏各民族国家的特殊性的同时,也引入了"世界相互依赖的新形式",它使传统意义上的"西化"成为不可能。他说:"现代性,从其全球化倾向而论,是一种特别的西化之物吗? 非也。它不可能是西化的,因为我们在这里所谈论的,是世界相互依赖的形式和全球意识。"①

第三,在现代理性文化精神和后现代文化精神的关系上,一方面,的确如前所述,后现代思潮对现代工业文明及其理性主义文化精神的危机和弊端作了深刻的反思批判,并且提出了一些修正理性主义文化精神的新的文化意识;但是,另一方面,文化的全球化不是现代性的彻底断裂,不是所谓"后现代性"对现代工业文明的理性精神的彻底超越和取代,而是现代性或现代理性精神的自我反思和自我完善,因此,它同发展中国家和地区的现代化目标并不矛盾,而是为信息化时代更为成熟的现代化提供了机遇。近年来,在国际范围内,包括中国理论界,以后现代主义为代表的文化批判思潮强调,全球化时代的世界文化是对于现代工业文明的理性主义文化精神根本性的否定和超越。一方面是 20 世纪各种文化精神对于理性主义本身的

---

① 安东尼·吉登斯:《现代性的后果》,译林出版社 2000 年版,第 153 页。

局限性及其所导致的实践上负面、消极的后果的批判,另一方面是信息化时代给人类生存方式和人类社会的运行方式所带来的巨大变化,使后现代主义者及观点接近者形成了上述见解。这种文化价值判断影响到人们对于发展的文化定位,甚至导致不发达国家现代化进程中的"非现代化"或"反现代化"心理倾向。

深入分析可以发现,无论后现代主义所倡导的平面化的文化精神,还是全球化时代的文化整合所导致的文化景观,同现代工业文明的理性主义文化精神之间都没有形成一种彻底的文化断裂。具体说来,传统农业文明的自然主义和经验主义文化模式的基本文化要素是经验、常识、习惯、天然性情感、宗法血缘关系等自在的文化要素,而现代工业文明的理性主义文化精神的基本文化要素是理性、信息、科学、规则、契约、平等、创造性、主体性等自觉的文化要素,二者之间存在着本质的区别。与此不同,所谓后现代主义文化精神或全球化的新文化精神的内在要素同现代工业文明的理性主义文化精神的基本文化要素并没有什么不同,它们本质上是一致的,无论是作为人的行为方式和思维方式、作为不同主体间交往的方式或模式还是作为政治经济等社会活动的内在机理,信息时代或所谓的后工业文明时代的基本文化要素和文化特质都从根本上属于理性、契约性和创造性的文化范畴,所不同的是后现代文化精神或全球化时代的文化精神开始扬弃现代工业文明的理性主义文化精神的某种极端性或专断性,从而赋予理性文化精神以更合理和更完善的形态。哈贝马斯明确断言,"尽管西方社会的结构和基本条件发生了种种变化,但它的文化潜力却保持不动,凝结于自我意识、自我实现和自我决定这些思想中的价值取向甚至更加清晰。我们的社会如果想为 21 世纪全球性的问题找到解决办法,就要依靠这个思想渊源",因此,他认为"对继续进展的现代性必须加以继续引导"。① 吉登斯也断言,我们实际上并没有迈进一个所谓的后现代时期,而是处于"现代性的后果比从前任何一个时期都更加剧烈化更加普遍化"的时期,因此,他强调"必须重新审视现代性本身的特征"。② 甚至后现代主义著名代表人物利奥塔也表示:"重写现代性"这一表述"比通常人们进行这类思考时所用的如'后现代

① 乌·贝克、哈贝马斯:《全球化与政治》,中央编译出版社 2000 年版,第 87、89 页。
② 安东尼·吉登斯:《现代性的后果》,译林出版社 2000 年版,第 3、2 页。

性'、'后现代主义'、'后现代'更可取"。①

因此,与其说全球化时代或后现代的文化精神是对现代工业文明的理性主义文化精神否定和超越,不如说是后者的进一步发展和自我完善。我们发现,从 20 世纪初胡塞尔的现象学、海德格尔和萨特的存在主义等人本主义文化批判思潮,经法兰克福学派等西方人本主义马克思主义的文化批判,直到后现代主义的文化批判,尽管相互之间存在着诸多分歧,但是,它们自觉或不自觉地共同推动了理性主义文化精神自我批判、自我修正、自我完善的进程。在这一进程中,文化精神发展的主要之点,一是通过把价值、审美等文化因素引入理性范畴,承认理性的有限性并限定理性的作用和活动范围而消解理性的独断性,反对理性对人的异化和统治,不再把理性当作万能的、至上的、至善的、绝对的力量;二是引进关注人的生存,承认人的有限性和不完善性的积极的批判意识,扬弃以绝对的自我和个体主体性为核心的乐观的人本主义和历史主义,确立以人的开放性为核心的新历史观。而全球化时代和信息时代人类普遍的、平等的、平民化的、非神圣化的、非专断性的交往为这种新的理性文化精神奠定了基础。这种判断对于发展中国家正确应对全球化是至关重要的。

二 中国新文化精神的价值定位

面对着日益强化的全球化的文化逻辑,任何一个民族和国家在新时期的转型或者建构都无法完全脱离全球化的文化景观来封闭地完成,换言之,都不得不在各种价值定位各异、相互交织和相互冲突的文化精神资源中选择或者整合自己的新文化精神。在中国的语境中,问题依然十分复杂,过去百余年中国现代化进程中的文化冲突,特别是改革开放以来精英层面文化精神的冲突和分裂,以及大众层面文化价值的游离与裂变,都依旧以某种方式展示自己的存在,并且努力在新世纪中国的新文化精神的整合和建构中表达自己的诉求。

具体说来,关于中国新文化精神的价值定位,我们可以梳理出三种主要

---

① 让-弗朗索瓦·利奥塔:《非人》,商务印书馆 2000 年版,第 25 页。

的倾向。第一种我们可以称为文化激进主义的倾向。这种观点依然坚持现代性的启蒙立场，主张在全球化背景和中国的市场经济体制建构进程中完成我们尚未实现的理性启蒙的目标，从而在市场经济和民主政治的语境中确立现代理性文化精神的主导地位。第二种我们可以称为文化保守主义的倾向。如前所述，在20世纪90年代，随着后现代主义和新儒学等文化思潮被中国学术界所关注，文化保守主义思潮开始赢得很大的市场，而以现代工业文明的理性主义文化精神为目标的文化启蒙受到比较大的挫折和阻力。对理性主义文化启蒙的批判和指责的共同出发点是认为现代工业文明的理性主义文化精神已经走向衰落，已经被新的文化精神所取代，因此，它不应当再继续作为中国的现代化或社会发展的价值目标，中国的社会发展或者应当寄希望于中国传统文化精神的复兴，或者应当直接同后工业文明的文化精神接轨。第三种我们可以称为文化综合创新的倾向。随着全球化背景中各种文化价值和文化资源的碰撞和交汇，随着中国经济实力的增强和文化影响力的提升，很多人开始用一种更加自信和包容的心态对待多样性的文化价值观念和精神资源，从而整合出一种新的文化精神。

应当说，上述三种关于中国新文化精神的价值定位的观点，都有其形成的理由和某些方面的立论依据，但是，也都有其片面性和局限性，特别是在具体的实践操作中都面临着不可克服的阻碍。在西方工业文明已经充分发达，开始向后工业文明转型，并且其主导性的理性文化模式已经遭遇到深刻危机的时代，任何民族和国家都不可能简单地重复西方工业文明发展和理性文化建构的历史进程。进而，那种认为以儒学为代表的中国传统文化可以成为现代化的文化支撑力的文化保守主义倾向更是脱离历史条件、不切实际的幻想，假如把以儒家为核心的中国传统文化搬到今天就可以解决中国的现代化和中华民族的复兴问题，那么我们就不会遭遇晚清的落后和衰落，早就成为发达的现代化强国了。从表面看，关于中国新文化精神的综合创新的思路最具合理性，最少片面性，但是，这一文化建构的思路同样面临着困难，其主要问题在于：很多人往往把文化的综合创新简单化地理解为对各种文化资源的包容，似乎把各种有影响力的文化要素都肯定和包括在我们的文化精神之中，就可以生成一种新的文化精神；实际上困难才刚刚开始，如何把各种彼此冲突、价值取向相异的传统和现代、东方和西方的文化价值和文化精神整合成一种有机、自洽的文化精神，同时又能够使这种文化精神成为社会运行的机理和民众生存的价值规范,已经成为新时期中国文化整合和文化创新的瓶颈因素。基于这些分析,关于中国新文化精神的价值定位,我们应当考虑这样几方面的问题。

首先,我们在全球化时代选择各种文化价值和精神资源来进行文化整合时,不能脱离这些文化资源所产生的历史背景和我们今天的社会发展定位。不可否认,任何一种在人类历史上起过或正在起着重大作用的文化精神,都具有类本质性和历史性的双重价值,因此,对它们必须采取类价值尺度和历史价值尺度进行双重透视。具体说来,从一个方面看,人类历史上先后出现的主要文化精神似乎都具有强大的生命力和理论再生力。例如,希腊理性主义经过中世纪的漫漫长夜又以支撑现代工业文明的技术理性主义和以个体为中心的人道主义而再生;希伯来精神在宗教改革的冲击下转换出体现资本主义精神的新教伦理;儒家学说不但数千年如一日地支撑着东方文明,而且对当今西方处于后工业文明中的人们发出诱人的微笑。这一切均表明,这些基本的文化精神从不同侧面揭示了人的类本质和类价值,它们即便不再与现实的历史进程相关涉,也会在人类的精神殿堂中占据永恒的重要位置。但是,从另一方面看,不同的文化精神又往往在不同历史时代具有不同的历史地位,它们往往分别同某一特定的历史时代有着特别的内在联系:希腊理性主义同古希腊文明,希伯来精神同中世纪,技术理性主义、人道主义和新教伦理同现代工业文明,儒家学说同传统农业文明等等。这些又清楚地昭示了文化精神的另一重价值内涵,即历史性或时代性的价值内涵。换言之,任何一种理论学说,只有当它所揭示的类本质和类价值具体展现在特定时代的社会普遍精神和心态中,才能找到同社会现实进程的直接的契合点,否则只能作为纯粹的类本质知识而存在。

从对文化精神的类价值和历史价值的双重透视可以断言,在确立发展尺度或现代化尺度时,应当避免类价值尺度和历史价值尺度的冲突或对立。即是说,我们既不应忽略所处时代的本质特征而一味地强调文化精神的类本质,从而对一切文化精神不加区分地兼收并蓄,也不应极端地强调文化精神的历史价值,从而否认一切异类文化的理论和意义。在中国目前所处的历史时期,要为中国的现代化确立恰当的发展尺度,必须坚持类价值尺度和历史价值尺度的统一。具体说来,处于正在展开的全球化的世界历史进程之中,面对各种文化精神在现代化进程中的碰撞,我们的确可以进行一种知识整合或文化整合工作,从而建构起充分体现人的类本质和类价值、具有世界历史意义的理论形态,在其中,特别要努力彰显中国传统文化的价值,充分发挥中国传统文化对于理性文明的消极后果的抑制作用和对中华民族复兴的文化激励作用。同时必须看到,尽管以儒学为代表的中国传统文化作为一种知识形态和文化价值体系在任何时候都包含着不可否认的普遍性的类价值,但是,这一植根于传统农业文明的传统文化模式,天然地具有抑制市场经济活动机制、抑制人的个体创造性的作用,以及各种保守和负面的因素。如果不能立足于当代人类社会实践和中国的市场经济建构而具体地分析中国传统文化的精华与糟粕,如果不能把中国传统文化的优秀资源与现代理性文明的优秀精神资源以及现代市场经济的内在文化机理有机地结合起来,如果这些优秀的文化价值不能够内化到现代中国民众的精神世界和行为方式之中,而是脱离全球化的背景和中国现实的社会发展定位而简单地、笼统地、整体性地、不加分析地全盘复兴中国传统文化,那么,我们所能得到的或者是中国传统文化对现代市场经济发展的过分抑制和束缚,或者是中国传统文化依旧作为飘忽于现实生活世界之外的理论范畴体系,充其量是为一些国学家和理论家争得更大的讲台和展示空间。

其次,我们必须立足于中国现实的社会历史方位和人类社会实践的现实背景来确立我们的文化整合的立足点,把理性文化的核心价值作为中国新文化精神的基本内涵。由上述关于全球化的文化逻辑的分析可以断言,全球化进程并没有否定中国过去百余年现代化进程所追求的文化转型的目标,即确立现代理性主义文化模式,以取代中国传统自然主义和经验主义的文化模式,它只是使我们理性启蒙的目标和内涵更加合理化,能够更加自觉地汲取发达国家的现代化实践的历史经验和教训,吸收全球化的积极的文化价值内涵。因此,无论各种文化理论和价值观念怎样争论和冲突,我们还是可以依据世界历史进程和中国社会的发展趋势,确定中国社会所需要建立的新文化模式或文化精神。其主要内涵可以包含以下几个方面:第一,确立理性、科学的文化模式。现代市场经济和全球化经济本质上是一种理性经济或知识经济,它要求现代主体在经营、管理、生产、服务等各种社会活动和社会运行中都能依据科学思维,实现以准确的信息、精确的计算与预测为基础的理性决策,以获取最大的效率和利润。第二,确立具有主体性、创造性的文化模式。现代市场经济和全球化经济本质上是一种主体经济,与无主体的自然经济不同，它要求人的主体性和创造性的巨大投入，要求人们不断超越已有的观念和成果，不断变革与更新。第三，确立法治型、契约型的文化模式。现代市场经济和全球化经济本质上是一种体现社会契约精神的法制经济，它要求社会的一切活动和人的一切交往行动都遵循理性的法则，纳入法制的轨道，在社会运行和人际交往中建立适合现代市场经济之理性原则的平等的、民主的、契约的、法制的交往模式。

  基于上述分析，我们认为，以人的现代化为核心的发展哲学和文化哲学要确立的转型期中国社会的主导性文化精神，依旧应当以现代性为基本要素，以科学理性和人本精神为主要内涵，突出表现为理性、科学的文化模式，主体性、创造性的文化模式，法治型、契约型的文化模式。如前所述，无论当代人类经历着什么样的文化冲突与文化嬗变，上述文化要素依然是当代人类最重要的文化要素，不仅对于正在走出传统农业文明的发展中国家是如此，对于已完成现代化的发达国家也是如此，因为同传统自然经济相比，作为现代社会基础的市场经济本质上表现为理性经济、主体经济和契约经济，即使在以多元和差异为本质特征的后现代文化模式中，理性、主体性、契约性等文化要素也是不可或缺的。关于这一点，很多理论家都有共识。即使主张反思启蒙和现代性、超越启蒙心态，推动儒学复兴的当代新儒学代表人物杜维明，也并不否认启蒙的核心价值。他认为，启蒙的核心价值就是以自由、理性、法治、个人的尊严为主要内涵的文化价值，这些价值凸显了个人的解放和主体性。杜维明指出，"沿着现代化发展的线索来了解全球化有一个不争的事实：个人的选择越来越多，个人的解放，个人的主体性越来越突出。这已经成为现代性的最重要的指标，所谓个人的尊严、个人的自主的问题。如果我们问启蒙的核心价值为什么增加了个人的选择性、增加了个人的活动空间，传统的枷锁减少了，它和自由的理念、法制、理性，和人权有着密切的关系，这些是启蒙的核心价值"①。杜维明不仅提炼了启蒙的核心价值，而且充分肯定了这些核心价值对于人类社会的重要性，他认为，无论对于西方还是对于中国，它们都是现代化进程不可或缺的基本价值。他指出，"从儒家的立场看，自由、理性、法治、个人的尊严这些西方价值，不管你的

---

① 哈佛燕京学社编辑：《启蒙的反思》，南京：江苏教育出版社 2005 年版，第 64 页。

视野多么狭隘、抗拒西方的心态是多么强烈，这些都是不可否认的价值"①。

再次，我们在弘扬中国传统文化精神，推动文化整合和文化创新时，必须把着眼点放到现代中国文化精神的培育上，要着力凸显现代中国文化要素在国家文化软实力建设中的核心地位。我们之所以反对那种极端的"传统文化热""国学热"和把传统文化"实体化"的倾向，即期盼直接搬用传统伦理纲常来解决当今市场经济条件下道德问题的文化保守主义，是因为以儒道互补为核心的传统文化是立根于传统农业文明和自然经济基础之上的文化精神和文化价值，其主要功能是社会的平衡机制，而不是动力机制，如果我们把它整体搬用到建立在市场经济基础之上的现代社会，在一般情况下无法有效地发挥其对资本和市场逐利倾向的价值约束作用，而在极端情况下则会产生抑制现代社会的创新机制和创造性人格的消极作用。因此，"传统"的意义不在于可以成为我们今天直接搬用的"武库"，而在于是激活今天之创造的精神驱动力，传统文化可以给我们提供重要的精神资源，但是不可能直接解决当今中国的发展问题。今天中国的发展成就中积淀着传统文化因素，但更多地是当今中国人民的创新和创造，有现实生命力的中国新文化精神必然是现代的中国文化要素和文化精神。

仔细分析就会发现，只有我们既接受现代理性文明的核心价值作为中国新文化精神的基本要素，又推动中国传统文化价值转化为现代中国文化要素，才有可能在全球化背景和中国的市场经济建构中实现真正的、有机的文化整合和综合创新。一方面，只有当我们确立了中国新文化精神建构的现代定位，把现代理性文明的个体自由、主体性、创新性、契约性等核心价值纳入到现代中国文化体系之中，才能防止中国传统文化的复兴或重建在理论上走向文化复古，在实践中成为中国现代化进程和市场经济建构的文化阻滞因素；另一方面，只有当我们充分挖掘和利用中国传统文化中优秀的并且可以创造性地转化的精神资源，使之与现代理性文明的核心价值和其他文化资源的价值形成既相互补充又相互制约的张力机制，才能防止简单地照搬西方理性文化模式，防止现代理性文明精神走向极端个人主义和绝对人类中心主义。显而易见，只有这种意义上的现代中国文化精神才具有强

① 哈佛燕京学社编辑：《启蒙的反思》，南京：江苏教育出版社 2005 年版，第 65 页。

大的生命力,既能够成为现代中国社会和中国民众的主导性文化模式和文化精神,又能够在全球化的文化景观中和同西方发达国家理性文化的对话中具有现实的影响力和感召力。必须有清醒认知的是,我们在新的历史条件下强调中国传统文化的价值,并不是要找出一种与西方发达国家的理性文明和理性文化精神完全不同的文化形态并取而代之,而是要在当代世界的一些有影响力的文化价值上、在全球共同的文化关切上争取话语权和主动权。这才是中国新文化精神建构的合理的和健康的价值定位和发展方向,也只有如此,才可能进一步增强中国的现代文化软实力。

三 现代中国文化建设的实践方略

虽然我们可以逐步在理论上厘清全球化的文化逻辑,并且明晰全球化背景下中国新文化精神的价值定位,但这只是一种前提性的工作,还只是一种理论层面的探索。在现实的文化建设中,我们不仅外在地受到发达国家的文化霸权的约束和操控,而且主观上文化建设、文化转型和文化创新也没有真正落到实处,文化软实力的建设往往呈现一种声势浩大但是无法真正切入到生活世界之中的无根基的状态。这是因为,从总体上看,文化不同于有形的经济和政治,它作为价值的体现和精神的凝聚,具有内在性和深层性的特点。虽然具体的文化产品及其形式、载体和经济价值也可以同经济活动一样,具有物化的和外在的形态,但是,文化本质上是内在于人的活动和社会发展之中的价值和精神性的存在,无所不在、无时不在,但又无影无形,文化需要外在和具体的建设,更需要内在的养成。文化价值的内化、文化软实力的提升往往是一种润物无声、潜移默化、陶冶养成、久久为功的过程。因此,如果不能把握文化的价值灵魂,不能把握文化发展的特殊方式和规律,那么有声有色、有形有状、轰轰烈烈的文化活动和文化建设也可能流于形式,无法实现真正的文化自觉和文化自强。

我国的文化建设目前处在这样一个关键性的节点上:我们必须在文化价值的内化和文化软实力的提升方面,突破关键的"瓶颈",迈过重要的"门槛",才能把已经取得的文化成就转化成真正的文化软实力和综合竞争力。我们可以尝试着把文化建设的内涵、目的和目标划分为不同的层次,这样就会发现,不同层次文化建设的难易度、效率和效益存在很大的差异。例如,我们可以把文化建设的内涵和目标粗略地概括为四个层面：

第一个层面：以丰富的文化产品和公共文化服务体系丰富人民群众的文化生活，保障人民群众的文化权益。文化精品生产和公共文化产品供给、覆盖城乡的公共文化服务体系建设、物质文化遗产和非物质文化遗产保护、公共文化场所向公众免费开放等，都属于这一层面的文化建设。不难看出，这一层面的文化建设是外在和有形的，发展速度最快，最易见到效果，而且也充分体现了社会主义文化建设的公益性质。

第二个层面：以体制创新和技术创新推动文化产业发展，增强文化发展活力，丰富文化产品供给，在满足人民群众文化需求的同时，极大地增强国家的经济实力。这个层面的文化建设同样是外在和有形的，随着文化体制改革的深化和文化产业的发展，这一层面的发展速度更是明显，各种文化创意产业所助推的电影票房价值、电视广告收入、图书销售码洋、文化产业增加值对 GDP 的贡献率不断攀升，让人们更加明显地看到了发展效果。

第三个层面：以社会主义核心价值体系为统领，发挥文化的教化功能和养成功能，推动全民族道德、理想、信念和精神境界的提升。到了这一层面，文化建设就明显变得比较困难，效果也往往不能立竿见影。这是因为，虽然第一、二个层面具体的、外在的、物化形态的文化建设为全民族价值和道德水平的提升奠定了重要基础，但是它们之间并不简单等同。从第一、二个层面向第三个层面跃升绝非轻而易举的事情，即使在这些文化产品能够抵御市场逐利取向，确保健康的价值内涵和品位的前提下，如果不能遵循文化自身的规律，不能采取植根生活世界、贴近百姓生活、有说服力和感召力的行为示范和具体践行，也很难达到"文化天下"的目的。

第四个层面：把现代中国人的价值力量和创造力量凝聚起来，形成在全球化背景下具有国际竞争力和影响力的国家文化软实力。显而易见，这一层面的文化建设更是异常艰巨、长久的任务，它包含了第三个层面的价值观建设的任务，但是必须在更大的视野即国际视野中形成有实质影响的价值和精神力量。一个国家的软实力是内涵十分丰富的概念，并不局限于狭义的文化建设，并非我们增加了具体文化产品的生产，推动了各种文化产品和文化活动的国际交流就可以直接提升文化软实力。在一定意义上，文化软实力常常在狭义的文化生产之外，它主要由国家的制度的吸引力、价值的感召力、社会的创造力、国民的行为和形象的亲和力构成。

通过以上分析可以看出，我们的文化改革、发展和建设虽然已经轰轰烈烈地展开，并取得了显著的进展，但目前还只是初见成效。特别是在社会普遍的道德价值层面和国家文化软实力层面上，我们面临的挑战远远大于机遇，遭遇的危机和困境远远大于已经取得的成效。因此，我们必须用好中国文化建设的重要战略机遇期，在核心价值观和文化软实力的建设上寻求突破，一方面，文化建设要突出"向内"，即强调"以文化人""文化天下"，使各种文化活动和产品在丰富人民群众生活的同时，能自觉地提升全社会的道德文化水平和价值凝聚力；另一方面，文化建设要突出"向外"着力点，即文化的海外传播，提升中国在世界上的文化吸引力和价值影响力。而要在这一攻坚期取得实质性的突破，我认为最重要的是文化建设不能停留于一般的宏观设计和理论倡导，必须围绕着国家文化软实力的建设提出扎实和具体的实践方略，推动行之有效的微观文化践行。在这方面，我们要特别关注重点社会领域和社会阶层的现代文化价值和新文化精神的培育，同时要探讨更加行之有效、贴近人们精神生活、植根生活世界的文化建设途径。

我们从价值定位上把国家文化软实力建设的核心聚焦于现代中国文化要素的培育上之后，接着要探讨培育现代文化要素的具体方式。在这里，我们需要面对这样一个复杂问题：文化软实力往往是指一个国家和民族在全球视野中表现出来的深层的综合影响力，因此它的建设并不局限于文学艺术等具体的文化领域和具体的文化作品，而是要通过社会各领域运行、制度安排、公共交往、国际交往等众多层面和活动领域展现出来。因此，国家文化软实力建设不单纯是狭义的文化领域本身的事情，而是社会普遍建设的任务。但是，国家文化软实力作为全社会普遍的建设任务，并不意味着它的建设可以停留于一般性的价值倡导和理论宣传，相反，社会各个领域各个层面的文化建设在价值内涵和建设方式上承担着"共同但有区别"的任务。因此，为了构筑起现代中国文化软实力的主体架构，我们不能对所有领域不加区别地一般倡导，而必须把握住重点领域的价值内涵和建设方式，以点带面，点面结合，重点突破，全面推进。我们可以尝试着把以下几个方面作为现代中国文化软实力的核心领域加以重点开发。

体制机制文化。随着冷战的结束，不同社会制度和意识形态虽然依旧存在着冲突和对立，但已经可以在全球化的世界体系中交往与共存，在这种情况下，不同国家的软实力竞争不仅体现在不同的社会制度和意识形态中，而且越来越集中于政治、经济、社会、科技体制和机制的影响力的比较优势。现代体制机制文化的核心要素应当表现为：一是以民主和法治为集中表现的理性文化；二是以超越和开放为特征的创新精神。应当看到，在各个领域的文化建设中，体制机制文化建设虽然也需要社会主体的文化素质的培育，但是，相比之下，这一领域的文化建设更多地体现出以制度设计和制度安排为特征的自觉建构。尽管西方发达国家不愿意承认中国体制机制的软实力，但是，随着全球性金融危机的深化，我们越来越看到，中国经济快速增长不是一个单纯的经济现象，它实际上证明了我们在经济体制、政治体制、文化发展、社会建设等方面的创新和竞争力。我们必须更加自觉地完善和展示体制机制的文化内涵和价值内涵：一方面，中国不仅正在逐步完善中国特色社会主义的民主法治建设，而且中国特色社会主义制度还能够使我们的理性文化建设更深刻地展示以人为本、执政为民的民生关怀；另一方面，随着各个领域的体制改革和机制创新，特别是科教兴国战略的普遍实施，中国体制机制的创造力、包容性和开放度不断增加。

现代企业文化。 社会主义市场经济条件下，国家文化软实力建设的重点领域之一，就是企业文化。企业文化并不是一般性的企业宣传包装，其核心是商业伦理，而商业伦理的核心要素有两个维度：一是诚信，企业和商家可以逐利，甚至自私，但决不允许损人害人，必须以产品的质量和数量保证消费者的权益，体现对生命的尊重；二是生态责任，允许可持续地、科学地运用资源而盈利，但必须坚决杜绝对资源的掠夺和破坏。与主要依赖于自律而建构的社会公共道德不同，商业伦理的培育不能寄希望于一般的道德呼吁或者道德谴责，必须通过他律来实现自律。具体说来，培育商业伦理的责任主体是各级政府，这就是为什么当出现不诚信行为时，社会的批评都会指向政府。政府必须破除任何部门利益和地区本位利益，运用法律和行政相结合的手段，通过对严重不诚信企业强制破产、注销或重组的"零容忍"态度，强有力地遏止和消除各种损人利己、坑害百姓、掠夺资源的不诚信行为，从而建立起自律的商业伦理。否则，放任企业商家欺诈现象，直接损害消费者的权益，严重损害政府的公信力，深层次损害社会主义制度的价值影响力。

社会公共文化。 社会公共文化主要涉及社会公德、职业道德、家庭美德、个人品德等公众的普遍伦理道德，它所展示的现代中国人的普遍形象是国家文化软实力的重要组成部分和直接显现。现代道德体现着以人为本的人道精神：一方面包含着对个体价值的尊重，强调每个人的自由和全面发展；另一方面包含着对他人的尊重、关爱和包容，强调集体主义和爱国主义，强调和谐社会的建构。公共道德的培养是一个长期的、持久的艰巨任务：一是它无法像体制机制文化和商业伦理那样借助行政、法律等他律手段而建设，主要靠循循善诱、润物无声的文化教化和陶冶养成；二是社会主义公共道德的功能是抵御或者约束建立在市场经济逐利本性之上的社会公共生活的功利主义倾向。因此，必须按照文化发展的规律，借助社会主义的制度优势和价值引领，以社会主义道德规范为核心，充分吸纳中国传统文化的优秀资源，通过道德示范、舆论引领、艺术彰显、教育倡导、微观践行等方式，逐步地加以培育。

国际交往文化。在全球化背景下，无论体制机制文化、企业伦理还是公共道德建设，都要自觉地突出国际视野，此外，还要特别强调国际交往中的文化建设。除了文化"走出去"活动中各种文化产品在国际的展示会增加一些文化影响力外，国际交往中的文化影响力更多地来自于国家和政府在国际事务中的责任担当和价值引领，随着中国经济实力的增强和国际地位的提高，这一点显得更为重要。一方面，对涉及中国和世界发展、人类生存和命运的重大问题，中国作为一个负责任的国家，必须有自己明确的主张、响亮的声音和责任担当；另一方面，面对资本主义占主导的全球体系，中国既要积极参与全球化进程，又要表达敢于批判各种不公正不平等现象的鲜明的价值引领。我们必须真正做到：把坚定不移地推进市场经济体制建设与旗帜鲜明地反思和批判资本和市场的消极后果统一起来；把实践上顺应历史潮流积极参与全球化进程与价值上对其形成清醒的批判意识统一起来。这种责任担当和价值引领不仅是中国的国家文化软实力的重要组成部分，也是走向复兴的中华民族对人类社会发展的贡献。

只有通过全球化时代的文化整合和综合创新而形成的中国新文化精神和现代中国文化价值在社会各个领域的运行机制中、在全体民众的生存方式中切实地扎根，从而使我们既有足够的动力和创造力去推动市场经济和社会的快速发展，又有自觉的文化价值力量去约束和抑制资本的逻辑和市场的逻辑的非人道后果，整个社会牢固的道德基础和健康的价值体系才能扎实地建立起来。这才是百余年几代中国人所追求的现代化和民族复兴的真正的价值诉求和愿景。

主要参考书目

阿多诺:《否定的辩证法》,重庆出版社 1993 年版。

阿尔弗雷德·许茨:《社会实在问题》,华夏出版社 2001 年版。

阿格妮丝·赫勒:《日常生活》,重庆出版社 1990 年版。

爱德华·泰勒:《原始文化》,广西师范大学出版社 2005 年版。

安东尼·吉登斯:《现代性的后果》,译林出版社 2000 年版。

奥斯瓦尔德·斯宾格勒:《西方的没落》上、下卷,商务印书馆 1963 年版。

本尼迪克特:《菊花与刀》,浙江人民出版社 1987 年版。

本尼迪克特:《文化模式》,浙江人民出版社 1987 年版。

陈嘉明等:《现代性与后现代性》,人民出版社 2001 年版。

陈筼泉、刘奔:《哲学与文化》,中国社会科学出版社 1996 年版。

陈旭麓:《近代中国社会的新陈代谢》,上海人民出版社 1992 年版。

道格拉斯·凯尔纳、斯蒂文·贝斯特:《后现代理论》,中央编译出版社 2001
　　年版。

恩斯特·卡西尔:《人论》,上海译文出版社 1985 年版。

费孝通:《乡土中国　生育制度》,北京大学出版社 1998 年版。

弗洛姆:《逃避自由》,北方文艺出版社 1987 年版。

海德格尔:《存在与时间》,三联书店 1987 年版。

韩震:《西方历史哲学导论》,山东人民出版社 1992 年版。

胡塞尔:《欧洲科学危机和超验现象学》,上海译文出版社 1988 年版。

胡适:《编辑后记》,载《独立评论》第 142 号。

胡适:《胡适选集》,天津人民出版社 1991 年版。

胡元梓、薛晓源主编:《全球化与中国》,中央编译出版社 1998 年版。

霍克海默、阿道尔诺:《启蒙辩证法》,上海人民出版社 2003 年版。

霍克海默:《批判理论》,重庆出版社 1989 年版。

卡尔·曼海姆:《文化社会学论要》,中国城市出版社 2002 年版。

克利福德·格尔兹:《文化的解释》,上海人民出版社 1999 年版。

蓝德曼:《哲学人类学》,工人出版社 1988 年版。

雷蒙德·弗思:《人文类型》,华夏出版社 2002 年版。

李凯尔特:《文化科学和自然科学》,商务印书馆 1986 年版。

李鹏程:《当代文化哲学沉思》,人民出版社 1994 年版。

梁漱溟:《东西文化及其哲学》,载《东方杂志》第 19 卷第 3 号。

林语堂:《中国人》,学林出版社 1994 年版。

林毓生:《中国意识的危机》,贵州人民出版社 1988 年版。

刘进田:《文化哲学导论》,法律出版社 1999 年。

卢卡奇:《历史与阶级意识》,华夏出版社 1988 年版。

路易斯·亨利·摩尔根:《古代社会》,江苏教育出版社 2005 年版。

罗荣渠主编:《从"西化"到现代化》,北京大学出版社 1990 年版。

马尔库塞:《单向度的人》,重庆出版社 1993 年版。

马克斯·韦伯:《新教伦理与资本主义精神》,三联书店 1987 年版。

马林诺夫斯基:《科学的文化理论》,中央民族大学出版社 1999 年版。

马凌诺斯基:《文化论》,华夏出版社 2002 年版。

帕斯卡尔:《思想录》,商务印书馆 1987 年版。

裘士京等编著:《中国文化史》,安徽大学出版社 1988 年版。

萨特:《存在主义是一种人道主义》,上海译文出版社 1988 年版。

尚志英:《寻找家园——多维视野中的维特根斯坦语言哲学》,人民出版社
　1992 年版。

斯蒂芬·茨威格:《昨日的世界》,三联书店 1991 年版。

苏国勋:《理性化及其限制——韦伯思想引论》,上海人民出版社 1988
　年版。

汤因比:《历史研究》上、中、下卷,上海人民出版社 1997 年版。

W. 奥格本:《社会变迁》,浙江人民出版社 1989 年版。

王列、杨雪冬主编:《全球化与世界》,中央编译出版社 1998 年版。

王宁、薛晓源主编:《全球化与后殖民批评》,中央编译出版社 1998 年版。

王岳川:《后现代主义文化研究》,北京大学出版社 1992 年版。

威廉·A.哈维兰:《文化人类学》,上海社会科学院出版社 2006 年版。

维柯:《新科学》,人民文学出版社 1986 年版。

文德尔班:《哲学史教程》上、下卷,商务印书馆 1987、1993 年版。

西格蒙德·弗洛依德:《一个幻觉的未来》,华夏出版社1999年版。

夏建中:《文化人类学理论流派》,中国人民大学出版社1997年版。

徐洪兴主编:《二十世纪哲学经典文本——中国哲学卷》,复旦大学出版社
    1999年版。

许苏民:《文化哲学》,上海人民出版社1990年版。

雅斯贝尔斯:《历史的起源和目标》,华夏出版社1989年版。

严复:《严复集》,中华书局1985年版。

衣俊卿等:《20世纪的文化批判——西方马克思主义的深层解读》,中央编
    译出版社2003年版。

衣俊卿等:《20世纪的新马克思主义》,中央编译出版社2001年版。

衣俊卿、胡长栓等:《马克思主义文化理论研究》,北京师范大学出版社2012
    年版。

衣俊卿:《历史与乌托邦》,黑龙江教育出版社1995年。

衣俊卿:《文化哲学——理论理性和实践理性交汇处的文化批判》,云南人
    民出版社2005年版。

衣俊卿:《现代化与日常生活批判》,黑龙江教育出版社1994年版。

衣俊卿:《现代性的维度》,黑龙江大学出版社、中央编译出版社2011年版。

张岱年、方克立主编:《中国文化概论》,北京师范大学出版社1994年版。

张世鹏、殷叙彝主编:《全球化时代的资本主义》,中央编译出版社1998
    年版。

庄锡昌等编:《多维视野中的文化理论》,浙江人民出版社1987年版。

邹广文:《人类文化的流变与整合》,吉林人民出版社1998年版。

邹广文:《文化哲学的当代视野》,山东大学出版社1994年版。

Anthony Giddens, *The Consequences of Modernity*, Stanford University Press, 1990.

Edward Cell, *Religion and Contemporary Western Culture*, Abingdon Press, 1967.

Karel Kosik, *Dialectics of the Concrete*, D. Reidel Publishing Company, 1976.

修订后记

　　虽然文化是人类与生俱来的生存模式,但是,以文化现象为研究对象的文化学和文化哲学的兴起,主要是过去一个多世纪的事情。其中以文化模式和文化转型为自觉的反思主题的文化哲学的异军突起,则是与 20 世纪上半叶开始的以发达国家为载体的现代理性文化的危机和 20 世纪下半叶发展中国家的传统文化向现代文化的深刻转型密切相关。因此,虽然不同类型的文化哲学理论的定位有所不同,例如,作为知识学的文化哲学主要致力于把艺术、科学、宗教等作为具体的文化形态进行静态的知识建构,但更多的文化哲学则致力于自觉的文化批判,特别是从文化模式的变迁来揭示当代人的生存和人类社会的发展。本书就力图提供这样一种紧扣时代脉搏的自觉的文化批判,其侧重点不是提供关于文化现象的给定的、现成的知识,而是为人们理解全球化时代的文化危机和文化转型机制提供一种参考。

　　在本书出版后的十年间,刚好是人类的各种文化精神,包括传统的和现代的、东方的和西方的、世界性的和本土性的文化精神和价值观念彼此交流、碰撞和冲突的时期,是人类文化精神在日益深化的全球化进程中经历最深刻的危机、转型和重建的时期。因此,本书作为一种自觉的文化批判自觉地保持着与世界文化和中国文化发展变化风雨同行的开放性特征。在新版中,针对新世纪以来人类文化的一些比较突出和明显的变化做了三个方面的修订:一是根据后现代理论对于现代性危机的反思和全球化、信息化时代人类生存方式的深刻变化,在第四讲"文化模式"中,尝试对"后工业文明的文化模式"的特点做出一些概括;二是以人类各种文化精神的交流与碰撞为背景,在第十一讲"中西视野中的中国传统文化"中增加了一部分,对以儒家伦理为核心的中国传统文化提出了比较全面的价值判断;三是依据全球化时代中国文化软实力不断提升和人类文化精神自觉重建的背景,重写了第十五讲"全球化时代的新文化精神",力图揭示出新世纪人类文化精神的基本走向。

人类文化精神的超越性特征和文化哲学的开放性特征,决定了我们的文化批判"总在途中",加之作者知识储备和理论领悟力的局限,本书不可避免会存在许多不足之处,因此,诚恳地期待各种批评指正。

衣俊卿

2015 年 1 月 10 日